Uni-Taschenbücher 870

UTB

Eine Arbeitsgemeinschaft der Verlage

Birkhäuser Verlag Basel und Stuttgart
Wilhelm Fink Verlag München
Gustav Fischer Verlag Stuttgart
Francke Verlag München
Paul Haupt Verlag Bern und Stuttgart
Dr. Alfred Hüthig Verlag Heidelberg
Leske Verlag + Budrich GmbH Opladen
J. C. B. Mohr (Paul Siebeck) Tübingen
C. F. Müller Juristischer Verlag – R. v. Decker's Verlag Heidelberg
Quelle & Meyer Heidelberg
Ernst Reinhardt Verlag München und Basel
K. G. Saur München · New York · London · Paris
F. K. Schattauer Verlag Stuttgart · New York
Ferdinand Schöningh Verlag Paderborn
Dr. Dietrich Steinkopff Verlag Darmstadt
Eugen Ulmer Verlag Stuttgart
Vandenhoeck & Ruprecht in Göttingen und Zürich

UTB

Eine Arbeitsgemeinschaft der Verlage

Birkhäuser Verlag Basel und Stuttgart
Wilhelm Fink Verlag München
Gustav Fischer Verlag Stuttgart
Francke Verlag München
Paul Haupt Verlag Bern und Stuttgart
Dr. Alfred Hüthig Verlag Heidelberg
Leske Verlag + Budrich GmbH Opladen
J. C. B. Mohr (Paul Siebeck) Tübingen
C. F. Müller Juristischer Verlag – R. v. Decker's Verlag Heidelberg
Quelle & Meyer Heidelberg
Ernst Reinhardt Verlag München und Basel
K. G. Saur München · New York · London · Paris
F. K. Schattauer Verlag Stuttgart · New York
Ferdinand Schöningh Verlag Paderborn
Dr. Dietrich Steinkopff Verlag Darmstadt
Eugen Ulmer Verlag Stuttgart
Vandenhoeck & Ruprecht in Göttingen und Zürich

Leonhard Schlegel

Grundriß der Tiefenpsychologie
unter besonderer Berücksichtigung der Neurosenlehre
und Psychotherapie

Band V

Die Transaktionale Analyse
nach Eric BERNE und seinen Schülern

Francke Verlag München

ISBN 3-7720-1285-X

© A. Francke Verlag GmbH München 1979
Einbandgestaltung: A. Krugmann, Stuttgart
Gesamtherstellung: Friedrich Pustet, Regensburg

Inhalt

Vorwort 9

ERIC BERNE UND SEIN WERK 11

STRUKTURANALYSE 16
1. Die Grundlagen der Strukturanalyse 16
2. Die drei Persönlichkeitsanteile 20
   a) Die Kindheitshaltung als Ausdruck des Kindes in uns 20
   b) Die Elternhaltung als Ausdruck einer elterlichen Einstellung uns selbst und den andern gegenüber . 28
   c) Die Erwachsenenhaltung als Ausdruck der Fähigkeit, die Realität unvoreingenommen zu prüfen und seine Entscheidungen und sein Verhalten darauf abzustimmen 32
3. Das Verhältnis der drei Persönlichkeitsanteile zueinander 34
   a) Der Wechsel von einer Haltung zur andern . . . 34
   b) Das eigentliche Selbst 36
   c) Dissoziation und Integration 38
   d) Die Trübung 39
   e) Befangenheit und Abspaltung 39
   f) Das «integrierte Erwachsenen-Ich» 41
4. Strukturanalyse höherer Ordnung 42
   a) Die formale Strukturanalyse höherer Ordnung nach BERNE 43
   b) Die funktionelle Strukturanalyse zweiter Ordnung . 46
5. Das Egogramm nach J. M. DUSAY 49
6. Strukturanalytische Überlegungen zur Psychopathologie 50

DIE ANALYSE VON TRANSAKTIONEN 58
1. Gleichsinnige oder komplementäre Transaktionen . . 59
2. Ungleichsinnige oder überkreuzte Transaktionen . . 62
3. Transaktionen mit Hintergedanken 64
   a) Die unterschwellige Verführung 64
   b) Doppelbödige Transaktionen 65
4. Die «Mißachtung» 66
5. Die Analyse von Paarbeziehungen 71

ALLGEMEINE BEMERKUNGEN ZUR STRUKTURANALYSE UND
ZUR ANALYSE VON TRANSAKTIONEN 75

STEREOTYPE ERLEBENS- UND VERHALTENSMUSTER 80
  1. Gewinner und Verlierer 80
  2. Die Grundeinstellung 85
    a) Ich bin O.K., du bist O.K. 86
    b) Ich bin O.K., du bist nicht O.K. 87
    c) Ich bin nicht O.K., du bist O.K. 89
    d) Ich bin nicht O.K., du bist nicht O.K. 90
    e) Anmerkungen von Eric BERNE zu den Grundein-
       stellungen 91
    f) Anmerkungen von Thomas HARRIS zu den Grund-
       einstellungen 94
    g) Anmerkungen von Fanita ENGLISH zu den Grund-
       einstellungen 96
  3. Lieblingsgefühle und Lieblingsüberzeugungen . . . 98
    a) Lieblingsgefühle 98
    b) Lieblingsüberzeugungen 105
  4. Der Aushänger 107
  5. Die «Spiele» 108
    a) Beispiele von «Spielen» und ihre Diskussion . . 109
    b) Die Definition von «Spielen» 117
    c) Ergänzende Betrachtungen zu den «Spielen» . . 121
  6. Die verschiedenen Möglichkeiten mitmenschlichen
    Umgangs 123

DER UNBEWUSSTE LEBENSPLAN ODER DAS SKRIPT 129
  1. Die Entstehung des unbewußten Lebensplans . . . 131
  2. Elterliche Botschaften 134
    a) Erwartungen und Ängste 134
    b) Allgemeine Lebensregeln 135
    c) Direkte erzieherische Anweisungen 136
    d) Glückwünsche und Verwünschungen 137
    e) Schuldgefühl-Erzeuger 137
    f) Provokationen 138
    g) Zuschreibungen 139
    h) Bannbrecher und Erlösungsrezepte 140
  3. Die Vorbilder 141

    a) Die Eltern als Vorbilder 142
    b) Die Großeltern als Vorbilder 143
    c) Gestalten aus Märchen und andern Erzählungen,
       aus Geschichte, Literatur und Kunst als Vorbilder . 144
 4. Mythen und Märchen als Skript-Modelle 145
    a) Modelle aus der griechischen Mythologie 147
    b) Modelle aus Volksmärchen 150
 5. Die grundlegenden Phantasien oder Illusionen . . . 152
 6. Die Galgen-Transaktion 153
 7. Skript und körperliche Symptome 155
 8. Das Antiskript, das Gegenskript und das Episkript . . 157
    a) Das Antiskript nach BERNE 157
    b) Das Gegenskript nach STEINER 159
    c) Das Episkript nach ENGLISCH 162
 9. Die Entscheidung 163
10. Die destruktiven Grundgebote nach R. und M. GOUL-
    DING 166
11. Die Antriebe nach T. KAHLER 171
12. Unbewußter Lebensplan und tatsächlicher Lebenslauf 179

ALLGEMEINE BEMERKUNGEN ZUR ANALYSE DES UNBEWUSS-
TEN LEBNSPLANS 182

DIE TRANSAKTIONALE ANALYSE ALS THERAPIE 185
 1. Allgemeine Eigenheiten bei der therapeutischen An-
    wendung der Transaktionalen Analyse 186
 2. Der Behandlungsvertrag 188
 3. Widerstand und Übertragung 190
 4. Träume 193
 5. Strukturanalytische Ansätze zur Behandlung . . . 196
    a) Die Emanzipation des Erwachsenen-Ichs . . . 199
    b) Die Erneuerung des Eltern-Ichs nach Muriel JAMES 202
    c) Die Erneuerung des Eltern-Ichs bei der Behandlung
       jugendlicher Schizophrener nach M. u. J. SCHIFF . . 204
    d) Die Regressionsanalyse 206
    e) Die Befreiung des unbefangenen Kindes . . . 207
 6. Die therapeutische Analyse destruktiver Erlebens- und
    Verhaltensmuster 209
    a) Die Verliererhaltung 210
    b) Die Grundeinstellung 211

     c) Das Lieblingsgefühl 213
     d) Die Spielanalyse 215
  7. Die Skriptdiagnose 219
     a) Die ersten Besprechungen mit dem Patienten . . . 219
     b) Das skriptbezogene Interview 220
  8. Die Befreiung aus dem Skriptzwang 224
     a) Die «entscheidende Intervention» nach BERNE . . 224
     b) Die «Erlaubnis» aus dem eigenen Eltern-Ich . . . 227
     c) Die Neu-Entscheidung nach GOULDING 230
     d) Der Verhaltensvertrag 233
  9. Die Verbindung der Transaktionalen Analyse mit andern Behandlungsmethoden 237

ALLGEMEINE BEMERKUNGEN ZUR TRANSAKTIONALEN ANALYSE ALS THERAPIE 240

DIE TRANSAKTIONALE ANALYSE IM VERGLEICH ZU ANDERN TIEFENPSYCHOLOGISCHEN RICHTUNGEN 243
  1. Transaktionale Analyse und Psychoanalyse 244
     a) Der ideologische Hintergrund 244
     b) Der psychologische Gehalt 246
     c) Der therapeutisch-methodische Aspekt 255
  2. Transaktionale Analyse und Individualpsychologie . . 261
  3. Transaktionale Analyse und Analytische Psychologie nach C. G. Jung 269

Register 271

Gliederung des Grundrisses der Tiefenpsychologie . . . 276

Vorwort

Als fünfter und letzter Band des Grundrisses der Tiefenpsychologie war ursprünglich eine Synopsis und eine Übersicht über die tiefenpsychologischen Grundbegriffe angekündigt. Der Grundriß wurde in den 60er Jahren geplant. Der erste Band erschien 1972. Da meine berufliche Tätigkeit als Psychotherapeut und Dozent für Vergleichende Tiefenpsychologie mir nicht die zeitlichen Möglichkeiten bot, in rascher Folge alle fünf geplanten Bände zu schreiben und zu veröffentlichen, sind seither einige Jahre vergangen. Inzwischen ist die Entwicklung der Tiefenpsychologie nicht stehen geblieben. Unter anderem fand die Transaktionale Analyse nach Eric BERNE in den Vereinigten Staaten und in den letzten Jahren auch im deutschen Sprachraum zunehmend Anerkennung und verbreitete sich rasch in psychotherapeutischen und psychologischen Kreisen. Da auch ich sie als eine neurosenpsychologisch und praktisch-therapeutisch sehr wertvolle Errungenschaft betrachte, habe ich mich entschlossen, den letzten und fünften Band meines Grundrisses, entgegen meinem ursprünglichen Plan, dieser neuen psychotherapeutischen Richtung zu widmen.

Obgleich die psychologischen Errungenschaften von BERNE und seinen Schülern auch kommunikationspsychologische Elemente umfassen, dürfen sie im wesentlichen doch der Tiefenpsychologie zugezählt werden: Auch BERNE hat wie FREUD, ADLER und JUNG seine Anschauungen aus der psychiatrischen und psychotherapeutischen Praxis heraus entwickelt. Wie die andern Tiefenpsychologen ist er überzeugt, daß die Grundlage zu den individuellen Eigentümlichkeiten unseres Erlebens und Verhaltens in der frühen und frühesten Kindheit gelegt wurden und erlebnisbedingt (psychogen) sind. Schließlich richten sich auch seine therapeutischen Bemühungen vor allem darauf, daß der Patient von emotional getragenem Wiedererleben begleitete Einsicht in die Erlebnisgeschichte seiner Erlebens- und Verhaltensgewohnheiten gewinne. Es entspricht dies einer Aufdeckung der unbewußten Bedingungen dieser Gewohnheiten. Zusätzlich wird in der Transaktionalen Analyse therapeutisch auch noch die Möglichkeit des Verhaltenstrainings eingesetzt.

Auch dieser Band ist für sich allein lesbar. Wie bei den andern Bänden des Grundrisses habe ich mich bemüht, zwar für jeden gebildeten Leser leicht verständlich zu schreiben, aber trotzdem alle Aspekte der in Frage stehenden Probleme einzubeziehen und popularisierende Vereinfachungen zu vermeiden. Meine Ausführungen habe ich durch Literaturhinweise belegt. Ergänzende und kritische Kommentare, die aus meinen eigenen Überlegungen und Erfahrungen hervorgegangen sind, habe ich eindeutig als solche gekennzeichnet.

DR. MED. LEONHARD SCHLEGEL
ZÜRICH

Eric Berne und sein Werk

Bei den folgenden Ausführungen über den Lebenslauf von BERNE stütze ich mich auf verschiedene Berichte seiner Schüler, besonders von Warren D. CHENEY.*

Eric BERNE ist im Jahr 1910 in Montreal/Kanada unter dem Namen Eric Lennard Bernstein als Sohn eines praktischen Arztes und einer Schriftstellerin und Verlegerin geboren. Sein Vater, den er sehr verehrte und dessen Gedächtnis er sein erstes Buch gewidmet hat, starb 38 jährig an Tuberkulose. Er hinterließ neben seiner Frau und seinem 11jährigen Sohn Lennard noch eine Tochter. Es war nun die Mutter, die für sich und ihre zwei Kinder den Lebensunterhalt verdienen mußte.

Eric BERNE oder eigentlich E. Lennard Bernstein, wie er sich damals noch nannte, studierte wie seinerzeit sein Vater Medizin an der McGill-Universität in Montreal und schloß sein Studium mit der Erreichung des Doktorgrades im Jahr 1935 ab. Im Anschluß daran bildete er sich an verschiedenen Kliniken in den Vereinigten Staaten zum Psychiater aus. Im Jahre 1938 oder 1939 erwarb er das Bürgerrecht der Vereinigten Staaten. Nachdem er neben seiner klinischen Tätigkeit bereits auch eine Praxis geführt hatte, trat er 1943 als Psychiater in die Armee ein. Zuvor hatte er seinen Namen in Eric BERNE abgekürzt. Als Major trat er 1946 wieder ins Zivilleben über und ließ sich in der Kleinstadt Carmel in Kalifornien als praktizierender Psychiater nieder. Bei der Armee hatte er die Möglichkeiten der Gruppentherapie kennen gelernt. Er wurde beratender Psychiater und Gruppentherapeut an verschiedenen Institutionen in San Francisco sowie Dozent an der Universität von Kalifornien. Er reiste verschiedentlich zu fernen Völkern und interessierte sich dabei besonders für deren psychiatrische Probleme.

Während seines Aufenthaltes in der Nähe von New York hatte BERNE 1941 eine Lehranalyse bei Paul FEDERN und eine Ausbildung am dortigen psychoanalytischen Institut begonnen. Im Jahre 1947 setzte er diese Ausbildung am psychoanalyti-

---

* W. D. Cheney, *Eric Berne: Biographical Sketsch,* Transcational Analysis Journal (TAJ), 1 (1971), Nr. 1, S. 14 f.

schen Institut in San Francisco fort und beendete seine Lehranalyse bei Erik ERIKSON im Jahr 1949. Sein Gesuch um Auf-
nahme als anerkanntes Mitglied der psychoanalytischen Ver-
einigung wurde 1956 abgelehnt und ihm nahegelegt, sich in
einigen Jahren nochmals zu bewerben. Diese Zurückweisung
nahm er schwer. Sie stimulierte ihn aber offensichtlich, unabhängig von jeder psychoanalytischen Lehrmeinung, seine eigenen Gedanken zur Persönlichkeitslehre und Psychotherapie zu
formulieren und zu veröffentlichen, denn bereits im Laufe des
nächsten Jahres erschienen mehrere Arbeiten, die sich mit der
Aufteilung der menschlichen Person in einen je unabhängigen
kindlichen, erwachsenen und elternhaften Anteil beschäftigten
und gegen Ende desselben Jahres hielt er einen Vortrag über
«Transaktionsanalyse: eine neue und wirksame Methode der
Gruppentherapie», in dem bereits auch die Begriffe «Spiel» und
«Skript» vorkommen. Die Lehre und das Werk von BERNE sind
aber ganz offensichtlich weitgehend von psychoanalytischen
Erfahrungen und Gedankengängen geprägt. In seinem ersten
Buch über Transaktionale Analyse, das 1961 erschien, betrachtet er diese und die Psychoanalyse ganz offen als gegenseitige
Ergänzung. In seinem letzten Werk, das erst nach seinem Tod
erschien, häufen sich dann allerdings kritische Bemerkungen
zur psychoanalytischen Theorie und Behandlungsmethode.

Im Jahre 1950 begann BERNE mit zuerst nur drei Interessen-
ten regelmäßig seminaristische Gespräche über seine Auffassungen zu führen. Von 1958 an hielt er auch Seminare in San
Francisco ab. Daraus entwickelte sich die *International Transactional Analysis Association* (ITAA), gegründet 1964, die
heute etwa 10 000 Mitglieder zählt. Jährlich findet im Sommer
ein allgemein zugänglicher Kongreß statt und im Winter eine
Zusammenkunft der bereits ausgebildeten Transaktionsanalytiker. Das 1962 von BERNE begründete und herausgegebene
Transactional Analysis Bulletin wird seit 1971 von dieser Gesellschaft unter dem Titel *Transactional Analysis Journal* her-
ausgegeben.

BERNE starb 1970 an einem Herzinfarkt.

Neben verschiedenen Zeitschriftenartikeln erschien ein erstes
Buch von BERNE unter dem Titel *The Mind in Action* (1947),
ein Überblick über die Psychiatrie und die psychiatrischen und

psychoanalytischen Behandlungsmethoden für Laien, das später als *A Layman's Guide to Psychiatry and Psychoanalysis* (1968, deutsch: *Sprechstunden der Seele,* 1970) mit Ergänzungen versehen neu aufgelegt wurde. Darin wird die Transaktionale Analyse nur ganz kursorisch erwähnt. Es erschien dann *Transactional Analysis in Psychotherapy* (1961), ein grundlegendes Werk, das bereits alle Gedankengänge enthält, die heute unter dem Begriff «Transaktionale Analyse» zusammengefaßt werden. Es erschien dann als nächstes Buch *The Structure and Dynamics of Organizations and Groups* (1963), in dem die Anwendung der Transaktionalen Analyse in Gruppen, besonders auch Arbeitsgruppen von Institutionen, dargelegt wird. Das Buch *Games People Play* (1964, deutsch: *Spiele der Erwachsenen,* 1967) wurde in Amerika wie im deutschen Sprachbereich zu einem Bestseller, erstaunlicherweise, denn es handelt sich um ein psychologisch sehr anspruchsvolles Werk, das BERNE nach seinen eigenen Worten für Fachleute geschrieben hatte, wenn es auch stellenweise wie eine witzige und populäre Psychologie menschlicher Alltagsbeziehungen anmutet. Gruppentherapie ist die bevorzugte Behandlungsmethode im Rahmen der Transaktionalen Analyse, wenn auch, wie wir später sehen werden, die Einzeltherapie nicht entbehrlich ist. Mit der Methodik der Gruppentherapie befaßt sich das Buch *Principles of Group Treatment* (1966). Das Buch *Sex in Human Loving* (1970; deutsch: *Spielarten und Spielregeln der Liebe,* 1974) entstand aus einer öffentlichen Vorlesungsreihe über die Sexualität im Leben des Menschen und richtet sich an Laien. Das letzte und umfangreichste Werk von BERNE: *What do you say after you say hello* (1972; deutsch: *Was sagen Sie, nachdem Sie «guten Tag» gesagt haben?* 1975) erschien erst zwei Jahr nach seinem Tod. Das Buch enthält sehr viele wertvolle Ideen, ganz besonders zur sogenannten Skriptanalyse, ein Gebiet, das in den früheren Büchern viel weniger ausführlich behandelt worden war, aber es ist sehr uneinheitlich geschrieben und enthält auch Widersprüche.

Wichtige Arbeiten, die ich in meinem vorliegenden Buch mitbenützt habe, stammen von Schülern von BERNE:

Ein wertvoller Beitrag zur Transaktionsanalyse liegt im Buch *I'm ok – you're ok,* 1967 (deutsch: *Ich bin o.k. – Du bist o.k.,* 1973) von Thomas A. HARRIS vor. HARRIS ist ebenfalls Psychiater und war seit 1960 ein enger Mitarbeiter von BERNE. Er schreibt weniger ironisch wie dieser, dafür manchmal etwas moralisierend. Er ist Begründer des Institutes für Transaktionsanalyse in Sacramento, der Hauptstadt von Kalifornien.

Einen guten und originellen Überblick über die Transaktions- und Skriptanalyse bietet das Buch *Scripts people live*, 1974, von Claude M. STEINER, einem weiteren engen Mitarbeiter von BERNE, den dieser in seinem posthum erschienen Hauptwerk mehrfach zitiert. STEINER ist klinischer Psychologe. Sein Buch ist gewürzt mit antipsychiatrischen Ausfällen und mit Argumenten für die Befreiungsbewegung der Frau. Wertvoll sind seine Hinweise auf den Einfluß gesellschaftlicher Verhältnisse auf die Bildung des Skripts oder unbewußten Lebensplans.

Meine Ausführungen stützen sich auch auf Aufsätze und Vorträge von Fanita ENGLISCH, die unter dem Titel *Transaktionale Analyse und Skriptanalyse* 1976 auf deutsch erschienen sind. Das Buch ist mit einer ausführlichen zusammenfassenden Darstellung der Transaktionalen Analyse von Hilarion PETZOLD versehen. Fanita ENGLISCH ist in Rumänien geboren, wuchs in der Türkei auf und studierte Psychologie in Paris, wo sie auch ihre psychoanalytische Ausbildung erhielt. Nach der Übersiedlung in die Vereinigten Staaten beschäftigte sie sich mit Entwicklungspsychologie und Kinderpsychotherapie und bildet sich bei Fritz PERLS in Gestaltspsychologie und bei Eric BERNE in Transaktionsanalyse aus.

Muriel JAMES, Psychologin und Theologin, und Dorothy JONGEWARD, Psychologin, veröffentlichten das bekannte Buch *Born to win*, 1970 (deutsch: *Spontan leben,* 1974). Beide Autorinnen sind in der Erwachsenenbildung und Familien-, Ehe- und Erziehungsberatung tätig. Sie versuchen in dem Buch, Transaktionale Analyse und Gestalttherapie miteinander zu verbinden und den Leser anzuleiten, sich selbst positiv zu verändern, um sein Leben produktiver zu gestalten. Muriel JAMES veröffentlichte kürzlich mit andern Autoren zusammen ein Handbuch mit dem Titel *Techniques in Transactional Analysis,* 1977, aus dem ich ebenfalls Anregungen entnahm.

Abkürzungen der häufigsten Literaturhinweise im Text

Bei den Werken von Eric BERNE bezog ich mich grundsätzlich auf die englischsprachigen amerikanischen Ausgaben. Bei den deutschen Übersetzungen bestehen immer wieder begriffliche Ungleichheiten.

14

Das umfangreichste Werk, *What do you say after you say hello,* ist zudem unvollständig übersetzt. Meine Übersetzungen habe ich sehr frei vorgenommen in der Annahme, daß ich damit oft sinngemäßer wiedergeben konnte, was der Autor gemeint hat, als wenn ich sklavisch wörtlich übersetzt hätte. Die Seitenzahlen in Bezug auf die Werke von BERNE beziehen sich immer auf die amerikanische Taschenbuchausgabe.

Be I   = Eric Berne, *Transactional Analysis in Psychotherapy,* (1961), Ballantine Books, New York, 1973,

Be II   = E. Berne, *The Structure and Dynamics of Organizations and Groups* (1963), Ballantine Books, New York, 1973,

Be III   = E. Berne, *Games People Play* (1964), Ballantine Books, New York, 1967 (deutsch: *Spiele der Erwachsenen,* Rowohlt, Reinbek b. Hamburg, 1967),

Be IV   = E. Berne, *Principles of Group Treatment,* (1966), Grove Press, New York, 1966,

Be V   = E. Berne, *Sex in Human Loving* (1970), Pocket Books, New York, 1971, (deutsch: *Spielarten und Spielregeln der Liebe,* Rowohlt, Reinbek b. Hamburg, 1974),

Be VI   = E. Berne, *What do you say after you say hello* (1972), Bantam Books, New York, 1973 (deutsch: *Was sagen Sie, nachdem Sie ‹guten Tag› gesagt haben?,* Kindler, München, 1973),

CSt   = Claude Steiner, *Scripts People Live,* Bantam Books, New York, 1975

FE   = Fanita Englisch, *Transaktionale Analyse und Skriptanalyse,* hgb. v. H. Petzold u. M. Paula, Wissenschaftlicher Verlag Altmann, Hamburg, 1976,

H   = Thomas Harris, *Ich bin o.k., du bist o.k.,* Rowohlt, Reinbek bei Hamburg, 1973

JJ   = Muriel James u. Dorothy Jongeward, *Spontan leben,* Rowohlt, Reinbek bei Hamburg, 1974,

MJ Tech = Muriel James (and Contributors), *Techniques in Transactional Analysis,* Addison-Wesley, Reading Mass., 1977,

TAB   = Transactional Analysis Bulletin, Jahrgänge 1962–1970, hgb. von Eric BERNE

TAJ   = Transactional Analysis Journal, Jahrgänge 1971 bis 1976, hgb. von der International Transactional Analysis Association

Weitere Literaturquellen ausführlich im Text und in Fußnoten.

Strukturanalyse

1. Die Grundlagen der Strukturanalyse

Bei jeder Gelegenheit, bei der verschiedene Menschen zusammenkommen und miteinander in Beziehung treten, sei es bei einer gemeinsamen Mahlzeit, in der Schule, bei irgendwelchen geselligen Anlässen oder bei der Arbeit, können wir beobachten, daß sie sich ganz verschieden verhalten können, wobei sogar ein und dasselbe Individuum während einer Unterhaltung seinen Verhaltensstil verändern kann (Be II/176, 178), nämlich in der Art eines befangenen oder unbefangenen Kindes oder dann kritisierend, herablassend, jovial oder wohlwollend wie eine Elternfigur oder aber auch sachlich und rational auf die Realität bezogen. Erlebnispsychologisch betrachtet befindet sich der Betreffende natürlich gleichzeitig in einer Erlebnisweise, die seinem Verhalten entspricht. BERNE stellt auf Grund dieser Beobachtung fest, daß jeder von uns sich immer in einem bestimmten Moment entweder in einem Kind-Ich-Zustand oder in einem Eltern-Ich-Zustand oder in einem Erwachsenen-Ich-Zustand befindet. Dabei darf allerdings die Bezeichnung «Erwachsenen-Ich-Zustand» für eine rein rationale und realitätsbezogene Einstellung nicht zur Annahme führen, daß für einen Erwachsenen ein kindliches oder elternhaftes Verhalten immer unangebracht wäre! Unter einem «Ich-Zustand» versteht er dabei ein zusammenhängendes System oder Muster (Be III/23), das bestimmte Erlebnisweisen mit den zugehörigen Verhaltensweisen zusammenfaßt. Meines Erachtens eignet sich als Übersetzung für das, was BERNE als «Ich-Zustand» («Ego state») im Sinne eines solchen Musters bezeichnet, am besten das deutsche Wort «Haltung», ein Begriff, der sich sowohl auf das äußerlich beobachtbare Verhalten wie auf das innere Erleben eines Menschen beziehen kann und gerade diese zwei Bedeutungen möchte BERNE mit dem Wort «Ich-Zustand» zusammenfassen. Die drei Ich-Zustände oder Haltungen sind in sich festgefügte und meistens deutlich voneinander abgegrenzte Erlebens- und Verhaltensmuster (Be I/22). «Ich-Zustände sind der Schlüssel zur Transaktionalen Analyse. Wenn Sie etwas nicht auf Ich-Zustände zurückführen können, ist es nicht Transaktionale Analyse».*

Die Fähigkeit eines Menschen, sich kindlich zu verhalten und kindlich zu erleben, eine Fähigkeit, die ihm von seiner eigenen Kindheit her verblieben ist, nennt BERNE auch «archäopsychische Funktion», die Fähigkeit, sich elternhaft zu benehmen, da sie durch Nachahmung oder Identifikation mit Autoritätspersonen erworben wurde, «exteropsychische Funktion» und schließlich die Fähigkeit, sich sachlich und realitätsgerecht zu den inneren und äußeren Gegebenheiten einzustellen, «neopsychische Funktion» (Be III/23). Er betrachtet die drei verschiedenen Haltungen als Ausdruck, Auswirkungen, Manifestationen oder Produkte dreier verschiedener «psychischer Organe»: der Archäopsyche, der Exteropsyche und der Neopsyche (Be I/3 f, 66; II/177, 187). BERNE meint, die Aufstellung dieser Begriffe sei aus methodologischen Gründen sinnvoll, stellt aber gleichzeitig fest, daß die entsprechenden Überlegungen für die Praxis bedeutungslos seien (Be I/3 f). Diese Feststellung bestätigt er selbst noch dadurch, daß in seinem Werk immer wieder «archäopsychisch» mit «kind-ich-haft», «exteropsychisch» mit «eltern-ich-haft» und «neopsychisch» mit «erwachsenen-ich-haft» gleichsetzt.

Die «Diagnose», in welcher Haltung sich ein Mensch, dem ich begegne oder den ich beobachte, gerade befindet, stützt sich auf vier Informationsquellen (frei nach Be I/67, II/181 f; CSt 34):

1. Maßgebend ist einmal das äußerlich sichtbare Verhalten desjenigen, der beurteilt werden soll. Dazu gehören seine Körperhaltung, seine Mimik, seine Gebärden, die Art, wie er spricht, einschließlich Wortwahl und Grammatik. Alle Äußerungen, die uns über seinen Gemütszustand orientieren, gehören dazu. Bricht jemand unversehens in Tränen aus oder lächelt mir jemand schelmisch zu oder zeigt jemand ein schüchternes, schmollend-verdrießliches oder spielfreudiges Verhalten, werde ich vermuten, daß er sich in einer Kindhaltung befindet.

2. Auch aus dem rationalen Inhalt dessen, was jemand sagt, kann auf eine bestimmte Haltung geschlossen werden. BERNE stellt sich vor, daß zwei Leute damit beschäftigt sind, zusammen ein Boot zu bauen. Einer sagt ganz ruhig und sachlich zum andern: «Reich mit den Hammer!» Der Angesprochene mag ihm den Hammer reichen und dazu sagen: «Aber paß auf, daß

* *Transcription of Eric Berne in Vienna, 1968,* TAJ 3 (1973), S. 71.

du dir nicht auf deine Finger schlägst!» Er ist dann in einer Elternhaltung. Oder er antwortet: «Wieso soll ich hier immer wieder alles machen?» woraus geschlossen werden kann, daß er sich wahrscheinlich in der Kindhaltung befindet. Ich füge eine dritte Möglichkeit bei: «Welchen Hammer meinst du, den Schlosserhammer oder den Planierhammer?» Diese Antwort läßt auf eine Erwachsenenhaltung schließen.

3. Der Beobachter hat auch seine emotionale Reaktion auf die Äußerungen des Beobachteten in Betracht zu ziehen. Reagiere ich «elterlich» auf die Art, wie mir ein anderer begegnet, oder auf das, was er sagt, kann ich vermuten, daß der Beobachtete sich in der Kindhaltung befindet; reagiere ich wie ein ängstliches Kind mit Minderwertigkeitsgefühlen oder rebellisch wie ein Pubertierender gegenüber seinem Vater, so läßt sich vermuten, daß der Beobachtete sich aus einer Elternhaltung heraus geäußert hat. Es gibt Menschen, die reflexhaft in mir den «Beschützerinstinkt» auslösen, bevor ich mir ihrer Verhaltenseigentümlichkeiten bewußt geworden bin. Ich darf dann annehmen, daß sie in einer Kindhaltung sind. Bei andern spüre ich in mir eine Regung, mich zu verteidigen, obgleich vielleicht der rationale Inhalt dessen, was sie sagen, gar nicht einer Anklage entspricht. Es ist zu vermuten, daß sie sich in diesem Moment in einer kritischen Elternhaltung befinden.

4. In der psychotherapeutischen Situation und besonders im Rahmen von Psychotherapie- oder Selbsterfahrungsgruppen kann der Beobachtete selbst zur «Diagnose» beitragen, wenn er dazu aufgefordert wird. Vielleicht realisiert er, daß er sich soeben auf eine Art aufgesetzt und die Stirne gerunzelt hat, wie dies sein Vater zu tun pflegte, oder daß er sich soeben genau wie jeweils in der Kindheit fühlte, wenn seine Mutter ihn bei einer Unart ertappt hatte. Er kann auch selbst mitteilen, daß er zum Zeitpunkt, der zur Diskussion steht, ganz ruhig und objektiv prüfend auf die Realität bezogen war.

Eine Strukturdiagnose ist erst ganz gesichert, wenn sie nach allen vier erwähnten Kriterien geprüft wurde. Im Alltag können natürlich nur die drei ersten Kriterien angewandt werden, denn wir können nicht gut ein Gespräch an einer Geschäftssitzung oder bei sonst einer Zusammenkunft von Erwachsenen mit der Frage unterbrechen, ob auch andere Anwesende sich dann, wenn ein bestimmter Teilnehmer spricht, wie Kinder fühlen, oder den Betreffenden selbst fragen, ob er nicht vielleicht gerade jetzt sich so verhalte, wie sich jeweils sein Vater verhalten habe! Ein Transaktionsanalytiker, der bei einem Patienten vermutet, er befinde sich soeben in der Kindhaltung, sollte nicht kurzerhand feststellen: «Jetzt befinden Sie sich in der Kindhaltung!», sondern vielmehr: «Sie handeln und es hört sich an, wie wenn Sie in der Kindhaltung wären und zudem löst ihr Verhalten in mir elterliche Gefühle aus. Was meinen Sie zu dieser Vermutung?» (CSt 34).

Eine ganz entscheidende Erkenntnis der Transaktionsanalyse ergibt sich aus der Auffassung, daß diese drei Haltungen nicht nur nach außen zur Wirkung kommen, sei es gegenüber einem Ereignis oder bei einer Begegnung mit einem Mitmenschen, sondern auch innerlich und zwar besonders wenn Probleme auftauchen oder Entscheidungen fällig werden. Es kann zu einem inneren Zwiegespräch oder sogar Dreiergespräch kommen, an dem zwei oder alle drei Instanzen beteiligt sind. Unter solchen Umständen ist der Begriff «Haltung» (oder auch, wie BERNE es nennt, «Zustand») nicht mehr angebracht, da wir kaum sagen können, eine Haltung oder ein Zustand spreche mit einer andern. BERNE selbst unterscheidet dann drei Teilpersönlichkeiten oder gar drei Personen voneinander, sozusagen «ein inneres Kind», «eine innere Elternperson» und einen «inneren Erwachsenen». Steht jemand vor einer schwierigen Entscheidung oder wird ihm eine heikle Frage gestellt, dann kann sich, während er überlegt, an seiner Mimik abzeichnen, welche innere Stimme gerade spricht und ein geübter und aufmerksamer Beobachter kann oft den Verlauf eines solchen inneren Selbstgesprächs am Gesicht dessen, der es führt, ablesen. Wer sich in einer solchen Situation selbst gut beobachtet, kann manchmal nachträglich recht gut wiedergeben, wie sich dieses Gespräch in seinem Inneren abgespielt hat. «Du-Sätze», besonders «du sollst» und «du mußt», entsprechen im allgemeinen dem elterlichen Persönlichkeitsanteil, «Ich-Sätze» wie «ich muß», «warum habe ich nicht» entsprechen dem erwachsenen oder dem kindlichen Persönlichkeitsanteil (Be V/81 ff, VI/322).

Die Strukturanalyse gründet sich nach BERNE auf drei Überlegungen:

1. Jeder Erwachsene war einmal ein Kind und bei jedem bleiben bestimmte kindliche Züge aus der frühen Kindheit erhal-

ten, die unter Umständen als ein geschlossener Persönlichkeitsanteil wieder aktiviert werden können.

2. Jedes menschliche Lebewesen mit einem genügend entwickelten Gehirn, auch wenn es sich um ein Kind, um einen geistig oder charakterlich defekten Menschen oder einen solchen handelt, der an einer Schizophrenie erkrankt ist, hat grundsätzlich die Möglichkeit, die Realität objektiv zu betrachten.

Diese Annahme ist sehr kühn und wohl Ausdruck einerseits eines bestimmten Menschenbildes, andererseits einer pragmatischen Grundhaltung. Die zweite Annahme wird gestützt durch die Bemerkung von BERNE, seine Annahme sei optimistischer und in der Praxis konstruktiver als die konventionelle Ansicht (Be I/112).

Die Realitätsprüfung ist nicht eine isolierte Fähigkeit, sondern die Funktion eines bestimmten Persönlichkeitsanteils oder Ich-Zustandes.

3. Jedermann hatte entweder leibliche Eltern oder Personen, die, während er aufwuchs, elterliche Funktionen bei ihm ausübten. Das Verhalten kann zeitweise durch einen Persönlichkeitsanteil («Ich-Zustand») bestimmt werden, welcher der Verinnerlichung einer Elternperson entspricht. Verinnerlicht wird dabei das Bild, das sich der Betreffende von ihr machte (Be I/17, 45, 112, III/24).

2. Die drei Persönlichkeitsanteile

a) Die Kindheitshaltung als Ausdruck des Kindes in uns

In jedem Mann lebt noch der kleine Junge, der er einst war und in jeder Frau ein kleines Mädchen. Kaum jemals ist das innere Kind mehr als sechs (Be V/83) oder sieben (CSt 34) Jahre alt. Es gibt Situationen, in denen wir eher dazu neigen, eine Kindheitshaltung einzunehmen, z. B. wenn wir verletzt oder krank sind, müde oder von Sorgen geplagt, aber auch wenn wir plötzlich einen arbeitsfreien Tag geschenkt bekommen oder das große Los gezogen haben (JJ 174 ff). Erleben und Verhalten, das einem Kind entspricht, das jünger als ein Jahr als ist, kann bei gesunden Erwachsenen kaum je beobachtet werden, sondern ist im allgemeinen Ausdruck einer seelischen Störung. Immerhin kann auch ein sonst durchaus gesunder Erwachsener dann, wenn er unter abnormem äußeren oder inneren Druck steht, kaum erträgliche körperliche oder seelische Schmerzen erleidet oder auch von einer überwältigenden Freude erfüllt ist, in einen Zustand geraten, der einem sehr jungen Kind entspricht (CSt 34 f).

Nach BERNE läßt sich oft auf den Tag genau angeben, welchem Alter das innere Kind oder der kindliche Persönlichkeitsanteil entspricht, der sich nach außen in einer Kindheitshaltung zeigt. Es kann zwei Jahre und sechs Monate oder vier Jahre und drei Monate alt sein (Be V/83). Seines Erachtens entspricht dieser Persönlichkeitsanteil nämlich einem traumatisch fixierten Zustand in der frühen Kindheit. Ein dreijähriger Junge wurde fortgesetzt von seiner Großmutter zu sexuellen Handlungen mißbraucht. Wie er sich, durch seine Erfahrungen ermuntert, seiner Mutter, die sich nach dem Bad abtrocknet, sexuell nähert, ist sie so entsetzt, daß er vor Schreck erstarrt. «Sein aktueller Ich-Zustand wurde fixiert und spaltete sich vom Rest der Persönlichkeit ab. Es bedeutet dies die Geburt seines Kindheits-Ichs» (Be I/40). Diese Auffassung, zweifellos Ausdruck der psychoanalytischen Theorie und Erfahrung, die ja der Erarbeitung der transaktionsanalytischen Betrachtungsweise Pate stand, wird von den Schülern von BERNE nicht durchgehalten und auch er selbst kommt in seinem Werk nicht oft darauf zu sprechen, es sei denn im Zusammenhang mit den Kriterien für die Strukturdiagnose (S. 75 f). Immerhin vertritt er sie nicht nur ausführlich im ersten seiner Bücher über Transaktionsanalyse (Be I), sondern verweist auch noch in demjenigen Buch, das im selben Jahr, in dem er starb, erschienen ist, ausdrücklich darauf hin (Be V). Im Jahr zuvor hatte er allerdings an einem Vortrag gesagt, ein Kind-Ich-Zustand könne einem bestimmten Entwicklungszustand der Kindheit entsprechen, der durch ganz verschiedene Anlässe fixiert worden sei «vielleicht durch ein Trauma, aber dies nicht notwendigerweise»*.

Dieses innere Kind kann unser bester Teil sein, denn es ist ursprünglich und von Natur aus spontan, furchtlos, neugierig, sinnenfreudig, zutraulich, klug; es kann aber auch, wie Kinder eben sind, egozentrisch, mürrisch, unverschämt, rücksichtslos, ja sorgar grausam sein. Es ist liebevoll und fröhlich, wenn seine Bedürfnisse erfüllt werden, kann aber zornig, rebellisch und

* *Transcription of Eric Berne in Vienna, 1968*, TAJ 3 (1973), S. 65.

aggresiv reagieren, «wenn es nicht bekommt, was es braucht» (Be III/25 f, V/83; CSt 35; H 41 f, 148; JJ 157 f, 160).

Nach BERNE zeichnet sich das innere Kind ursprünglich durch einen Zustand aus, den er «autonom» nennt und als Fähigkeit zu wacher Bewußtheit, Spontaneität und Intimität umschreibt (Be III/182). Unter *Bewußtheit* versteht BERNE dabei eine unmittelbare sinnliche Offenheit für Wahrnehmungen im Hier und Jetzt, die noch nicht angekränkelt sind von intellektuellem Wissen und intellektuellen Überlegungen, sondern in jeder Hinsicht unvoreingenommen und vorurteilslos. «Bewußtheit» bedeutet ungehemmte Intensität der gegenwärtigen Empfindungen und Gefühle (Be III/178 ff). Unter *Spontaneität* versteht BERNE die Freiheit und Fähigkeit, diese Empfindungen und Gefühle unmittelbar auszudrücken. Unter Fähigkeit zu *Intimität* schließlich versteht er die Möglichkeit, eine offene, aufrichtige, liebevolle Beziehung zu einem Mitmenschen einzugehen, nach BERNE das vollkommenste und beglückendste Erlebnis (Be III/180 f). Meines Erachtens entspricht das deutsche Wort *Unbefangenheit* am ehesten dem, was BERNE hier unter «Autonomie» versteht. Das innere Kind ist seinem ursprünglichen Wesen nach unbefangen.

Die Expansivität des unbefangenen, ursprünglichen oder natürlichen Kindes stößt im Laufe der Sozialisierung auf Hemmungen und Hindernisse: Es muß sich mit den Erziehungspersonen auseinandersetzen, die seinem ungehemmten Tatendrang Grenzen setzen und ihm Einschränkungen auferlegen, auch gewisse seiner Äußerungen loben und andere tadeln. Sie beeinflussen das Kleinkind nicht nur durch das, was sie ihm zu erkennen geben, später auch in Worten sagen, sondern durch Erwartungen und Ängste, die ihnen meistens gar nicht bewußt sind. Das Kind beginnt Gefühle von Angst und Vertrauen, Liebe und Haß, Wut und Zärtlichkeit mit bestimmten Situationen zu verbinden; es kommt auch zum Erlebnis von Unterlegenheits- und Überlegenheitsgefühlen. Es ist in diesem Zusammenhang festzuhalten, daß das Kleinkind vorerst rein emotional und nicht überlegt reagiert. Eine unmittelbar emotionale Reaktion auf irgend ein Ereignis ist nach HARRIS immer Ausdruck einer Kindheitshaltung (H 40 ff). «Die Mutter glaubt, daß der dreijährige Willi nur durch Schläge von der Straße ferngehalten werden kann. Er versteht die Gefahr nicht, die ihm droht, wenn er selbstvergessen auf der Straße spielt. Seine Reaktion setzt sich zusammen aus Angst, Zorn und Gekränktheit, aber es fehlt ihm die Einsicht, daß seine Mutter ihn gleichzeitig liebt und sein Leben beschützen will» (H 48). Erst recht fehlt ihm natürlich die Möglichkeit, einzusehen, daß seine Mutter vielleicht im Moment unangemessen reagiert, weil sie krank ist oder unter unerträglichem sozialem Druck steht.

Die Auseinandersetzung mit den Erziehungspersonen führt im allgemeinen zu einer Einschränkung, Verdrängung oder Unterdrückung des unbefangenen Kindheits-Ichs. Es kommt zur Ausbildung einer neuen Kindheitshaltung, die ich im Gegensatz zu derjenigen kindlicher Unbefangenheit als befangene oder *reaktive* Kindheitshaltung bezeichnen möchte. BERNE unterscheidet dabei verschiedene Möglichkeiten, vor allem eine angepaßte und eine rebellische Haltung (Be VI/13).

Wenn sich ein Kind «angepaßt» verhält, dann bedeutet dies, nach BERNE daß das Verhalten den Forderungen der Eltern entspricht, indem es sich z. B. folgsam oder frühreif benimmt (Be III/26). Es leuchtet mir nicht ohne weiteres ein, wieso BERNE auch ein Kind, das ausweicht (Be II/187) oder ein solches, das sich zurückzieht (Be I/69, III/26) oder wimmert (Be III/26) als «angepaßt» bezeichnet. Ich ziehe vor, der angepaßten im Sinn einer gehorsamen und der rebellischen Kindheitshaltung noch eine dritte beizufügen: die resignierte Haltung. Vermutlich bedeuten Eltern, die in dem, was sie ausstrahlen, und in ihrem Verhalten so zwiespältig und unbestimmt sind, daß dem Kind weder eine gehorsame Anpassung noch eine Rebellion möglich ist, für das Kind einen Anlaß zu Resignation, da ihm dadurch verunmöglicht wird, seine Identität zu entdecken.

Was eine rebellische Haltung anbetrifft, so rechnet BERNE in seinen früheren Werken diese zu den Ausdrucksformen des unbefangenen Kindes (Be I/69, III/26) und stellt sie erst in seinem letzten Werk als eigene Haltung neben die Unbefangenheit («Natürlichkeit») und Angepaßtheit (Be VI/13, 412).

Im Laufe des Sozialisationsprozesses werden im allgemeinen nicht nur die sozial negativen Eigenschaften der ursprünglichen Kindheitshaltung gehemmt, sondern in eins damit auch positive Eigenschaften wie Zutraulichkeit, Neugier und Kreativität (JJ 167), ganz abgesehen davon, daß Eltern besonders heute ganz verschiedene Ansichten darüber haben, was für Eigenheiten bei ihren Kindern positiv und was für welche negativ zu bewerten sind.

Wer sich dafür interessiert, wie sich das Kind-Ich oder Kindheits-Ich bei Erwachsenen zeigt, beobachte wirkliche Kinder, an der Brust, im Kinderzimmer, im Schulzimmer, auf dem Spielplatz (Be I/65). Wer sich noch eingehender mit dem Wesen der kindlichen Seele beschäftigen will, greife zu den Büchern von PIAGET (Be I/61). Für eine Kindheitshaltung sprechen sicht- und hörbare Anzeichen für Gemütsbewegungen, somit Tränen, Wutanfälle, herzhaftes Lachen, Entzücken, Schmollen, Nägelkauen, Kichern. Wenn Erwachsene hingegeben mit ihren eigenen Kindern toben und spielen, befinden sie sich in der Kindheitshaltung. Eine bekannte Witzblattfigur ist der Vater, der seinem Kind eine Spieleisenbahn schenkt und sich dann aber ohne Rücksicht auf den Beschenkten selbst leidenschaftlich in das Spiel mit der Eisenbahn vertieft. Im allgemeinen lassen die gesellschaftlichen Regeln nicht zu, daß ein Erwachsener sich in aller Öffentlichkeit wie ein kleines Kind verhält. Es gibt aber Ausnahmen. STEINER schreibt, wie sich bei Erwachsenen eine Kindheitshaltung unter den Zuschauern eines spannenden Fußballspiels beobachten lasse: Ungehemmt kommt dabei kindliche Freude, Ärger, Wut oder Entzücken ohne weiteres auch bei Erwachsenen zum Ausdruck. Ganz unabhängig von Körpergröße und Geschlechtsreife kann ein Zuschauer genau wie ein fünfjähriges Kind aufspringen und jubeln, wenn die von ihm bevorzugte Partei ein Tor schließt. Die Entsprechung geht dabei weit über das beobachtbare Verhalten hinaus, auch die Wahrnehmung, der Gemütszustand, die Gedanken, kurz: das Erleben, entsprechen in diesem Moment einem fünfjährigen Kind (CSt 34 f). Wenn ein Erwachsener wie ein Kind in der Schule die Hand hebt, wenn er etwas sagen will, ohne daß die Situation dies erfordern würde, ist er in diesem Augenblick in der Kindheitshaltung. Es trifft dies aber auch für denjenigen zu, der im Kreise Erwachsener immer dann Einwände erhebt, wenn eine Anordnung getroffen werden soll, die ihn an die Schulzeit erinnert, selbst dann, wenn diese Anordnung durchaus der Situation entsprechen würde.

Groß aufgerissene staunende Augen oder ein offenes, aufmerksames Gesicht, dem aber der unbedenkliche Eifer anzusehen ist, mit dem der Betreffende bereit ist, auf alle Anregungen des andern einzugehen, sind mimischer Ausdruck einer Kindheitshaltung. Wenn zwei Verliebte sich in der Baby-Sprache miteinander unterhalten, sind offensichtlich beide in der Kindheitshaltung. Wer immer wieder die Wendungen «Ich will ...», «ich möchte ...», «mir ist alles egal» gebraucht, läßt vermuten, daß er in der Kindheitshaltung ist. Kraftworte und der häufige Gebrauch von Superlativen spricht für eine aktivierte Kindheitshaltung (Be I/62–65; CSt 35; H 86 f).

Manche Autoren unterscheiden sowohl am unbefangenen Kind-Ich wie am angepaßten oder rebellischen Kind-Ich eine positive und eine negative, oder, mit anderen Worten: eine O.K.- und eine Nicht-O.K.-Funktionsform. Aus seinem unbefangenen Kind-Ich heraus kann sich z. B. jemand intuitiv, schöpferisch, vergnügt (positiv) oder aber launisch, undiszipliniert, rücksichtslos (negativ) gebärden; in angepaßter Kindheitshaltung kann jemand rücksichtsvoll die Gefühle anderer respektieren und sich vernünftigen sozialen Vorschriften fügen (positiv) oder aber auch sich hilflos an andere klammern oder sich kritiklos unsinnigen gesellschaftlichen Konventionen fügen (negativ); aus rebellischer Kindheitshaltung kann jemand anscheinend selbstverständliche Wahrheiten in Frage stellen (positiv) oder aber auch alles, was von abstrakten oder menschlichen Autoritäten angeboten wird, unbesehen niederreißen (negativ)*.

BERNE umschreibt zusätzlich zur allgemeinen Kindheitshaltung noch drei Erlebens- und Verhaltensmuster, die sich ebenfalls im Laufe der Kindheit ausbilden können:

(1.) Kinder beobachten sorgfältig ihre Umgebung, besonders auch die Reaktion von Erwachsenen auf ihr Verhalten. Sie ziehen daraus intuitiv und ohne intellektuelle Überlegungen ihre Schlußfolgerungen. Viele Kinder sind in diesem Sinn ausgezeichnete Menschenkenner. Ein erster Schritt in dieser Entwicklung besteht meines Erachtens darin, daß der Säugling lernt, daß sein Weinen auch dann die Mutter herbeiruft, wenn es nicht unmittelbar Ausdruck von Hunger, Durst oder einer andern Unbequemlichkeit ist. Magische Kausalitätsvorstellungen mögen in den ersten Jahren noch eine wichtige Rolle spielen. Ältere Kleinkinder und Schulkinder lernen immer besser, Erwachsene zu durchschauen und mit ihnen so umzugehen, daß sie ihre Ziele erreichen, z. B. Schwierigkeiten zu vermeiden, Beifall oder doch Beachtung zu finden, elterliche Gebote zu umgehen, ohne ihnen direkt zuwider zu handeln.

* frei nach N. Porter, *Functional Analysis*, TAJ 5 (1975), S. 272 f; C. Marsh u. B. Drennan, *Ego States and Egogram Therapy*, TAJ 6 (1976), S. 135.

Kleinkinder entwickeln auch oft erstaunlich kreative Fähigkeiten, da bei ihnen hemmende intellektuelle Überlegungen noch fehlen und die Phantasie keine Grenzen kennt (Be VI/104 f; JJ 162–167). In Anlehnung an Ausführungen von STEINER (CSt 51) möchte ich auch die Fähigkeiten von Kindern erwähnen, sich über Dinge und Sachverhalte zu wundern und Gedanken zu machen, die Erwachsene längst als Selbstverständlichkeiten betrachten, über die nachzudenken sie verlernt haben. «Warum gibt es zwei Arten von menschlichen Lebewesen, nämlich Männer und Frauen?», «Was geschieht mit einem Menschen, wenn er gestorben ist?», «Wo war ich, bevor ich geboren wurde?» und ähnliches mehr.

Die beschriebene Fähigkeiten des Kind-Ichs werden in der Transaktionsanalyse für gewöhnlich unter der Bezeichnung «Kleiner Professor» zusammengefaßt. BERNE spricht auch vom «Kleinen Rechtsanwalt». Wir könnten auch vom «Kleinen Menschenkenner» oder vom «Kleinen Künstler» sprechen, je nachdem in welcher Richtung sich die kreativen und intuitiven Fähigkeiten bemerkbar machen. Ich schlage vor, vom *Kleinen Pfiffikus* zu sprechen, was weniger gelehrt tönt, als «Kleiner Professor». Der eigene innere Kleine Pfiffikus steht auch uns Erwachsenen zur Verfügung, wenn wir wirklich auf ihn hören können und seine Stimme durch die zunehmende Fähigkeit rationaler und intellektueller Überlegung nicht verdrängen.

(2.) BERNE umschreibt noch eine weitere Kindheitshaltung, die er ausdrücklich als eine besondere Art vom «eigentlichen Kind-Ich», das sich viel früher schon ausgebildet habe, unterscheidet. Jenes verhülle dieses wie eine Maske. Diese besondere Kindheitshaltung werde im Alter von zehn oder zwölf Jahren entwickelt. Sie entspreche einem Volksschüler, der sich mit den Einschränkungen, die ihm seine Eltern auferlegten, abgefunden habe und der sozialen Realität durch die Art, wie er sich andern gegenüber gebe, Rechnung trage, nämlich indem er meist höflich und rücksichtsvoll auftrete. Durch sein Verhalten versuche er, sich auch im außerfamiliären Milieu zurecht zu finden, unerwünschte Begegnungen zu vermeiden und erwünschte zu befördern. Es ist die bewußte Haltung eines angepaßten Kindes (Be V/87 f, 158 f). Es handelt sich um das Verhaltensmuslter des *braven Schuljungen*.

(3.) Jeder Mensch hat nach BERNE auch die Neigung, andere

26

grausam zu behandeln, zu quälen, zu vergewaltigen, zu töten oder doch auszubeuten und zu bestehlen. Jeder Mensch trage einen Sadisten, Folterknecht und Räuber in sich. BERNE rechnet diese innere Gestalt ausdrücklich dem Kindheits-Ich zu, aber einer Seite des Kindheits-Ichs, die tief unter einer Schicht sozialer Ideale begraben liege. Unter gewissen Bedingungen könne diese mangelnde Achtung vor dem Lebendigen aber auch unverhohlen hervorbrechen. Nach BERNE ist es «der prähistorische Mensch in uns», der seinerzeit aus Gründen der Selbsterhaltung einem Raubtier gleich unbarmherzig und auf Nahrung begierig auch Artgenossen verzehrte und sich hemmungslos nahm, was er fand und zum Leben brauchen konnte. BERNE betont, wie wichtig es sei, sich dieser Neigungen bewußt zu sein und sie nicht vor sich selbst zu tarnen, zu verleugnen oder durch Rationalisierungen abzuwehren, wenn einmal in unsern Phantasien oder unserem Verhalten etwas davon zum Vorschein komme. Es gehe nicht darum, entsetzt festzustellen «Das ist ja schrecklich»!, sondern sich zu fragen: «Was kann ich tun, um damit fertig zu werden?» (Be VI/268 ff). Manche demonstrieren ihre Unschuld, indem sie sich als Opfer statt als Sadisten gebärden. Es fließt dann ihr eigenes Blut statt das der andern, aber Blut muß fließen! Sicher ist es besser, ein Märtyrer zu sein, aber noch besser ist es, sich selbst zu kennen (Be VI/270). BERNE nennt dieses Kindheits-Ich den *kleinen Faschisten*. Es handelt sich im Grunde genommen, um den negativen Aspekt des unbefangenen, ursprünglichen oder natürlichen Kindheits-Ichs.

Die vorstehend erwähnten Ausführungen von BERNE zur Existenz eines negativen Kindheits-Ichs fallen aus dem Rahmen der sonstigen Erörterungen der Transaktionsanalytiker über die ursprüngliche Kindheitshaltung, der sie in erster Linie Unmittelbarkeit, Kreativität und Intimität zuschreiben, wenn sie auch nebenbei erwähnen mögen, daß ein Kleinkind auch egozentrisch und heftig reagieren kann. Es hängt die mit der anthropologischen Grundhaltung der Transaktionsanalyse zusammen, die derjenigen der Humanistischen Psychologie entspricht, der ausgesprochen oder unausgesprochen die Überzeugung zugrundeliegt, daß der Mensch «eigentlich» oder «vom Ursprung her» gut sei (s. S. 246).

b) Die Elternhaltung als Ausdruck einer elterlichen Einstellung uns selbst und andern gegenüber

Die Elternhaltung ist diejenige Haltung, die wir als Kleinkind von unsern Eltern übernommen haben. Sie umfaßt die gleichen Worte, die gleichen Gebärden, die wir bei unsern Eltern erfahren, sowie die gleichen Empfindungen und Gefühle, die wir seinerzeit bei unsern Eltern vermutet haben. «Wer denkt, handelt und fühlt, wie er es an seinen Eltern beobachtet hat, befindet sich in seinem Eltern-Ich-Zustand» (JJ 36). Bei einem Menschen, der die Elternhaltung einnimmt, läuft automatisch ab, was er von den Eltern übernommen hat (CSt 36). Er ist im Moment der Elternhaltung nicht er selbst: Was er sich überlegt, sind nicht seine eigenen Gedanken; was er sagt, sind nicht seine eigenen Worte; was er tut, ist nicht das Ergebnis persönlicher Entscheidungen. In der Elternhaltung kommt allerdings nicht nur zum Ausdruck, was der Betreffende als Kleinkind von seinen eigenen Eltern oder andern nahestehenden Pflegepersonen erfahren hat, sondern auch, was ihm an älteren Geschwistern oder anderen Erwachsenen imponiert hat (H 39; JJ 129).

Die Abhängigkeit des kleinen Kindes, seine Unfähigkeit, abstrakte Begriffe zu erfassen und mit logischen Mitteln und einem realitätsgerechten Kausaldenken einen Sinnzusammenhang herzustellen, machen es ihm unmöglich, das, was es erfährt, kritisch zu beurteilen. Es nimmt, das was er erfährt, unmittelbar so auf, wie es davon betroffen wird (H 34) Alles das, von dem das Kleinkind richtungsweisend beeindruckt wird, ohne es in Frage zu stellen, geht in das sogenannte Eltern-Ich ein und findet in der Elternhaltung seinen Ausdruck. Dazu gehört auch das, was Rundfunk und Fernsehen berichten, ganz besonders dann, wenn die Eltern solche Sendungen ebenfalls ohne Kritik entgegenzunehmen scheinen (H 39).

Die Elternhaltung orientiert sich an überlieferten und unbedacht übernommenen Grundsätzen und Regeln: «Nach jeder Mahlzeit muß sofort abgewaschen werden!», «Was billig zu haben ist, ist nichts wert!», «Gas ist gefährlich!», «Hände weg von elektrischen Leitungen!». Der Elternhaltung entsprechen aber auch viele Verrichtungen im Alltag, die das Kind unbesehen übernommen hat, z. B. wie «man» ißt und was «man» ißt, wie «man» sich kleidet, wie «man» sich benimmt, was «man» als Angehöriger einer bestimmten Religionsgemeinschaft zu glauben hat usw. (Be VI/154). Daraus ergibt sich eine positive Funktion des elterlichen Persönlichkeitsanteils. Sein Einsatz kann Energie sparen und Angst vermindern, wenn es um gewisse Entscheidungen geht (Be I/67, II/186). Es gilt dies besonders dann, wenn keine genügenden Informationen und Erfahrungen zur Verfügung stehen oder wenn es sich um unwesentliche und doch notwendige Entscheidungen handelt, wie z. B. den Entschluß, was ich für die Familie kochen soll («Gestalte die Mahlzeiten immer abwechslungsreich!», «Eiweiß ist lebensnotwendig!») oder wie ich mich kleiden soll(«Wolle gibt warm!», «Warme Füße sind wichtiger als warme Knie!»).

BERNE legt Wert auf die Unterscheidung, ob jemand selbst eine elterliche Haltung einnimmt oder ob er nur unter dem Einfluß seines Eltern-Ichs steht. Ich nehme z. B. *selbst eine Elternhaltung ein,* wenn ich mich genau wie meine Mutter verhalte, aber ich stehe nur *unter dem Einfluß meines Eltern-Ichs,* wenn ich mich folgsam seinen Direktiven füge und damit eine reaktiv-angepaßte Kindheitshaltung einnehme (Be I/67, II/186, III/26). EDWARDS leitet das Eltern-Ich, das nur indirekt im Erleben und Verhalten des reaktiven Kind-Ich in Erscheinung tritt («elterlicher Einfluß») und das Eltern-Ich, das in einer Elternhaltung nach außen zum Ausdruck kommt («aktiver Eltern-Ich-Zustand») von verschiedenen Beziehungspersonen ab:

(1.) Das eine Eltern-Ich beeinflußt das Kind-Ich in einem inneren Dialog. Es sagt dem Kind, wie es erleben und sich benehmen soll. Es teilt dem inneren Kind negative oder positive Streicheleinheiten aus. Im allgemeinen ist es nach Ansicht der Autorin die Stimme der Mutter, die sich als dieses Eltern-Ich internalisiert hat.

(2.) Das andere Eltern-Ich kommuniziert mit den Mitmenschen. Es sagt den andern, was sie tun oder denken oder wie sie sich verhalten sollen. Es hat ganz bestimmte Ansichten über Fußball-Strategie, Scheidung, Sexualität und Politik. Im allgemeinen ist es nach Ansicht der Autorin dieser Arbeit der Vater, der aus diesem Eltern-Ich spricht, denn von diesem habe das Kind meist gelernt, wie «man» mit der Außenwelt verkehrt. Natürlich könne aber auch die Mutter, wenn sie die entsprechende Rolle im Familienverband gespielt habe, in diesem Eltern-Ich internalisiert worden sein.*

Die ursprüngliche Kindheitshaltung ist *angeboren,* die reaktive Kindheitshaltung ist *reaktiv erworben,* die Elternhaltung ist *erlernt,* wenn sie auch, wie STEINER mit Recht hervorhebt, in einer angeborenen Bereitschaft, seine Nachkommen zu erziehen und zu beschützen wurzelt (CSt 37). Wennschon die Elternhaltung als solche übernommen worden ist, bleibt sie doch nicht durch das ganze Leben unverändert bestehen. In bestimmten Situationen wird elterliches Verhalten provoziert, so vor allem bei der Aufzucht eigener Nachkomen; ich möchte beifügen: auch im Beruf eines Kindergärtners oder Lehrers. Im Laufe unseres Lebens treffen wir auch immer wieder Leute, denen wir uns unterlegen fühlen oder die wir bewundern und von denen wir gewisse Einstellungen, oft ganz unbedacht, übernehmen (CSt 37). Wie die psychotherapeutische Praxis aufzeigt, sind aber die Erfahrungen an den eigenen Eltern oder ihren Ersatzpersonen für die Ausbildung der Elternhaltung im allgemeinen doch weitaus wichtiger als die Erfahrungen mit später erst auftauchenden Autoritätspersonen.

Was für Körperhaltungen, Gebärden und Worte einer Elternhaltung entsprechen, läßt sich leicht auf einer Zusammenkunft von Eltern in einer Schule beobachten, aber auch bei einem Gespräch von Eltern unter sich in der Ecke eines Wohnzimmers oder auf einer Cocktailparty (Be I/61). Es ist dabei nicht nötig, daß sich solche Eltern über ihre Kinder unterhalten; es genügt, daß sie über andere, z. B. über Jugendliche im allgemeinen, über die Kirchenpflege, über politische Parteien oder auch die Menschen überhaupt, Urteile fällen, leichthin und von oben herab, wie dies Eltern über ihre Kinder zu tun pflegen. In der Transaktionalen Analyse werden dabei zwei Kategorien von Elternhaltungen unterschieden: eine an ungeprüften Vorurteilen orientierte *kritische* (auch kontrollierende oder vorurteilsvolle) und eine *wohlwollende* Haltung. Die erste dieser beiden Haltungen werde ich im folgenden als «kritische Elternhaltung» bezeichnen, obgleich ich sehr wohl weiß, daß nicht jede kritische Haltung an Vorurteilen orientiert ist und daß es auch wohlwollende Kritik gibt. Einschränkungen der unbefangenen Kindheitshaltung, in der das Kind spontan und «ohne

* M. Edwards, *The Two Parents,* TAB 7 (1968), S. 37 f.

auf die Konsequenzen seines Verhaltens zu achten» (FE 23) an die Dinge herangeht, sind wohl unausweichlich, um das Leben des Kindes zu erhalten, aber es kommt darauf an, ob sie dem Kind aus einer überwiegend wohlwollenden oder aus einer unterdrückenden, aus einer ermutigenden oder aus einer entmutigenden Elternhaltung heraus auferlegt werden.

Verschiedene Autoren haben aus solchen Überlegungen heraus die möglichen Elternhaltungen noch weiter differenziert. Die kritische Elternhaltung kann in ihrer Auswirkung durchaus positiv sein («Halt! Renn nicht, ohne dich umzublicken, auf die Straße hinaus!»), aber auch negativ, herabsetzend oder entmutigend («Du bist dumm!», «Was, zum Teufel, ist auch mit dir wieder los!»). Andererseits kann auch eine wohlwollende Elternhaltung sich negativ auswirken, z. B. verwöhnend («Sag, wenn du nicht magst, dann mach' ich es für dich!») oder die Abhängigkeit auf andere Art unterstützend («Gib dir mir zuliebe Mühe!»). Positiv wirkt sich eine wohlwollende Elternhaltung aus, wenn sie das Kind ermutigt und zu einer autonomen Haltung ermuntert («Das hast du gut gemacht!», «Versuch es nochmals; ich trau dir zu, daß du es fertig bringst!», «Es ist schön zu leben!»). Im Jargon der Transaktionalen Analyse wird in diesem Zusammenhang oft von einem O.K.-kritischen Eltern-Ich oder einem nicht-O.K.-kritischen Eltern-Ich, von einem O.K.-wohlwollenden Eltern-Ich oder von einem nicht-O.K.-wohlwollenden Eltern-Ich gesprochen.*

Gebärden, die einer Elternhaltung entsprechen sind z. B. hochgzogene Augenbrauen, bekümmerte Stirnfalten, ein mahnender Zeigefinger, Händeringen. Wer einem andern gönnerhaft durch's Haar fährt oder liebevoll auf den Kopf tätschelt, nimmt eine Elternhaltung ein. Mahnende Sprichworte wie «Morgenstund hat Gold im Mund!», «Wer den Heller nicht ehrt, ist des Talers nicht wert!» oder Aussprüche wie «Das hab' ich dir doch schon ein dutzendmal gesagt!», «So etwas will ich nicht mehr hören!» oder auch «Das hast du brav gemacht!», «Tu das mir zuliebe!», Worte wie «lächerlich», «unreif», «kindisch», «böse» sind häufig «Elternworte», ganz besonders aber «sollte» und «müßte» oder «nie» und «immer» (Be V/82; H 84 ff).

* T. Kahler, Structural Analysis: *A Focus on Stroke Rationale, a Parent Continuum, and Egograms,* TAJ 5 (1975), S. 267; N. Porter, *Functional Analysis,* TAJ 5 (1975), S. 272 f; C. Marsh u. B. Drennan, *Ego States and Egogram Therapy,* TAJ 6 (1976), S. 135.

*c) Die Erwachsenenhaltung als Ausdruck der Fähigkeit,
die Realität unvoreingenommen zu prüfen und seine
Entscheidungen und sein Verhalten darauf abzustimmen*

Neben der Kindheitshaltung und der Elternhaltung entwikkelt sich allmählich ein drittes Erlebens- und Verhaltensmuster: die Erwachsenenhaltung als Ausdruck eines objektiv und rational auf die Realität bezogenen Persönlichkeitsanteils oder eines Erwachsenen-Ichs. Nach HARRIS beginnt die Bildung eines Erwachsenen-Ichs ungefähr im Alter von zehn Monaten (H 43). Die Erwachsenenhaltung ist gleichsam eine Fortentwicklung der natürlichen Neugier des Kleinkindes (H 51), die durch die zunehmende Bewegungsfähigkeit und die Erfahrung, daß es auch verändernd in die Umwelt eingreifen kann, immer neue Nahrung findet (H 43 f, 45). Im Kleinen Pfiffikus oder Kleinen Professor (s. S. 26) verbindet sich eine Erwachsenenhaltung, wie sie bereits einem Kleinkind möglich ist, mit den intuitiven oder kreativen Fähigkeiten des unbefangenen Kindes.

Die Erwachsenenhaltung ist auf eine objektive Erfassung der Realität ausgerichtet. Sie setzt also bereits die Möglichkeit voraus, gedankliche Überlegungen anzustellen und ihr Ergebnis an der Realität zu prüfen. In der Erwachsenenhaltung werden Informationen gesammelt und ausgewertet. Entscheidungen und Handlungen werden auf Grund solcher Informationen vollzogen. Da viele Entscheidungen nicht allein auf Grund hundertprozentig sicherer objektiver Informationen getroffen werden können, spielt die Einschätzung der Wahrscheinlichkeit im Zusammenhang mit früheren vergleichbaren, allenfalls auch nur überlieferten Erfahrungen eine große Rolle. Die Erwachsenenhaltung ist unentbehrlich für die Lebensbewältigung. «Wer sich mit der gegenwärtigen Realität auseinandersetzt, Tatsachen sammelt und sie objektiv verarbeitet, befindet sich in seinem Erwachsenen-Ich-Zustand» (JJ 36). Es gehört das Bewußtsein dazu, daß die Realität sich ständig ändert. Es gehört der Wille und die Fähigkeit dazu, sich von traditionellen und konventionellen «Meinungen» und «Urteilen» zu befreien, die unbedacht von den Eltern übernommen wurden, aber sich auch von unbedachten emotionalen Impulsen zu distanzieren, die der Kindheitshaltung entspringen (Be I/68, II/186). Es darf dies aber nicht dahin mißverstanden werden, daß jemand, der sich in der

Erwachsenenhaltung befindet, seine Gefühle verleugnen oder gar abzutöten oder Vorurteile, die ihm sein Eltern-Ich anbietet, grundsätzlich zu verwerfen habe. Er hat nur aufmerksam und unbestechlich die Realität zu prüfen (CSt 36). BERNE ergänzt den bei den amerikanischen Vertretern der Transaktionalen Analyse beliebten Vergleich der Erwachsenenhaltung mit einem Computer durch die Bemerkung, daß auch Verantwortungsbewußtsein, Zuverlässigkeit und die Bereitschaft, Verpflichtungen einzugehen, sowie Mut die Erwachsenenhaltung auszeichne (Be I/68, 111). Überdies stellt er fest, daß nicht die Genauigkeit, mit der die Realität erfaßt wird oder eine Voraussage dann auch eintrifft, darüber entscheide, ob der Betreffende in der Erwachsenenhaltung wahrgenommen und entschieden hat, sondern vielmehr die Objektivität und Intelligenz, mit der er die ihm zur Verfügung stehenden Erfahrungen ausgewertet habe. Der Erfahrungsschatz eines noch sehr jungen Menschen oder eines ausgebildeten Fachmannes, derjenige eines Bauern oder eines Großstädters ist jedesmal so verschieden, daß jeder in einer bestimmten Frage zu einem wieder andern Schluß gelangen kann (Be I/68, II/186).

Die Erwachsenenhaltung entspricht in Bezug auf die zwei andern möglichen Haltungen einer Kontrollfunktion (JJ 267 ff). BERNE spricht in diesem Sinn von der «Hegemonie des Erwachsenen-Ichs» (Be I/246). Die von den Eltern oder andern Autoritäten übernommenen und internalisierten Ansichten und ebenfalls die dem unbefangenen inneren Kind entspringenden emotionalen Reaktionen und Impulse werden auf ihre Realitätsgerechtigkeit geprüft und konstruktiv eingesetzt. Wer eine Erwachsenenhaltung einnimmt, trifft seine Entscheide bewußt und verantwortlich; gegebenenfalls zählt er, wenn's eilt, doch noch zuerst auf 10, bevor er sich endgültig entschließt (JJ 270). Sich bei belanglosen, aber notwendigen alltäglichen Verrichtungen auf das zu verlassen, was man von den Eltern gelernt hat, kann durchaus sinnvoll sein. «Dadurch bleibt dem Erwachsenen-Ich erspart, zahllose Trivialentscheidungen zu fällen und es kann sich, indem es die Routine-Angelegenheiten dem Eltern-Ich überläßt, selbst intensiver bedeutungsvolleren Problemen zuwenden» (Be III/27).

Die Eigenheiten einer Erwachsenenhaltung können nach BERNE am ehesten bei beruflichen Zusammenkünften von Wissenschaftlern (Be I/61) oder bei Leuten beobachtet werden, die als bedachte und verantwortungsbewußte Bürger handeln (Be I/65). Die Erwachsenenhaltung darf nicht mit einer «vernünftigen Elternhaltung» verwechselt werden, wie dies sehr oft geschieht. Aus einer «vernünftigen Elternhaltung» zu entscheiden, kann durchaus sinnvoll sein, wenn der Betreffende keine Möglichkeiten hat, selbst die nötigen Informationen zu sammeln, um eigenständig entscheiden zu können, oder wenn der Betreffende überhaupt nicht gelernt hat, eine Erwachsenenhaltung einzunehmen. Die «vernünftige Elternhaltung» ist aber immer nur von den eigenen Eltern oder von anderen «elterlichen» Autoritäten «ausgeborgt».

Typisch für die Erwachsenenhaltung sind Fragen, mit denen Informationen gesammelt werden: «Warum?», «Was?», «Wie?», «Wo?», «Kann ich selbst einmal sehen?» sowie Wendungen wie «Meines Erachtens ...», «Meiner Meinung nach ...», «Soweit ich sehe ...» (H 88), dies insofern als diese Fragen wirklich der Situation entsprechen und nicht Ausflüchte bedeuten, um einer Stellungnahme zu entgehen. Eine gute Methode eine wichtige Entscheidung zu fällen, besteht darin, sich zuerst zu überlegen, was wohl die Eltern zu der betreffenden Angelegenheit sagen würden, dann, was für spontane Gefühle, schließlich auch, was für Bedürfnisse und Impulse dem inneren Kind entspringen, und endlich sich die Frage zu stellen: «Entspricht diese oder jene Reaktion oder vielleicht eine dritte Lösung noch meinen bisherigen Erfahrungen der Realität am besten?» (JJ 270 ff).

3. Das Verhältnis der drei Persönlichkeitsanteile zueinander

a) Der Wechsel von einer Haltung zur andern

«Jede Art von Ich-Zustand hat ihre eigene lebenswichtige Bedeutung für den menschlichen Organismus» (Be III/27). Jede Haltung hat ihren Sinn in einem erfüllten und produktiven Leben (Be III/28; JJ 259). Je nach Anlaß und Situation ist es angebracht, diese oder jene Haltung einzunehmen.

Dasjenige Ich, das im äußeren Verhalten zum Ausdruck kommt, kann das *maßgebende Ich* genannt werden. Es schließt aber nicht aus, daß der Betreffende sein Verhalten aus einer Haltung heraus beobachtet, die einer der andern zwei Ich-Zustände entspricht. So beschreibt STEINER einen Mann, der an einer Party etwas angetrunken zur Musik ausgelassen zu tanzen beginnt. In diesem Moment ist offensichtlich sein Kind-Ich für das Verhalten verantwortlich. Dabei kann aber das Eltern-Ich gleichsam zusehen und murmeln: «Du machst dich lächerlich, Charlie!» oder: «Das ist ja alles recht und gut, aber denk an deinen Bandscheibenschaden!». Es kann dann geschehen, daß bei einer solchen Gelegenheit das Eltern-Ich die Oberhand gewinnt, der Betreffende das Tanzen aufgibt, sich setzt und nun aus einer mißbilligenden Elternhaltung heraus den andern Tänzern zusieht (CSt 37 f).

Was den Wechsel von einer Haltung zur andern anbetrifft, unterscheiden sich die Individuen durch gewisse Eigenheiten. Es gibt Leute, die sehr leicht von einer Haltung in die andere hinüberwechseln oder bei denen kurz hintereinander in schroffem Wechsel einmal dieser, dann wieder jener Ich-Zustand maßgebend ist. Durch irgend einen Anlaß, in einer Behandlungsstunde z. B. nur durch ein bestimmtes Wort des Therapeuten, können solche Menschen aus einer überheblichen, entrüsteten und engherzigen Elternhaltung in die Haltung eines jammernden und weinenden Kindes hinüberwechseln oder auch plötzlich eine vernünftige und realitätsangepaßte Erwachsenenhaltung einnehmen. Bei andern wieder geht der Wechsel von der einen zur andern Haltung nur schwer vor sich. Sind sie eben in kindlich-spielerischer oder elterlich-moralisierender Laune, so ist es für sie sehr mühsam, in eine Haltung zu gelangen, in der erwachsene realistische Überlegungen angestellt und entsprechende Entscheidungen getroffen werden können (Be I/34 f).

Es gibt Menschen, bei denen bei einem Wechsel von einer Haltung zur andern das eine Ich nicht mehr weiß, was das andere gesagt oder sogar getan hat. Sie wechseln sozusagen kopf- und verantwortungslos von einer Haltung zur anderen, wobei sie sich zudem oft jedesmal durchaus identisch mit sich selber fühlen (Be VI/252). Ein solcher Mensch kann wegen einer Kleinigkeit kindlich unbeherrscht und jähzornig gegenüber einem

Partner reagieren, wenige Minute später aber wieder ganz vernünftig werden und realitätsgerechte Lösungen zum anstehenden Problem anbieten. Dabei kann er seine vorangegangene Reaktion vollkommen vergessen oder sich, wenn er sich noch einigermaßen daran erinnert, wundern, weswegen ihn der Gesprächspartner dabei ernstgenommen hat. Ein anderer verkündet angeblich für ihn unumstößliche Prinzipien, denen er später zuwiderhandelt, ohne daß ihm dies auffällt. Wird ihm ein derart widersprüchliches Verhalten vorgeworfen, dann erinnert er sich überhaupt nicht mehr an seine vorangegangenen Äußerungen und leugnet sie möglicherweise sogar energisch ab; hat er noch eine schwache Erinnerung daran behalten, so findet er es merkwürdig, daß der Partner ihn dabei behaften möchte, wo dies doch «nur so eine Laune» gewesen sei.

b) Das eigentliche Selbst

Mit der Haltung oder dem sogenannten Ich-Zustand, der eben aktiviert wird oder den jemand einnimmt, ändert sich auch das Identitätsgefühl: Wer eine Elternhaltung einnimmt, ist in eben diesem Augenblick mit seinem Eltern-Ich identifiziert und dasselbe gilt für die Kindheitshaltung und die Erwachsenenhaltung. Ich bin nicht nur, sondern ich erlebe auch mich selbst als jemand anderer, ob ich eine Elternhaltung, eine Kindheitshaltung oder eine Erwachsenenhaltung einnehme. BERNE nennt dasjenige Ich, mit dem der Betreffende sich im Augenblick identifiziert, sein *eigentliches Selbst*.

Diesen Begriff des «eigentlichen Selbst» mußte BERNE einführen, weil nämlich dasjenige Ich, das als eigentliches Selbst erlebt wird, nicht immer durch denjenigen Persönlichkeitsanteil repräsentiert wird, der auch das Verhalten beherrscht. Eine seiner Patientinnen litt unter einem Waschzwang. Zeitweise erlebt sie diesen als ich-fremd, also im eigentlichten psychopathologischen Sinne als Zwang, dem sie sich widerwillig unterziehen mußte. Der Waschzwang ist Ausdruck eines Kindheits-Ichs, das auf jener Entwicklungsstufe fixiert ist, für die bei vielen Kindern eine Neigung zu magischem Denken und Zwangshandlungen kennzeichnend ist. Das «eigentliche Selbst» ist bei dieser Patientin durch ihr Erwachsenen-Ich repräsentiert, aber das Kindheits-Ich beherrscht das Verhalten. In den Zeiten, in denen die Patientin frei von ihrem Waschzwang ist, ist dasjenige Ich, das dem «eigentlichen Selbst» entspricht, das Erwachsenen-Ich, identisch mit demjenigen Ich, das für das Verhalten maßgebend ist. Es kommt bei dieser Patientin aber auch vor, daß sie das, was dem Betrachter als Waschzwang imponiert, als ich-eigene Handlung empfindet. Sie erlebt sich selbst als diejenige, die sich entschlossen hat, unzählige Male hintereinander die Hände zu wachsen. Auch in diesem Zustand ist das Ich, das dem «eigentlichen Selbst» entspricht, identisch mit demjenigen, der für das Verhalten maßgebend ist, aber diesmal handelt es sich um das Kindheits-Ich (Be I/22 ff).

Den Unterschied zwischen dem «eigentlichen Selbst» und dem für das Verhalten maßgebenden Persönlichkeitsanteil versucht BERNE theoretisch mit energetischen Vorstellungen zu erklären (Be I/22 ff, VI/249). Seine diesbezüglichen Ausführungen beruhen auf Konstrukten und sind praktisch ohne Bedeutung, insbesondere befassen sie sich nicht mit der Frage, wieso einmal dieser, einmal jener Persönlichkeitsanteil die Bedeutung eines «eigentlichen Selbst» bekommt oder dann für das Verhalten maßgebend wird.

Im Zusammenhang mit der Frage nach dem «eigentlichen Selbst» muß unweigerlich die Frage nach der «wirklichen Person» als Träger des Lebensvollzuges auftauchen. BERNE versucht diese Frage an einem Vortrag rein erlebnispychologisch («phänomenologisch») zu beantworten. Fragt jemand «Wer bin ich?» oder «Was ist mein wirkliches Selbst?», so antwortet BERNE: «Jeder hat drei wirkliche Selbst.» Derjenige Ich-Zustand, der eben mit freier Energie besetzt sei, werde als das richtige Selbst erlebt. «Das Problem von Leuten, die herumsitzen und sagen: ‹Wer bin ich? Wer bin ich?› gründet sich auf die Tatsache, daß sie *eine* Person sein wollen und daß sie aber nicht *eine* Person sind. Es besteht keine Möglichkeit, *eine* Person zu sein. Jeder ist drei verschiedene Selbst. Sobald wir das realisieren, bietet uns das Problem des Selbst keine Schwierigkeit mehr».* An anderer Stelle weicht BERNE nun aber der Frage, wer eigentlich derjenige ist, der sich bald mit diesem, bald mit jenem Ich-Zustand identifiziert, nicht aus. Er stellt vielmehr fest, daß es sich dabei um einen Persönlichkeitskern

---

* *Transcription of Eric Berne in Vienna, 1968,* TAJ 3 (1973), S. 65 f, 68.

handeln müsse, der unabhängig von den Eigenheiten aller drei Ich-Zustände und deren Erlebens- und Verhaltensmuster sei. Es handle sich offensichtlich um «die wirkliche Person in einer wirklichen Welt». Er versucht, sich diesem Begriff noch mehr zu nähern, indem er feststellt: «Wenn Menschen einander wirklich nahe kommen, dringen sie in die Tiefen vor, in denen das eigentliche Selbst wurzelt und dieses ist derjenige Teil des Mitmenschen, den sie achten und lieben und mit dem sie Augenblicke echter Vertrautheit (‹Intimität›) erleben können» wie eine Mutter mit ihrem Kind (Be VI/276 f).

Während also BERNE am einen Ort als «eigentliches Selbst» diejenige Ich-Form bezeichnet, mit der ich mich im gegebenen Augenblick identifiziere, so versteht er an einer andern Stelle desselben Werkes unter «eigentlichem Selbst» einen Persönlichkeitskern, der als solcher existiert und in eine Kommunikation mit andern Menschen eintreten kann.

c) Dissoziation und Integration

Manchmal kommen zwei verschiedene Haltungen in einem widersprüchlichen Verhalten gleichzeitig zum Ausdruck, so wenn z. B. die Stimme und Mimik eines Redners auf eine Erwachsenenhaltung schließen läßt, eine wegwerfende Handbewegung, die er gleichzeitig ausführt, auf eine Elternhaltung. STEINER würde in einem solchen Fall schließen, daß die Gesinnung des Redners einer Elternhaltung entspreche, die sich hinter einer zur Schau getragenen Erwachsenenhaltung verberge (CSt 39). BERNE spricht bei einem solchen Redner von einer *Dissoziation* zwischen zwei Haltungen. Die entsprechenden Ich-Zustände kommunizieren nicht miteinander und jede Teilpersönlichkeit geht sozusagen ihre eigenen Wege.

Der Dissoziation stellt BERNE eine *Integration* gegenüber. Von einer solchen spricht er, wenn alle drei Haltungen gleichzeitig und ohne sich gegenseitig zu widersprechen, zum Ausdruck kommen, wie dies bei der Ausführung künstlerischer Werke und in Berufen, bei denen der Umgang mit Menschen eine Rolle spiele, der Fall sei (Be VI/366 f).

d) Die Trübung

Es ist nicht selten, daß jemand glaubt, er nehme wahr, entscheide und urteile aus einer Erwachsenenhaltung heraus, während er im Grunde genommen Vorurteile aus seinem Eltern-Ich mitentscheiden läßt, die er dann aber gutgläubig wie nachgeprüfte, objektiv gegebene Tatsachen vertritt. Es gilt dies nach meinen Beobachtungen besonders bei der Diskussion «heißer» Themen, vornehmlich solcher aus den Gebieten der Politik, der Erziehung, der Sexualmoral oder der Religion. Die Transaktionsanalytiker sprechen in einem solchen Fall von einer *Trübung* der Erwachsenenhaltung durch das Eltern-Ich.

Es gibt auch Trübungen der Erwachsenenhaltung durch das Kindheits-Ich. Ich sehe vor allem ein sogenanntes Wunschdenken, das sich scheinbar auf logische Schlußfolgerungen stützt, letztlich aber durch Lust- und Unlustgefühle gesteuert wird, als Ausdruck einer solchen Trübung der Erwachsenenhaltung durch das Kindheits-Ich an. Ebenso gilt dies für gewisse Illusionen, die nicht als solche erkannt, sondern rationalisiert und als realitätsgerecht angesehen werden, z. B. «Ich warte nur noch auf den richtigen Mann, dann wird das Problem gelöst sein! (s. dazu auch S. 152). Auch Wahnideen werden in der Transaktionalen Analyse als Ausdruck derartiger Trübungen aufgefaßt.

Weder die Vorurteile noch die Illusionen und Wahnideen verschwinden, wenn eine Trübung als solche erkannt und aufgehoben wird, aber das Erwachsenen-Ich kann sich vorerst von ihnen distanzieren. Diese Distanz ermöglicht dann dem Betreffenden, zusammen mit seinem Therapeuten dem Ursprung dieser unrealistischen Ideen nachzugeben und sie zunehmend aufzulösen (Be I/31–34; H 120 ff; JJ 264 ff; CSt 41).

e) Befangenheit und Abspaltung

Nicht selten ist die *Befangenheit* in einer Haltung. Wer in einer bestimmten Haltung gewohnheitsmäßig befangen ist, nimmt in den verschiedensten Situationen nur das wahr, was die Einnahme dieser Haltung rechtfertigen würde und zieht immer Schlußfolgerungen, die dieser Haltung entsprechen.

Menschen, die sich auch den ernsthaften oder sogar tragischen Seiten des Lebens gegenüber immer spielerisch verhalten, solche, die Fragen, die an letzte Dinge rühren, immer wieder ins Lächerliche ziehen, ewige Backfische und ewige Rebellen sind in einer Kindheitshaltung befangen.

Wer in der Elternhaltung befangen ist, verhält sich innerlich wie äußerlich, wie wenn die Mitmenschen, mit denen er zu tun hat, seine Kinder oder Mündel wären. Er übernimmt für sie die Verantwortung, mischt sich in ihre persönlichen Angelegenheiten ein und gibt ungefragt gute Ratschläge. Dabei kann Voreingenommenheit, Kritik oder Wohlwollen im Vordergrund stehen (JJ 261 ff). Auch politische oder religiöse Fanatiker sind Leute, bei denen das Eltern-Ich die Herrschaft an sich gerissen hat, sodaß keine andere Stimme mehr zum Ausdruck kommen kann, es sei denn in gelegentlichen Fehlleistungen. Das eigene Kind-Ich, das eigene Erwachsenen-Ich wie die realen Gesprächsteilnehmer werden überfahren (Be VI/366). Gewinnen solche Menschen reale Macht über andere, kann sich das verheerend auswirken, obgleich solche Fanatiker überzeugt sind, für jedermann nur das Beste zu wollen (CSt 56).

Es besteht auch die Möglichkeit, in der Erwachsenenhaltung befangen zu sein. Ein solcher Mensch verhält sich immer sachlich und objektiv, informiert sich stets ausreichend, bevor er die «einzig vernünftige» Entscheidung trifft, wirkt aber kühl und gefühllos, da ihm emotionale Reaktionen auch in Situationen, wo sie durchaus angebracht wären und weder ihm noch andern schaden würden, fremd sind (JJ 262).

Die Gesellschaft erwartet, daß ein typischer Pastor sich so benimmt, wie jemand, der gänzlich in einer Elternhaltung befangen ist; von einem anerkannten Wissenschaftler wird erwartet, daß er sich immer nur in einer Erwachsenenhaltung äußert; ein Zirkusclown sollte hingegen immer in einer Kindheitshaltung sein (Be I/16 f).

Neben der Befangenheit in einer bestimmten Haltung gibt es auch die *Abspaltung* einer solchen:

Wem eine Elternhaltung gänzlich fremd ist, mit andern Worten: Wer sein Eltern-Ich abgespalten hat, kennt keine Grundsätze, kann nicht die Verantwortung auch für andere übernehmen, wo dies angebracht wäre. Im extremen Fall hat er kein Gewissen und kennt die Gefühle der Scham, der Reue, der Verlegenheit und der Schuld nicht. Möglicherweise hatte er extrem

brutale, seltener extrem verwöhnende Eltern (H 124 f). Die
Ausschaltung eines *destruktiven* Eltern-Ichs kann allerdings
auch positive Auswirkungen haben, besonders wenn der Betreffende lernt, aus seinem Erwachsenen-Ich heraus die Eltern-
funktion gegenüber andern zu ersetzen, was bedeuten würde,
daß er ihnen, ohne sich überlegen zu fühlen, mit sachlichen
Ratschlägen zur Seite steht. Ein fehlendes oder ausgeschaltetes
Eltern-Ich kann auch neu programmiert werden (JJ 259).

Wessen Kindheits-Ich abgespalten ist, dem ist es unmöglich,
einmal auch nur vorübergehend unbekümmert und ausgelassen
zu sein. Er mag sich kein Vergnügen gönnen (JJ 261 f), bei
einem vergnüglichen Anlaß kann er als Spielverderber wirken
(CSt 39). Eine spielerische Einstellung zu bestimmten Ereignissen oder sogar zum Leben als ganzem ist ihm fremd. Er ist
wahrscheinlich von ernsten und pflichtbewußten Eltern zu einer
solchen Lebensauffassung erzogen worden (H 122 f). Möglicherweise strebt er mit dieser Haltung nur einem Elternteil,
meistens dem gleichgeschlechtlichen nach.

Bleibt die Möglichkeit unbenutzt, eine Erwachsenenhaltung
einzunehmen, dann fehlt ein sicherer Bezug zur Realität. Ein
solcher Mensch lebt realitätsfremd, oft wirr und in seinen
Überlegungen und Handlungen dissoziiert (H 126 f). Von der
grundsätzlichen Abspaltung des Erwachsenen-Ichs ist aber
meines Erachtens seine mangelhafte Ausbildung oder doch seine
Schwäche zu unterscheiden, was einem kindlichen Zustand entsprechen würde. Hier besteht dann, wie vielleicht bei der Mehr-
zahl der Menschen, ein überwiegender Einfluß des Eltern- und
Kindheits-Ichs auf die Entscheidungen und Handlungen.

f) Das «integrierte Erwachsenen-Ich»

Trotzdem es BERNE ablehnt, von reifen und unreifen Individuen zu sprechen, da jedermann die Möglichkeit habe, wenn
erforderlich, eine «reife» Erwachsenenhaltung einzunehmen
(Be I/75), beschreibt er doch das Ideal einer Erwachsenenhaltung, das jedermann zu erreichen versuchen sollte. Eine solche
Erwachsenenhaltung zeichne sich durch einen Charme und
eine natürliche Offenheit aus, wie sie sonst nur unbefangene
Kinder zeigten, wozu sich moralische Qualitäten, wie Mut,

Ernsthaftigkeit, Redlichkeit und Zuverlässigkeit gesellen, denen auf der ganzen Welt ein hoher Wert zugestanden werde. Zusätzlich zur Fähigkeit, die realen Gegebenheiten objektiv wahrzunehmen und aus ihnen logische Schlußfolgerungen zu ziehen, zeichne sich ein Mensch, der eine solche Haltung einnehme, auch durch eine positive menschliche Ausstrahlung und ein hohes soziales Verantwortungsgefühl aus, habe also Elemente integriert, die nicht nur der Erwachsenenhaltung im üblichen Sinn zukomme, sondern auch der Haltung eines unbefangenen Kindes und einer sozial positiven Elternhaltung. Es handle sich dann um eine Persönlichkeit, die alle diese Wesenszüge integriert habe (Be I/211 f). JAMES und JONGEWARD sprechen vom «Integrierten Erwachsenen-Ich» (JJ 302–305).

Das «Integrierte Erwachsenen-Ich» ist etwas grundsätzlich anderes als das «gewöhnliche» Erwachsenen-Ich, das psychologisch auf gleiche Ebene gestellt und mit dem Kindheits-Ich und dem Eltern-Ich verglichen wird. Im Grunde genommen ist es unzulänglich und mißverständlich von dem, was BERNE meint, ebenfalls als von einem «Erwachsenen-Ich» zu sprechen. Es handelt sich um die Vorstellung von einer menschlichen reifen Persönlichkeit, die mit der strukturanalytischen Betrachtungsweise nicht erfaßt werden kann.

4. Strukturanalyse höherer Ordnung

BERNE sah die Möglichkeit, die drei Ich-Zustände noch weiter zu analysieren, indem er an jedem nochmals einen elterlichen, einen erwachsenen und einen kindlichen Anteil unterschied. Über die psychologische Bedeutung einer solchen Strukturanalyse höherer Ordnung besteht bei den Anhängern der Transaktionsanalyse keine absolute Einigkeit, selbst die Angaben von BERNE selbst sind von Widersprüchen nicht frei. Ich werde im folgenden die Anregung einer formalen Strukturanalyse durch BERNE zusammenfassend schildern und dann in einem zweiten Teil einen Überblick zu geben versuchen über die funktionelle Bedeutung, die verschiedene Transaktionsanalytiker den verschiedenen Persönlichkeitanteilen, die sich aus einer Strukturanalyse zweiter Ordnung neu ergeben, zuteilen.

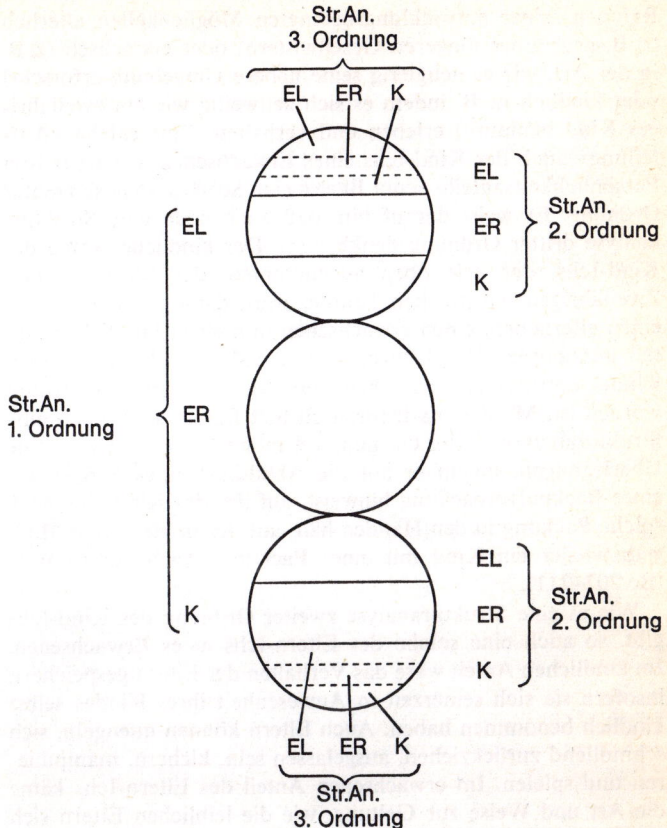

Fig. 1

a) Die formale Strukturanalyse höherer Ordnung nach BERNE
(Fig. 1)

Wenn wir annehmen, daß das Kind-Ich eines Erwachsenen
etwa der Identität eines fünfjährigen Kindes entspricht, so

können wir auch innerhalb dieses Kind-Ichs nochmals einen elterlichen, einen erwachsenen und einen kindlichen Anteil unterscheiden, denn bereits ein fünfjähriges Kind kann sich im Rahmen seiner entwicklungsbedingten Möglichkeiten elterlich (z. B. gegenüber jüngeren Geschwistern) oder erwachsen (z. B. in der Art, wie es neugierig seine nähere Umgebung erforscht) oder kindlich (z. B. indem es sich zeitweilig wie ein zweijähriges Kind benimmt) erleben und verhalten. Eine solche «Aufteilung» auch des Kind-Ichs eines Erwachsenen in wieder drei Persönlichkeitsanteile nennt BERNE eine Strukturanalyse zweiter Ordnung. Er weist darauf hin, daß auch noch eine Strukturanalyse dritter Ordnung denkbar sei. Der kindliche Anteil des Kind-Ichs, der, wie oben angenommen, der Identität einer Zweijährigen entsprechen könnte, wäre dann auch wieder in einen elterlichen, einen erwachsenen und einen kindlichen Anteil aufzulösen. Der letztere könnte z. B. der Identität eines Kindes entsprechen, das eben von der Mutterbrust entwöhnt worden ist. Mindestens theoretisch hält BERNE auch noch eine Strukturanalyse vierter Ordnung für möglich. Er illustriert seine Überlegungen, indem er auf die Abbildung eines Kindes auf einer Backpulverpackung hinweist, auf der das Kind eine eben solche Packung in den Händen hält, auf der in kleinerem Maßstab wieder ein Kind mit einer Packung abgebildet ist usw. (Be 207–211).

Wie es eine Strukturanalyse zweiter Ordnung des Kind-Ichs gibt, so auch eine solche des Eltern-Ichs eines Erwachsenen. Im kindlichen Anteil wäre das Verhalten der Eltern gespeichert, insofern sie sich seinerzeit in Anwesenheit ihres Kindes selbst kindlich benommen haben. Auch Eltern können quengeln, sich schmollend zurückziehen, ausgelassen sein, kichern, manipulieren und spielen. Im erwachsenen Anteil des Eltern-Ichs käme die Art und Weise zur Geltung, wie die leiblichen Eltern sich objektiv mit den realen Gegebenheiten auseinandersetzten. Im elterlichen Anteil des Eltern-Ichs hat sich das moralisierende, strafende, fürsorgliche, vielleicht auch ignorierende Verhalten niedergeschlagen, das die Eltern seinerzeit von ihren eigenen Eltern übernommen haben (JJ 130). So kann z. B. jemand direkt eine Eigenart aus dem Kind-Ich seines Vaters übernommen haben, dieser aber selbst ablehnend gegenüberstehen, wie es dem Eltern-Ich seiner Mutter entsprechen würde. Auch der elterliche Anteil des Eltern-Ichs kann nochmals einer Strukturanalyse dritter Ordnung usw. unterzogen werden. Dabei kann es gelingen, eine charakterliche Eigenheit über mehrere Generationen herzuleiten, ohne daß es sich dabei um eine Vererbung handeln muß (Be I/212, 217–223).

BERNE versuchte, auch eine Strukturanalyse zweiter Ordnung des Erwachsenen-Ichs durchzuführen, wobei er aber nach ganz andern Überlegungen vorging. Das Ergebnis ist das, was ich auf S. 41 f als «Integriertes Erwachsenen-Ich» geschildert habe, worauf ich an dieser Stelle nicht nochmals eingehen möchte.

Eine effektive Strukturanalyse zweiter und allenfalls auch noch dritter Ordnung kann im Laufe einer längeren Behandlung, am ehesten von Charakterstörungen und psychopathischen Erscheinungsformen, sinnvoll sein. Von besonderem Interesse sind dann im allgemeinen der kindliche Anteil im Eltern-Ich und der erwachsene Anteil im Kind-Ich des Patienten. Eine solche Strukturanalyse zweiter und dritter Ordnung kann dem Patienten zu einem besseren Verständnis für gewisse Bereiche seines Erlebens verhelfen (Be I/213, 217). Unter anderem erlaubt eine solche Analyse oft die schwierige Entscheidung, ob das vernünftige Verhalten, das ein Patient zeigt, seinem eigenen Erwachsenen-Ich entspringt oder aber einer Identifikation mit dem Erwachsenen-Ich seiner Eltern entspricht. Es ist ein Unterschied, ob ich auf Grund *eigener* Erfahrungen und Überlegungen werte, entscheide und handle oder ob ich so werte, entscheide und handle, wie meine Eltern auf Grund *ihrer* Einschätzung der Realität gewertet, entschieden und gehandelt hätten. Die Realität, in der sie lebten, war eine andere als die Realität, in der ich lebe, und ihre Erfahrungen waren andere als meine Erfahrungen, was allerdings nicht von vornherein ausschließt, daß ich sie nicht auch gleichsam zur Beratung herbeiziehe, wenn ich Entschlüsse zu fassen habe.

In seinem ersten Buch bezeichnete BERNE die verschiedenen Ich-Zustände innerhalb der Strukturanalyse *erster* Ordnung sinnvoller Weise mit EL_1, ER_1 und K_1, die entsprechenden Anteile im Rahmen der Strukturanalyse *zweiter* Ordnung mit EL_2, ER_2 und K_2 usw. (Be I/209). Leider bürgerte sich später in der Transaktionalen Analyse ein, die verschiedenen Ich-Zustände *erster* Ordnung mit EL_2, ER_2 und K_2 zu bezeichnen, diejenigen *zweiter* Ordnung mit EL_1, ER_1 und K_1. BERNE hat später diese Schreibweise, die vermutlich auf entwicklungspsychologische Gedankengänge zurückgeht, offiziell gutgeheißen und empfohlen*. Wird auch mit einer Strukturanalyse dritter und vierter Ordnung gearbeitet, was allerdings in der Praxis nur selten vorkommt, so sollen nach BERNE die Verlegenheitsbezeichnungen EL_{1a}, EL_{1b} usw. Verwendung finden.

b) Die funktionelle Strukturanalyse zweiter Ordnung

BERNE selbst wie verschiedene seiner Schüler setzen die verschiedenen Anteile, die sich aus der Strukturanalyse zweiter Ordnung ergeben, mit bestimmten Funktionen gleich. Damit wird allerdings die strenge Scheidung zwischen «psychobiologischer Struktur» und «deskriptiver Funktion», wie sie BERNE ausdrücklich fordert (Be VI/412), verwischt.

JAMES und JONGEWARD identifizieren den kindlichen Anteil im Kind-Ich mit dem unbefangenen inneren Kind, das sich durch liebevolles, implusives, sinnenfreudiges und neugieriges, aber auch durch ängstliches, hemmungslos egozentrisches und aggressives Benehmen zum Ausdruck zu bringen pflege. Den erwachsene Anteil im Kind-Ich identifizieren die Autorinnen in Übereinstimmung mit BERNE (Be VI/104 f) mit dem Kleinen Pfiffikus oder Kleinen Professor, dem ersten Ansatz des Erwachsenen-Ichs. Denjenigen Anteil, der bei der formalen Strukturanalyse zweiter Ordnung als elterlich aufgefaßt wird, identifizieren sie mit dem reaktiven Kind-Ich, das ja ganz unter elterlichem Einfluß steht (JJ 159).

Auch STEINER setzt den kindlichen Anteil des Kind-Ich mit dem unbefangenen oder natürlichen inneren Kind gleich, das noch Babysprache spreche, sich launisch verhalten und ausgelassen am Boden wälzen könne. Es sei «Prinz» oder «Prinzessin», d. h. darauf angelegt, als Gewinner durchs Leben zu gehen. Den erwachsenen Anteil im Kind-Ich identifiziert auch STEINER mit dem Kleinen Pfiffikus. Besonders eingehend befaßt sich aber dieser Autor mit dem elterlichen Anteil im Kind-Ich. Dieser zeichnet sich seines Erachtens durch einen negativen, hexenhaften, unterdrückenden und herabsetzenden Einfluß auf das Erleben und Verhalten aus. Er spricht von «Schweine-Eltern-Ich». Dieses entspreche einer Internalisierung von negati-

* E. Berne, *Standard Nomenclature*, TAB 8 (1969), S. 111 f.

ven Einflüssen des Kind-Ichs der leiblichen Eltern auf ihr Kind. Während das eigentliche Eltern-Ich (erster Ordnung) wohlwollend und gewährend eingestellt sei, so der elterliche Anteil im Kind-Ich ausgesprochen destruktiv. Sagt das Eltern-Ich erster Ordnung: «Achte auf dich, schenk deine Liebe nicht einem Mann, der dich nicht respektiert!», so sagt der elterliche Anteil im Kind-Ich oder das Schweine-Eltern-Ich: «Paß auf, Männer sind Schweine!». Sagt das Schweine-Eltern-Ich: «Du bist dumm und blöd», so sagt das Eltern-Ich erster Ordnung:« Hör nicht darauf! Du bist ganz in Ordnung und ich liebe dich!». Nach STEINER kann sich das Eltern-Ich erster Ordnung im Laufe der Zeit verändern, während der elterliche Anteil im Kind-Ich endgültig fixiert sei und deswegen nach Möglichkeit ausgeschaltet werden sollte (CSt 51–58).

BERNE ist mit der Auffassung von STEINER, daß die destruktiven Einflüsse der Eltern auf ihre Kinder grundsätzlich vom Kind-Ich der Eltern ausgehen würden, nicht bedingungslos einverstanden. STEINER habe diese Ansicht offensichtlich aus Erfahrungen mit Süchtigen, insbesondere Alkoholsüchtigen, und Soziopathen gewonnen, für deren Verhalten tatsächlich ein «verrücktes Kind-Ich» der leiblichen Eltern maßgebend gewesen sei. Es könnten aber auch negative Botschaften vom Eltern-Ich der leiblichen Eltern ausgehen (Be VI/280). Ich möchte beifügen, daß auch positive Botschaften vom Kind-Ich der leiblichen Eltern ausgehen können.

Der elterliche Anteil im Kind-Ich wird von BERNE und STEINER auch als «Elektrode» bezeichnet (Be VI/115 ff; CSt 54 f), weil von dort der Einfluß der internalisierten elterlichen Gebote und Verbote ausgehe, denen der Betreffende ganz automatisch zu entsprechen pflege, wie wenn im Laboratorium eine Elektrode im Gehirn eines Tieres plötzlich unter Strom gesetzt würde. STEINER setzt den elterlichen Anteil im Kind-Ich gleichermaßen mit dem Schweine-Eltern-Ich, der Elektrode und dem angepaßten Kind-Ich gleich (Fig. 2, S. 48), was begrifflich unzulänglich ist. In einer Skizze identifiziert BERNE den kindlichen Anteil im Kind-Ich kurzerhand mit dem «Dämon» (Be VI/116), was nicht sinnvoll scheint, denn an anderer Stelle bezeichnet er als «Dämon im Kinde» eine Instanz, die einer Internalisierung des «Dämons in den Eltern» entspreche (Be VI/135). Auf die Widersprüchlichkeit dieses Begriffes werde ich auf S. 139 f näher eingehen.

Es scheint mir sehr fraglich, ob die Formulierungen der Struk-

Funktionelle Strukturanalyse zweiter Ordnung des Kind-Ichs

nach STEINER

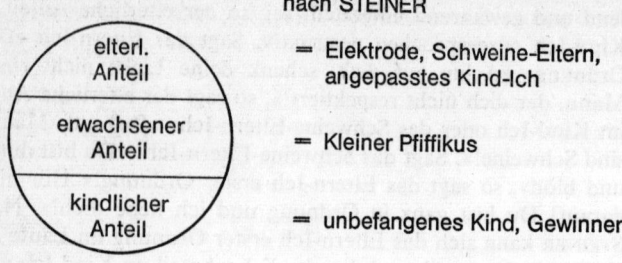

= Elektrode, Schweine-Eltern, angepasstes Kind-Ich

= Kleiner Pfiffikus

= unbefangenes Kind, Gewinner

Fig. 2

turanalyse höherer Ordnung psychologisch vorteilhaft sind. Alle Entwicklungstadien, die wir als Kinder durchschritten haben, können unter besonderen Umständen wieder geweckt werden. Auch im elterlichen Verhaltens eines Erwachsenen können sich, übermittelt von seinen Eltern, großelterliche Erlebens- und Verhaltensweisen oder sogar urgroßelterliche usw. wiederholen. Diese Möglichkeiten werden psychologisch nicht klarer erfaßt, wenn wir mit Strukturanalysen höherer Ordnung operieren. Es ist ungeschickt, phänomenologische, topische und entwicklungspsychologische Vorstellungen durch ein und dasselbe Diagramm illustrieren zu wollen.

Was STEINER als Schweine-Eltern-Ich bezeichnet und im elterlichen Anteil des Kind-Ichs lokalisiert sowie als Internalisierung von Einflüssen aus dem Kind-Ich der leiblichen Eltern auffaßt, bezeichne ich als «sabotierendes Eltern-Ich» oder «sabotierenden Anteil des Eltern-Ichs». Insofern es sich dabei um den Niederschlag destruktiver elterlicher Botschaften handelt, sehe ich keinen Anlaß diese im Kind-Ich zu lokalisieren und als ihre Quelle unbedingt das Kind-Ich der leiblichen Eltern anzusehen.

5. Das Egogramm nach J. M. Dusay*

Das Egogramm ist eine graphische Darstellung, aus der ersichtlich ist, wie häufig und intensiv die verschiedenen Ich-Zustände oder Haltungen eines bestimmten Menschen im Alltag in Erscheinung treten (Fig. 3 ist nur ein Beispiel). Es kommt dabei auf das Verhältnis der verschiedenen Haltungen zueinander an, wobei nach Dusay die Hypothese gilt, daß die Summe der ausgelebten Haltungen dieselbe bleibt, auch wenn sich das Egogramm einer Person, z. B. infolge einer Behandlung, verändern sollte. Bringt jemand ursprünglich sein Erwachsenen-Ich kaum zur Geltung, lernt er es aber dann zunehmend einsetzen, so wird die Säule, die im Egogramm sein Erwachsenen-Ich reprä-

Egogramm nach M. Dusay

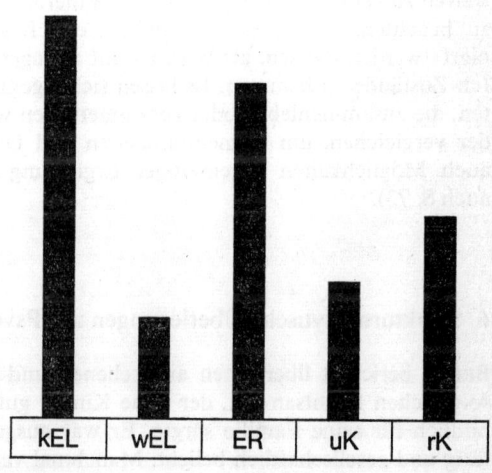

Fig. 3

* J. M. Dusay, *Egograms and the «Constancy Hypothesis»*, TAJ 2 (1972), S. 133 ff; derselbe, *Egograms,* Harper & Row, New York, 1977.

49

sentiert, höher, wobei sich aber «automatisch» eine andere Säule in der Höhe vermindert.

Es ist primär einfacher, das Egogramm eines andern aufzuzeichnen als sein eigenes Egogramm. Im letzteren Fall kann es nämlich geschehen, daß ich die verschiedenen Ich-Zustände nach dem bewerte, was *innerlich* in mir vorgeht. Ich kann mich z. B. ständig durch ein strenges und kritisches Eltern-Ich bedrückt fühlen und zeichne dementsprechend die Säule, die dem kritischen Eltern-Ich entspricht, hoch ein, während möglicherweise meine Umwelt mich keineswegs als besonders kritisch erlebt, hingegen als bedrückt und schuldbeladen (hohes angepaßtes Kind-Ich). Ich habe in einem solchen Fall von mir kein *Egogramm* skizziert, sondern, wie DUSAY dies nennt, ein *Psychogramm.*

In der Praxis können durch das Egogramm Veränderungen visuell festgehalten werden, die als Folge einer Therapie entstanden sind. Bei der Frage, welche Wesenszüge und Verhaltensweisen zu verändern sind, wirkt es sich therapeutisch besser aus, zu beachten, welche «unterentwickelten» Ich-Zustände «trainiert» werden müssen, als Wert darauf zu legen, «hypertrophe» Ich-Zustände zu hemmen. Es lassen sich Egogramme von Leuten, die zusammenleben oder zusammenleben wollen, miteinander vergleichen, um Gemeinsamkeiten und Unterschiede oder auch Möglichkeiten gegenseitiger Ergänzung festzustellen (s. auch S. 73).

6. Strukturanalytische Überlegungen zur Psychopathologie

BERNE berichtet über einen angesehenen und vor Gericht erfolgreichen Rechtsanwalt, der seine Kinder gut erzog und vorbildlich für seine Familie sorgte. Er war ausgesprochen wohltätig und gesellschaftlich beliebt. Manchmal verzog er sich von seiner Familie weg in eine Berghütte, angeblich um zu fischen. Dort hatte er einen Vorrat von Whisky, Rauschgift, pornographischer Literatur und Schießwaffen. Dort schwelgte er in kindlichen Phantasien, wie er solche tatsächlich als kleiner Junge gepflegt hatte und gab sich sexuellen Aktivitäten hin, die im allgemeinen als «infantil» beurteilt werden. Auch in der

Sprechstunde bei BERNE machte er manchmal den Eindruck eines kleinen, dann meist eher einsamen und ängstlichen Kindes. Bemerkenswert war sein Verhältnis zum Geld: Manchmal konnte er unverhältnismäßig große Geldsummen zu wohltätigen Zwecken ausgeben, die sogar seine Zahlungsfähigkeit gefährdeten. Er spürte dabei den Drang, alles Vermögen für die Armen und Unterdrückten herzugeben. Dann wieder ging er mit seinem Geld so geschickt und planvoll um wie ein raffinierter Bankier und hatte damit durchaus Erfolg. Zu andern Zeiten war er ausgesprochen kleinlich und knausrig und drehte jeden Pfennig um, ehe in ihn ausgab, ja, sparte sich sogar Ausgaben, indem er wie ein kleiner Junge heimlich Kaugummi stahl. Wie er es auch mit dem Geld hielt, immer hatte er dabei ein Unbehagen: Benahm er sich als großer Menschenfreund, ärgerte er sich irgendwie gleichzeitig, daß er es nicht lieber geschickt anlegte oder zu seinem eigenen Vergnügen ausgab; ging er damit klug und sorgfältig um, wie es eigentlich von einen Rechtsanwalt angenommen wird, hatte er ein schlechtes Gewissen, daß er nicht an andere Leute dachte; benahm er sich geizig, so hatte er das schlechte Gewissen ebenfalls und erst noch Angst, es könnte seinem Ruf als Anwalt schaden, wenn er doch einmal bei einem Ladendiebstahl erwischt würde. Noch gefährlicher für seinen Beruf war, daß er Rauschgifte, die ihm ein Klient überlassen hatte, bei sich aufbewahrte und sich – sozusagen wider sein besseres Wissen als Rechtsgelehrter – einbildete, die Behörden würden das durchaus tolerieren, wenn sie es erfahren würden.

Bei diesem Patienten lebten sozusagen ungerordnet nebeneinander ein kleiner Junge mit kindlichen Phantasien und Gewohnheiten und einer übertriebenen Sparsamkeit, wie er sie tatsächlich als Kind gezeigt hatte, ein gewissenhafter und geschickter Anwalt und Familienvater sowie ein großzügiger Menschenfreund und Helfer, genau, wie es sein Vater gewesen war. Der erste Schritt in der Behandlung, auf die ich an dieser Stelle nicht näher eingehen will, bestand darin, dem Patienten den Unterschied dieser drei Persönlichkeitsanteile klar zu machen; der zweite Schritt bestand dann darin, die Realitätsprüfung zu stärken und seinem Erwachsenen-Ich die Vorherrschaft zu ermöglichen. Daß er vorerst sich immer noch ungefähr alle zwei Wochen zu einem Wochenende in seine Hütte zurückzog – wie BERNE meint: sozusagen «eine Wochenendschizophrenie» auslebte – war kein allzu großes Übel. Wesentlich war es auch, die Trübung des Erwachsenen-Ichs durch das Kindheits-Ich zu beheben, die darin bestand, daß er – Ausdruck eines Wunschdenkes – meinte, die Behörden würden es durchaus hingehen lassen, wenn Rauschgift bei ihm gefunden würde (Be I/14 f, 149–156, II/179 f).

An anderer Stelle berichtet BERNE über eine junge Hausfrau, die ihm von ihrem Hausarzt zu einer konsiliarischen Untersuchung zugewiesen worden war. Während den ersten zwei Minuten saß sie gespannt mit niedergeschlagenen Augen auf ihrem Stuhl und begann dann zu lachen. Einen Augenblick später wurde sie wieder ernst und musterte den Arzt verstohlen. Dann wandte sie die Augen ab und begann wieder zu lachen. Dieses Hin-und-Her wiederholte sich noch drei- bis viermal. Plötzlich hörte sie auf zu kichern, setzte sich betont aufrecht hin, zog ihren Rock zurecht und wandte zugleich ihren Kopf lauschend nach rechts. BERNE hatte bis jetzt geschwiegen, um ihr Zeit zu lassen, sich an die Situation zu gewöhnen. Jetzt fragte er sie, ob sie Stimmen höre. Sie nickte, ohne den Kopf zu wenden und lauschte weiter. Nun fragte er sie ruhig und in sachlichem Ton, wie alt sie eigentlich sei. Sie wandte ihm ihr Gesicht zu und beantwortete diese und noch mehrere sachliche Fragen, sodaß es ihm möglich war, sich ein Bild über einige der Faktoren zu machen, die möglicherweise die akute Psychose der Patientin ausgelöst hatten. Er stellte dann während einer gewissen Zeit keine Fragen mehr und die Patientin fiel wieder in ihren früheren Zustand zurück. Der Kreislauf zwischen kokettierendem Kichern, verstohlener Musterung und Abschätzung des Psychiaters und steifer Aufmerksamkeit gegenüber den halluzinierten Stimmen begann aufs neue, bis BERNE sie fragte, wessen Stimme sie eigentlich höre und was diese ihr sagen würde. Sie berichtete, es scheine die Stimme eines Mannes zu sein, der ihr unverschämte Namen gebe, Worte, die sie nie zuvor gehört hätte. Das Gespräch wandte sich dann den Familienverhältnissen zu. Sie beschrieb ihren Vater als einen wundervollen Mann, einen aufmerksamen Gatten, liebevoll zu seinen Kindern und geschätzt in der Gesellschaft usw. Bald stellte sich aber heraus, daß er auch zuviel trinken konnte und sich dann völlig verändert zu verhalten pflege, wobei er auch üble Ausdrücke von sich geben könne. Als BERNE die Patientin aufgefordert hatte, einige dieser

Ausdrücke wiederzugeben, stellte es sich heraus, daß einige dieser Schimpfworte auch von der halluzinierten Stimme gebraucht wurden.

Dieses Beispiel zeigt nach BERNE, daß ein psychotischer Zustand strukturanalytisch darin besteht, daß für das Erleben und Verhalten auf ganz unangemessene Art und Weise ein (verwirrtes) Kindheits-Ich maßgebend ist. Gelingt es dem Psychiater durch geeignete Fragen und Themen, die das Kindheits-Ich nicht provozieren, das Erwachsenen-Ich anzusprechen, so verändert sich das Verhalten sofort, der Realitätsbezug wird wieder hergestellt und es kommt die erwachsene und vernünftige Hausfrau, welche die Patientin auch ist, zur Geltung. Ein solcher Zustand entspricht einer vorübergehenden Aufhellung der Psychose. Schon aus dem Verhalten, das die Patientin an den Tag legte, wenn sie der Stimme zuhörte, nämlich die aufrecht-korrekte Haltung und das Ordnen der Kleidung, lassen den erfahrenen Psychiater vermuten, daß es sich um eine elterliche Stimme handelte, welche die Patientin in die Haltung eines folgsamen Kindes versetzt. Die dritte Haltung, welche die Patientin zeigte, diejenige eines kokettierenden Schulmädchens, entspricht nach BERNE ebenfalls einer Kindheitshaltung, die aber nicht unter elterlichem Einfluß steht.

Auch bei einem solchen Patienten besteht nach BERNE der erste Schritt in der Behandlung darin, nach Möglichkeit das Erwachsenen-Ich zu stärken, indem er sich selbst, ohne das Kind-Ich zu provozieren, immer wieder mit diesem in Verbindung setzt. Voraussetzung ist allerdings, daß die Manifestationen des Kind-Ich akzeptiert werden, um dem Therapeuten den Zugang zum Erwachsenen-Ich zu erlauben. Wenn die Persönlichkeit des Patienten völlig desorganisiert und das Bewußtsein getrübt ist, besteht allerdings kaum eine Chance den Zugang zu finden. Der zweite Schritt wäre auch bei einer solchen Patientin die Förderung einer wenigstens zeitweiligen Distanzierung gegenüber dem Kindheits-Ich, was aber natürlich noch keineswegs einer Heilung entsprechen würde (Be I/10–13, 147 f).

Eine Strukturanalyse besteht darin, festzustellen, in welcher Haltung (Ich-Zustand) sich ein Patient während jeder seiner Transaktionen befindet (Be II/180). Daraus ergibt sich die «Strukturdiagnose», die sich nicht um die klassische psychopathologische Einordnung des Krankheitsfalles kümmert, aber durchaus Hinweise auf das wünschenswerte therapeutische Vorgehen gibt. Aus dieser Sicht ist es z. B. völlig unwesentlich, ob der Rechtsanwalt, den BERNE beschrieben hat, nun als Schizophrener, als Grenzfall, als suizidaler Depressiver, als impulsiver Neurotiker, als Süchtiger (was er in Tat und Wahrheit nicht war – Be I/159) oder als Psychopath klassifiziert wird (Be I/155).

Psychopathologische Symptome sind nach BERNE Manifestationen eines bestimmten Ich-Zustandes, wobei dieser selbst oder ein anderer gleichzeitig als «eigentliches Selbst» funktionieren kann. Die erste Aufgabe der Strukturanalyse besteht darin festzustellen, welcher Ich-Zustand sich in dem Symptom, das im Vordergrund steht, ausdrückt. Dabei können Charakterzüge Manifestationen eines andern Ich-Zustandes sein als Symptome im engeren Sinn. Daneben müssen auch Trübungen des Erwachsenen-Ichs beachtet werden. Solche Trübungen können zur Folge haben, daß zwar der Sinn für Realität noch besteht, daß aber krankhafte Symptome wie Halluzinationen oder Wahnideen in diese dem Therapeuten und dem Patienten gemeinsame Realität einbezogen werden (Be I/49).

Eine aktive Psychose bedeutet nach BERNE, daß das Kindheits-Ich des Patienten sowohl für das Verhalten und Erleben maßgebend ist, wie als «eigentliches Selbst» funktioniert, während das Erwachsenen-Ich ausgeschaltet bleibt. In einem schizophrenen Zustand besteht zudem ein «verwirrtes Kindheits-Ich». Die Rolle des Eltern-Ichs ist verschieden (Be I/143). Nach STEINER handelt es sich bei einem akuten psychotischen Schub um den Durchbruch des unbefangenen Kindheits-Ich nach einer Periode der Unterdrückung durch das Eltern-Ich (CSt 53). Bei einer manisch-depressiven Erkrankung, bei der BERNE allerdings eine organische Mitbedingung nicht ausschließen möchte, besteht ein Wechsel zwischen einem Zustand, in dem ein triumphierendes Kindheits-Ich sich ausagiert, während das Eltern-Ich ausgeschaltet ist, das dann aber, wenn das Kindheits-Ich «erschöpft» ist, umso stärker zum Zuge kommt und sich grausam rächt (Be I/54 f, 143; IV/349 f). Bei der Schizophrenie spiele das Eltern-Ich meist keine wichtige Rolle, was damit zusammenhängen könnte, daß auch der Einfluß der wirklichen Eltern meist gering sei (Be IV/350). Andererseits wird aber von der Seite von Transaktionsanalytikern darauf verwiesen, daß

54

bei einer Schizophrenie ausgesprochen destruktive, «verrückt machende» Einflüsse der Eltern internalisiert worden sein können, was eine Behandlungsmethode nahelegt, bei der das ursprüngliche Eltern-Ich «ausgelöscht» und ein neues positives Eltern-Ich gebildet werde (JJ 144, MJ Tech 488).*

Gehörshalluzinationen sind nach BERNE im allgemeinen Manifestationen des Eltern-Ichs, die vom Kindheits-Ich gehört werden, manchmal auch von einem getrübten, d. h. in seiner Realitätsprüfung behinderten Erwachsenen-Ich. Seltener würde es sich um Stimmen des Kindheits-Ich handeln (Be I/49). Wahnideen seien Manifestationen eines Kindheits-Ichs, das weitgehend mit dem Erwachsen-Ich verschmolzen sei, weshalb die Wahnidee als real erlebt werde. Gelingt es bei einer Behandlung, diese Verschmelzung oder Trübung aufzuheben, so werden die vordem im eigentlichen Sinn wahnhaften Ideen als ich-fremd erlebt, als seltsame und fremartige Einfälle, vorausgesetzt allerdings, daß das Erwachsenen-Ich als «eigentliches Selbst» funktioniert (Be I/50). Auch neurotische Symptome sind nach BERNE Manifestationen je eines einzelnen und wohl definierbaren Ich-Zustandes, wenn auch zugleich Ausdruck oder Ergebnis eines Konfliktes. Konversionshysterische Symptome seien Manifestationen eines Kindheits-Ichs, das vom Erwachsenen-Ich, das als das «eigentliche Selbst» funktioniere, durch Verdrängung abgespalten worden sei. Mit diesem Kindheits-Ich versuche dann der Therapeut Kontakt aufzunehmen, wobei er aber das Erwachsenen-Ich nicht, wie vorgeschlagen worden sei, mit Drogen oder Hypnose ausschalten sollte (Be I/55). Bei eine Phobie bestehe ebenfalls eine Vorherrschaft des Kindheits-Ichs (Be IV/345) und bei einer Zwangsneurose sei das Erwachsenen-Ich durch das Kindheits-Ich und das Eltern-Ich getrübt und habe deshalb die «soziale Kontrolle» verloren (Be IV/346).

Wie bei den Neurosen so ist auch bei Charakterstörungen und Psychopathien das Erwachsenen-Ich nicht völlig aufgehoben wie bei den akuten Psychosen, sonst wäre auch der Realitätsbezug aufgehoben und nicht nur beeinträchtigt. Dasselbe gilt für hypomanische und leicht depressive Zustände (Be I/143).

* die Autorinnen erwähnen in diesem Zusammenhang das Buch von Jaqui Lee Schiff u. Beth Day, *All My Children,* Evans, New York, 1971, s. auch S. 204 ff.

Bei Psychopathien agiere das Kindheits-Ich und beeinflusse in seinem Sinn durch Trübung auch das Erwachsenen-Ich (Be I/55, 143). Inwieweit das Eltern-Ich in Konflikt oder in Übereinstimmung dazu stehe, zeige sich darin, ob der Betreffende Gewissenbisse erlebt oder nicht (Be I/55 f). Nach PETZOLD sind Trübungen für neurotische Zustände kennzeichnend. Die Abspaltung eines Ich-Zustandes kennzeichne eine Psychopathie, z. B. die Abspaltung des Eltern-Ichs eine psychopathische Kriminalität oder Verwahrlosung, die Abspaltung des Kindheits-Ichs eine sozionegative fanatische Einstellung. Bei den Psychosen seien immer zwei Ich-Zustände ausgeschaltet, worunter auch das Erwachsenen-Ich. Bei einer lethal verlaufenden Katatonie nimmt PETZOLD eine Ausschaltung aller drei Ich-Zustände an (FE 40 f).

Manchmal zeigt eine unvermittelt geäußerte kluge Bemerkung, daß das Kindheits-Ich eines Patienten ständig genau beobachtet, was vor sich geht. BERNE berichtet über eine Patientin, die eben einen Traum erzählt hatte, worauf der Therapeut sagte: «Das ist interessant!» Sie sah ihn mißbilligend an und sagte: «Sie möchten eigentlich mehr als das sagen: Sie möchten mir mitteilen, daß der Traum eine sexuelle Bedeutung habe!» Mit dieser Vermutung äußerte sich der Erwachsenenanteil im Kindheits-Ich des Patienten, der «Kleiner Piffikus» (Be I/224). Dieser Pfiffikus kann sogar bei schizophrenen Patienten in Erscheinung treten, z. B. wenn ein solcher, falls er wohlwollend gegenüber dem Therapeuten eingestellt ist, diesen plötzlich darauf aufmerksam macht, daß er therapeutisch falsch vorgegangen sei und daß eine andere Behandlung angebracht wäre. Eine solche Bemerkung kann durch Gebärden, durch Andeutungen oder als Forderung geäußert werden. Auf alle Fälle wird ein kluger Therapeut darauf hören und oft die Erfahrung machen, daß eine solche Bemerkung eine sinnvolle Anregung enthalten kann (Be I/226 f).

Die Transaktionsanalyse hebt bei ihrer «Strukturdiagnose» zweifellos einen interessanten psychopathologischen Aspekt hervor. Wird nur dieser allein berücksichtigt, kommt dies aber einer Simplifizierung und Verarmung gleich. Wenn BERNE andeutet, daß eine klassische psychiatrische Diagnose keinen Bezug zum angebrachten psychotherapeutischen Vorgehen aufweise (Be I/155), so irrt er sich und widerspricht sich auch selbst, indem er ja auch von seinem

Standpunkt aus die verschiedenen psychopathologischen Syndrome ebenfalls nach bestimmten Kriterien voneinander unterscheidet. Außerdem enthalten die klassischen Diagnosen auch noch Vermutungen zur Ätiologie und Prognose, die in der Praxis ebenfalls eine Rolle spielen. Vor allem sind die antipsychiatrischen Ausfälle von Claude STEINER unangebracht, in denen er sich vornehmlich auch auf die klassische psychiatrische Diagnostik bezieht. Wenn die Gesellschaft psychiatrisch-diagnostische Ausdrücke wie «Schizophrenie» zur abwertenden Etikettierung kranker, ehemals kranker oder manchmal sogar nur mißliebiger, aber psychiatrisch gesunder Mitmenschen benützt, so kann dies gewiß nicht den Ärzten angelastet werden, die sich der Problematik dieser Begriff sehr wohl bewußt sind, aber ebenso gut wissen, wie wichtig es ist, die verschiedenen Syndrome, die ihnen begegnen, zu ordnen und immer neu zu versuchen, verschiedene Krankheitsbilder nach ätiologischen und therapeutischen Gesichtspunkten aufzustellen. Austausch und Überlieferung von Erfahrung wäre sonst gar nicht möglich.

Es trifft meines Erachtens nicht zu, daß eine Ausschaltung des Erwachsenen-Ichs immer zu einem krankhaften Verhalten führt. Viele Menschen, die gemeinhin als durchaus gesund gelten, leben kaum mit ihrem eigenen Erwachsenen-Ich, sondern setzen bei der Auseinandersetzung mit der Realität ihr Eltern-Ich (einschließlich dessen erwachsenen Anteil) ein, womit sie allerdings überall dort, wo die Realität sich seit der Zeit ihrer Eltern verändert hat, «daneben leben».

Die Analyse von Transaktionen

Fast alle Bücher von BERNE befassen sich in einem besonderen Kapitel ausführlich mit der Analyse von Transaktionen oder der Transaktionsanalyse im engeren Sinn (Be I/86–94, II/189–197, III/29–34, V/84–126, 244–254, VI/ 14–21). Von den Schülern von BERNE, deren Werke ich in meiner Arbeit eingehend berücksichtige, befaßt sich HARRIS besonders ausführlich mit der Analyse von Transaktionen (H 89–114). Bei dieser Transaktiosanalyse im engeren Sinn geht es um die kommunikationspsychologische Anwendung der Strukturanalyse. Diese hat der Gesamtheit der psychologischen Errungenschaften von BERNE, Transaktionale Analyse, ihren Namen gegeben.

Den Begriff «Transaktion» entnahm BERNE der Geschäftswelt, denn er nahm an, daß Leute, die zueinander sprechen, immer auch etwas voneinander wollen. Darum würden sie überhaupt miteinander sprechen; darum gäbe es so etwas wie eine Gesellschaft. «Leute sprechen zueinander, weil sie Vorteile oder Gewinne daraus ziehen»*. Unter «Transaktion» versteht nämlich BERNE die «Grundeinheit jeder Sozialaktion». Diese bestehe aus einer averbalen oder verbalen Frage oder Mitteilung, die eine Person an eine andere richte, und aus deren Reaktion oder Entgegnung. Eine Transaktion nach BERNE umfaßt demnach, kommunikationspsychologisch gesprochen, *zwei* Botschaften oder Meldungen: einerseits die initiale «Anrede», andererseits die «Reaktion» darauf. Die Reaktion kann aber ihrerseits bei demjenigen, an den sie sich richtet, wieder zu einer Reaktion führen. Ein Gespräch besteht dann aus einer Reihe ineinandergreifender Transaktionen.

BERNE geht davon aus, daß eine Botschaft oder Mitteilung von einem zu einem andern Individuum je aus einer bestimmten Haltung heraus «abgesandt» wird: aus der Elternhaltung, aus der Erwachsenenhaltung oder aus der Kindheitshaltung, und daß sie sich auch an eine bestimmte Haltung – personifizierend ausgedrückt: an ein bestimmtes Ich – im andern richtet. Es gibt also Botschaften, die vom Eltern-Ich eines «Senders» ausgehen

* *Transcription of Eric Berne in Vienna, 1968,* TAJ 3 (1973), S. 64.

und sich an das Kind-Ich im «Empfänger» richten, aber auch Botschaften, die vom Erwachsenen-Ich des «Senders» ausgehen und sich an das Erwachsenen-Ich des «Empfängers» richten usw.

1. Gleichsinnige oder komplementäre Transaktionen

Wenn ich eine rein sachliche Frage stelle, wobei die Sachlichkeit nicht nur in der Wahl der Worte und im Satzaufbau der Frage zum Ausdruck kommt, sondern auch im Ton der Stimme, z. B. die Frage: «Können Sie mir sagen, welche Nummer ich nehmen muß, um an den Hauptbahnhof zu fahren?», so erwarte ich, daß der Befragte mir ebenso sachlich antwortet, etwa: «Ich weiß es nicht, ich kenne mich hier nicht aus, aber vielleicht fragen Sie den Postboten dort drüben, er dürfte es wissen». In der Terminologie der Transaktionalen Analyse handelt es sich bei einem solchen «Austausch von Botschaften» um Transaktionen zwischen Erwachsenen-Ich und Erwachsenen-Ich. Wenn sich bei zwei Kommunikationspartnern Erwachsenenhaltung und Erwachsenenhaltung gegenüberstehen, wird das Gespräch klar und offen geführt; beide orientieren sich an der Realität und tauschen ohne Hintergedanken sachliche Informationen aus. Meistens geht es um die Lösung von Problemen, oft um solche, die bei einer gemeinsam verrichteten Arbeit auftauchen (Be I/136, II/191, III/30). Auch ein Kind und ein Elternteil können von Erwachsenenhaltung zu Erwachsenenhaltung miteinander verkehren, z. B. wenn sie gemeinsam eine Arbeit verrichten (Be V/246), etwa zusammen kochen.

Ein Mann sagt zu einem Berufskollegen: «Ja, nun erleben die Jungen endlich, was es heißt, sich eine Arbeit suchen zu müssen, nachdem sie sich bis vor kurzem die gebratenen Tauben ins Maul fliegen lassen konnten!» und der Angesprochene antwortet: «Ja, wirklich, und da nützen ihnen die langen Haare auch nicht viel dabei – eher schaden sie ihnen bei der Arbeitssuche!» Nach Auffassung der Transaktionsanalytiker handelt es sich bei einem solchen Gespräch um eines zwischen Eltern-Ich und Eltern-Ich, ganz unabhängig davon, ob die beiden Gesprächspartner selbst Söhne haben oder nicht. Wenn zwei Gesprächs-

Gleichsinnige Transaktion

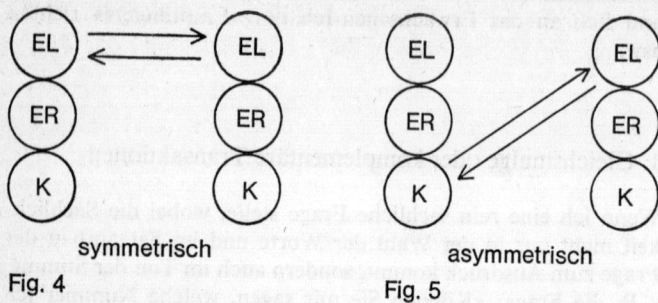

symmetrisch   asymmetrisch

Fig. 4   Fig. 5

partner zusammen moralisieren oder sich auf eine andere Art um Dritte kümmern, handelt es sich nach BERNE um Transaktionen zwischen Eltern-Ich und Eltern-Ich, denn beide befänden sich dann in einer Elternhaltung (Be I/135) (Fig. 4). Auch zwei Leute, die miteinander besprechen, was ihrer Ansicht nach für das Gedeihen der Gesellschaft unerläßlich sei, oder die gegenseitig sich über irgendwelche Zustände oder Drittpersonen entrüsten, sind gemeinsam in einer Elternhaltung befangen. Dasselbe ist zu sagen, wenn zwei oder mehrere Leute miteinander klatschen. Bei solchen Gesprächen geht es nicht um den Austausch objektiver Informationen, sondern um den Genuß, angebliche Mißstände bei andern aufzudecken, um Freude am gemeinsamen Klatsch, um die gegenseitige Bestätigung von Pauschalurteilen oder einfach um oberflächliche Kontaktaufnahme auf der Ebene von Gemeinplätzen (Be I/136, III/30, V/89 f, VI/311). BERNE spricht auch von Transaktionen zwischen Eltern-Ich und Eltern-Ich, wenn Eltern sich wohlwollend und besorgt über ihre Kinder unterhalten oder gemeinsam als Eltern handeln (Be V/246).

Flüstern sich zwei Backfische gegenseitig Geheimnisse in die Ohren, wobei sie jedesmal fast bersten vor verhaltenem Gelächter, dann wissen wir, auch wenn wir den Inhalt der Mitteilungen nicht kennen, daß dabei ein Kind-Ich mit einem Kind-Ich kommuniziert, mit andern Worten: daß bei einem solchen Gespräch beide in der Kindheitshaltung befangen sind. Gesprächsteilnehmer, die zu Spiel und Schabernack aufgelegt sind, be-

60

finden sich in der Kindheitshaltung, aber auch solche, die gemeinsam bestrebt sind, Autoritäten aus der Fassung zu bringen. Liebende begegnen sich nach Ansicht der Transaktionsanalytiker auf der Ebene des Kind-Ichs, im Rahmen einer echten, tiefergehenden intimen Beziehung auf der Ebene des unbefangenen oder natürlichen Kind-Ichs (Be III/30, V/92, 114 ff).

Bei den bisherigen Beispielen ist bei den Trankaktionen jeweils bei jedem Teilnehmer derselbe Ich-Zustand beteiligt. Die Teilnehmer nehmen dieselbe Haltung ein. Bei einem solchen Transaktionsaustausch können wir von einer *symmetrischen Kommunikation* sprechen (Be V/244 ff).

Ein Zweitkläßler kommt nach Hause und ruft unter der Wohnungstür: «Mutti, hallo!» und die Mutter antwortet von der Küche her: «Hallo! Komm, das Butterbrot ist schon bereit für dich!». Da handelt es sich um eine Transaktion zwischen Kind-Ich und Eltern-Ich. Das Kind ruft nach der Mutter, um sich zu vergewissern, daß sie da ist, und deren Antwort bedeutet ihm Bestätigung, daß sie auf ihn wartet. Er wird von der Mutter, wie dies in der Sprache der Transaktionsanalyse heißt, «gestreichelt». Bei diesem Beispiel handelt es sich um eine Kommunikation zwischen einem Kind und seiner Mutter (Fig. 5). Das allein bedeutet aber durchaus nicht, daß die Transaktionen immer zwischem dem Kind-Ich des einen und dem Eltern-Ich des andern Partners ablaufen müssen. Das Kind hätte z. B. auch rufen können: «Mutti, unten wartet der Briefträger!», und die Mutter hätte rufen können: «Ich komme gleich!». In diesem Fall hätte es sich, obgleich ein Kind mit seiner Mutter gesprochen hätte, um einen Austausch sachlicher Informationen gehandelt und damit um eine Transaktion von Erwachsenen-Ich zu Erwachsenen-Ich.

Bei einem Austausch von Transaktionen zwischen Kind-Ich und Eltern-Ich handelt es sich um eine *asymmetrische Kommunikation,* da die Beteiligten aus einer je verschiedenen Haltung heraus miteinander kommunizieren (Be V/244 ff).

Die Kommunikation zwischen zwei Erwachsenen, bei denen der eine sich betont gönnerhaft oder kritisch abwertend und der andere sich unterwürfig gibt, handelt es sich um eine Kommunikation zwischen dem Eltern-Ich des einen und dem Kind-Ich des andern, also offensichtlich auch um eine asymmetrische Kommunikation. Dasselbe gilt, wenn auf der einen Seite das Erwachsenen-Ich beteiligt ist, auf der andern das Kind-Ich, so wenn der eine den andern bei der Lösung einer praktischen Aufgabe berät, sei er ein Ehepartner oder ein demokratisch eingestellter Lehrer (Be I/136, V/246).

2. Ungleichsinnige oder überkreuzte Transaktionen

Es gibt Transaktionen, bei denen die initiale Botschaft auf einer anderen Ebene verläuft als die antwortende. Es ist fraglich, ob dann noch von einer echten Kommunikation gesprochen werden darf. Ein Mann frägt seine Fram: «Gehen wir heute Abend zusammen ins Kino?» und sie antwortet: «Du bist heute Morgen so mühsam aufgestanden. Wäre es nicht gescheiter, du gingest heute Abend mal etwas früher zu Bett?» Die Botschaft vom Mann zu seiner Frau ging von seinem Erwachsenen-Ich aus und richtete sich an ihr Erwachsenen-Ich. Er informierte seine Frau darüber, daß er Lust habe, sich einen Film anzusehen und daß es ihm Freude machen würde, wenn sie ihn dabei begleiten würde. Er erwartet eine sachliche Antwort. Ihre Entgegnung erfolgte offensichtlich auf einer andern als der angesprochene Ebene, nämlich aus einer Elternhaltung heraus und richtete sich – ob wohlwollend oder kritisierend ist eine Frage des Tonfalls – an das Kind-Ich des Mannes. In diesem Beispiel verlief also die initiale Botschaft von Erwachsenen-Ich zu Erwachsenen-Ich, die antwortende Botschaft von Eltern-Ich zu Kind-Ich. Es handelt sich deshalb um eine gegensinnige oder überkreuzte Transaktion. Im Grunde genommen wird von der Frau die Frage des Mannes gar nicht beantwortet. Es ist dies kennzeichnend für diese Art Transaktionen: Die Antwort geht immer «daneben». Die Kommunikation im eigentlichen Sinn kommt gar nicht zustande oder wird unterbrochen.

Die ungleichsinnige Transaktion, bei welcher der eine Partner seine Botschaft aus einer Erwachsenenhaltung an das Erwachsenen-Ich des andern richtet, während dessen Entgegnung aus einer Kindheitshaltung erfolgt und sich an das Eltern-Ich des andern richtet, ist nach BERNE die häufigste Quelle von emotionalen Mißverständnissen zwischen zwei Kommunikationspartnern in der Ehe, bei der Arbeit oder in andern Situationen (Fig. 6). Erfolgt die Entgegnung, wie in meinem Beispiel, aus einer Elternhaltung und richtet sie sich an das Kindheits-Ich des andern, so handelt es sich nach BERNE um den zweithäufigsten Anlaß von Mißverständnissen (Be I/89 f).

Ungleichsinnige Transaktion

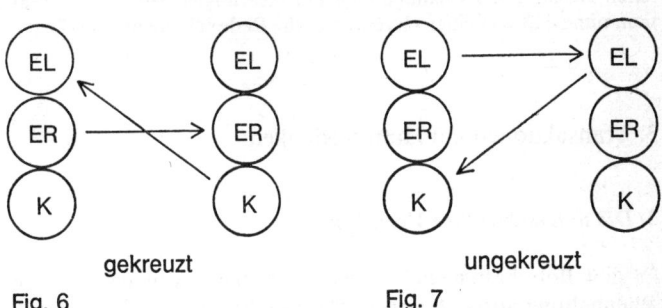

gekreuzt

ungekreuzt

Fig. 6

Fig. 7

Es gibt gegensinnige oder gekreuzte Transaktionen, die weniger offensichtlich sind als diejenigen, die ich oben als Beispiel gewählt habe. Ich komme zurück auf das Kind, das aus der Schule zurückgekehrt unter der Tür der Mutter ruft, um sich zu vergewissern, daß sie da ist. Antwortet diese, wie oben angeführt, «Hallo, komm, das Butterbrot ist gestrichen!», so handelt es sich ganz offensichtlich um eine gleichsinnige oder komplementäre Transaktion. Antwortet die Mutter aber: «Zieh sofort deine Schuhe aus, sonst wird die Wohnung schmutzig!» und dies in einem barschen Ton, so handelt es sich um eine gegensinnige oder überkreuzte Transaktion. Zwar hat das Kind das Eltern-Ich der Mutter angesprochen und hat diese auch aus ihrem Eltern-Ich geantwortet, jedoch verlangte es das Kind nach dem *wohlwollenden* Eltern-Ich der Mutter und Antwort gab ihm deren *kritisches* oder *kontrollierendes* Eltern-Ich.

Es gibt gegensinnige Transaktionen, die eine Kommunikation unterbrechen, ohne daß in der skizzenhaften Darstellung eine Überkreuzung eingezeichnet werden kann, weswegen die in der traditionellen Transaktionsanalyse übliche Bezeichnung «gekreuzte Transaktion» für eine gegensinnige Transaktion mißverständlich ist.

Nehmen wir an, eine Frau sage zu einer Nachbarin, indem sie von einer dritten Nachbarin spricht, in moralisch entrüsteten Ton: «Haben Sie bemerkt, daß Fräulein Sandmeier wieder Herrenbesuch hatte?» Sie möchte damit ein Gespräch von Eltern-Ich zu Eltern-Ich beginnen. Nehmen wir weiter an, die Angesprochene entgegne darauf tadelnd: «Müssen Sie schon wieder klatschen?», so kommt die Antwort zwar aus dem (kritischen) Eltern-Ich, richtet sich aber an das Kind-Ich der Klatschbase und weist deren kommunikatorischen Ansatz ab. Es handelt sich um eine ungleichsinnige Transaktion, ohne daß von einer «Kreuzung» die Rede sein kann (Fig. 7).

3. Transaktionen mit Hintergedanken

a) Die unterschwellige Verführung

Es gibt Botschaften, bei denen der Initiator von der Erwachsenenhaltung ausgeht, sich vordergründig auch an das Erwachsenen-Ich des Gesprächspartners wendet, hintergründig und gleichzeitig aber auch an dessen Kind-Ich. Eine solche Botschaft zielt häufig darauf, den Angesprochenen zu verführen. Solche Verführungen werden oft im Lauf von Verkaufsgesprächen eingeleitet.

Ein Vertreter von Staubsaugern sagt zu einer Hausfrau, der er verschiedene Apparate vorgeführt hat: «Dieser hier ist besser, aber den können Sie sich nicht leisten!» Scheinbar handelt es sich um eine sachliche Information, bzw. eine sachliche Vermutung. Antwortet die Frau realitätsgerecht: «Für unsere kleine Wohnung, genügt der billigere Apparat, auch wenn er etwas weniger leistungsfähig sein sollte», hat sie mit ihrem Erwachsenen-Ich reagiert, sagt sie aber: «Gerade diesen nehme ich!», hat sie mit ihrem Kind-Ich reagiert und ist auf die Verführung hereingefallen (Be III/33) (Fig. 8). Eine Verführung wird auch durch die Aussage eines Autoverkäufers eingeleitet: «Das hier ist unser bester Sportwagen, aber Ihnen ist er vielleicht zu schnell!» (JJ 49). Auch ein Versicherungsvertreter oder ein Grundstücksmakler, der sich scheinbar aus rein menschenfreundlichen Gründen mit andern Leuten abgibt, sich für deren Wohlergehen interessiert und möglicherweise sogar mit ihnen

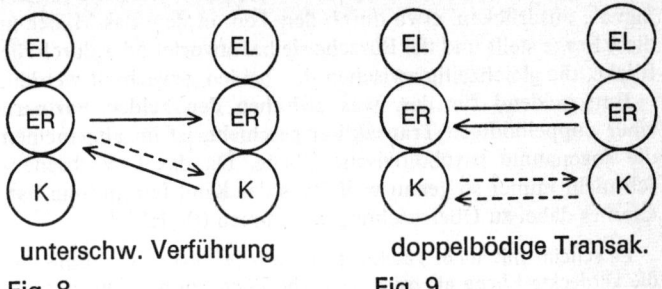

unterschw. Verführung   doppelbödige Transak.

Fig. 8   Fig. 9

Golf spielt, dabei aber nichts anderes im Sinn hat, als sie bei Gelegenheit zum Abschluß eines Versicherungsvertrages oder zum Kauf eines Grundstücks zu bewegen, versucht, verführerische Botschaften ins Spiel zu bringen (Be II/195 f).

In der Terminologie der Transaktionsanalyse wird die unterschwellige Verführung als *anguläre Transaktion* bezeichnet, da in der skizzenhaften Darstellung die Transaktion zwischen Erwachsenen-Ich und Erwachsenen-Ich im Winkel zu derjenigen zwischen Kind-Ich und Kind-Ich verläuft.

b) Doppelbödige Transaktionen

Bei der Analyse von Kommunikationen spielen doppelbödige Transaktionen eine besondere Rolle. Eine doppelbödige Transaktion geht z. B. vor sich, wenn eine Bursche ein Mädchen, das er bei einem Tanzanlaß kennen gelernt hat, bis an die Haustür begleitet und diese dann zu ihm sagt: «Kommst du noch für ein halbes Stündchen zu mir herauf, um einen Kaffee zu trinken?» Hier spricht das Erwachsenen-Ich über die Möglichkeit, eine Tasse Kaffee zu trinken, während das Kind-Ich an Liebesspiele denkt (frei nach Be III/33; JJ 49) (Fig. 9). BERNE legt eine solche Doppelbödigkeit dahin aus, daß er sagt, der rationale Inhalt der Worte liege auf einer offenen oder sozialen Ebene, das, was eigentlich gemeint sei, aber auf einer verdeckten oder psychologischen Ebene (Be III/34, VI/19). Für einen Zuschauer

65

einer solchen Transaktion würde sich die verdeckte oder sogenannte psychologische Ebene durch paraverbale oder averbale
Signale ausdrücken, etwa durch den Ton, in dem das Mädchen
diese Frage stellt und der Bursche sie beantwortet oder durch die
Blicke, die gleichzeitig zwischen den beiden gewechselt werden.

Entscheidend für das, was zwischen den beiden Partnern
einer doppelbödigen Transaktion geschieht, ist im allgemeinen
die sogenannte psychologische Ebene. Da das Erwachsenen-
Ich nicht immer so genau weiß, was das Kind-Ich im Sinn hat,
kann es dabei zu Überraschungen kommen (Be III/34).

Es scheint mir nicht geschickt, die offene Ebene als soziale und
die verdeckte Ebene als psychologische Ebene zu bezeichnen. Sinnvoller wäre es von vordergründiger und hintergründiger Ebene oder,
in der Sprache der Kommunikationspsychologie, von sachlich-ra-
tionaler und von Beziehungsebene zu sprechen (s. a. S. 77 f). Daraus
ergibt sich allerdings, *daß jede Transaktion im Grunde genommen
doppelbödig ist, denn bei jeder lassen sich kommunikationspsychologisch eine Sachebene und eine Beziehungsebene voneinander unterscheiden!*

4. Die «Mißachtung»

Was ich im folgenden unter «Mißachtung» verstehe, entnehme ich
dem Buch von Claude STEINER (CSt 144–154, 335–339 u. a. O.). Es
handelt sich um einen kommunikationspsychologisch bedeutsamen
Begriff. Es spielt, wie STEINER ausführt, vor allem für das Selbstbild
des heranwachsenden Kindes eine große Rolle, ob seine rationalen
oder emotionalen Anliegen ernstgenommen werden oder nicht.
«Mißachtung» («discounting»), wie STEINER dies versteht, bedeutet,
daß die Anliegen eines Beziehungspartners, vor allem im Gespräch
nicht ernstgenommen werden. Der Betreffende fühlt sich dann auch
als Person nicht ernst oder nicht voll genommen. Ich behandle das
Thema der «Mißachtung» im Zusammenhang mit der Analyse von
Transaktionen, weil STEINER selbst die «Mißachtung» von gegensinnigen oder gekreuzten Transaktionen ableitet.

Bei einer gegensinngen oder gekreuzten Transaktion wird die
initiale Meldung bei demjenigen, der auf sie reagiert, nicht beantwortet. Die Entgegnung geht, wie ich es bereits ausgedrückt
habe, gleichsam «daneben». «Wieviel Uhr ist es?» fragt je-

mand. «Wenn du deine Uhr bei dir hättest, wüßtest du es!» entgegnet der Angesprochene oder vielleicht auch: «Wieso soll gerade ich wissen, wieviel Uhr jetzt ist?» (Be II/191). Derjenige, der fragt, richtet sich aus der Erwachsenenhaltung an das Erwachsenen-Ich des andern, indem er um eine Information ersucht. Die Entgegnung entspricht im obigen Beispiel entweder einer Reaktion aus der Elternhaltung, oder dann aus der Kindheitshaltung. Derjenige, der reagiert, geht auf das sachliche Anliegen desjenigen, der ihn gefragt hat, nicht ein. Wir können von einer *Mißachtung* von dessen Anliegen sprechen. Dasselbe kann auch hinsichtlich des emotionalen Gehaltes einer Frage oder Mitteilung geschehen, so wenn ein Kind nachts in das Schlafzimmer seiner Eltern kommt. Die Mutter fragt: «Was ist los?» Das Kind anwortet: «Ich habe Angst.» «Hab' keine Angst! Geh zurück ins Bett!» fordert die Mutter das Kind auf (CSt 144). Elisabeth frägt Karl: «Liebst du mich eigentlich noch?» «Ich liebe alle Menschen», entgegnet Karl. Auch in diesen beiden Beispielen geht der eine Gesprächspartner nicht auf den andern ein, er «mißachtet» (wir könnten auch sagen: «übergeht») das Anliegen des andern. Die Mutter geht nicht auf die Angst des Kindes ein; sie fragt es nicht einmal, wovor es sich fürchtet. Karl weicht der Frage von Elisabeth aus, indem er dem Wort «Liebe» eine andere Bedeutung gibt als diese. Ich erinnere mich an ein 15 jähriges Mädchen, das zu seiner Tante, die bei ihm Mutterstelle vertrat, sagte: «Ich habe Angst, ich würde verrückt!» Die Tante rief aus: «Um Gottes willen – ein junges Mädchen hat doch nicht solche Gedanken!» Eine 40jährige Hausangestellte klagte, nachdem sie sich ein Herz gefaßt hatte, einem Geistlichen: «Ich leide unter dem Drang zur Selbstbefriedigung!» Dieser antwortete darauf: «Ja, was soll denn das – das machen doch nur Männer!»

Nach STEINER handelt es sich bei der «Mißachtung» immer um eine gegensinnige oder gekreuzte Transaktion (CSt 42). Der eine wende sich immer aus einer Erwachsenenhaltung an das Erwachsenen-Ich des andern, der dann aber aus einer Elternhaltung heraus sich an das Kindheits-Ich seines Gesprächspartners wende (CSt 144). Die Mißachtung des Anliegens eines Menschen, der sich an einen andern wendet, ist zwar eine kommunikationspsychologisch zu erfassende Erscheinung, aber sie geht doch über die Bedeutung einer einfachen gegensinnigen

Transaktion hinaus. Die «Mißachtung» kann bei einem Gespräch auf verschiedene Art zum Ausdruck kommen: durch Ablenkung («Ich möchte die Möbel im Wohnzimmer umstellen!» – «Sollten wir nicht den Polsterstuhl reparieren lassen?»), durch unvermittelten Wechsel des Themas («Wir sollten doch einmal Müllers einladen; ich glaube, sie würden sich freuen!» – «Dieses Wetter – immer der Regen –, das macht mich nervös!»), durch Aufgreifen einer unwesentlichen Einzelheit («Ich habe Hans in der Bahnhofunterführung getroffen. Er schien mir etwas unwillig, weil du seinen geschäftlichen Brief noch nicht beantwortet hast.» – «Wo seid ihr zusammengetroffen, auf der Rolltreppe?»), durch oberflächliche Gemeinplätze («Ich habe, seitdem ich aufgestanden bin, Kopfschmerzen.» – «Ja, ja, es stimmt eben doch nicht immer ‹Morgenstund hat Gold im Mund!›»), durch die unangebrachte Frage nach der genauen Bedeutung eines Wortes («Ich habe den Eindruck, du liebst mich nicht mehr so sehr!» – «Was verstehst du genau unter ‹Liebe›?»).

Die «Mißachtung» ist häufig von averbalen Signalen begleitet. Derjenige, der das, was der andere sagt oder meint «mißachtet», vermeidet z. B. diesem, während er angesprochen wird oder selbst spricht, in die Augen zu sehen. Er sieht am andern vorbei oder in die Höhe, seltener «durch den andern hindurch».

Wir dürfen allerdings nicht außer acht lassen, daß auch ein Gesprächspartner, der sich ernsthaft besinnt, sozusagen «in sich hineinhorcht», manchmal dem andern, um nicht abgelenkt zu werden, nicht in die Augen sieht, während er seine Gedanken zu formulieren sucht.

Auch der Tonfall kann eine «Mißachtung» ausdrücken, manchmal allerdings nicht die «Mißachtung» gegenüber dem Gesprächspartner, sondern dem Gegenstand des Gesprächs («Ach Hans? Sein Brief war so verworren! Ich konnte nichts damit anfangen!») Manchmal greift derjenige, der den andern nicht ernst nimmt, zu gewaltsamen Manövern, um auszuweichen: Er greift ihn in Worten an; er behauptet, er habe eben jetzt keine Zeit, auf ihn einzugehen; er verläßt kurzerhand den Raum.

Derjenige, der in einer festen Beziehung zu einem Mitmenschen sich immer wieder «mißachtet» erlebt, sollte sich zur Wehr setzen. Wir haben es nötig, von denjenigen, auf die wir menschlich angewiesen sind, ernst genommen zu werden. Resigniert derjenige, dessen Anliegen immer wieder überhört wird, so kann es geschehen, daß er sich schließlich selbst nicht mehr ernst nimmt. Ein Kind, das nicht ernst genommen wird, verliert den Glauben an sich selbst. Aber auch ein Erwachsener, der immer wieder von einem Partner nicht ernstgenommen wird, sollte darauf bestehen, daß seine Aussagen und Gefühle beachtet werden. Selbst wenn der Angesprochen findet, das Thema, das sein Partner anschlägt, sei ihm zu wenig wichtig, um darauf einzugehen, oder er fühle sich den emotionalen Ansprüchen des andern nicht gewachsen, so kann er dies offen sagen. Gelingt es einem Partner auf die Dauer nicht, den andern zu bewegen, ihn und seine Anliegen ernst zu nehmen, so sollte er die Beziehung abbrechen, um nicht die Achtung vor sich selber zu verlieren oder an sich selbst irre zu werden. Wie STEINER meint, gibt es allerdings immer wieder Menschen, die lieber sich fortlaufend «mißachten» lassen, als daß sie eine Beziehung aufgeben, da sie es nicht ertragen, allein zurück zu bleiben. Einzelne «Mißachtungen» können allerdings durch ausdrückliche Äußerungen des Respektes immer wieder kompensiert werden (CSt 335–341).

Auf die geistige und seelische Entwicklung von Kindern können fortlaufende «Mißachtungen» schwerwiegende Folgen haben, es gilt dies nach STEINER besonders (1.) für die Mißachtung ihrer sich entwickelnden Fähigkeit, rationale Überlegungen anzustellen, (2.) für die Mißachtung ihrer oft bemerkenswerten Intuition zur Erfassung einer Situation und schließlich (3.) für die Mißachtung der Gefühle:

Manchmal wird einem Kind nicht die Möglichkeit geboten, von seinen Fähigkeiten zu rationalen, vernünftigen, realitätsbezogenen Erwägungen, mit andern Worten: von seinem Erwachsenen-Ich Gebrauch zu machen. In gewissen gesellschaftlichen Verhältnissen galt oder gilt es heute noch als ungewöhnlich, wenn Frauen oder Mädchen eine Erwachsenenhaltung einnehmen, statt «emotional» zu reagieren (CSt 143). Für ein Kind ist es wichtig, durch Wort und Beispiel der Eltern zu lernen, auf Schwierigkeiten, die das Leben mit sich bringt, mit Überlegungen und Entscheidungen zu reagieren, die einer Erwachsenenhaltung entspringen und nicht mit Ärger, Verletztheit oder Depressionen, mit Passivität oder Kopflosigkeit («kindhaft») oder dann mit ungeprüften Vorurteilen und Klischeevorstellungen (im negativen Sinn «elternhaft»). Nicht selten treffen wir auf die Vorstellung, daß es unangebracht sei, Probleme und Konflikte mit einer Erwachsenenhaltung anzugehen, wie wenn das dem Leben jeden Reiz nehmen würde. «Muß denn alles analysiert werden?», «Darf ich denn nicht spontan sein?» Nach STEINER ist eine solche Haltung häufig die Folge davon, daß Eltern die Anwendung vernünftiger, kühler Überlegung bei ihren Kindern entmutigt haben (CSt 150 f). In diesen Zusammenhang gehören auch Leute, bei denen wir das Gefühl haben, sie stellen sich dumm, wenn wir ihnen einen einfachen psychologischen Zusammenhang zu erklären versuchen. Sie stehen unter dem (elterlichen) Gebot: «Denk nur ja nicht!»

Kinder können bemerkenswerte intuitive Fähigkeiten bei der Erfassung rational nicht meß- und wägbarer Gegebenheiten, vor allem bei der Erfassung von dem, was unausgesprochen in einem Menschen oder zwischen Menschen vor sich geht, aufweisen. Diese intuitiven Fähigkeiten werden von den Transaktionsanalytikern dem «Kleinen Pfiffikus» (s. S. 26) zugeschrieben. Ein Kind fragt seine Mutter: «Bist du traurig?» Die Mutter antwortet: «Nein, es ist nichts!» Das wäre eine Mißachtung der kindlichen Intuition, die nach STEINER zu einem Mißtrauen des Kindes gegenüber seinen eigenen intuitiven Wahrnehmungen und Schlußfolgerungen führen kann.

Es ist wichtig, daß Kinder Gefühle wie Ärger, Trauer, Frustration, aber auch Freude und Begeisterung bei sich wahrnehmen und akzeptieren lernen. Manchmal sind es Erwachsene, die das Kind direkt oder indirekt auffordern, seine Gefühle zu verleugnen: Der siebenjährige Thomas: «Ich will nicht zum Zahnarzt. Ich habe Angst!» – Vater: «Unsinn, du hast keine Angst. Nur kleine Babys haben Angst vor dem Zahnarzt. Du willst doch ein Bub sein. Große Buben gehen gern zum Zahnarzt, nicht wahr.» – Thomas schweigt unbehaglich. – Vater: «Siehst du, ich hab' doch gewußt, daß du ein großer Bub bist!»* Wesen Gefühlsäußerungen immer wieder ignoriert oder verboten werden, kann sich später verhalten, wie wenn er keine Gefühle hätte. Er spaltet sie ab. Andere nehmen zwar als Ju-

---

* Dieses Beispiel in ganz anderem Zusammenhang bei Bach u. Goldberg, *Keine Angst vor Aggression,* Diedrichs, Düsseldorf u. Köln, 1974, S. 179.

gendliche oder Erwachsene ihre Gefühle wahr, aber akzeptieren sie nicht, sondern verachten sich, weil sie Gefühle haben. Wieder andere weigern sich, Gefühlsäußerungen abzustellen, akzeptieren dann aber, als unreif und «emotional gesteuert» zu gelten und verpassen dabei zu lernen, mit ihren Gefühlen «umzugehen», d. h. die Äußerungen der Gefühle zur Realität in Beziehung zu setzen (frei nach CSt 149). Ich habe mehrmals die Beobachtung gemacht, daß Kinder, deren Gefühlsäußerungen bei den Eltern kaum oder aber nur negative Beachtung fanden, im Erwachsenenalter ihre Gefühle in ganz übertriebenem Ausmaß zu äußern pflegen, ein Verhalten, das dann hysterisch anmutet.

Ein Kind, dessen frühe Versuche, rationale Überlegungen anzustellen, intuitive Vermutungen zu äußern, mit Gefühlen zu reagieren, immer wieder abgewiesen werden, kann keine Selbstsicherheit und kein gesundes Selbstvertrauen entwickeln. Seine Beziehung zur äußeren Realität wie zu sich selbst kann dadurch empfindlich gestört werden. STEINER geht so weit, daß er die Schizophrenie als Folge einer Mißachtung der kleinkindlichen Bemühungen zur Erfassung der Realität durch die Pflegepersonen erklärt.

5. Die Analyse von Paarbeziehungen

BERNE spricht von einer *Beziehungsanalyse,* wenn die Beziehungsmöglichkeiten zwischen den je drei Ich-Zuständen zweier Partner systematisch untersucht werden. Eine solche Analyse kann angebracht sein, wenn Partnerkonflikte zur Diskussion stehen oder wenn geprüft werden soll, ob zwei Menschen, die sich zueinander hingezogen fühlen, auch wirklich zueinander passen. Sie kann nützliche Voraussagen, aber auch nachträgliche Erklärungen liefern. Im Rahmen einer Gruppenpsychotherapie ist eine Beziehungsanalyse kaum je notwendig. In der Praxis eines Psychotherapeuten oder Beraters sollte eine ausdrückliche Beziehungsanalyse aber nur selten und vorsichtig durchgeführt werden, denn es besteht die Gefahr, daß sie vom Klienten als eine Einmischung in seine spontane und autonome Entscheidungsfreiheit erlebt wird (Be I/87, 131).

Bei der Beziehungsanalyse wird untersucht, welche Beziehungsmöglichkeiten zwischen den beiden Partnern für beide einigermaßen befriedigend spielen und welche nicht. Zwei Personen, A und B, verstehen sich z. B. gut auf der transaktionalen Ebene zwischen Eltern-Ich (A) und Kindheits-Ich (B). Auf dieser Ebene kommt es immer wieder zu Transaktionen, die von beiden als positiv erlebt werden, so wenn B krank ist oder sonst Hilfe und Ermutigung benötigt und es A leicht fällt, ihm elterliche Zuwendung entgegenzubringen. Beide verstehen sich möglicherweise auch ausgezeichnet auf der horizontalen Ebene von Eltern-Ich zu Eltern-Ich, indem ihre Wertmaßstäbe auf sozialem und kulturellem Gebiet übereinstimmen, sie sich also z. B. über Mißstände in einem dieser Bereiche gemeinsam entrüsten können oder, wenn sie verheiratet sind und Kinder haben, über ihre Erziehungsgrundsätze einig sind. Vielleicht aber verstehen sie sich gar nicht auf der Ebene von Kindheits-Ich zu Kindheits-Ich, sodaß ihre Beziehung wenig Intimität aufweist. Bei einer Beziehungsanalyse werden auf diese Art alle Beziehungsmöglichkeiten zwischen jedem der drei Ich-Formen beim einen Parnter mit denjenigen beim andern untersucht (Be I/131 bis 137).

Diese elementare Beziehungsanalyse kann noch differenziert werden, wenn berücksichtigt wird, daß sich zwei Menschen auf einer Ebene gut verstehen können (Sympathie), auf einer anderen immer wieder streiten (Antagonismus), auf einer dritten nicht ausstehen können (Antipathie) und schließlich auf einer vierten Ebene sich nichts zu sagen haben (Indifferenz). Auch die Intensität einer Beziehung auf bestimmter Ebene kann in Betracht gezogen werden. Manchmal ist der Grad der Intensität von einem Partner aus gesehen größer oder geringer als vom andern aus: Für A kann es z. B. sehr wichtig sein, B pflegen zu können, wenn es ihm schlecht geht (Beziehung von Eltern-Ich zu Kindheits-Ich), während umgekehrt B es zwar angenehm erlebt, wenn A sich um ihn kümmert, aber doch nicht allzu großen Wert darauf legt, von A betreut zu werden (Kindheits-Ich zu Eltern-Ich) (Be I/137).

Ein Beziehungsgefüge zwischen zwei Menschen ist im allgemeinen nicht absolut starr und eine Beziehungsanalyse muß deshalb auch nicht zu 100% stimmig sein, aber erfahrungsgemäß kennzeichnet sie doch in 80–90% der Fälle die Wirklichkeit recht genau (Be I/139). Eine Beziehung ist umso stabiler und befriedigender, je mehr Beziehungsmöglichkeiten für beide Teile produktiv sind, mit andern Worten: auf je mehr Ebenen sie sich gegenseitig verstehen (Be I/137).

Bei einer Beziehungsanalyse sind immer auch die *Grundeinstellungen* der beiden Partner miteinander zu vergleichen. Dusay unterscheidet in seinem Buch über das Egogramm (s. S. 49) diesbezüglich vier verschiedene Beziehungstypen. (1) *Mann O.K., Frau nicht O.K.:* Der Mann ist der Bestimmende in der Partnerschaft und die Frau läßt sich bereitwillig bestimmen (im Egogramm des Mannes ist kEL am höchsten, rK am niedrigsten, bei der Frau ist das Umgekehrte der Fall). (2). *Mann nicht O.K., Frau O.K.:* Es handelt sich um die aufopfernde und damit auch beherrschende Mutter (niedriges kEL, hohes wEL) und das Muttersöhnchen (niedriges kEL und wEL, hohes uK und rK). (3.) *Mann nicht O.K., Frau nicht O.K:* Beide sind Verlierer (im Egogramm haben beide ein hohes kEL und ein hohes rK bei verhältnismäßig niederen Säulen in den andern Bereichen – mit einem solchen Egogramm ist nach Dusay jeder ein Verlierer). Als Musterbeispiel erwähnt der Autor das Verbrecherpaar Bonnie und Clyde. (4) *Mann O.K., Frau O.K.:* Es handelt sich um zwei Gewinner (im Egogramm ist bei beiden das wEL und das uK akzentuiert, häufig auch, aber nicht notwendigerweise, das ER). Beide Partner sind veränderungswillig und scheuen auch das Risiko einer Auseinandersetzung nicht. Sie sind sich ähnlich, aber nicht absolut gleich, denn Spannungen halten die Partnerschaft lebendig.* Besonders häufig sind Beziehungsmuster, die den obigen Modellen 1 und 2 entsprechen, wobei sich die Partner gegenseitig in ihrer Grundeinstellung fixieren. Befreiungsversuche führen dann zu destruktiven Kollusionen (s. auch S. 253).

Von einer *symbiotischen Beziehung* zwischen zwei Beziehungspartnern kann gesprochen werden, wenn sie *zusammen* nur aus drei Ich-Zuständen reagieren, meistens der eine – sozusagen stellvertretend auch für den andern – immer nur aus dem Eltern-Ich oder dem Erwachsenen-Ich, der andere immer nur aus dem Kind-Ich. Wendet sich der letztere aus seinem Kind-Ich an seinen Partner, spricht er immer nur dessen Eltern-Ich

* frei nach J. Dusay, *Egograms,* Harper & Row, New York, 1977, S. 156–179.

oder Erwachsenen-Ich an oder wenigstens reagiert dieser immer nur aus einem dieser Ich-Zustände. Würde er auf das Kind-Ich seines Partners auch aus seinem Kind-Ich reagieren, so hätte er ja gleichsam anerkannt, daß sich zwei Kind-Ich gegenüberstehen und die Symbiose würde zusammenbrechen.* Es kommt auch vor, daß ein Partner ganz im Erwachsenen-Ich befangen ist, während der andere sein Erwachsenen-Ich ausgeschaltet hat und immer nur aus dem Eltern-Ich oder aus dem Kind-Ich lebt. Ein solches Zusammenspiel kann sich nach außen gut bewähren, solange derjenige Partner, der in seinem Erwachsenen-Ich befangen ist, dominiert und damit die «Hegemonie des Erwachsenen-Ichs» (BERNE) bei dieser Symbiose sicherstellt.

* A. u. J. Schiff, *Passivity*, TAJ 1 (1971), S. 71 ff.

Allgemeine Bemerkungen zur Strukturanalyse und zur Analyse von Transaktionen

Im Rahmen der Transaktionsanalyse sind Kindheits-Ich, Erwachsenen-Ich und Eltern-Ich in sich geschlossene Teilpersönlichkeiten, die sich einerseits als innere Stimmen im Dialog oder Trialog auseinandersetzen, andererseits nach außen hin kommunikatorisch mit andern Menschen als Gesprächspartner auftreten. Durch dieses psychologische Modell ist es BERNE gelungen, einen sinnvollen Zusammenhang zwischen Persönlichkeitspsychologie und Kommunikationspsychologie zu schaffen, eine Betrachtungsweise, die sich nach meiner Erfahrung sowohl in der Einzelpsychotherapie wie in der Gruppenpsychotherapie bewährt. Auf die Frage, inwieweit die Ich-Zustände im inneren Dialog und in der Haltung nach außen sich tatsächlich immer analog verhalten, ist er meines Wissens nicht eingegangen. In Bezug auf das Eltern-Ich hat M. EDWARDS diese Frage aufgeworfen (s. S. 29 f).

Die Analyse der Transaktionen oder Transaktionsanalyse im engeren Sinn gestattet an Hand der Beispiele, die von BERNE und seinen Schülern geliefert werden, einen Rückblick auf die Psychologie der verschiedenen Ich-Zustände. Es zeigt sich, daß die Bezeichnung eines bestimmten Verhaltens als ein solches, das vom Eltern-Ich, Erwachsenen-Ich oder Kind-Ich ausgeht, verschiedenen Kriterien folgt:

Das historische Kriterium

Ursprünglich wird als Kindheitshaltung eine solche bezeichnet, die der Betreffende als Kind tatsächlich einmal eingenommen hat, z. B. in einem traumatisch bedeutsamen Zeitpunkt. Entsprechend wird als Elternhaltung eine Haltung angesehen, die seinerzeit der Vater oder die Mutter, wenigstens so wie sie vom Kind erlebt worden sind, tatsächlich eingenommen haben. Diejenigen Schüler BERNES, die nur das historische Kriterium gelten lassen, beziehen ein elterliches Verhalten, das von demjenigen der eigenen Eltern abweicht, auf das Erwachsenen-Ich oder das Kind-Ich.*

JAMES führt in ihrer Arbeit an, daß auch BERNE der Meinung gewesen sei, daß elterliches Verhalten von irgend einem der drei Ich-Zustände ausgehen könne. Dieser habe festgestellt, daß ein erhobener Zeigefinger sowohl Ausdruck einer Eltern-, wie einer Erwachsenen- wie einer Kindheitshaltung sein könne. Was diesen Hinweis anbetrifft, irrt sich allerdings die Autorin, denn BERNE wollte mit diesem Beispiel ausdrücklich darauf aufmerksam machen, daß die Gebärde des erhobenen Zeigefingers durchaus nicht unbedingt elterliche Qualität im Sinn einer Mahnung haben müsse, sondern auch hinweisend und damit «erwachsen» oder kindlich-anklagend verstanden werden könne (Be IV/312).

Das Thema als Kriterium

Wenn eine Transaktion mit den Mitteilungen «Kommst du mit mir ballspielen? – Au, fein, gerade dazu habe ich Lust!» als eine solche zwischen Kindheits-Ich und Kindheits-Ich aufgefaßt wird, so scheint für diese Zuteilung das Thema, nämlich das kindliche Ballspiel, maßgebend zu sein. Noch deutlicher ergibt sich die Anwendung dieses Kriteriums bei einem Gespräch unter Erwachsenen, die sich über ihre Kinder unterhalten: «Unsere Kleinen vermissen ihre Väter! – Da gehen wir ambesten mit ihnen in den Park, um sie abzulenken!» Eine solche Transaktion wird als eindeutige Transaktion von Eltern-Ich zu Eltern-Ich eingestuft, obgleich sie auf realitätsgerechten und sachlichen Überlegungen beruht (JJ 42).

Das Beziehungsgefälle als Kriterium

Das Kind, das von der Schule nach Hause kommt und auf der Schwelle zur Wohnung ruft: «Mammi, bist du da?» ist in der Kindheitshaltung, weil daraus das Erlebnis eines Beziehungsgefälles, ich könnte auch sagen: einer Beziehungsabhängigkeit, zum Ausdruck kommt. Ganz entsprechend soll sich nach BERNE in einer Elternhaltung jemand befinden, der einen andern dominiert, kritisiert, zurechtweist oder tröstet, ermuntert, ermutigt (Be V/250), was ebenfalls auf ein Beziehungsgefälle hinweist.

* D. u. J. Kaufmann, *The Sources of Parenting Behavior: An Exploratory Study,* TAJ 2 (1972), S. 191 ff; M. James, *Self-Reparenting: Theory and Process,* TAJ 4 (1974), Nr. 3, S. 32 ff.

Der emotionale Gehalt einer Mitteilung als Kriterium
Eine entrüstete Stimmung spricht deutlich für eine Elternhaltung, eine ausgelassene fröhliche für eine Kindheitshaltung. HARRIS sowie JAMES und JONGEWARD neigen allerdings dazu, jeden Ausdruck einer Emotion als durch das Kindheits-Ich bedingt anzusehen, einer Ansicht, der ich nicht zustimmen kann. Wenn Eltern-Ich und übrigens auch das Erwachsenen-Ich* in sich geschlossene Persönlichkeitsanteile sind, dann kommt ihnen als Haltung und kommt ihren Äußerungen zweifellos auch immer ein emotionaler Gehalt zu.

Die Unbedachtheit als Kriterium
Wer aus einer *unkontrollierten Emotion* heraus reagiert, sozusagen nach dem «ungesiebten» Lust–Unlust-Prinzip, nimmt in diesem Moment einer Kindheitshaltung ein. Wer auf Grund eines *unbedachten Werturteils* reagiert, d. h. nach Vorurteilen, Pauschalurteilen, konventionellen Klischees (Be V/89 f, 311), steht entweder unter dem Einfluß eines Eltern-Ichs (wenn es sich um einen vorgängigen inneren Dialog handelt) oder nimmt selbst nach außen hin eine Elternhaltung ein (wenn er gegenüber einem andern ein Urteil fällt).

BERNE scheint sich nicht darüber klar zu sein, daß er verschiedene Gesichtspunkte anwendet, die auch in der Praxis keinesfalls zusammenfallen: Eltern können sich durch den Austausch sachlicher Informationen über ihre Kinder unterhalten, sich also unabhängig vom Thema in einer Erwachsenenhaltung befinden. Es kann jemand einen andern auch sachlich über seine Gefühle informieren («Ich liebe dich wirklich!»). Jemand kann einen andern auf eine Art beurteilen und kritisieren, die er keineswegs von seinen Eltern übernommen hat usw. Im übrigen hat *jede* Kommunikation zwischen zwei Menschen einen sachlichen und einen emotionalen Gehalt, sogar ein reines Arbeitsgespräch. Ebenso spielt immer bei einer Kommunikation die Beziehung mit, in der die beiden Gesprächspartner zueinander stehen. BERNE spielt darauf an, wenn er von der sozialen und der psychologischen Ebene gewisser Transaktionen spricht (Be III/34, VI/49), wobei er unter der sozialen Ebene offensichtlich das versteht, was ich als sachlichen Gehalt eines Gedankenaustausches bezeichnen würde, unter psychologischer Ebene das, was ich Beziehungsgehalt nennen würde. Der emotionale Gehalt darf nicht, wie

* in Bezug auf das Erwachsene-Ich wird diese Frage diskutiert in **J. A.** **Gillespie**, *Feeling in the adult ego state,* TAJ, 1976, 6 (1), S. 69.

es in der Kommunikationspsychologie oft geschieht, mit dem Beziehungsgehalt gleichgesetzt werden. Die emotionale Färbung einer Mitteilung kann sich zwar auf die Beziehung zum Gesprächspartner beziehen, jedoch auch auf den Inhalt der Mitteilung. Wenn sich zwei Erwachsene in einer Haltung, die von den Transaktionsanalytikern ohne weiteres als Elternhaltung eingestuft wird, gemeinsam über die verdorbene Jugend entrüsten, dann gilt diese Entrüstung nicht ihrer Beziehung, sondern der Jugend. Die Beziehungsebene ist in diesem Fall nicht durch Entrüstung, sondern durch das Gefühl der Solidarität geprägt, durch welche die eigene Überzeugung gestärkt werden soll. Das wäre übrigens das Motiv und der Gewinn eines solchen Gespräches.

Das rollentypische Verhalten als Kriterium

BERNE meint: «Wenn jemand daherkommt und spricht wie das Kind, das er einst war und schaltet um und spricht wie ein Erwachsener, der die Realität prüft, und dann schaltet er wieder um und spricht wie eine *typische Mutter* oder ein *typischer Vater* [Auszeichnung durch den Ref.], der zu einem kleinen Jungen oder Mädchen spricht – wie sollen wir das benennen? Gut, ich spreche von Ich-Zuständen ...».* In dieser Aussage wendet BERNE zwei verschiedene Kriterien an: Zuerst schreibt er von jemandem, der wie *das Kind spricht, das er einst war* – also nicht davon, daß jemand wie *ein Kind* oder noch betonter wie *ein typisches Kind* spricht. Er wendet das historische Kriterium an. Nachher aber schreibt er davon, daß dieser selbe sich zu einem andern Zeitpunkt dann aber auch wie ein *typischer Elternteil* verhalten könne. Damit gilt in diesem Zusammenhang ein rollentypisches Verhalten als Kriterium dafür, ob sich jemand in seinem Eltern-Ich befindet. Was ich hier als «rollentypisches Verhalten» bezeichne, ist *ein Verhalten, das die Gesellschaft von demjenigen erwartet, der die entsprechende Position in dieser Gesellschaft einnimmt.* Anders wäre meines Erachtens der Ausdruck «typische Mutter» oder «typischer Vater» nicht verständlich.

Das Kriterium des rollentypischen Verhaltens ist den andern erwähnten Kriterien übergeordnet, da es sie zum Teil mitenthält. Ganz offensichtlich bezeichnet BERNE im allgemeinen eine Haltung dann als Elternhaltung oder durch das Eltern-Ich bedingt oder eine innere Stimme dann als Ausdruck des El-

---

* *Transcription of Eric Berne in Vienna, 1968,* TAJ 3 (1973), S. 65.

tern-Ichs, wenn sie nach dem Inhalt der Aussage, dem Beziehungsgefälle und dem emotionalen Gehalt dem entspricht, was «man» und er selbst gemeinhin von durchschnittlichen Eltern erwartet. Was er als Eltern-Ich-Zustand bezeichnet ist nur zusätzlich in einem weiteren Sinn ein solcher, der auch *unabhängig von der gesellschaftlichen Position* besteht: auch ein Lehrer, ein Vorgesetzter, ein Freund, ein Ehegatte, ja ein Kind kann eine solche Haltung einnehmen. Wir könnten dementsprechend am treffendsten von typischer *Elternhaftigkeit* sprechen. Wenn BERNE sich in seinen Ausführungen auf *bestimmte* Menschen bezieht – meist auf Patienten – stellt er allerdings sehr oft nur auf das historische Kriterium ab.

Mit diesen Feststellungen habe ich mich nun scheinbar in Widerspruch zu BERNES Ansicht gestellt, daß ein Ich-Zustand keinesfalls einer Rolle entspreche (Be I/257 f). Er verwahrt sich sehr energisch gegen dieses Mißverständnis.* Ein Kind, das «Vater», «Mutter» oder «Doktor» spiele, *spiele* dabei eine Rolle und befinde sich deshalb weiterhin in einer Kindheitshaltung (l. c. S. 66, Be I/207, V/216. Genau so sei es mit Erwachsenen die Scharade spielten (Be V/216). Demgegenüber sei ein Kind, das sein jüngeres Geschwister auf eine Art zurechtweise, wie seine Mutter jeweils die Kinder zurechtzuweisen pflege, in einer Elternhaltung (Be I/207 f). Wer also *bewußt* eine Rolle *spielt*, befindet sich nach BERNE nicht im entsprechenden Ich-Zustand. Er scheint den Begriff «Rolle» auf eine solche Situation einzuschränken. Seine Schülerinnen JAMES und JONGEWARD unterscheiden nicht so scharf zwischen bewußter und unbewußter Imitation: «Als nächstes entwickelt sich das Eltern-Ich. Häufig wird es zum erstenmal beobachtet, wenn das kleine Kind ‹Familie› spielt und dabei seine Eltern imitiert» (JJ 38).

* *Transcription of Eric Berne in Vienna, 1968,* TAJ 3 (1973), S. 66.

Stereotype Erlebens- und Verhaltensmuster

1. Gewinner und Verlierer

Das Buch von JAMES und JONGEWARD beschäftigt sich besonders eingehend mit der Möglichkeit jedes Menschen, entweder
ein sogenannter Gewinner oder ein sogenannter Verlierer zu
werden (JJ 18–24). Ich halte mich vorerst an die Ausführungen
dieser beiden Autorinnen, bevor ich auch diejenigen von BER-
NE, die widersprüchlich sind, einbeziehe.

Ein *Gewinner* ist nach JAMES und JONGEWARD wahrhaftig:
Er sieht sich selbst und seine Grenzen und er sieht auch die
andern, wie sie sind, und die Realität überhaupt, wie sie ist. Er
steht zu seinen Gefühlen, auch wenn diese einmal widersprüchlich sein sollten. Er kann sich gestatten, Fehler zu begehen und
sogar sich vorübergehend unsicher zu fühlen, ohne den Glauben
an sich selbst zu verlieren. Ein Gewinner ist autonom: Er ist
selbständig und unabhängig in seinem Urteil und übernimmt
selbst die Verantwortung für sein Leben. Ein Gewinner lebt in
der Gegenwart, ohne allerdings seine Vergangenheit zu verleugnen und ohne vor der Zukunft die Augen zu verschließen.
Er akzeptiert, was die Gegenwart ihm bietet, seien es Freuden
oder Schmerzen, Geselligkeit oder Einsamkeit, geistige oder
sinnliche Genüsse. Ein Gewinner ist spontan: Er reagiert nicht
mit fixierten Verhaltensmustern, sondern unmittelbar und reali-
tätsbezogen. Er hat Achtung vor den Mitmenschen und kümmert sich um ihr Wohlergehen wie um dasjenige des Gemein-
wesens, dem er angehört. Gesellschaftliche Rituale (s. S. 125)
und sogenannte Spiele (s. S. 108 ff) interessieren ihn weniger als
menschliche Begegnungen bei der Arbeit an einem gemeinsamen Werk oder das Erlebnis einer echten, aufrichtigen Beziehung zu Freunden.

Ein *Verlierer* hat nicht den Mut, sich, die andern und die
Realität so zu sehen, wie sie sind. Seine Erfahrungen legt er so
aus, daß sie letztlich seine entmutigte Haltung rechtfertigen.
Der Verlierer ist nicht autonom, sondern abhängig von seiner
Umgebung, entweder indem er sich unbesehen anpaßt oder

indem er grundsätzlich rebelliert. Der Verlierer lebt nicht in der Gegenwart, sondern hängt an der Vergangenheit, an den «guten alten Tagen» oder an vergangenem Mißgeschick – oder er verliert sich in Gedanken an die Zukunft, an ein mögliches Wunder, das ihn auf einmal aller Sorgen enthebt, oder an eine mögliche Katastrophe. Seine bevorzugte Redewendung ist «Wenn . . .»: «Wenn doch früher nur dieses oder jenes passiert wäre!» oder «Wenn doch nur die Dinge so oder so stehen würden» oder «Wenn nur etwa nicht dieses oder jenes passiert!». Der Verlierer fürchtet das Risiko der Spontaneität und hält sich an seine einmal erworbenen Verhaltensmuster. Damit wird er zum «Wiederholer», der sich nicht verändert und aus seinen Erfahrungen nichts lernt. Seine Beziehungen zu den Mitmenschen leiden darunter, daß er immer irgendwelche Rollen spielt, wozu er die andern benützt und manipuliert, ohne daß ihm das bewußt zu sein braucht. Er begegnet den Mitmenschen nicht offen und frei, sondern projiziert seine Erwartungen in sie, wie er auch sich selbst nach den Erwartungen der andern richtet. Es fällt ihm schwer, Zuneigung zu geben und zu empfangen. Er riskiert nicht Aufrichtigkeit und Offenheit gegenüber seinen Mitmenschen, sondern sucht sich hinter konventionellen Ritualen zu verstecken oder durch sogenannte Spiele entweder seine Verliererhaltung zu rechtfertigen oder sich durch unredlich erworbene Triumphe schadlos zu halten.

Zusammenfassend läßt sich sagen, daß die Eigenschaften, die einem Gewinner eigen sind, einem gesunden Selbstvertrauen entsprechen. Der Gewinner legt auch seine Erfahrungen so aus, daß sie dieses Selbstvertrauen bestätigen. Einem Verlierer hingegen mangelt es an Selbstvertrauen, er legt seine Erfahrungen entsprechend aus und richtet sich sein Leben sogar so ein, daß das, was geschieht, seinen Mangel an Selbstvertrauen rechtfertigt. Damit ist er in einem verhängnisvollen Teufelskreis befangen. Nur wenige Menschen sind allerdings vollkommene und immerwährende Gewinner oder Verlierer. Die meisten sind in einigen Lebensbereichen Gewinner, in andern Verlierer (JJ 20), selbst eigentliche Gewinner haben nicht immer und in jeder Beziehung eine unerschütterliche Selbstsicherheit.

Die Transaktionsanalytiker gehen von der Voraussetzung aus, daß jeder Mensch als Gewinner geboren werde (JJ 110). Zwar seien wir alle bei der Geburt hilflos und völlig abhängig gewesen, aber gleichzeitig hätten wir grundsätzlich die Fähigkeit mitgebracht, uns zu Unabhängigkeit und Selbständigkeit zu entwickeln, durchaus unter Berücksichtigung und Achtung der Bedürfnisse und Gefühle unserer Mitmenschen (JJ 20). «Jeder Mensch wird als einmaliges Individuum mit einem Erbgut an Fähigkeiten und Potentialen geboren, das er grundsätzlich entwickeln, erleben und ausdrücken kann» (JJ 110). Was jemanden daran hindern kann, ein Gewinner zu werden, sind schlechte Erfahrungen in der frühesten und frühen Kindheit wie ein Mangel an liebevoller Zuwendung durch die Eltern oder andere Pflegepersonen oder aber auch mangelhafte Ernährung und Körperpflege, Krankheiten oder andere niederdrückende Ereignisse. «Solche Erfahrungen unterbrechen, verzögern oder verhindern die normale Entwicklung zur Autonomie und Selbstverwirklichung. Statt ein Gewinner kann ein Mensch unter dem Eindruck belastender Kindheitserlebnisse zu einem Verlierer werden» (JJ 20). Elterliche Einflüsse gehen auch aus Bemerkungen gegenüber den Kindern oder, in Gegenwart der letzteren, gegenüber Drittpersonen hervor. Mit «Ist er nicht erstaunlich?» oder, zwei Jahre später «Ja, du bist ein guter Junge!» werden nach BERNE eher Gewinner geschaffen als mit «Was will er eigentlich?» und ein Jahr später «Er hat eine so schwache Konstitution! Lassen wir ihn vom Turnunterricht dispensieren!» (frei nach Be VI/83).

«Heiratet ein Gewinner eine Gewinnerin (wozu Gewinner neigen), dann können ihre Nachkommen zu noch ausgesprocheneren Gewinnern werden. Heiratet ein Verlierer eine Verliererin (wozu Verlierer neigen), dann können ihre Nachkommen noch ausgesprochenere Verlierer werden. Kommt es zu einer Mischheirat, dann wird auch das Ergebnis einer Mischung entsprechen (Be VI/285). Damit möchte BERNE natürlich nicht sagen, daß Gewinner- und Verlierertum vererbt werden, sondern daß Gewinner als Eltern ihre Kinder aus ihrem Selbstvertrauen heraus eher zu Menschen erziehen, die selbst wieder Gewinner werden, während Verlierer ihre Kinder eher so dressieren und einschränken, daß sie zu Anpassern oder Rebellen werden, aber nicht zu autonomen Individuen mit Selbstvertrauen. Gewinner sind Menschen, die, durch realitätsbezogenes Denken, Vertrauen und Selbstsicherheit gesteuert, ihr ursprüngliches freies und unbefangenes inneres Kind lebendig erhalten.

Bei der Definiton dessen, was ein Gewinner und was ein Verlierer zu nennen ist, verwickelt sich BERNE in Widersprüche. Abgesehen davon, was wir in den bisherigen Ausführungen der Bestimmung dessen, was ein Gewinner und was ein Verlierer sein soll, zugrundegelegt haben, finden sich bei BERNE noch andere Definitionen. Er schreibt z. B., in einem Cowboy-Stück sei der Gewinner derjenige, der überlebe, der Verlierer derjenige, der gehängt oder erschossen werde. «In einem rührseligen Stück ist die Gewinnerin ein Mädchen, das einen Mann bekommt, und die Verliererin ist ein Mädchen, das einen Mann verliert.» In einem Schurkenstück ist derjenige ein Gewinner, der den besten Vertrag oder die entscheidenden Vollmachten erhält, und der Verlierer ist derjenige, der sich im Umgang mit Papieren nicht auskennt (Be VI/37). «Ein Gewinner ist einer, der Kapitän einer Sportmannschaft wird, oder derjenige, dem die Maikönigin ein Rendez-vous gewährt oder derjenige, der beim Pokern gewinnt ... Ein Verlierer kommt nicht einmal als gewöhnlicher Teilnehmer in die Mannschaft, hat kein Rendez-vous oder macht beim Pokern bankrott» (Be V/140, VI/204 f). Hier bezeichnet BERNE kurzerhand die sozial Erfolgreichen als Gewinner und die sozial Erfolglosen als Verlierer. Wer nur erfolgreich ist, aber zugleich ängstlich, erfolgreich, aber festgefahren, erfolgreich, aber unglücklich, ist jedoch keineswegs ohne weiteres ein Gewinner im eigentlichen Sinn (Be V/140; JJ 20), sei er nun Kapitän einer Fußballmannschaft oder habe er ein Rendez-vous mit einer Schönheitskönigin!

Als Gewinner bezeichnet BERNE schließlich auch einen Menschen, der das Ziel, das er sich gesetzt hat, wirklich erreicht, während derjenige, der sein Ziel nicht erreiche, ein Verlierer sei. «Eine Frau, die eine Scheidung durchgemacht hat, ist keine Verliererin, außer sie sagte zuvor: ‹Ich werde mich nie scheiden lassen!› Hat sie dagegen erklärt: ‹Eines Tages werde ich meinen Arbeitsplatz aufgeben und nie mehr arbeiten!›, dann ist sie, wenn sie jetzt von den Alimenten leben kann, eine Gewinnerin» (Be VI/89 f). Gewinner ist nach BERNE dementsprechend jemand, der ein von ihm selbst gestecktes Ziel erreicht (Be VI/447), Verlierer jemand, der sein erklärtes Ziel verfehlt (Be VI/444). Dabei setzt er sich die Ziele selbst, wenn auch gewöhnlich auf Grund der elterlichen Programmierung, aber es ist sein Erwachsenen-Ich, das schließlich die Verpflichtung eingeht, das Ziel zu erreichen (Be V/140). Setzt sich jemand das Ziel, zwei Kinder zu haben und er bekommt zwei Kinder, ist er ein Gewinner, bekommt er keine Kinder, ist er ein Verlierer. Dasselbe gilt von demjenigen, der sich im Beruf oder im Sport konkrete Ziele gesetzt hat (Be V/139 f). Es kann jemand im einen Lebensbereich ein Gewinner, im andern ein Verlierer sein.

Die verschiedenen Definitionen, was ein Gewinner und was ein Verlierer heißen soll, führen notwendigerweise zu Widersprüchen, so wenn BERNE schreibt, ein Vater, der seinen Sohn zum Gewinner erziehe, wünsche, daß sein Sohn glücklich werde, aber oft sehe er ihn lieber unglücklich, als daß er zu einem Verlierer werde (Be V/139, VI/203). Nimmt jemand Krankheit und andere Mißhelligkeiten aus sinnvollen Gründen auf sich, wird er zu einem erfolgreichen Märtyrer – das sei der beste Weg, um zu gewinnen, indem man verliere (Be V/140, VI/205).

Neben Gewinnern und Verlierern kennt BERNE noch *Nicht-Gewinner.* Nicht-Gewinner arbeiten hart, aber nicht um zu gewinnen, sondern um den Status aufrecht zu erhalten, den sie erreicht haben. Es handelt sich um geschätzte Mitarbeiter, Angestellte und Arbeiter, denn sie sind loyal, fleißig und dankbar und machen keine Schwierigkeiten. In Gesellschaft sind sie unterhaltsam und ihr Einsatz in der Gemeinde ist bewundernswert (Be V/140 f, VI/203 f).

Wenn der soziale Erfolg als Maßstab genommen wird, so ist nach BERNE der Nicht-Gewinner derjenige, der in eine Sportsmannschaft aufgenommen, aber nicht zum Kapitän gewählt wird oder derjenige, der ein Rendez-vous mit demjenigen Mädchen hat, das beinahe Maikönigin geworden wäre, oder derjenige, der beim Pokern zwar nichts gewonnen, aber auch nichts verloren habe. Wenn das Ziel, das sich jemand gesetzt hat, zum Maßstab genommen wird, dann sei der Nicht-Gewinner derjenige, der sich vorgenommen habe, vier Kinder zu haben und nur drei bekommen habe oder derjenige, der sich vorgenommen habe beim Stabhochsprung 4,95 m hoch zu springen, aber nur 4,7 m erreichte oder derjenige, der neun Bomben abwerfen wollte und nur fünf Bomben abgeworfen habe (Be V/139 f, VI/205).

Ob jemand ein Gewinner oder ein Verlierer ist, kann oft rasch ausgemacht werden, wenn wir zuhören, was er sagt. Ein Gewinner sagt Dinge wie «Ich habe einen Fehler gemacht, aber es wird nicht noch einmal passieren» oder «.. jetzt kenne ich den richtigen Weg, wie es erledigt werden muß!» Ein Verlierer sagt: «Wenn doch nur ...» oder «Ich hätte ...» oder «Ja, aber ...». Nicht-Gewinner sagen gern: «Nun – wenigstens habe ich ...» oder «Ich bin dankbar, daß ich wenigstens ...» Am einfachsten sind Gewinner von Verlierern zu unterscheiden, wenn wir bedenken, daß ein Gewinner eine Person ist, die weiß, was sie als nächstes tun wird, wenn einmal etwas schiefgegangen sein sollte, aber nicht darüber spricht; ein Verlierer aber ist jemand, der nicht weiß, was zu tun ist, wenn er verliert, aber davon spricht, was er tun würde, wenn er gewonnen hätte. So braucht es nur wenige Minuten, um am Spieltisch oder an der Börse den Gewinner vom Verlierer zu unterscheiden» (Be V/ 140 f, 215 f).

2. Die Grundeinstellung

Wir unterscheiden vier Grundeinstellungen, die durch vier einfache Formeln umschrieben werden: (1.) Ich bin O.K., du bist O.K., (2.) Ich bin O.K., du bist nicht O.K., (3.) Ich bin nicht O.K., du bist O.K., (4.) Ich bin nicht O.K., du bist nicht O.K. Es handelt sich bei den Grundeinstellungen um die Frage, wie jemand sich selbst und seine Mitwelt bewertet. Statt «ich» kann in den erwähnten vier Formeln je nach Umständen auch «wir» gesagt werden, als Ausdruck der Solidarität z. B. mit Familienangehörigen, Parteigenossen oder Mitgliedern einer Religionsgemeinschaft. Statt «du» kann auch «sie», «Männer», «Frauen», «Kinder», «die andern» gesetzt werden. Statt O.K. kann auch stehen «reich», «hilfreich», «religiös», «sauber» oder irgend eine andere Eigenschaft, die als positiv beurteilt wird; statt «nicht O.K» kann je nach Umständen «arm», «unwissend», «kindisch», «verwahrlost» oder irgend eine andere Eigenschaft gesetzt werden, die als negativ beurteilt wird (Be IV/270 f).

Meist überwiegt bei einem Menschen eine dieser vier Grundeinstellungen dem Leben gegenüber. Am deutlichsten kommt die einem bestimmten Menschen eigene Grundeinstellung zum Ausdruck, wenn er in irgendwelche Schwierigkeiten gerät. Die Grundeinstellung entwickelt sich schon in einem sehr frühen Alter, vielleicht schon in der Säuglingszeit auf Grund einer vorsprachlichen und noch nicht formulierbaren Entscheidung. Erlebnisse und Erfahrungen mit der Realität, vor allem auch mit den Eltern, von denen das Kleinkind vital abhängig ist, sind dafür entscheidend. Neben der Säuglingszeit ist die Zeit der Reinlichkeitserziehung mit der zugehörigen Auseinandersetzung mit den Erziehungspersonen für die Ausbildung der

Grundeinstellung besonders wichtig. Hat sich das Kleinkind zu einer bestimmten Grundeinstellung «entschieden», so wird an dieser Entscheidung festgehalten. Im allgemeinen hat sie sich bis zum Ende des zweiten Lebensjahrs oder im Laufe des dritten bereits verfestigt. Nur mit einer festen Grundeinstellung wird die Welt überschaubar und das, was in ihr geschieht, vorhersehbar. Deshalb wird das Kind seine Erfahrungen schließlich immer so auslegen, daß sie mit seiner Grundeinstellung übereinstimmen und wird oft sogar sein Leben so einrichten, daß seine Grundeinstellung sich immer wieder bestätigt (Be VI/ 84, 95; H 54 ff, 61–68; JJ 55, 60).

a) Ich bin O.K., du bist O.K. (Ich+, du+)

Es handelt sich nach Berne um die konstruktive, gesunde oder erfolgreiche Grundeinstellung. Wir könnten auch von der *positiven Grundeinstellung sprechen*. Menschen mit dieser Grundeinstellung haben eine gute Meinung von sich und der Welt (Be VI/94). Sie denken keineswegs daran, sich umzubringen, fühlen sich nicht ausgeschlossen und schließen andere nicht aus, sondern sind überzeugt, daß das Leben für sie selbst wie für andere wert ist, gelebt zu werden (Be IV/273 f). «Glücklich sind die Kinder, die immer wieder Situationen ausgesetzt werden, in denen sie sich selbst ihren eigenen Wert und den der andern beweisen können. Sie entdecken früh im Leben, daß sie O.K. sind» (H 69). Nach Harris gibt es aber nur selten Menschen, die mit diesen Erfahrungen aufwachsen durften (H 69). Wer dieses Glück nicht hatte, kann später nur mit Mühe und harter Arbeit an sich selbst, unter Umständen mit Hilfe eines Psychotherapeuten, zu dieser Grundeinstellung gelangen. Guter Wille allein genügt nicht! (Be VI/86). Wer diese Grundeinstellung hat, denkt und entscheidet realitätsgerecht, hat Vertrauen und ist bereit, sich für seine Ziele einzusetzen (H 69). Er hat keine «Spiele» nötig, um andere zu manipulieren (Be VI/ 89). Diese Grundeinstellung zeichnet Führerpersönlichkeiten aus, die selbst unter widrigen Umständen ihre Selbstachtung und die Achtung vor denen, die ihnen anvertraut sind, aufrecht erhalten (Be VI/88). Nach Berne ist jemand mit dieser positiven Grundeinstellung immer ein Gewinner (Be VI/89).

BERNE nimmt an, daß die Menschen ursprünglich alle O.K. sind und STEINER und ENGLISCH stimmen ihm bei. Es heißt dies, daß die Menschen im Grunde genommen alle «gut, in Ordnung, schön, intelligent, gesund, auf Zusammenarbeit gestimmt und bereit sind, einander beizustehen» (CSt 168, 175). Es ist dies Ausdruck des Bekenntnisses dieser Autoren zu den Grundsätzen der Humanistischen Psychologie (s. S. 245).

In der Aussage «Ich bin O.K., du bist O.K.» ist meines Erachtens enthalten, daß derjenige, auf den diese Einstellung zutrifft, dem andern gegenüber sich menschlich weder unterlegen noch überlegen vorkommt und dementsprechend auch nicht als Rivale. Die Überzeugung «Ich bin auf dieser Welt so wichtig wie du» und «Du bist auf dieser Welt so wichtig wie ich» ist der wesentliche Inhalt dieser Haltung. Ich treffe immer wieder auf das Mißverständnis daß jemand, der eine solche Haltung sich und den andern gegenüber einnehme, bei sich selbst und den andern keine Fehler und Unzulänglichkeiten sehe. Das trifft nicht zu, aber diese Fehler und Unzulänglichkeiten setzen in seinen Augen weder den menschlichen Wert seiner selbst noch denjenigen seiner Mitmenschen herab. Fehler und Unzulänglichkeiten können vielleicht mit Bedauern bemerkt werden, lösen aber keine Vorwürfe und keine Schuldgefühle aus, weder sich selbst noch den andern gegenüber. Wer sich diese positive Grundeinstellung erhalten oder erworben hat, ruht in sich selbst und begegnet den Mitmenschen wertungsfrei, offen und gelassen, manipuliert sie nicht und läßt sich nicht von ihnen manipulieren. Er ist unabhängiger als diejenigen mit den andern Grundeinstellungen, wenn er auch nicht gänzlich unabhängig ist, denn wir alle haben mitmenschlichen Kontakt und Bestätigung nötig, aber wer in dieser Einstellung lebt, kann der Bestätigung durch andere verhältnismäßig lange entbehren, ohne sich unwohl zu fühlen.

Niemand lebt ewig und immer in dieser Grundeinstellung. Es handelt sich um ein Ideal, dem wir uns nur mehr oder weniger annähern können, weswegen ich es ablehne, dabei von der «gesunden Grundeinstellung» zu sprechen, wie wenn jedermann psychisch oder sozial als krank zu gelten hätte, der eine andere Einstellung innehat.

b) Ich bin O.K., du bist nicht O.K (Ich +, du –)

Wer diese Grundeinstellung einnimmt, findet nach BERNE an jedem andern einen Fehler, schickt seine Kinder, seine Freunde und seine alten Dienstboten fort. Schlimmsten Falls handelt es sich um einen Mörder, im harmlosesten Fall um jemanden, der sich in die Angelegenheiten anderer einmischt, ohne darum gefragt zu sein (Be VI/86). BERNE spricht von der paranoiden, von der projektiven oder von der arroganten Grundeinstellung. Ich bevorzuge den Ausdruck *Grundeinstellung der (vermeintlichen) Überlegenheit*. Im Bereich der Psychopathologie haben nach BERNE Paranoide diese Einstellung. Nach HARRIS kommt es vor, daß sich Menschen mit dieser Grundeinstellung mit Ja-Sagern umgeben, von denen sie sich unermüdlich loben und «streicheln» lassen, ohne jedoch diese Anerkennung genießen zu können, denn die andern sind ja nicht O.K. (H 68). Ihnen ist schwer zu helfen, da ja auch der Therapeut zu jenen gehört, die nicht O.K. sind (H 68). Wenn jemand mit dieser Grundeinstellung doch ganz offensichtlich einmal etwas mißglückt, dann haben immer die andern Schuld oder das Schicksal oder der liebe Gott, nur schon damit die Erschütterung des «Ich bin O.K.» abgewehrt werden kann. Während nämlich das «Ich bin O.K.» innerhalb der Haltung «Ich bin O.K., du bist O.K.» soviel bedeutet wie «Ich darf Mensch sein», bedeutet es im Rahmen der Haltung «Ich bin O.K., du bist nicht O.K.» «Ich bin immer besser als die andern». Bei Schwierigkeiten im Umgang mit andern Menschen, besonders wenn die Überzeugung «Ich bin O.K.» ernsthaft bedroht ist, wünscht sich der Betreffende eher, der andere möge sterben, als daß er sich selbst den Tod wünschen würde.

Auch diese Grundeinstellung zeigt sich oft nur in Andeutungen. Die Aussage «Ich werde nie mehr einem andern Menschen trauen!» ist z. B. Ausdruck dieser Grundeinstellung (FE 163), wobei allerdings beizufügen ist, daß dahinter die Überzeugung steht, selbst durchaus vertrauenswürdig zu sein, sonst könnte es sich auch um die Grundeinstellung «Ich bin nicht O.K., du bist (auch) nicht O.K.» handeln. Wenn BERNE von der «arroganten Grundeinstellung» spricht, darf daraus nicht geschlossen werden, daß solche Menschen immer sichtlich arrogant auftreten. Sie können, auch wenn sie sich im Grunde genommen immer nur auf sich selber verlassen und gegenüber allen andern mißtrauisch sind, durchaus bescheiden und liebenswürdig auftreten. Leicht sehen sie in andern Leute, die hilfsbedürftig sind oder «einer starken Hand bedürfen». Da sie sich auf sich selbst verlassen, wirken sie oft recht autonom und fällt es ihnen verhältnismäßig leicht, eine Erwachsenenhaltung einzunehmen. Nicht selten übernehmen sie mehr Verantwortung für andere, als ihnen zuträglich ist.

c) Ich bin nicht O.K., du bist O.K. (Ich –, du +)

Menschen mit dieser Grundeinstellung fühlen sich den andern unterlegen (Be VI/94); sie kommen sich im Vergleich zu andern ohnmächtig vor; sie sind der Überzeugung, ihr Leben habe keinen großen Wert (JJ 58); sie kommen sich ausgeschlossen vor und schließen sich manchmal auch selber aus, was dazu führen kann, daß sie als chronische Patienten ihr Leben in einer Heilanstalt fristen oder als Kriminelle im Gefängnis. Manchmal beschließen sie ihr Leben als vereinsamte Einzelgänger in irgend einer trübseligen Pension (Be IV/272). Ihre Grundstimmung ist depressiv und es besteht eine Neigung, sich umzubringen, sei es durch Suizid, durch Unfälle oder durch eine destruktive Sucht (Be VI/85). Geraten Menschen mit dieser Grundeinstellung in Schwierigkeiten, so wünschen sie sich eher selbst den Tod als ihren Widersachern. Manchmal schließen sich die Leute mit dieser Grundeinstellung zusammen, um doch noch eine dürftige Selbstbestätigung im Umgang mit Gleichgestimmten zu finden.

BERNE spricht zusammenfassend von der depressiven oder der introjektiven Grundeinstellung. Ich bevorzuge den Ausdruck *Grundeinstellung der (vermeintlichen) Unterlegenheit*, der sich weniger an psychopathologischen Verhältnissen orientiert. BERNE charakterisiert die Menschen mit dieser Grundeinstellung sehr drastisch. Er wird damit dem Alltag nicht gerecht. Es ist die Grundeinstellung derjenigen, die an Minderwertigkeitsgefühlen leiden. «Ich werde niemals liebenswert sein!» (FE 163) ist Ausdruck dieser Grundeinstellung. Wenn es zwischen ihnen und andern zu Schwierigkeiten kommt, denken sie: «Was habe ich nur wieder angestellt?» oder «Was stimmt mit mir nicht?». Es sind Leute, die sich auch dann entschuldigen, wenn sie von andern angerempelt, angegriffen oder herabgesetzt werden. Es sind Leute, die auch einfache Informationsfragen mit der Einleitung versehen: «Es ist vielleicht eine ganz dumme Frage, aber ich möchte doch gerne wissen ...». Oft klammern sich Menschen mit dieser Grundeinstellung an andere, denen die gegenteilige Grundeinstellung zukommt.

Manchmal bemitleiden Menschen mit dieser Grundeinstellung sich selbst mit «Wenn ich doch nur . .» oder «Hätte ich doch . . .» und veranlassen andere, sie ebenfalls zu bemitleiden, ihnen beizustehen und ihnen zu helfen. Dabei genießen sie es manchmal wie mit einem gewissen Rachegefühl, daß die andern soviel wie möglich dafür bezahlen müssen, daß sie selbst sich O.K. fühlen (VI/86 f). Andere ziehen sich zurück und suchen Selbstbestätigung und Erfüllung ihrer Wünsche und Bedürfnisse in der Phantasie (H 63 f). Viele versuchen mit ihren Minderwertigkeitsgefühlen fertig zu werden, indem sie «Spiele» betreiben, die ihnen vorübergehend Triumphgefühle zu genießen gestatten (H 69 f) (s. S. 112). Die Resignation, die den emotionalen Hintergrund dieser Grundeinstellung bildet, kann auch überspielt oder getarnt werden, so wenn sich die Betreffenden ihren Weg durch Treten, Spucken und Kratzen zu bahnen versuchen. Sie können sich auch um die Anerkennung und den Beifall ihrer Bekannten und Verbündeten bemühen, um sich in ihrem Selbstwert bestätigt zu fühlen, ohne daß ein solcher Erfolg aber von Dauer ist. Manchmal vollbringen sie allerdings dabei Leistungen und entwickeln Feritgkeiten, die ihnen später, wenn sie ihre Grundeinstellungen überwinden können, zugute kommen (H 63 f). Die Minderwertigkeitsgefühle, welche diese Grundeinstellung begleiten, werden oft bereits in der Kindheit zu kompensieren versucht, indem, wer sie einnimmt, möglichst die größere Portion zu erwischen trachtet, sich vordrängt, andere auslacht, immer noch mehr Spielzeug haben will. Als Erwachsene häufen diese selben Menschen Besitztümer an oder sie prahlen mit ihrer Bescheidenheit (s. aber auch S. 96).

d) Ich bin nicht O.K., du bist nicht O.K. (Ich –, du –)

Menschen mit dieser Grundeinstellung kommen sich ebenfalls nutzlos vor (Be VI/94). Sie leben mit der Überzeugung, daß sich nicht nur ihr Leben, sondern das Leben überhaupt nicht lohnt (JJ 58). BERNE spricht von der Grundeinstellung der Sinnlosigkeit. Ich bevorzuge die Umschreibung *Grundeinstellung der Hoffnungslosigkeit und stillen Verzweiflung.* Von der lebensnotwendigen Bestätigung und Anerkennung durch andere schließen sich diese Menschen selbst aus, da für sie auch diese andern nicht O.K. sind und damit das, was sie sagen, wirkungslos. Diese Grundeinstellung kann nach BERNE Ausdruck eines schizoiden Charakters sein oder gar einer Erkrankung an Schizophrenie (Be VI/87). Aus dieser Grundeinstellung heraus können sich Menschen umbringen (Be VI/87; JJ 58), andere werden zu Dauerinsassen psychiatrischer Kliniken und leben mit einer «vagen archaischen Sehnsucht» (H 64) nach der frühen Säuglingszeit (H 65). Menschen mit dieser Grundeinstellung zu behandeln ist besonders schwierig, da ja auch der Therapeut in das «du bist nicht O.K.» einbezogen ist. Nach BERNE ist jedermann mit dieser Grundeinstellung ein Verlierer (Be VI/89).

Es ist in der Praxis schwierig, Menschen mit dieser Grundeinstellung von denjenigen zu unterscheiden, denen die vorangehend beschriebene zukommt. Es stehen aber bei der «Grundeinstellung der Hoffnungslosigkeit» keine Minderwertigkeitsgefühle im populären Sinn im Vordergrund, denn diese setzen voraus, daß ständig ein Vergleich mit andern, glücklicheren Leuten stattfindet. Für Menschen mit der Grundeinstellung «Ich bin nicht O.K., du bist nicht O.K.» ist aber ein solcher Vergleich sinnlos, weil das Leben an sich sinnlos ist und weil, wer anders denkt, sich täuscht. Menschen mit ausgeprägten Minderwertigkeitsgefühlen kommen eher in Beratung und Behandlung als solche, die von der Sinnlosigkeit des Lebens überzeugt sind. Auch diese können unter depressiven Verstimmungen leiden, aber ihre Depression ist anders, untergründiger. Nicht selten wird die Überzeugung von der Sinnlosigkeit und damit auch Hoffnungslosigkeit der Existenz zeitweilig hinter einem umgänglichen, manchmal ironischen Umgangston verborgen. Am sozialen Status oder Erfolg gemessen brauchen es keine Verlierer zu sein.

e) Anmerkungen von Eric Berne zu den Grundeinstellungen

Was die Grundeinstellung anbetrifft, können bei jedem Mensche wieder andere Bereiche im Vordergrund stehen, z. B. die Gegensatzpaare jüdisch–arisch, reich–arm, konservativ–progressiv, christlich–heidnisch, aufrichtig–verlogen, begabt–dumm usw. So kann jemand mit der Grundeinstellung «Ich–, du+» sich daran halten, daß er keine höheren Schulen besucht hat und deshalb dumm ist, während alle andern, die ihm schätzenswert erscheinen, Akademiker sind. Den ebenfalls schätzenswerten Nicht-Akademiker sieht er nicht. Jemand mit der Grundeinstellung «Ich+, du–» kann sich etwas auf seine angeblich christliche Haltung zugute tun und auf alle andern, die seiner Meinung nach nicht bekehrt sind, hinuntersehen. Für die Gesellschaft am gefährlichsten sind Fantiker, die sich nur auf *ein* Gegensatzpaar stützen. Je mehr verschiedene Gegensatzpaare in das O.K.-Urteil einbezogen werden, umso komplizierter wird die Angelegenheit, aber auch umso mehr Grautöne gibt es zwischen Schwarz und Weiß: «Er ist zwar ein Heide, aber immerhin aufrichtig und arm» (Be VI/91 f).

Im allgemeinen steht bei jedem Menschen eine bestimmte Grundeinstellung im Vordergrund, aus der heraus er seine «Spiele» spielt (s. S. 108 ff) und auf der sich sein unbewußter Lebensplan gründet (s. S. 129 ff). Diese Grundeinstellung ist für seine Haltung gegenüber sich selbst, den Mitmenschen und dem Leben das Fundament. Er hält sich daran und wird es nur sehr widerwillig aufgeben. Auch Erfahrungen, die rein logisch der Grundeinstellung widersprechen, werden ihn nicht zu deren Änderung veranlassen. Eine Frau, deren Grundeinstellung auf der Überzeugung beruht, daß sie arm ist und andere reich (Ich–, du +), wird diese nicht aufgeben, wenn sie aus irgendwelchen Gründen doch einmal zu Geld kommen sollte. Sie bleibt erlebnismäßig eine arme Frau, die zufällig vermögend geworden ist. Genau so verhält es sich mit einer reichen Frau, für die wesentlich ist, daß sie reich ist und andere arm (Ich+, du–). Verliert sie ihr Vermögen, so bleibt sie «eigentlich» eine reiche Frau, die aber zufällig kein Geld mehr hat. Im Alltag besonders verwirrend ist die Situation, wenn jemand überzeugt ist, daß er moralisch gut ist und andere schlecht (Ich+, du–) und an dieser Einstellung festhält, auch wenn er sich Verfehlungen zuschulden kommen läßt, durch die andere geschädigt werden. Jemand mit der Grundeinstellung Ich+, du+ bleibt eine Führernatur, die sich selbst und andere gleichermaßen respektiert, selbst wenn einmal alle gegen ihn sein sollten. Veränderungen der Grundeinstellung kommen also nicht durch korrigierende Erfahrungen, sondern durch innere Umstellungen zustande, sei es spontan, als Folge eines Liebeserlebnisses oder unter dem Einfluß eines Therapeuten (Be VI/87 f, 94).

Es gibt nun aber Menschen – meist unsichere und labile Persönlichkeiten – deren Grundeinstellungen nicht absolut festgelegt ist. Sie schwanken zwischen zwei Einstellungen hin und her. Die Labilität der Grundeinstellung kann von äußeren Umständen abhängen, z. B. von der Situation im Beruf neben derjenigen in der Familie oder von der gesellschaftlichen Stellung als Student neben derjenigen als Mann oder Frau. Eine solche Labilität der Grundeinstellung erschwert natürlich die Diagnose der Persönlichkeit. Bei einer stabilen Grundeinstellung läßt sich viel leichter voraussagen, was ein bestimmter Mensch unter bestimmten Umständen sagen und tun wird (Be VI/88; JJ 59).

Nach BERNE ist das erste, was die Menschen jeweils voneinander annehmen und ahnen, die jeweilige Grundeinstellung. Meistens finden sich seines Erachtens Menschen mit derselben Grundeinstellung zusammen. Menschen, die eine gute Meinung von sich und der Welt haben (Ich+, du+) seien also lieber mit solchen zusammen, die aus derselben Einstellung heraus lebten als mit solchen, die sich immer über alles beklagen. Wer sich grundsätzlich überlegen fühle (Ich+, du–), treffe sich gerne mit seinesgleichen in Vereinen. Menschen, die sich immer minderwertiger fühlen als andere, finden sich nach BERNE ebenfalls oft zusammen, gewöhnlich in «Nicht-O.K.-Bars.»

Daß sich Menschen mit derselben Grundeinstellung bevorzugt zusammenschließen, wie BERNE meint, trifft nur bedingt zu. Ich glaube, es ist im Zusammenhang mit dieser Frage eine «Gruppeneinstellung» von einer «individuellen Einstellung» zu unterscheiden. Es ist vielfach zu beobachten, daß sich jemand mit der Grundeinstellung «Ich+, du–» einen Partner sucht, dem die gegenteilige Grundeinstellung «Ich–, du+» zukommt. Es führt dies zu einer komplementären Gemeinschaft oder Kollusion (s. S. 253). Menschen mit der Grundeinstellung «Ich–, du+» zeigen auch oft die Neigung, sich an solche mit der positiven Grundeinstellung «Ich+, du+» anzuklammern. Immer wieder erfahre ich, daß Menschen, die sich grundsätzlich als anderen überlegen vorkommen (Ich+, du–) an solche halten, die in der Gesellschaft sich durch besonders positive Qualitäten oder Autorität auszeichnen. Wie aber der Verlauf solcher Beziehungen ergibt, entdecken sie dann immer an denjenigen, die sie verehren, plötzlich Züge, die sie als negativ beurteilen, worüber sie scheinbar enttäuscht, insgeheim aber irgendwie auch erleichtert sind: «Also stimmt es doch: Ich+, du–!»
Trotzdem trifft es zu, daß Menschen mit derselben Grundein-

stellung sich oft zusammenschließen und zwar meistens solche, die sich selbst nicht O.K. erleben. Für sie ist wohl ein «*Wir* sind nicht O.K., die andern sind O.K.» leichter zu ertragen als ein «*Ich* bin nicht O.K., die andern sind O.K.» Überdies haben bei einem solchen Zusammenschluß die Betreffenden dann immer auch Gelegenheit, solchen zu begegnen, denen sie sich doch überlegen fühlen. Im übrigen bringt die Umwandlung des *Ich* in ein *Wir* manchmal einen Prestigegewinn mit sich bis zu einem «Wir sind O.K., die andern sind nicht O.K.». Das «Wir» ist dabei manchmal die Familie, in der sich jeder einzelne als nicht O.K. erlebt, die sich aber insgesamt, als Familie, andern Familien als überlegen berachtet. Menschen, die mit der Grundeinstellung «Ich–, du–» leben, sind nach meiner Erfahrung im allgemeinen Einzelgänger oder haben nur wenige Freunde und halten auch diesen gegenüber eine gewisse Reserve aufrecht.

Schließlich möchte ich noch das Verhältnis verschiedener Arten von Psychosen zu den Grundeinstellungen, auf das BERNE immer wieder anspielt, in Frage stellen. Statt von einer ersten, zweiten, dritten und vierten Grundeinstellung spricht er auch von der gesunden, der paranoiden, der depressiven und (andeutungsweise) schizophrenen Grundeinstellung. Eine verbindliche Zuordnung von einer bestimmten Grundeinstellung zu einer bestimmten Psychoseform ist psychologisch zweifelhaft.

f) Anmerkungen von Thomas Harris zu den Grundeinstellungen

HARRIS ist der Überzeugung, daß sich bald nach der Geburt bei jedem Kind die Grundeinstellung «Ich bin nicht O.K., du bist O.K.» entwickelt. Das Kind ist klein, abhängig, noch ganz «dumm» und ungeschickt, es hat keine Worte, mit denen es Zusammenhänge erfassen könnte. Ein ärgerlicher Blick in seine Richtung kann bei ihm nur Gefühle erzeugen, die seinen Bestand an negativen Daten über sich selbst vergrößern. «Es ist mein Fehler. Schon wieder. So ist es immer. So wird es immer sein. Das hört nie auf.» Immer wieder werden Forderungen an das Kleinkind gestellt und wird es in der freien Entfaltung seiner natürlichen Funktionen eingeschränkt. Es ist von der elterlichen Anerkennung abhängig, «die so schnell entzogen werden kann, wie sie gespendet worden ist». Sie «bedeutet für das Kind, das noch keinen bestimmten Zusammenhang zwischen Ursache und Wirkung sieht, ein unbegreifliches Geheimnis».

Die Erziehung ist so mit unzähligen großen und kleinen Frustrationserlebnissen verbunden. Für HARRIS ergibt sich aus all dem, daß das Kind sich auf Grund dieser Erfahrungen zu allererst einmal als nicht-O.K. einschätzt (H 41). Er erwähnt zwar, daß das Kleinkind auch die kleinen Freuden registriert, die eine glückliche Kindheit verschönen können, aber seiner Ansicht nach, überwiegen die Nicht-O.K.-Gefühle bei weitem die Folgen der positiven Erlebnisse (H 43). «Ich glaube, alle Befunde deuten auf eine erdrückende Anhäufung von Nicht-O.K.-Gefühlen im Kind hin» (H 61).

Bei den meisten Menschen bleibt nach HARRIS diese Grundeinstellung mehr oder weniger durch das ganze Leben erhalten, nur bei besonders unglücklichen Umständen kommt es zu einer der andern negativen Grundeinstellungen (H 68). Meines Erachtens trifft diese Auffassung von HARRIS zu. Auch den Neurosen und Beziehungsstörungen, wegen denen viele den Psychotherapeuten aufsuchen, liegt im allgemeinen diese Grundeinstellung zugrunde.

HARRIS ist der Ansicht, daß sich die Grundeinstellung «Ich bin nicht O.K., du bist nicht O.K.» bei Kindern ausbildet, die unter einer gefühlskalten Mutter leiden. Vielleicht hat sie sich bis zum Ende seines ersten Lebensjahres noch leidlich um den Säugling gekümmert, zeigt er aber die ersten Regungen zur Selbständigkeit, wird sie gleichgültig, «streichelt» das Kind nicht mehr, d. h. unterläßt Anerkennung und Bestätigung, vernachlässigt es emotional und tröstet es auch kaum noch, wenn es schmerzliche Erfahrungen mit der dinglichen Realität macht, die ja in diesem Alter unvermeidlich sind. «Wenn dieser Zustand der Verlassenheit und Bedrängnis unverändert während des zweiten Lebensjahres anhält, folgert das Kind: «Ich bin nicht O.K., du bist nicht O.K.» (H 64). Fehlt dem Kind bereits in der Säuglingszeit die notwendige Anerkennung und Bestätigung, wobei die Möglichkeit besteht, daß sein «Streichelbedürfnis» aus konstitutionellen Gründen krankhaft gesteigert ist, so kann sich ein sogenannter Autismus entwickeln, eine schwere und nur äußerst schwierig zu behebende Kontaktstörung (H 65 f).

Ich habe Menschen gekannt, die nicht durch eine gleichgültige Mutter zu dieser Grundeinstellung gelangt sind, sondern im Gegenteil durch ausgesprochene verwöhnende Eltern. Sie waren zwar seit je neurotisch, aber erst durch den Tod der Eltern und damit den

Wegfall der verwöhnenden Verhältnisse und des «Wir», entwickelte sich diese Grundeinstellung, die psychotherapeutisch zu beeinflussen außerordentlich schwierig sein kann.

Zur Grundeinstellung «Ich bin O.K., du bist nicht O.K.» gelangt nach HARRIS ein Kind, das von seinen Eltern brutal körperlich terrorisiert worden ist. Es bleibe ihm nichts übrig, als sich selbst zu streicheln. Es «leckt seine Wunden». Die brutalen Eltern werden einerseits gehaßt, andererseits aber hat das Kind eben gerade von ihnen gelernt, selbst hart und grausam zu sein. Es gibt nicht auf; es schlägt zurück. «Schuld haben immer die andern» (H 66 f).

Die Äußerungen von BERNE und HARRIS zu dieser Grundeinstellung decken sich nicht durchgehend. Es trifft nicht zu, daß Menschen, die sich zudringlich in die Angelegenheiten anderer einmischen (BERNE), häufig selbst hart und grausam sind (HARRIS); es trifft auch nicht zu, daß Leute, die gewohnheitsmäßig an andern herummäkeln oder sich über andere lustig machen (BERNE), ihrerseits unter brutalem Terror der Eltern gelitten haben (HARRIS). Meines Erachtens kann diese Grundeinstellung häufig als eine kompensatorische Fortentwicklung der Einstellung «Ich bin nicht O.K., du bist O.K.» verstanden werden. Der Spieß wird dann sozusagen umgedreht. Sowohl bei denjenigen, die alles besser wissen und andere bekehren wollen (BERNE) wie bei denjenigen, die die Schuld immer bei den andern suchen (HARRIS) handelt es sich letztlich um selbstunsichere Menschen, die, während sie andere zu überzeugen versuchen, im Grunde sich selbst überzeugen wollen, oder die bei andern die Schuld suchen, um dem Bewußtsein der eigenen Schuldigkeit auszuweichen.

g) Anmerkungen von Fanita Englisch zu den Grundeinstellungen

ENGLISCH unterscheidet zwei verschiedene «Ich+, du+»-Einstellungen, nämlich eine symbiontische und eine realistische (FE 54 f, 151 ff). Die von mir bisher umschriebene O.K.-Einstellung würde der realistischen entsprechen, die Befindlichkeit des Kindes im Mutterleib oder, bei guter Pflege, auch noch einige Zeit danach sowie die Einstellung einer gesunden Mutter gegenüber dem ihr völlig ausgelieferten Säugling würde der symbiontischen O.K.-Einstellung entsprechen. Nach der

Ansicht von ENGLISCH entspricht die symbiontische «Ich+, du+»-Einstellung des Kindes dem infantilen Allmachtsgefühl, wie es die Psychoanalyse voraussetzt. Im Grunde genommen handelt es sich meines Erachtens bei der symbiontischen O.K.-Einstellung nicht um eine solche, die am treffendsten mit «Ich bin O.K., du bist O.K.» zu umschreiben wäre, sondern, wie ENGLISCH selbst an einer Stelle ihres Werkes treffend formuliert, mit «Wir sind O.K.» In der ursprünglichen Kind–Mutter-Verbindung gibt es kein Ich und kein Du. Sie entspricht vielmehr dem, was KÜNKEL als «Ur-Wir» bezeichnet und seine unausweichliche Erschütterung wäre der Ur-Wir-Bruch (s. GdT Bd. 3, S. 236 ff).

Auch ENGLISCH ist der Ansicht, daß diese symbiontische Grundeinstellung notwendigerweise erschüttert wird. In diesem Moment lerne das Kind das ernüchternde und hoffnungslose Gefühl des «Ich-, du-» kennen. Die asymmetrischen Grundeinstellungen («Ich-, du+» und «Ich+, du-») sind nach der Autorin Abwehrformen gegen die überwältigende Erfahrung der Hoffnungslosigkeit und Verzweiflung, die mit der Erschütterung der ursprünglich radikal positiven Grundeinstellung verbunden sind Diese Abwehrformen würden dem Kind erlauben, die Hoffnung lebendig zu erhalten, daß es die ursprüngliche glückbringene «Zauberformel» einmal wiederfinden könnte, sei es durch eigene Kraft oder mit Hilfe anderer (FE 156) Eine Erschütterung dieser Abwehrformen selbst, allenfalls sogar im Laufe einer psychotherapeutischen Behandlung, könne vorübergehend zu einem Rückfall in die radikal negative Grundeinstellung führen (FE 160).

Daß HARRIS behauptet habe, der Mensch sei primär in der Einstellung «Ich-, du+» befangen, wie ENGLISCH meint und wie dies der Auffassung von BERNE, jeder Mensch werde als Prinz oder Prinzessin geboren, widersprechen würde, trifft nicht zu. HARRIS schließt nicht aus, daß der Mensch von seinem Ursprung her sich in einer O.K.-Einstellung befindet, betont aber, daß er bereits mit den ersten Auseinandersetzungen mit seiner Umgebung zur Einstellung «Ich-, du+» gelangen müsse. Es ist dies übrigens eine Auffassung, von der auch Alfred ADLER ausgeht (GdT Bd. 3, S. 183 ff). BERNE selbst stellt fest: «Schon wenige Tage nach der Geburt kann die positive Einstellung des Kindes zum Leben ihren ersten Stoß erleiden» (Be IV/259). Etwas anderes meint auch HARRIS nicht.

3. Lieblingsgefühle und Lieblingsüberzeugungen

a) Lieblingsgefühle

Der Ausdruck «Lieblingsgefühle» führt manchmal zu Mißverständnissen, da es sich dabei im allgemeinen um negative Verstimmungen handelt, jedoch weiß ich kein treffenderes Wort zu ihrer Bezeichnung. «Bevorzugte Gefühle» («favored feeling») tönt zu plump, «Masche» oder «faule Tour» («racket») eignet sich besser zur Bezeichnung der Manöver, deren Ziel es ist, das sogenannte Lieblingsgefühl hervorzurufen oder durch Demonstration des Lieblingsgefühls Beachtung zu erlangen. Obgleich es sich in der Praxis der Transaktionalen Analyse meistens um negative Gefühle handelt, sind sie dem Betreffenden seit Kindheit vertraut; er kennt sich sozusagen in ihnen aus, er fühlt sich in ihnen geborgen, sogar wenn er gleichzeitig darunter leiden sollte. Wir könnten von «vertrauten Gefühlen» sprechen.

Im Alter zwischen sechs und zehn Jahren trifft der Mensch nach BERNE eine endgültige Entscheidung über die Art seiner «Lieblingsgefühle»: Kommt er in eine schwierige Situation, so reagiert er immer ähnlich, z. B. mit Zorn, mit Entrüstung mit Eifersucht, mit dem Gefühl, verletzt worden zu sein, mit Schuldgefühlen, mit Minderwertigkeitsgefühlen, mit depressiven Verstimmungen, mit der Überzeugung, angeklagt oder angegriffen worden zu sein und sich (gegen jemand andern oder das Schicksal) rechtfertigen oder verteidigen zu müssen oder mit einer momentanen Verwirrtheit, die keinen geordneten Gedankengang aufkommen läßt. Es hängt von der Erlebnisgeschichte in der Kindheit ab, welche Stimmung sich jeweils einstellt, vor allem auch davon, was für eine Stimmung sich bei Auseinandersetzungen und Streitigkeiten im Rahmen der Familie auszubreiten pflegte (Be IV/286 ff, 347, VI/137 f).* Nach meiner Erfahrung kann eine Rolle spielen, wie ein Elternteil jeweils auf Schwierigkeiten reagiert. So kann ein Sohn den Jähzorn seines Vaters zu seinem Lieblingsgefühl werden lassen. Das würde mit der Beobachtung von ENGLISCH übereinstimmen, daß Lieblingsgefühle solche Gefühle sind, die in der

---

* Die Lieblingsgefühle entstehen vermutlich in einem früheren Alter, als BERNE dies annimmt.

98

Herkunftsfamilie gestattet waren, deren Äußerung vielleicht sogar ermutigt wurde, während andere Gefühle offensichtlich verboten waren (FE 129). ENGLISCH und GOULDING* stellen zudem fest, daß mindestens durch Beachtung die Betreffenden als Kinder für entsprechende Gefühlsäußerungen belohnt («gestreichelt») wurden. Die gewohnheitsmäßige Gefühlsreaktion kann aber auch direkt anerzogen worden sein, so wenn das Kind immer wieder hören muß: «Ich schäme mich für dich» oder «Du solltest dich schämen». In einem solchen Fall wird es sich eine Reaktion mit Schuldgefühlen angewöhnen. Wer immer wieder hört: «Warte nur, bis der Vater nach Hause kommt, dann kannst du was erleben!», gewöhnt sich daran, mit Angst zu reagieren (JJ 218).

Solche festgelegten Gefühlsreaktionen oder Gefühlsgewohnheiten führen dazu, daß sie auch dann eintreten, wenn gar kein Anlaß dafür besteht. Erfahrungen werden so ausgelegt, daß sie die Reaktion rechtfertigen. Es ist wie wenn nicht die Reaktion dem Ereignis, sondern das Ereignis, nämlich wie es empfunden wird, der Reaktionsgewohnheit angepaßt würde. Es gibt z. B. Leute, die fast auf alles, was geschieht, mit Minderwertigkeitsgefühlen reagieren. Ein Besucher sagt zur Hausfrau: «Ihr Salat ist wirklich ausgezeichnet! Genau so schmeckt er mir am besten!» Sie denkt: «Offensichtlich paßt ihm der Braten nicht!» Dabei hat der Besucher sich nur eben daran erinnert, wie unansehnlich, lumpig und wässrig der Salat ist, den er täglich in der Fabrikkantine vorgesetzt bekommt. Es ist, wie wenn manche Menschen sich geradezu einen Sport daraus machen würden, aus allem, was ihnen gesagt wird und begegnet, Motive für Minderwertigkeitsgefühle herauszuholen. Wessen Lieblingsgefühl dasjenige der Rivalität und Eifersucht ist, wird immer wieder einen Grund finden, um zu rivalisieren oder eifersüchtig zu sein.

Psychologisch noch bedeutsamer ist die Tatsache, daß oft das Bedürfnis besteht, immer wieder Situationen aufzusuchen oder sogar herzustellen, in denen ein Lieblingsgefühl berechtigt ist oder gerechtfertigt scheint. Menschen, die zu Minderwertigkeitsgefühlen neigen, manövrieren sich unbewußt immer wieder

* R. Goulding, *Neue Richtungen in der Transaktionsanalyse,* Hb. d. Ehe-, Familien- und Gruppentherapie, hgb. v. Sager u. Kaplan, Kindler, München, 1973, S. 132 ff.

in Situationen, in denen sie Gelegenheit haben, Minderwertigkeitsgefühle zu empfinden. Wer sich z. B. um nur ja nicht an
Minderwertigkeitsgefühlen zu leiden, besonders unauffällig benehmen will, begeht «unabsichtlich» immer wieder peinliche
Fehlhandlungen in Gesellschaft. Es kommt vor, daß Menschen,
die zu Eifersucht neigen, ihre Partner in Situationen bringen
oder zu Handlungen aufmuntern, die eben gerade Anlaß geben,
eifersüchtig zu werden. GOULDING berichtet von einer Patientin,
die Beweise sammelte, die ihre depressive Stimmung rechtfertigen sollten. «Und wenn sie keine Beweise finden konnte,
sorgte sie dafür, daß sie genügend Pech hatte, um sich deprimiert zu fühlen, oder wenn sie sich in einem Augenblick nicht
genügend deprimiert fühlte, phantasierte sie sich etwas aus der
Vergangenheit oder in die Zukunft hinein zusammen, worüber
sie deprimiert sein konnte; oder, wenn alles nichts half, pflegte
sie an den Krieg, an die politische Lage usw. zu denken und in
eine pathologische Depression zu verfallen». Derselbe Autor
macht darauf aufmerksam, daß manche Leute auf der Autobahn immer ängstlich sind, andere immer wütend. Eine ge-
nauere Untersuchung werde aber zeigen, daß die Ängstlichen
auch sonst immer ängstlich sind und die Wütenden auch sonst
häufig wütend. Werden sie darauf aufmerksam gemacht, daß
nicht alle Fahrer auf der Autobahn ängstlich oder wütend sind,
sondern daß es solche gibt, die dabei Musik hören und sich
durch die andern Fahrer nicht aus der Ruhe bringen lassen, so
versuchen sie durch Rationalisierungen zu begründen, warum
sie ängstlich oder wütend sind.*

Das Bedürfnis, immer wieder seinem Lieblingsgefühl zu verfallen kann, wie ich bereits erwähnt habe, so stark sein, daß der
Betreffende Situationen, die ihm Anlaß geben, sein Lieblingsgefühl zu erleben, nicht nur besonders beachtet oder sogar aufsucht, sondern sich bemüht, solche Situationen im Rahmen seiner
mitmenschlichen Beziehungen zu provozieren. Solche «Manöver» oder «Maschen» führen, wie BERNE sich ausdrückt, zum
«Sammeln von Rabattmarken». Solche Marken würden dann
später, wofür ja Rabattmarken gesammelt werden, in Prämien
umgetauscht. Verhältnismäßig wenig Rabattmarken können bereits in kleine Prämien umgetauscht werden, wie z. B. einen

* s. frühere Fußnote.

100

Alkoholrausch oder eine sexuelle Phantasie; eine größere Mengen von Rabattmarken berechtigte zur Einlösung einer mittlerer Prämie, z. B. einem Suizidiversuch oder einem Ehebruch; eine sehr große Zahl von Rabattmarken berechtigte vielleicht zu einer Versorgung in einer psychiatrischen Klinik, einem (gelungenen) Suizid oder gar einem Mord – dies alles «verdientermaßen», d. h. ohne Schuldgefühle. Nach BERNE hängt dies damit zusammen, daß die Lieblingsgefühle im Laufe der Zeit sexualisiert werden oder doch als Ersatz für sexuelle Gefühle dienen. Von Menschen, die es genießen können, geliebt und bewundert zu werden oder Komplimente entgegen zu nehmen, sagt BERNE, sie sammelten «goldene Rabattmarken». Diese werden dann eingelöst, indem sich der Betreffende einmal eine Freude gönnt. Daneben gibt es noch Rabattmarken von zweifelhaftem Wert, z. B. wenn jemand immer wieder genießt, über andere triumphieren zu können oder sich immer wieder im Gefühl zu sonnen, wie rechtschaffen er doch im Vergleich zu andern sei. Manche sammeln nach BERNE auch «gefälschte Rabattmarken», wenn sie nämlich sich die Rechtfertigung für ihre Lieblingsgefühle durch Illusionen oder gar wahnhafte Beziehungsideen holen (Be IV/286 ff, VI/139–147,*)

Es bleibt in den Ausführungen von BERNE unklar, inwieweit es beim «Sammeln von Rabattmarken» eine Rolle spielt, ob das entsprechende Lieblingsgefühl in der gegebenen Situation ausagiert wird oder nicht. Gefühle können ja, auch wenn sie gerechtfertigt erscheinen, zurückgehalten werden. Auch das könnte als «Sammeln von Gefühlen» (Be VI/142) aufgefaßt werden. Im allgemeinen versteht aber BERNE darunter die Sammlung und Provokation von (vermeintlichen) Rechtfertigungen für das Lieblingsgefühl. Andere Transaktionsanalytiker verstehen unter dem «Sammeln von Rabattmarken» die Anstauung unausgelebter Lieblingsgefühle.

Manche Leute geben es auf, sich immer wieder nur damit zu beschäftigen, wie sie ihr Lieblingsgefühl bestätigt sehen könnten, da sie erfahren haben, daß Vereinsamung, Schlaflosigkeit, hoher Blutdruck oder Magenbeschwerden die Folgen sein können. Andere sehen das wohl ein, aber ihnen käme das Leben zu flau vor ohne Lieblingsgefühle und immer wieder neue Manöver, um sie vor sich selbst zu rechtfertigen. Es kann

* s. auch E. Berne, *Trading Stamps,* TAB 3 (1964), S. 127.

sehr schwer sein, auf seine Lieblingsgefühle zu verzichten, und ist oft weniger mühsam, sterotyp immer wieder mit denselben lähmenden Minderwertigkeitsgefühlen oder mit denselben destruktiv-aggressiven Regungen zu reagieren, als Gefühle zu haben, die der realen Situation entsprechen und Probleme, die sich stellen, sachlich anzupacken (Be IV/286 ff, VI/142 f; JJ 217–228). Es ist, wie wenn die Pflege und Aufstauung von (negativen) Lieblingsgefühlen einen Lustgewinn mit sich bringen würde. Diese Beobachtung hat BERNE wohl veranlaßt, von einer Sexualisierung zu sprechen. Manchen Menschen mit der Fähigkeit zur Selbstbeobachtung sind diese Lustgefühle sogar bekannt; sie wissen dann auch, daß diese meistens von einem Kater gefolgt sind. Es ist schwierig, auf die Lieblingsgefühle und das «Sammeln von Rabattmarken» zu verzichten. Wer sich dazu entschließt, kann in Verzweiflung geraten, wenn er noch nicht gelernt hat, von Lieblingsgefühlen unabhängige und von Spielen (s. später) freie Beziehungen einzugehen. «Was soll ich denn mit andern Menschen beginnen, wenn ich sie nicht mehr veranlassen soll, mir Schuldgefühle zu machen, oder wenn ich mich nicht mehr über sie ärgern soll oder wenn ich bei ihnen nicht mehr durch Klagen über die vielen Probleme, die das Leben mit sich bringt, Solidarität, Verständnis oder Mitleid holen kann?»*

Nach ENGLISCH verbergen sich hinter sogenannten Lieblingsgefühlen andere, realitätsbezogene Gefühle, worunter sie auch leibliche Empfindungen und Bedürfnisansätze versteht. Diese Gefühle wurden als Folge der Erziehung verdrängt und werden in entsprechenden Situationen durch die Lieblingsgefühle überspielt. Als Beispiel berichtet ENGLISCH von einem Gruppenteilnehmer, bei dem sich in Situationen, in denen natürlicherweise Gefühle des Neides oder der Eifersucht hätten aufkommen können, immer das Gefühl und Verhalten liebenswürdiger Zuvorkommenheit einstellte. Neid und Eifersucht kannte der Betreffende bei sich überhaupt nicht, während in seiner Kindheit Liebenswürdigkeit immer belohnt wurde, z. B. nachdem der kleine Bruder geboren worden war. Die Autorin berichtet weiter von einer 65jährigen Patientin, die an immer wiederkehrenden Depressionen litt, mit denen sie das kindliche

* frei nach *Transcription of Eric Berne in Vienna, 1968,* TAJ 3 (1973), S. 69.

Bedürfnis nach Fröhlichkeit, Spaß und Gelächter unterdrückte, das sie wegen der langwierigen Krankheit ihrer Mutter zu Hause nie hatte ausleben können. Sie wählte in der Folge auch einen Mann, der es viel lieber sah, wenn sie brav, ruhig und still als ausgelassen war. Ein anderer Patient reagierte immer dann mit einem aggressiven Wortschwall, wenn der Situation warmes Empfinden angemessen gewesen wäre. Nach dem frühen Tod der Mutter war es ihm in Kindheit und Jugend verboten worden, Gefühle der Sehnsucht und Liebe für diese zu äußern. Wieder ein anderer Patient zog sich bei allen möglichen Gelegenheiten auf das Gefühl, verletzt zu sein, zurück. Es stellte sich heraus, daß er sich, ebenfalls bedingt durch Erlebnisse in der Kindheit, damit vor der Versuchung schützte, neugierig und provokativ zu sein (FE 130–133).

ENGLISCH beschäftigt sich auch mit der Frage, was bei der Verdrängung von Gefühlen in der Kindheit eigentlich psychologisch vor sich geht. Die Autorin unterscheidet sozusagen drei Stadien: (1.) Wahrnehmung des Gefühls, (2.) Ausdruck des Gefühls, (3.) Umsetzung des Gefühls in eine Handlung, ich würde sagen: «Agieren des Gefühls». Die erste Stufe fällt beim Kleinkind weg, da es noch nicht über die dabei notwendige Fähigkeit zu Reflexion und Introspektion verfügt. Die Stufen zwei und drei fallen beim Kleinkind zusammen: Das Kleinkind *ist* nicht nur wütend, sondern es *verhält sich* in eins damit auch entsprechend und schlägt z. B. um sich. Dieses Verhalten wird von der Mutter verboten, womit dem Kind gleichzeitig auch der Ausdruck des Gefühls untersagt wird, der bei ihm ja mit dem Agieren zusammenfällt. Wenn es dann älter geworden ist und an sich die Fähigkeit hat, seine Gefühle wahrzunehmen und ihnen gegebenenfalls auch Ausdruck zu geben, ohne sie unmittelbar auszuagieren, wird es große Mühe haben diejenigen Gefühle, deren Ausagieren ihm seinerzeit aus erzieherischen Gründen untersagt worden ist, überhaupt nur wahrzunehmen. Bei diesen Überlegungen habe ich nicht berücksichtigt, daß viele Eltern ihren Kindern nicht nur das Ausagieren eines sozial destruktiven Gefühls verbieten, sondern auch den Ausdruck. Sie wollen gar nicht, daß ihr Kind gewisse Gefühle *hat,* weil das schlecht sei. An ihre Stelle treten dann erlaubte «Ersatzgefühle».

Wir sollten unsere Kinder lehren und selbst lernen, unsere

Gefühle wahrzunehmen und unter der Kontrolle des Erwachsenen-Ichs auch zu äußern sowie allenfalls sogar in Handlungen umzusetzen, wenn wir damit nicht destruktiv wirken. Gefühle dürfen durchaus in unser Verhalten «einfließen», das ja schließlich weitgehend durch Gefühle motiviert wird. Entscheidend ist es aber, daß wir sie wahrnehmen und daß unser Erwachsenen-Ich so stark ist, daß wir sie realitätsgerecht «handhaben» können (frei nach FE 133 ff).

Meines Erachtens ist zwischen der «Wahrnehmung des Gefühls» und dem «Ausdruck des Gefühls» noch eine weitere Stufe einzuschieben, die von entscheidender Wichtigkeit ist, nämlich: *sich das Gefühl zu gestatten*. Auf die Erziehung angewandt: Wir müssen nicht nur unsere Kinder dazu bringen, daß sie ihre Gefühle wahrnehmen können und gegebenenfalls unter Kontrolle des Erwachsenen-Ichs ausdrücken oder sogar angemessen ausagieren können, sondern vor allem auch, daß sie akzeptieren, irgend ein bestimmtes Gefühl zu haben. Die «Reihe» heißt dann: (1.) Wahrnehmung des Gefühls, (2.) Akzeptation des Gefühls, (3.) Meldung des Gefühls, (4.) Ausagieren des Gefühls. Punkt 1 und 2 sind am wichtigsten, Punkt 3 und 4 bedürfen der Kontrolle des Erwachsenen-Ichs, um realitätsangepaßt zu sein.

Im Zusammenhang mit Lieblingsgefühlen stehen nach ENGLISCH sogenannte *Ausbeutungstransaktionen*. Die Autorin ist der Ansicht, daß Lieblingsgefühle in der Kindheit sich als geeignetes Mittel erwiesen hätten, um positive oder negative Beachtung zu finden. Mit diesem Ziel würden sie auch später noch eingesetzt (FE 89, 95, 97). ENGLISCH unterscheidet zwei Grundmuster von Ausbeutungstransaktionen: Bei der einen gibt sich der Initiant als Kind, je nach dem hilflos oder frech, um beim Partner «elterliches Streicheln» zu holen. Mißglückt dies, wird er zornig wie ein verärgerter Elternteil gegenüber einem Kind und äußert herabsetzende Kritik, wie wenn ihm der Partner etwas verweigert hätte, was ihm rechtens zustehen würde. Bei der andern Art Ausbeutungstransaktion gibt sich der Initiant als Elternteil, je nach dem eher repressiv oder eher hilfsbereit, um sich dann bei Willfährigkeit des Partners in seinem Selbstbewußtsein bestätigt zu fühlen. Mißglückt ihm dies, d. h. reagiert der Partner auf andere Art, als er es sich wünscht, wird er verzweifelt wie ein Kind (FE 142 f).

Die Lehre von den Lieblingsgefühlen beruht auf der richtigen

Beobachtung, daß viele Menschen bei irgendwelchen emotionalen oder sachlichen Schwierigkeiten stereotyp immer wieder derselben Stimmung verfallen. Meines Erachtens trifft es aber nicht zu, daß es sich dabei *jedesmal* um einen Ersatz für ein anderes, der Situation eher entsprechendes Gefühl handelt. Manchmal handelt es sich ganz offensichtlich um die Flucht in ein Gefühl, um nicht ein Problem aus der Erwachsenenhaltung heraus in eigener Verantwortung lösen zu müssen. Es trifft auch nicht zu, daß durch den Einsatz von Lieblingsgefühlen immer Beachtung gewonnen werden soll. Es gibt Lieblingsgefühle, die im stillen Kämmerlein gepflegt werden, womit ein masochistischer Lustgewinn einhergehen kann. Die transaktionsanalytische Betrachtungsweise läßt es allerdings auch in einem solchen Fall offen, ob nicht von einem Ausspielen des Lieblingsgefühls gegenüber dem Eltern-Ich gesprochen werden könnte.

b) *Lieblingsüberzeugungen*

Was ich «Lieblingsüberzeugungen» nenne, wird von den Autoren nicht scharf von Lieblingsgefühlen unterschieden. BERNE spricht von «Position» oder «existentieller Position» (Be III/45 f, 71). Eine solche Lieblingsüberzeugung wäre etwa «Jeder will von mir profitieren!» (Be III/81) oder «Ich habe immer unrecht!» (Be III/98) oder «Ich bin unschuldig!» (Be III/108, 116, 129) oder «Alle Leute sind undankbar!» (Be III/147).

Besonders ausführlich beschäftigt sich BERNE an einer Stelle seines Werkes mit der Überzeugung mancher Leute, es sei niemandem zu trauen (Be III/87, VI/178 f). Ein Mensch mit dieser Devise, bemerkt BERNE, werde keineswegs niemandem mehr trauen, sondern vielmehr durchaus vertrauensselig sein, aber immer wieder gegenüber Leuten, die es nicht verdienten oder in Situationen, in denen naive Vertrauensseligkeit aus andern Gründen nicht angebracht sei. Solche Menschen würden immer wieder enttäuscht und hätten dann, was sie im Grunde genommen suchten: nämlich die Bestätigung, daß ihre Lieblingsüberzeugung gerechtfertigt sei. Die bevorzugte Unterhaltung desjenigen, dessen Lieblingsüberzeugung lautet «Man darf niemandem trauen!», dreht sich um Betrugsaffären; sein Lieblingsheld ist derjenige, der beweist, daß nicht einmal die Behörden vertrauenswürdig sind; sein Lieblingsgefühl besteht im Triumph, wenn ihm wieder einmal der Nachweis gelungen ist, daß er auch seinen besten Freunden nicht trauen darf. Von seinem äußeren Verhalten her mag ein solcher Mensch als rechtschaffen und geistreich gelten, im Grunde genommen ist er ein unzuverlässiger Ränkeschmied (Be VI/179). BERNE berichtet von einer Zimmervermieterin, die selbstgerecht sagte: «Sie können heute keinem Mieter mehr trauen; erst gestern durchsuchte ich den Schreibtisch von einem von ihnen: Sie können sich nicht vorstellen, was ich da fand!» (Be III/110, VI/180). Manchmal fallen naive Therapeuten auf Patienten, die dieser Lieblingsüberzeugung huldigen, herein. Es gibt nämlich wohlmeinende Therapeuten, die beweisen wollen, daß auf sie in jedem Fall Verlaß ist, bis sie sich vom Patienten, wenn er nach gelungener Schlacht siegreich davonschreitet, sagen lassen müssen: «Ich hatte eben doch recht!» (Be VI/180).

Eine Lieblingsüberzeugung bringt eine geistige Haltung zum Ausdruck, aus der heraus das Individuum diejenigen Transaktionen vollzieht, die seine Rolle in der Gesellschaft ausmachen. Die Lieblingsüberzeugungen werden zu einem sehr frühen Zeitpunkt aufgegriffen und fixiert, vielleicht im Alter zwischen zwei und sieben Jahren, auf jeden Fall lange bevor das Individuum kompetent und erfahren genug ist, um eine so schwerwiegende Überzeugung rational begründen zu können. Aus der Lieblingsüberzeugung eines Menschen läßt sich verhältnismäßig leicht ein Schluß auf seine Kindheit ziehen, so z. B. aus der Überzeugung «Alle Kinder sind schlecht». «Wenn nicht irgend etwas oder irgend jemand dazwischenkommt, dann verbringt der Betreffende den Rest seines Lebens damit, seine Lieblingsüberzeugung zu festigen ...» Gefestigt wird sie wenn derjenige, der sie vertritt, sich damit Geltung verschaffen kann, entweder indem er damit gar keinem Widerspruch begegnet, sondern damit Anerkennung findet, oder aber einen allfälligen Widerspruch geschickt widerlegt oder ihn so manipuliert, daß daraus eine Rechtfertigung wird (Be III/46). Ich entsinne mich eines Gesellschaftskritikers, der die Überzeugung vertrat, daß alle Kinder durch ihre Lehrer unterdrückt und deshalb nur widerwillig zur Schule gingen. Als er darauf angesprochen wurde, daß es aber doch offensichtlich Kinder gibt, die gern zur Schule gehen und sogar ihren Lehrer recht eigentlich lieben, entgegnete er: «Da sieht man es eben: so weit geht der Druck unseres Gesellschaftssystems!»

Lieblingsgefühle und Lieblingsüberzeugungen können tatsächlich nicht scharf auseinandergehalten werden. Lieblingsgefühle im Sinn von «bevorzugtem Zum-Mute-Sein» schlagen sich in Überzeugungen nieder, z. B. Minderwertigkeitsgefühle in der Überzeugung weniger wert als andere zu sein, und Lieblingsüberzeugungen gehen mit entsprechenden Gefühlen einher, z. B. die Überzeugung «Man kann niemandem trauen!» mit dem Gefühl selbstgerechter Entrüstung oder einer fortdauernden Mißtrauensstimmung. Wir könnten als Überbegriff von *Lieblingshaltungen* sprechen, die je nachdem in Form von erlebten Gefühlen oder in Form von wörtlich wiederzugebenden Überzeugungen sich ausdrücken können.

Im Grunde genommen sind auch die Verlierer- und die Gewinnerhaltung sowie die Grundeinstellungen zu solchen Lieblingshaltungen zu zählen. Sie liegen den bisher besprochenen Lieblingsgefühlen und Lieblingsüberzeugungen zugrunde. Die selbstgerechte Entrüstung der Überzeugung «Man darf niemandem trauen!» geht vermutlich auf die Grundeinstellung zurück «Ich bin O.K., du bist nicht O.K.». Derjenige, der auf alle schwierigen Situationen mit der Überzeugung reagiert: «Natürlich: schon wieder ein Beweis, daß nichts Rechtes an mir ist!», befindet sich offensichtlich in der Haltung eines Verlierers.

4. Der «Aushänger»

Ein Übersetzer nennt das, was BERNE meint, «Etikett» (Be VI deutsch/159), ein anderer «Schild auf der Brust» (JJ 228). BERNE selbst spricht von «Sportleibchen» und meint damit die bedruckten Leibchen, die junge Leute auch in Westeuropa unter dem Namen T-Shirts tragen und auf denen «University of Alabama» oder «Love not war» steht, etwa auch ein Porträt von Beethoven oder von einem Tiger. BERNE denkt dabei besonders auch an Leibchen mit den Namen gewisser Banden oder Gruppen wie «Black Panthers» oder «Hell's Angels». Eine solche Aufschrift gibt Auskunft über seinen Träger: zu welcher Gemeinschaft er sich rechnet, zu welcher Lebensphilosophie er sich bekennt, oder wie er vermutlich auf gewisse Ereignisse reagieren wird (Be VI/176). Der psychologische «Aushänger», den BERNE mit solchen bedruckten Leibchen vergleicht, entspricht einem Motto, das kennzeichnet, mit welcher Erwartung, Haltung oder Einstellung der Betreffende seiner Mitwelt be-

gegnet, und das sich an seiner Mimik und Haltung ablesen läßt:
«Gib mir einen Fußtritt!», «Gib mir nur bitte keinen Fußtritt!»,
«Ich bin zerbrechlich!», «Du siehst, ich gebe mir wirklich Mühe!». Manchmal steht auf der Rückseite des «Leibchens» etwas anderes als auf der Vorderseite. Bei einer Frau stand vorne: «Ich suche einen Mann!» und hinten: «Aber du bist ohnehin
nicht der Richtige für mich!», oder ein Mann strahlte nach
vorne aus: «Ich bin stolz, ein Alkoholiker zu sein!» und hinten
auf dem Leibchen stand: «Erinnere dich: es ist eine Krankheit!» (Be VI/177).

Ein solcher «Aushänger» kennzeichnet die Art und Weise,
wie jemand den Mitmenschen – vor allem den noch unbekann-
ten – primär begegnet. Wer mit hängenden Schultern und be-
kümmerter Miene herumgeht, sagt damit: »Ich bin ein Opfer
des Schicksals!» (JJ 228) mit dem Zusatz: «Tu mir nicht auch
noch etwas an!» oder «Ihr seid alle mitschuldig!» oder «Bin
ich nicht zu bemitleiden?» oder vielleicht auch: «Ich kann
jetzt gewiß nicht auf deine Sorgen eingehen, ich habe genug
mit mir selber zu tun!» – Wer mit aufgerissenen Augen verwirrt
in die Welt blickt, kann damit sagen wollen: «Du meine Güte,
was erwartet ihr schon von einem Dummkopf, wie ich einer
bin?! Mutet mir nur nichts zu!»

Der «Aushänger» ist immer aus der Erlebnisgeschichte zu verstehen, wobei das Verhältnis zu den Eltern besonders wichtig ist.
Wie bei den Lieblingsgefühlen wird manchmal der gleichgeschlechtliche Elternteil damit imitiert oder es handelt sich um ein Verhalten,
mit dem der Betreffende als Kind die Beachtung des gegengeschlechtlichen Elternteils zu erlangen vermochte. Er hat immer Beziehungen zur Grundeinstellung. Daß der «Anhänger», wie JAMES
und JONGEWARD meinen, letztlich einer Kindheitshaltung entspricht
(JJ 228) trifft nicht immer zu; oft entspricht er eher einer Elternhaltung, z. B. wenn er Entrüstung markiert.

5. Die «Spiele»

Der Begriff «Spiele» ist ein Fachausdruck der Transaktionalen
Analyse. Er entspricht demselben Ausdruck in der Redensart,
daß einer sein Spiel mit dem andern treibe oder daß gar zwei
Personen ihre Spiele miteinander treiben. BERNE hat festgestellt,

daß solche «Spiele», wie ein Schachspiel oder ein Kartenspiel, bestimmten Regeln folgen (Be I/105, III/18). Es geht bei den «Spielen» um Umgangsformen von zwei oder mehr Menschen untereinander, die von uneingestandenen Motiven beherrscht werden und harmlos («Spiel ersten Grades») oder höchst dramatisch, allenfalls sogar mit tödlichem Ausgang («Spiel dritten Grades») enden können. Das populärste Buch von BERNE (III) ist eine Monographie über solche «Spiele», aber auch in allen seinen andern Werken geht er eingehend auf diese mitmenschliche Umgangsform ein (Be I/99 ff, II/205 ff, IV/128 ff, V/152 ff, VI/24).

a) Beispiele von «Spielen» und ihre Diskussion

1. Beispiel

Es gibt «Spiele», die nur aus drei Sätzen bestehen, wobei allerdings der Ton, in dem diese drei Sätze gesprochen werden und die Mimik, welche diese Aussagen begleitet, in die Betrachtung einbezogen weren müssen. Das folgende Beispiel liefert uns BERNE selbst (Be V/153, VI/24):

Eine Teilnehmerin an einer Therapiegruppe fragt den Arzt und Leiter: «Glauben Sie, Herr Doktor, daß sich mein Zustand bessern wird?» und der Arzt antwortet darauf in väterlich-beruhigendem Ton: «Natürlich wird sich ihr Zustand bessern!», worauf die Patientin spitz erwidert: «Warum glauben Sie eigentlich, Sie könnten alles wissen?». Der Arzt schweigt sichtlich verwirrt und verdutzt.

Hätte die Patientin dem Arzt geantwortet: «Danke, jetzt bin ich beruhigt», so hätte es sich um einen unauffälligen Austausch von Botschaften zwischen Patientin und Arzt gehandelt und nicht um ein sogenanntes Spiel. Die Antwort, welche die Patientin aber tatsächlich gab, entlarvte die Frage, mit der sie die Beziehung aufnahm, als hintergründig oder sogar unaufrichtig. Wenn die Patientin die Frage stellt: «Glauben Sie, Herr Doktor, daß mein Zustand sich bessern wird?», so ist vordergründig anzunehmen, daß sie den Arzt, den sie befragt, als kompetent erachtet, um diese Frage schlüssig zu beantworten. In der Folge stellt sich aber heraus, daß dies nicht der Fall ist. Im Gegenteil: die Patientin will sich mit dieser Frage nur eine

Gelegenheit verschaffen, dem Arzt zu erkennen zu geben, daß sie seine Kompetenz ernsthaft in Frage stellt. Guckt er dann nach der überraschenden Wendung des Gesprächs verwirrt und verdutzt drein, ist anzunehmen, daß die Patientin ein triumphierendes Gesicht macht.

Die Patientin ist in diesem Beispiel *Urheber* oder *Initiant* des «Spiels», der Arzt ist der *Mitspieler*. Als solcher ließ er sich ködern, weil die Patientin ihn an einer persönlichen Eigenart erwischt hat: an seiner gewohnheitsmäßigen Haltung väterlich beruhigender Autorität gegenüber Leuten, die sich um Hilfe an ihn wenden, vielleicht sogar gegenüber allen Leuten, denen er sich überlegen fühlt. Wäre er nicht in dieser Haltung befangen gewesen, so hätte er z. B. mit der Antwort: «Das kommt in erster Linie auf Sie an!» das Spiel bereits in seinem Ansatz unterbrechen können.

Verschiedene Merkmale eines Spiels im Sinn der Transaktionalen Analyse lassen sich aus diesem Beispiel ableiten: Es handelt sich um einen Austausch von Botschaften, also um Transaktionen; es gibt einen Urheber, der das Spiel einleitet, wobei auch diesem das Motiv, weswegen er das Spiel beginnt, meist nicht bewußt ist; es gibt einen oder mehrere Mitspieler, die sich an «schwachen Stellen» ködern lassen; das «Spiel» endet, wenn der Mitspieler sich weigert mitzuspielen oder wenn der Urheber das angestrebte Ereignis erreicht hat; das Ergebnis besteht in einem Gefühl oder einer bestimmten Gestimmtheit. BERNE deutet verschiedentlich an, daß jeder Spieler – in unserm Beispiel also auch der Arzt – einen letztlich angestrebten «Gewinn» davonzutragen pflege, auch wenn dieser nur in einem Gefühl des Unbehagens bestehen sollte. Nach meiner Erfahrung trifft dies nur dann zu, wenn sich dieselbe Art von «Spielen» zwischen denselben Spielern immer wiederholen.

Ein Spiel läßt sich auf verschiedene Art analysieren:

(1.) Es ist eine strukturanalytische Betrachtung möglich: in unserm Beispiel hätte die Patientin aus der Haltung eines rebellischen Kindes heraus gehandelt, der Arzt aus einer fürsorglichen Elternhaltung heraus, die ja von der Patientin auch anvisiert wurde. Scheinbar ging allerdings die erste Kommunikationseinheit oder Transaktion im eigentlichen Sinn (Frage der Patientin – Antwort des Arztes) auf der Ebene von Erwachsenen-Ich zu Erwachsenen-Ich vor sich, aber die nachfolgende rhetorische Frage der Patientin zeigt, daß bereits ihre erste Frage mit einem Hintergedanken gestellt war. Die erste Kommunikationseinheit verlief gleichsinnig oder komplementär, eingeleitet durch eine Botschaft (Frage) mit Hintergedanken, die zweite damit verschränkte (Antwort des Arztes – rhetorische Frage der Patientin) verlief gegensinnig oder gekreuzt.

Das würde belegen, was ENGLISCH behauptet, nämlich daß jedes Spiel mit einer gegensinnigen oder gekreuzten Transaktion endet (FE 95), während BERNE selbst ursprünglich der Ansicht war, daß bei einem Spiel keine gegensinnigen Transaktionen vorkommen (Be I/101).

(2.) Eine weitere Möglichkeit, einen Spielverlauf zu analysieren, ergibt sich bei Anwendung des Rollenkonzeptes nach KARPMANN.*

Nach diesem Autor gibt es drei manipulative Rollen: Retter, Verfolger, Opfer. Die dramatischen Momente bei einer Auseinandersetzung ergeben sich daraus, daß zwischen den Beteiligten ein Rollenwechsel stattfindet. BERNE und seine Mitarbeiter haben dieses Rollenkonzept von KARPMAN sofort aufgegriffen (Be V/154 f, VI/186 ff; CSt 175 ff; JJ 113 ff). In einer Retter-Rolle befangen ist, wer, um vor sich selbst bestehen zu können, jemanden braucht, dem er aus der Stellung des Überlegenen heraus, helfen kann. Den seines Erachtens Hilfsbedürftigen drängt er damit in eine Opfer-Rolle. Fühlt sich das Opfer dadurch vergewaltigt, kann es sich plötzlich aus einer Verfolger-Rolle heraus den früheren Helfer zu seinem Opfer machen. Jemand, der eine Verfolger-Rolle übernommen hat, macht einem andern Vorwürfe, klagt ihn an, spricht ihn schuldig, was verbal oder averbal geschehen kann. Im Grunde genommen gibt es zwei verschiedene Opfer-Rollen, je nachdem ob der Gegenspieler in einer Retter- oder in einer Verfolger-Rolle befangen ist. Ein plötzlicher Rollenwechsel unter Leuten, die in einem solchen Rollenspiel befangen sind, ist typisch. Zwischen diesen manipulativen Rollen und dem Eltern-Ich und Kind-Ich bestehen Beziehungen: ein im negativen Sinn kritisches Eltern-Ich kann als Verfolger, ein in negativem Sinn wohlwollend-verwöhnendes Eltern-Ich als Retter angesehen werden. In beiden Fällen ist das reaktive Kind-Ich das Opfer. Es besteht auch eine Beziehung zu den Grundeinstellungen. Die Einstellung «Ich bin O.K., du bist nicht O.K.» kommt sowohl der Retter- wie der Verfolgerrolle zu, während der Opfer-Rolle eher die Einstellung «Ich bin nicht O.K., du bist O.K.» zukommt.

* S. Karpman, *Fairy Tales and Script Drama Analysis,* TAB 7 (1968), 26, S. 39–43.

In unserem Modellbeispiel stand die Patientin zuerst als «Opfer» ihrem «Retter» gegenüber, plötzlich aber wandelte sie sich in einen «Verfolger» und den Therapeuten in ein «Opfer».

(3.) Für die Analyse des psychologischen Gehaltes eines Spiels ist die Frage nach der Grundeinstellung der Beteiligten wichtig und aufschlußreich, denn daraus ergibt sich der Gewinn eines Spieles. Die Patientin in unserem Beispiel ist primär vermutlich in der Grundeinstellung «Ich bin nicht O.K., du bist O.K» befangen und versucht, diese zu kompensieren, indem sie sich wenigstens für einen Augenblick der Illusion hingibt: «Ich bin nicht O.K., du bist auch nicht O.K.» oder sogar: «Ich bin O.K. (denn ich habe einen Sieg errungen), du bist nicht O.K. (denn du hast dich in Verlegenheit setzen lassen).» Es gelang ihr, den Arzt in eine ungünstige Position zu manipulieren und für einen Augenblick «oben» zu sein.

(4.) Spiele dienen dem Urheber und, wenn sie immer wieder gleichartig zwischen denselben Partnern ablaufen, auch den Mitspielern zur Bestätigung eines Lieblingsgefühls oder einer Lieblingsüberzeugung. In unserem Beispiel wäre das Lieblingsgefühl der Patientin vielleicht der «Triumph des Unterlegenen», ihre Lieblingsüberzeugnug möglicherweise «Ärzte (oder allgemeiner: sozial Mächtige) sind auch nur Menschen!». Der mitspielende Arzt, – wenn seine Reaktion nicht nur einmalig, sondern typisch sein sollte, – sieht seine Lieblingsüberzeugung bekräftigt: «Patienten sind immer undankbar!», womit ein entsprechendes Gefühl einhergeht. Von seiner Seite aus gesehen könnte das Spiel den Titel tragen: «Ich habe ja nur versucht, dir zu helfen!», eine Spielart, der nach BERNE Angehörige helfender Berufe häufig verfallen.

2. Beispiel:

BERNE hat das Spiel-Konzept aus der Beobachtung von Jaaber-Spielen entwickelt (Be III/116) eine Spielart, die auch von den andern Autoren zitiert und analysiert wird (H 142 ff; JJ 232). Auch dazu ein Beispiel:

In einer Gruppe sagt Erika: «Ich halte es an meiner Arbeitsstelle kaum mehr aus!» – Thomas: «Was ist denn los?» – Erika: «Immer muß ich Überstunden machen; ich kann keine Abmachungen mehr treffen, sogar den Englischkurs abends um sechs Uhr mußte ich aufgeben!» – Thomas: «Warum sprichst du nicht mit deinem Chef?» – Erika: «Ja, der arbeitet noch viel länger. Er käme überhaupt nicht mehr zu Rande, wenn ich ihm abends nicht noch aushelfen würde!» – Theres: «Das ist doch nicht deine Sache!» – Erika: «Ja, an sich kannst du das schon sagen, aber wenn ich in einem Geschäft mitarbeite, dann fühle ich mich auch verantwortlich für das Ganze, sonst würde mir die Befriedigung am Beruf fehlen!» – Bert: «Warum stellt ihr nicht noch eine zusätzliche Sekretärin an?» – Erika: «Ja, das dachte ich auch schon, aber es ist nicht genug Arbeit da, auch nicht für eine Halbtagskraft, nur 1–2 Stunden abends gibt in der Woche nur 5 bis 10 Stunden!» – Margot: «Vielleicht kannst du im Sommer früher mit der Arbeit beginnen, dann hast du am Abend mehr Zeit.» – Erika: «Ja, aber es handelt sich im allgemeinen um dringende Briefe, die ich erst nach der Geschäftszeit fertigstellen kann und die noch am selben Tag auf die Post müssen.» – Thomas: «Da mußt du aber doch einmal ein energisches Wort mit deinem Chef sprechen; du bist doch nicht sein Sklave!» – Erika: »Ja, du hast recht, aber er ist entsetzlich empfindlich, besonders da jetzt sein Kind krank im Spital liegt, und schließlich bin ich es, der dann unter seiner schlechten Laune leidet!» – Thomas: »Ich würde die Stelle aufgeben! Du hast noch ein Recht auf Privatleben!» – Erika: «Ja, aber eine Stelle, die so gut bezahlt ist und bei der das Arbeitsklima so angenehm ist, finde ich kaum mehr!» – Arnold: «Dann ist eben nichts zu machen!» – Erika: «Ja, das finde ich eben auch!» Damit versiegt das Gespräch und wird, genau wie auch BERNE das beobachtet hat (Be III/117, 120), von einem betretenen Schweigen gefolgt, das, wenn es nicht überspielt wird, mehrere Minuten dauern kann.

Das Wesen eines solchen Ja-aber-Spiels wird erst ganz klar, wenn wir uns den Ton vergegenwärtigen, in dem es vor sich geht: zuerst der klagende, dann der immer bestimmtere, zunehmend auch fast triumphierende Ton von Erika, die schließlich sogar das Schweigen nach dem Spiel wie eine Siegerin genießt; zuerst der recht aufgeräumte und interessierte Ton der andern Gruppenteilnehmer, der aber zunehmend gereizter wird und schließlich in Resignation einzumünden scheint. Ich würde nicht ohne weiteres Erika gleich schon nach ihrem ersten Satz «Ich halte es an meiner Arbeitsstelle kaum mehr aus» als Urheberin dieses Spiels betrachten, wie BERNE das anscheinend tun würde (Be III/116 f), sondern halte es für möglich, daß Erika ganz einfach mitteilt, was sie bewegt, vermutlich, um sich von dem, was sie bedrückt zu erleichtern, vielleicht auch, um etwas bedauert zu werden. Thomas, der zuerst auf ihre Aussage reagiert, bedauert sie aber nicht, sondern fordert sie mit seinem «Sprich mit dem Chef!» auf, selbst aktiv etwas zu tun, um die Situation zu ändern. Erst jetzt beginnt das Ja-aber Spiel, sozusagen ein Kampf zwischen Erika, die bedauert werden möchte, und den andern Teilnehmern, die ihr Bedauern verweigern und sie zu einer Veränderung der Situation zu bewegen versuchen. Damit wird Erika gezwungen, ihre Satuation so aussichtslos als möglich darzustellen, um vielleicht doch noch bedauert zu werden oder zum mindesten ihr Selbstmitleid rechtfertigen zu können. Schließlich kommt es zu einem Kampf zwischen «Die Situation ist aussichtslos!» und «Die Situation läßt sich verändern!» In diesem Kampf – aber nicht in Hinsicht auf ihr ursprüngliches Bestreben! – hat Erika schließlich gesiegt.

Erika hätte zu Beginn sagen können: «Ich habe etwas Teilnahme nötig. Ich rapple mich dann schon wieder auf!» Aber das hätte vorausgesetzt, daß sie über ihre emotionalen Bedürfnisse im Klaren gewesen wäre und sie zudem gegenüber den Gruppenteilnehmern zu äußern gewagt hätte. Ich halte es für möglich, daß die andern Teilnehmer einen Anspruch von Erika spürten, bedauert zu werden, daß sie aber – dies alles unbewußt oder halbbewußt – dachten. «Wir sind so und so oft in ähnlichen Situationen gewesen, ohne jemanden bei der Hand gehabt zu haben, der uns bedauert. Wir mußten selber damit fertig werden!» Hätte Erika das Gespräch mit der sachlichen Bemerkung begonnen: «Ich halte es an meiner derzeitigen Stelle kaum aus! Wißt ihr mir vielleicht einen Rat, wie ich meine Situation verändern könnte», so hätten die andern Teilnehmer möglicherweise dieselben Ratschläge vorgebracht, aber die Unterhaltung hätte nicht den Charakter eines Spieles gehabt, vermutlich wäre sie auch anders verlaufen, ohne daß es zuletzt ein betretenes Schweigen, Sieger und Besiegte gegeben hätte.

Eine strukturanalytische Betrachtung würde ergeben, daß Erika, wenn sie ursprünglich hätte bedauert werden wollen, aus der Kindheits-Haltung heraus sprach, aber aus der Erwachsenen-Haltung, wenn sie nur sachlich um Ratschläge gebeten hätte. Die Teilnehmer reagierten aus einer Eltern-Haltung heraus. Wer gestreichelt werden will, wendet sich immer aus der Kindheits-Haltung heraus an die andern und erwartet am ehesten eine fürsorgliche Antwort von wohlwollenden Eltern: «Ich bin nicht O.K., aber ihr seid wenigstens O.K.»

Von F. ZÖCHBAUER und H. HOEKSTRA wird das Ja-aber-Spiel kommunikationspsychologisch ausgelegt und als «besonders häufige Form von Widerständen» aufgefaßt, «die sich rational als Sachkonflikt tarnen, in Wirklichkeit aber Beziehungskonflikte sind». Mit dem «ja» werde scheinbar zustimmend auf den Gesprächspartner eingeganaen, mit dem «aber» ihm jedoch dann doch widersprochen. Das Ja-aber-Gespräch ist nach den Autoren «ein Musterbeispiel des Aneinandervorbeiredens, des nicht auf den andern Eingehens und nichts vom andern annehmen Wollens»*.

Es ist nun aber keineswegs gerechtfertigt, *jedes* «ja, aber» als Auftakt zu einem letztlich sozial destruktiven Spiel nach BERNE aufzufassen oder als Ausdruck einer mißglückten Kommunikation nach ZÖCHBAUER und HOEKSTRA. Es gibt auch durchaus konstruktive Gespräche, in denen der eine oder andere Partner mit einem «ja, aber» dem andern ohne jeden Hintergedanken zu erkennen gibt, daß er das, was dieser sagt, verstanden und ernst genommen («ja»), jedoch gewisse Einwände anzumelden hat («aber»). Manchmal ist der Ton, in dem etwas gesagt wird, entscheidend, um zu bestimmen, ob ein Spiel in Gang ist oder nicht. Manchmal ergibt sich der Spielcharakter einer Unterhaltung nicht sicher aus den Worten allein. Ein sozial destruktives Spiel endet aber im allgemeinen letztlich mit einem Unbehagen auf beiden Seiten, sogar wenn einer der Spieler im ersten Augenblick ein Gefühl des Triumphes haben sollte.

3. Beispiel

Die Ehe eines Architekten war durch ein ernsthaftes Zerwürfnis gefährdet. Die Frau verlangte von ihrem Mann, daß er immer spätestens abends 11 Uhr zu Hause sei. Das fiel ihm schwer, da er häufig abends noch Besprechungen und Sitzungen hatte und dazu oft auswärts weilte. Aber wenn er auch nur fünf Minuten nach 11 Uhr nach Hause kam, veranstaltete seine Frau eine fürchterliche Eifersuchtsszene. Sie begann mit der Zeit, wenn er nicht zu Hause war, so gegen halb 11 Uhr herumzutelefonieren, um ihn, wenn sie ihn erreichte, zu ermahnen, auf-

* F. Zöchbauer u. H. Hoekstra, *Kommunikationstraining*, Quelle & Meyer, Heidelberg, 1974, S. 51.

zubrechen. Es wunderte mich, daß der Mann nicht schon vor langer Zeit gegen diese Bevormundung protestiert hatte. Tatsächlich war es auch nicht er, sondern die Frau, die mich als Eheberater aufsuchte. Zu meiner Verwunderung stellte sich nach vielen Besprechungen heraus, daß die Frau keineswegs eifersüchtig war, sondern, wenn sie nachts allein zu Hause sein mußte, schwere neurotische Angstzustände bekam, die sie regelmäßig in eine Panik trieben, eine Tatsache, die sie nicht nur gegenüber ihrem Mann, sondern auch gegenüber sich selbst verheimlichte, mit andern Worten: verdrängte. Daß sie «aus der Not» zu Eifersuchtsszenen griff, war allerdings wirksam, denn der Mann hatte Untreue-Phantasien und, da er aus frommem Hause stammte, darob Schuldgefühle – das war seine «Schwäche», an der ihn seine Frau «zu angeln» vermochte.

4. Beispiel

Es gibt Frauen, die sich mit Blicken, in ihrer Haltung, Bewegung und Kleidung und sogar mit Andeutungen in dem, was sie sagen, ausgesprochen verführerisch verhalten, aber dann, wenn ein Mann wirklich anbeißt, entrüstet ausrufen: «Die Männer wollen immer daselbe!». Es sind dies «Vergewaltigungsspiele», die in vielen Variationen, auch in nicht-erotischen, vorkommen (Be III/126 ff). Es ist möglich, daß der Mann dann verdutzt eine weitere Werbung unterläßt; es ist auch denkbar, daß die Frau so weit gegangen ist, daß der Mann sich ernstlich verliebt hat und nun deprimiert und in seinem Selbstwertgefühl ernsthaft verletzt von dannen zieht; schließlich ist es auch möglich, daß die Frau, wenn sie es nur weit genug hat kommen lassen, schließlich die Polizei ruft, Strafanzeige erstattet oder die Ehefrau des Liebhabers benachrichtigt. Je nach dem sprechen die Transaktionsanalytiker von einem «Spiel» ersten, zweiten oder dritten Grades (s. S. 122). Der Gewinn eines solchen «Spiels» besteht für die Frau darin, den Männern beweisen zu können, daß sie sie an der Nase herumführen kann, daß sie als Frau eben doch «oben» ist. Eine psychoanalytische oder tiefenpsychologische Betrachtung, wie sie BERNE zur Aufklärung von Spielmotiven immer wieder anwendet und anzuwenden empfiehlt, (Be III/56) läßt vermuten, daß eine solche Frau sich von vornherein «unten» fühlt, sonst hätte sie es nicht nötig, Manöver zu veranstalten, als deren Ergebnis sie sich «oben» fühlen kann. Der Psychoanalytiker würde von «Penisneid» sprechen, der Individualpsychologe von «männlichem Protest». Nach meiner Erfahrung spielt auch oft mit, daß solche Frauen ihre eigenen erotischen Bedürfnisse verdrängen und mit der Entrüstung, die sie aus ihrem Eltern-Ich den Männern entgegenschleudern, eigentlich auch ihre eigenen Empfindungen treffen wollen.

Weitere Beispiele von «Spielen» s. S. 216 ff.

b) Die Definition von «Spielen»

BERNE hat an verschiedenen Stellen seines Werkes versucht, das, was er unter «Spielen» versteht, zu definieren. Es handelt sich seines Erachtens um fortlaufende gleichsinnige (komplementäre) Transaktionen mit Hintergedanken, wobei der Urheber den Mitspieler an einer schwachen Stelle erwischt, sodaß das Spiel schließlich zum – mindestens unbewußt – angestrebten Ergebnis führt (Be I/102, 113, II/207, 319, III/48,, IV/227). Später fügt BERNE als weiteres Kennzeichen bei, daß im Lauf eines Spiels der Urheber plötzlich eine unerwartete Wendung vollzieht, die zeigt, daß die scheinbar harmlose Art und Weise, wie er das «Spiel» begonnen hat, nichts anderes als ein Trick war, um den Mitspieler hereinzulegen (Be V/152, VI/23). Spielen zwei Spieler immer wieder dieselben Rollen in ungefähr derselben Art «Spiele» miteinander, dann läßt sich im allgemeinen kein Urheber mehr von einem Mitspieler unterscheiden, sondern beide Spieler spielen ihre bestimmten Spielzüge, um zu dem von ihnen angestrebten Ergebnis zu gelangen. Es handelt sich dann, kommunikationspsychologisch betrachtet, um ein sogenanntes System, transaktionpsychologisch betrachtet, um zwei ineinander verschränkte komplementäre Spiele.

Die Definition von BERNE trifft nicht auf alle Auseinandersetzungen zu, die bei ihm und seinen Schülern als «Spiele» bezeichnet zu werden pflegen, ganz abgesehen davon, daß in der fachlichen Umgangssprache oft auch nur Spielansätze oder Spielversuche als «Spiele» bezeichnet werden. Wenn ich alle diejenigen Vorgänge, die in der Transaktionsanalyse als «Spiel» bezeichnet werden, miteinander vergleiche, stellt sich heraus, daß keine Definition oder Umschreibung für alle «Spiele» gilt. Um zu definieren, was ein «Spiel» ist, besteht die einzige Möglichkeit darin, den *Idealtypus* eines «Spieles» aufzustellen, wobei dann auch alle diejenigen Vorgänge als «Spiele» gelten, die diesem Idealtypus in einem oder mehreren Punkten ähnlich sind. *Dieser Idealtypus eines «Spiels» – ich könnte auch von einem «Spiel im engsten Sinn» sprechen – ist (1.) ein stereotyp immer wieder ähnlich ablaufendes, (2.) sozial destruktives Kommunikationsmuster (3.) zwischen zwei oder mehr Beteiligten. Der Kommunikationsablauf wird (4.) durch ein verstecktes Motiv des Initianten in Gang gesetzt, wobei dieser (5.) durch einen unredlichen Trick (6.) seinen oder beide Partner dort erwischt, wo sie selbst «spielanfällig» und damit bereit sind, «mitzuspielen».*

Als «Spiele» (im weiteren Sinn) werden nun aber von Berne und seinen Schülern auch Kommunikationsabläufe bezeichnet, bei denen die eine oder andere oder auch mehrere der aufgezählten Bedingungen nicht erfüllt sind:

1. Es gibt «Spiele», bei denen es sich nicht um ein stereotyp wiederholtes Kommunikationsmuster handelt, sondern um einen Ablauf, der von spielfreudigen Leuten ad hoc in Gang gesetzt wird: An einem entscheidenden Punkt einer schwierigen Gruppensitzung geht plötzlich das Licht aus; während verschiedene Teilnehmer verständlicherweise Ungeduld äußern, sagt ein anderer: «Wie schön, jetzt können sich unsere Augen erholen!»* Der Berichterstatter bezeichnet diesen Vorgang als ein «Spiel», weil diese Aussage einen Vorwand umfasse und weil die Transaktionen doppelbödig seien.

2. Es gibt «Spiele», die sozial nicht destruktiv sind, da sie niemandem schaden, sondern oft im Gegenteil allen Beteiligten Spaß machen. Das soeben erwähnte «Spiel» ist nach dem erwähnten Autor ein solches «gutartiges Spiel». Als gutartiges, harmloses und für die Beteiligten vergnügliches Spiel bezeichnet Berne ausdrücklich eine Unterhaltung zwischen einem Mann und einer Frau, die sich gegenseitig erotisch gefärbte Komplimente machen und sich damit zu erkennen geben, daß sie Gefallen aneinander finden, wobei aber zugleich das stillschweigende Einverständnis zwischen ihnen besteht, daß sie

---

* R. Zechnich, *Good Games,* TAJ 3 (1973), S. 52 f.

118

keine sexuelle Beziehung miteinander eingehen wollen (frei nach Be III/64 f).

3. Es gibt «Spiele», bei denen nur einer beteiligt ist, der ein solches Spiel gleichsam mit sich selber betreibt. BERNE beschreibt das Kühlschrank- oder Notizbuch-Spiel von vielbeschäftigten Hausfrauen oder gewissenhaften Managern, die sich sexuellen Empfindungen erst richtig hingeben können, wenn auch wirklich alles, was zu tun ist, vorher erledigt worden ist. Eine solche Hausfrau kann kurz vor dem Orgasmus aus dem Bett aufspringen, um in der Küche nachzusehen, ob sie die Tür des Kühlschrankes auch wirklich geschlossen hat, und ein solcher Manager muß sich in der entsprechenden Situation plötzlich noch eine Notiz machen, die sich auf seine Arbeit am folgenden Tag bezieht. Obgleich bei diesem «Spiel» jeweils zwei Personen beteiligt sind, wird es von BERNE auch als «Spiel» beschrieben, das einer mit sich selber betreiben kann (Be V/ 144). – Als ein solches Spiel mit sich selbst kann auch die Aussage eines Psychiaters betrachtet werden, der sagt: «Ich behandle nur Patienten, die wirklich zu einer Behandlung echt motiviert sind» – und damit rechtfertigt, daß er eigentlich nur Gesunde behandeln möchte!*

4. Es gibt «Spiele», bei denen das Motiv nicht versteckt ist. Es sind dies z. B. «Spiele», die Verkäufer und Kunden miteinander betreiben, wobei dem Kunden durchaus klar ist, daß der Verkäufer nur das Interesse hat, ihm etwas zu verkaufen, ohne aber diese Absicht allzu deutlich in den Vordergrund zu schieben, sozusagen eine «offene Verführung». – Ähnliches gilt von dem Lärm, den eine Hausfrau beim Abwasch veranstaltet, um ihrem Mann, der unterdessen in der Stube gemütlich Zeitung liest, zu zeigen, daß sie arbeiten muß, während er das Leben genießt. Diese Situation wird zu einem vollkommenen Spiel, wenn es ihr tatsächlich gelingt, ihm Schuldgefühle zu machen, sogar wenn er nicht herbeieilt, um ihr beim Abtrocknen zu helfen.

5. Es gibt «Spiele», die nicht durch einen unredlichen Trick eingeleitet werden. Als Beispiele mögen die «gutartigen Spiele» dienen, die ich oben unter «1.» und «2.» erwähnt habe.

6. Es gibt «Spiele», die so genannt werden, ohne sich auf

* angeregt durch ein Beispiel in: W. R. Pointdexter, *Organizational Games,* TAJ 5 (1975), S. 379 ff.

Transaktionen aufzubauen. Als Beispiel mag wieder die Bemerkung dienen, die ich unter «1.» wiedergegeben habe. Zwar spricht der Autor von «doppelbödigen *Transaktionen*», aber es handelt sich nur um *eine* doppelbödige *Botschaft*

Wenn ich alle «Spiele», die zwischen mehreren Beteiligten ablaufen, genau betrachte und nach einem gemeinsamen Merkmal suche, dann fällt mir auf, daß die Spieler sich dabei nicht offen und direkt begegnen, was die Voraussetzung dazu wäre, für einen Augenblick oder für eine längere Dauer eine im Sinne vorbehaltloser Aufrichtigkeit echte und persönliche Beziehungen einzugehen. Die Feststellung liegt nahe, daß demnach «Unaufrichtigkeit» das durchgehende Kennzeichen eines «Spieles» sein könnte. Der Sache nach trifft dies zu, nicht jedoch der Wertung nach, nämlich wenn Unaufrichtigkeit als sozial negative Eigenschaft beurteilt wird. Vielleicht wäre «Indirektheit» ein weniger mißverständliches Kennzeichen. Untersuchen wir das von BERNE erwähnte «gutartige Spiel», die unverbindliche Koketterie zwischen einem Mann und einer Frau, die auf einer Party Gefallen aneinander finden: Der Kommunikationsablauf zwischen den beiden Beteiligten würde seinen Spielcharakter völlig verlieren, wenn der eine Partner zum andern nüchtern und offen sagen würde: «Du gefällst mir! Es macht mir Vergnügen, auszudenken, wie es wäre, wenn wir zusammen ins Bett gingen, aber es kommt leider von mir aus nicht in Frage, denn ich will meine gute Ehe nicht gefährden» oder «... ich scheue emotionale Komplikationen» oder ... ich habe heute nacht etwas anderes vor». Wenn ich auf das destruktive Spielmodell zwischen Patientin und Arzt zurückkomme, das ich an den Eingang dieses Kapitels gestellt habe, so würde die Auseinandersetzung zwischen den beiden ebenfalls den Spielcharakter verlieren, wenn die Patientin schlicht und einfach sagen würde: «Ich ärgere mich, daß ich als Patientin einen geringeren sozialen Stellenwert habe, als ein Arzt, der sich allwissend gibt!» und wenn der Arzt sagen würde: «Mein Selbstbewußtsein ist davon abhängig, daß die Patienten an mich glauben!»

Mit meinen Betrachtungen über das gemeinsame Kennzeichen von «Spielen» stimmt die Feststellung von BERNE überein, daß manche Leute «Spiele» betreiben, um intimere Kontakte zu vermeiden, die volle Aufrichtigkeit voraussetzen, nur müssen wir uns klar sein, daß gerade gutartig-neckische Spiele im Grunde genommen nicht unaufrichtig, sondern aufrichtig, wenn auch indirekt sind. Sie bieten ein Vergnügen, das bedeutend größer ist, als wenn ich *direkt* sagen würde, was ich fühle und denke!

c) Ergänzende Betrachtungen zu den «Spielen»

«Spiele» nehmen im gesellschaftlichen Leben einen breiten Raum ein (Be III/61), ja sie sind dessen «wichtigster Aspekt» (Be III/49). Oft besteht keine Gelegenheit sich in einer Gesellschaft sinnvoller die Zeit zu vertreiben, als eben durch «Spiele» (Be III 56 ff; JJ 238). Da wir Spielen nicht entgehen können, ist es angebracht, «gutartige Spiele» zu spielen (Be III/61). Zu den «gutartigen Spielen» rechne ich, was ich von mir aus «neckische Spiele» nenne, bei denen verdeckte Transaktionen zwar eine Rolle spielen, jedoch nicht ohne daß sie von den Beteiligten durchschaut werden. Auch Spiele, die, ohne necktisch zu sein, niemandem schaden, sondern allenfalls sogar allen Beteiligten einen Gewinn bringen, können als gutartig bezeichnet werden. So gibt es Leute, die scheinbar gänzlich uneigennützig andern helfen, wirklich gute und brauchbare Ratschläge erteilen, oder sich durch andere sozial wertvolle Eigenschaften auszeichnen, wobei das verborgene Motiv aber durchaus egozentrisch sein kann, z. B. für frühere Missetaten zu büßen, sich Ansehen zu verschaffen oder risikolos mit andern, die weniger liebenswürdig sind, zu konkurrieren (Be III/164–168).

Spiele, die nach einem bestimmten Verhaltensmuster ablaufen und immer wieder demselben Ergebnis zustreben, werden bereits in der Kindheit erlernt und zwar zwischen dem zweiten und achten Lebensjahr, entweder durch Nachahmung der Eltern oder als eine Möglichkeit, andere zu manipulieren, die das Kind selbst entdeckt und entwickelt hat. Der Ursprung der Spiele wird aber schließlich unbewußt. Die Schule bietet dann die erste Gelegenheit, die im Familienkreis erlernten Spiele in einer weiteren Umgebung zu erproben, entweder in Auseinandersetzungen mit dem Lehrer oder mit Schulkameraden. Damit einher geht das Bestreben, die bereits festgelegte Grundeinstellung möglichst bestätigt zu sehen (Be VI/156 ff). Daß es sich bei solchen Verhaltensgewohnheiten im Umgang mit andern um Spiele handelt, ergibt sich nach BERNE daraus, daß sie nicht in Gang kommen oder nicht in Gang gekommen wären, wenn derjenige, der vom Urheber als Mitspieler ausersehen ist, nicht mitspielt oder nicht mitgespielt hätte. Spielt der Partner tatsächlich einmal nicht mit, so wird der Urheber mit allen Mitteln versuchen, das Spiel trotzdem fortzusetzen oder, wenn ihm dies nicht gelingt, verzweifelt auf der Strecke zu bleiben (Be III/53). Häufig wird er auch auf «Rache» sinnen und die nächstbeste Gelegenheit benützen, um nochmals den andern in ein Spiel einzubeziehen.

In der Transaktionsanalyse nennt man «Spiele ersten Grades» solche, die durchaus gesellschaftsfähig sind; «Spiele zweiten Grades» sind solche, die im allgemeinen vor Zuschauern verborgen werden, da sie peinlich wirken; «Spiele dritten Grades» schließlich sind solche, die tragisch enden, z. B. vor dem Scheidungsrichter, im Operationssaaal, in der Leichenhalle, im Gefängnis oder in der psychiatrischen Klinik (Be III/64). Spiele können also durchaus ernsthaften und tragischen Charakter haben.

Jemand mit der Einstellung «Ich bin O.K., du bist O.K.», ein Gewinner also, verzichtet auf destruktive Spiele. Er setzt sich direkt und realistisch mit dem Hier und Jetzt auseinander und bereinigt allfällig negative Gefühle, die seine Beziehungen stören, durch offene und ehrliche Auseinandersetzungen, bei denen es völlig belanglos ist, wer recht hat oder wer nicht recht hat, wer sich als Sieger fühlen könnte und wer als Besiegter (JJ 238). Er provoziert nicht andere, um nachher seine Lieblingsgefühle anzubringen und er weigert sich auch, auf das provozierende Verhalten anderer zu reagieren. Er zieht es vor, seine Gefühle zur richtigen Zeit am richtigen Ort und gegenüber den richtigen Menschen «auf legitime Weise» auszudrücken (Be VI/142). Nicht-spielgebundene Erlebnisse mit menschlicher Verbundenheit und Vertrautheit stellen nach Ansicht von BERNE die vollkommenste Form menschlicher Beziehung dar. Sie sind so überaus beglückend, «das selbst Personen mit labilem psychischem Gleichgewicht entschieden und mit Vergnügen ihre Spiele aufgeben können, wenn sich ein geeigneter Partner für diese erfreulichere Beziehungsform finden läßt» (Be III/62).

Im Alltag sind Gelegenheiten zu solcher Vertrautheit sehr selten und die meisten Menschen sind von sich aus dazu gar nicht fähig. Spiele bieten dann eine Art kläglichen Ersatz dafür (Be III/61). Menschen, die destruktive Spiele spielen, suchen weit häufiger den Therapeuten auf als solche, die konstruktive Spiele spielen (Be III/71). Der Psychiater eignet sich deshalb am ehesten dazu, Spiele zu studieren, nur stehen dabei destruktive Spiele im Vordergrund seines Interesses und seiner Erfahrung (Be III/61) Es kann sehr schwierig sein, einen Patienten dazu zu bringen, aus dem Zwang, gewisse Spiele immer wieder zu spielen, auszubrechen. Es erfordert dies einen Verzicht auf den Spielgewinn (Be VI/143 f). Dies wiederum setzt voraus, daß dem Betreffenden der psychologische Hintergrund seiner Spiele bewußt wird, damit auch seine aus der Kindheit übernommenen Nicht-O.K.-Gefühle und die mangelhafte Emanzipation seines Erwachsenen-Ichs. Einige Spiele sind für manche Leute allerdings notwendig, um ohne seelischen Zusammenbruch, bestehe dieser in einer tiefen Verzweiflung oder im Ausbruch einer Psychose, zu überleben. Es kann aus diesem Grund gefährlich sein, jemandem unvermittelt die Möglichkeit zu nehmen, seine Spiele zu spielen (Be III/62).

6. Die verschiedenen Möglichkeiten mitmenschlichen Umgangs

In allen seinen Büchern kommt BERNE auf zwei psychologisch wichtige Grundbedürfnisse zu sprechen: dasjenige nach mitmenschlichem Kontakt und dasjenige nach Zeiteinteilung. *Das Grundbedürfnis nach mitmenschlichem Kontakt* versucht er in größere biologische und physiologische Zusammenhänge einzubetten, vor allem in die Erkenntnis, daß ein Mensch sinnlicher Reize bedarf, um gesund zu bleiben. Zu solchen sinnlichen Reizen rechnet er auch die Berührung und Wärme, die eine Mutter ihrem Kind im Säuglingsalter zukommen läßt und welche dieses braucht, um normal gedeihen zu können. Das Bedürfnis, die Zeit einzuteilen, genauer, wenn auch umständlicher gesagt: *das Bedürfnis, immer etwas Bestimmtes zu erleben oder zu tun,* dient nach BERNE dazu, quälender Langeweile zu entgehen

(Be I/77–80, II/214–216, III/13–17, IV/229 f, V/182–186, VI/ 21 f). STEINER führt von sich aus noch ein weiteres Grundbedürfnis an, auf das die Transaktionsanalytiker tatsächlich immer wieder verweisen: *das Bedürfnis, seine einmal erworbene Grundeinstellung immer wieder bestätigt zu sehen* (CSt 46 f).

Die von BERNE erwähnten zwei Grundbedürfnisse liegen den verschiedenen Arten von menschlichem Kontakt zugrunde, die BERNE unterscheidet: (1.) dem Austausch konventioneller Rituale, z. B. bei der Begrüßung, (2.) der unverbindlichen Unterhaltung, wie eine solche sich z. B. bei Party-Gesprächen abspielt, (3.) den «Spielen», wie ich sie bereits ausführlich beschrieben habe, (4.) den bei gemeinsamer Beschäftigung und Arbeit notwendigen Kontakten und schließlich (5.) der Intimität. Als Grenzfall zieht BERNE noch (6.) die Möglichkeit ein, daß jemand trotz Anwesenheit von andern Menschen sich innerlich von diesen auf sich selbst zurückziehen kann. BERNE geht in allen seinen Werken mehr oder weniger ausführlich auf diese verschiedenen Arten des menschlichen Umgangs näher ein (Be I/95–113, II/198–213, III/35–50, VI/21–25). Er spricht auch von verschiedenen Arten von «Transaktions-Ketten» (Be II/198).

Dem allgemeinmenschlichen Grundbedürfnis nach sozialem Kontakt liegt nach BERNE das Bedürfnis zugrunde, Bestätigung und Anerkennung zu finden. Natürlich kann jemand vorübergehend auch die Zeit allein verbringen, sei es bei einer Beschäftigung oder indem er tagträumt. Trotzdem muß das Bedürfnis nach Bestätigung und Anerkennung immer wieder gestillt werden. Auch ein Einsiedler zehrt nach BERNE von den Kontakten, die er früher einmal gehabt hat. Da die primitivste und urtümlichste Art von Anerkennung und Bestätigung darin besteht, daß die Mutter ihr kleines Kind streichelt, sprechen die Transaktionsanalytiker nicht nur bei denjenigen Transaktionen, bei denn die beiden Kommunikationspartner sich Anerkennung zollen von «Streicheln», sondern bei allen Transaktionen überhaupt, da ich doch schon rein dadurch, daß ich mich mit jemandem in Beziehung setze, immerhin von dessen Existenz Kenntnis nehme, also sein Dasein «bestätige». Ich «streichle» also jemanden, wenn ich ihm «Guten Tag!» sage und ich streichle jemanden, wenn ich mich ostentativ von ihm abwende. Im ersten Fall wird in der Transaktionalen Analyse

124

von «positivem Streicheln» gesprochen, im zweiten Fall von «negativem Streicheln». Wir wissen, daß Kinder, wenn ihnen positive Zuwendung versagt wird, oft alles daran setzen, daß die Erzieher ihnen wenigstens im negativen Sinn Beachtung «schenken» (!). Das Bedürfnis danach, «gestreichelt» zu werden ist so groß, daß negativ gestreichelt zu werden immer noch besser ist, als überhaupt keine Beachtung zu finden.

Neben sogenannten Spielen, auf die ich bereits ausführlich eingegangen bin, gibt es noch andere Arten, «die Zeit in Gesellschaft zuzubringen». Neben einem Austausch von «Streicheleinheiten» spielt dabei auch die Bestätigung von Lieblingsgefühlen und Lieblingsüberzeugungen eine wichtige Rolle, im geringsten Fall nur schon die Möglichkeit, ein ganz klein wenig Beachtung zu finden.

In diesem Zusammenhang sind einmal die *Rituale* zu erwähnen, Kontaktformen, die nach festgelegten konventionellen Regeln ablaufen, die durch die Überlieferung, mit andern Worten: durch das Eltern-Ich, gegeben sind, so z. B. Begrüßungsrituale wie «Guten Tag!» – «Guten Tag, wie geht's?» – «Schönes Wetter heute!» usw. Zu den Ritualen gehören auch ausgedehntere gesellschaftliche Zeremonien wie eine Hochzeitsfeier. Ein wesentliches Kennzeichen von Ritualen ist, daß ihr Fortgang vorauszusehen ist, wenn sie nur einmal begonnen haben.

Am ehesten mit Spielen im Sinn der Transaktionsanalyse zu verwechseln ist die *unverbindliche Unterhaltung* («einfacher Zeivertreib»), wie eine solche etwa in einer Gesellschaft stattfindet, deren Teilnehmer sich nur oberflächlich kennen, sich vielleicht sogar erst eben durch den Austausch einleitender Rituale kennen gelernt haben. Die unverbindliche Unterhaltung verläuft ebenfalls nach gewissen Regeln, die aber lockerer sind als diejenigen bei den Ritualen, darum «halbrituelle» Kontakte. Meistens drehen sich solche Unterhaltungen um konventionelle Themen, die geradezu dazu geschaffen scheinen, damit sich solche Unterhaltungen um sie ranken können: Automarken, Sportergebnisse, Erziehungs- und Jugendprobleme, Kochrezepte, Urlaubsorte und dergleichen. Sie befriedigen das allgemeinmenschliche Kontaktbedürfnis, ohne daß sich die Teilnehmer persönlich exponieren müssen; sie gestatten den Austausch gegenseitiger Anerkennung, wozu in einem weiteren Sinn auch kleine neidische Seitenhiebe, Eifersüchteleien und Rivalitäten zu zählen sind; sie gestatten dem einzelnen, die gewohnte gesellschaftliche Rolle zu spielen und fesgefügte Überzeugungen, die ihm im Alltag Halt bieten, noch fester zu fügen, z. B. «Ich haben immer schon gesagt, daß die Kinder eine feste Hand in der Erziehung im Grunde genommen suchen und schätzen!» oder «Sportliche Wagen sind für Leute unter 30 Jahre!» oder «Nazis und Kommunisten – das ist alles dasselbe!» Schließlich geben unverbindliche Unterhaltungen dem «Kleinen Pfiffikus» auch Gelegenheit, seine Intuition spielen zu lassen, um abzuschätzen, ob sich einer der Gesprächspartner vielleicht als Kunde für ein gutes Geschäft, als Mitspieler für ein spannendes Spielchen oder als intimer Freund eignen könnte. Bei den unverbindlichen Unterhaltungen können das Kindheits-Ich, vor allem das reaktive Kindheits-Ich, das Eltern-Ich und das Erwachsenen-Ich zum Zuge kommen. Je unverbindlicher die Unterhaltung allerdings ist, umso mehr tritt der Austausch echter, realitätsgerechter und objektiver Informationen und damit die Aktivität des Erwachsenen-Ichs zurück; nur der «Kleine Pfiffikus» ist auf der Hut, daß sich der einzelne nicht soweit exponiert, daß er sich eine Blöße gibt, und doch trotzdem so unterhaltsam bleibt, um etwas Beachtung und wenn möglich Anerkennung zu ernten. Höchstens der Teilnehmer, der ganz gezielt nach Kunden Ausschau hätt oder Geschäftsgeheimnisse oder gar Staatsgeheimnisse ausspionieren will, wird immer mit einem wachen und reifen Erwachsenen-Ich dabei sein.

Eine weitere Art des Sozialkontaktes ergibt sich, wenn zwei oder mehrere Menschen bei einer gemeinsamen Beschäftigung oder Arbeit einen *sachlichen Informationsaustausch* pflegen, der sich auf den Zweck und das Ziel ihrer Tätigkeit bezieht. Die Transaktionen können dabei vorwiegend verbal vor sich gehen, so wenn jemand zum andern sagt: «Gib mir den Hammer!» und der andere mit den Worten «Hier ist er!» diesen reicht. Die Transaktionen können auch averbal vor sich gehen, so wenn der Chirurg wortlos die Hand ausstreckt und der Operationsassistent oder die Operationsschwester, die dem Verlauf der Operation aufmerksam gefolgt ist, ihm ein Instrument reicht. Auch der Kartensspieler, der den Mitspielern meldet: «Ich wähle Herz als Trumpf», informiert diese sachlich, was sie vielleicht mit einem «Also, Herz» quittieren. Ein Korbball--

spieler, der einem Mitspieler zuruft: «Achtung, ich werf ihn dir zu!» worauf dieser sich ihm blitzschnell zuwendet, hat ebenfalls einen sachlichen Informationsaustausch eingeleitet.

Nach BERNE ist die beglückendste Form des Sozialkontaktes das, was er *Intimität* nennt, nämlich eine unmittelbare und rückhaltlos offene und aufrichtige, demnach auch spielfreie Beziehung, in der jeder dem andern gibt und von ihm nimmt, ohne daß einer den andern ausnützt. Eine Beziehung, die von solcher Vertrautheit getragen wird, erfüllt nach BERNE am vollkommensten gleichzeitig das Bedürfnis nach Anregung, die wir zur Entfaltung unserer Möglichkeiten nötig haben, dann das Bedürfnis nach Bestätigung und Anerkennung, das auch derjenige hat, der sich durchaus O.K. fühlt, wie schließlich auch das Bedürfnis nach sinnvoller Lebensbewältigung. Neben einer solche vertrauten Beziehung verblaßt das Vergnügen an Ritualen, unverbindlichen Unterhaltungen und Spielen. Da die Sehnsucht nach solcher Intimität seit der frühesten Kind–Mutter-Beziehung in jedermann schlummert, können nach BERNE Rituale, unverbindliche Unterhaltungen und Spiele auch als Maßnahmen zur Vermeidung von Intimität oder als Ersatz dafür betrachtet werden. Im Rahmen der Intimität kommt das ursprüngliche Kind-Ich wieder zur Geltung und kann sich frei und ohne Angst entfalten. Ich füge noch bei, daß BERNE auch von einer einseitigen Intimität spricht, nämlich dann, wenn der eine Partner aufrichtig und offen ist, der andere aber ränkevoll und darauf bedacht, seinen Partner auszunützen (Be VI/ 25).

Ich habe bereits erwähnt, daß jemand, auch wenn er in Gesellschaft ist, sich innerlich zurückziehen kann. Erlebnismäßig ist er dann abwesend. BERNE spricht von *Rückzug*. Jemand kann sich, während er sich zurückzieht, immerhin in Gedanken noch mit Problemen abgeben, die mit der sozialen Situation, in der er sich befindet, zusammenhängen, z. B. mit der Frage ob und wie er einen der Anwesenden, an dem er interessiert ist, ansprechen solle. Er kann aber auch Tagträumen nachhängen, die keinen Bezug mehr zur sozialen Situation aufweisen. Zweifellos kann ein solcher Rückzug auch eine Flucht bedeuten, unter Umständen aber eine Flucht, die dazu dient, seine Kräfte nicht mit belanglosen Party-Gesprächen zu vergeuden, sondern sich in Gedanken mit produktiveren Dingen zu beschäftigen.

Die Ausführungen von BERNE über die verschiedenen Arten, wie Menschen miteinander umgehen können, sind begrifflich nicht immer ganz klar. BERNE versteht darunter einerseits «Transaktions-Ketten», andererseits Beziehungsformen. Überdies unterscheidet er zu wenig genau die sachliche Ebene von Transaktionen von der Beziehungsebene. Es können zwei Partner bei einer gemeinsamen Tätigkeit sachliche Informationen austauschen und gleichzeitig in einer intim-vertrauten Beziehung zueinander stehen, was im Ton, in dem sie miteinander sprechen, und in der Mimik zum Ausdruck kommen wird. Sogar (neckische) Spiele können zwei Partner miteinander treiben, ohne aus ihrer intim-vertrauten Beziehung ausgebrochen zu sein. Insofern trifft es nicht zu, daß die sogenannte Intimität unbedingt einer spielfreien Beziehung entspricht. Wie ich schon früher erwähnt habe, hat BERNE übersehen, daß bei *jeder* Transaktion – und nicht nur bei derjenigen mit Hintergedanken – eine Sachebene von einer Beziehungsebene unterschieden werden kann.

Der unbewußte Lebensplan oder das Skript

Im ersten Werk von BERNE ist bereits vom unbewußten Lebensplan oder Skript die Rede, wenn die Ausführungen über diesen Begriff auch noch verhältnismäßig wenig Platz einnehmen (Be I/117–139).* Das letzte und umfanrreichste Buch von BERNE, das erst nach seinem Tod erschienen ist, kreist vornehmlich um diesen Begriff (Be VI), wobei allerdings BERNE wenig systematisch vorgegangen ist und viele Zweifelsfragen offen gelassen hat, sogar die Frage, ob es sich dabei überhaupt um einen wissenschaftlich auf die Dauer haltbaren Begriff handle (Be VI/424). Wie dem auch sei: Meines Erachtens handelt es sich um einen für die psychologische Theorie wie für die psychologische Praxis außerordentlich anregenden Begriff. Zudem hängt er wissenschaftsgeschichtlich keineswegs in der Luft, sondern gründet sich durchaus auf tiefenpsychologische Vorstellungen, wie sie bereits von der Psychoanalyse und Individualpsychologie entwickelt wurden.

Jedermann gestaltet sein Leben nicht nur während Monaten und Jahren, sondern für gewöhnlich solange es dauert, nach einem *vorbewußten Plan* oder *Programm* (Be VI/25). Ein solcher Plan gibt z. B. an, ob jemand ein «Gewinner» oder «Verlierer» werden soll, wie er andere Leute erleben und wie er von ihnen behandelt werden wird (Be VI/95), aber auch ob und wen ungefähr er heiraten wird, ob er sich scheiden lassen wird, wie er sterben und wer in seiner letzten Stunde bei ihm sein wird (Be VI/31). Auch die sexuellen Triebe, Bedürfnisse und Möglichkeiten sowie die Bereitschaft zur Liebe ganz allgemein sind weitgehend in diesem Lebensplan vorprogrammiert; besonders bei Frauen scheint bereits im frühen Kindesalter festgelegt zu sein, ob sie im geschlechtsreifen Alter Kinder bekommen oder kinderlos bleiben oder gar ewige Jungfrauen sein werden (Be VI/209 f). Da dieser unbewußte Lebensplan oder dieses Programm wie eine Vorschrift aufgefaßt werden kann, nach der jemand seine Rolle im Leben spielen wird, nennt BERNE ihn auch *Skript*, also *Drehbuch*.

* soviel mir bekannt ist, taucht der Begriff in den Arbeiten von BERNE erstmals im Aufsatz über *Transactional Analysis,* Am. J. Psychother., 1958, S. 735 ff, auf.

BERNE schreibt an einigen Stellen seines Werkes, der Lebensplan oder das Skript sei *unbewußt,* an anderen Stellen aber betont er, der Lebensplan oder das Skript sei *vorbewußt.* «Vorbewußt», wie BERNE diesen Begriff versteht, ist ein Fachausdruck der psychoanalytischen Psychologie und besagt soviel wie «unbewußt, aber bewußtseinsfähig». Es können diejenigen Gegebenheiten als vorbewußt bezeichnet werden, von denen ich wohl weiß, die mir aber im Augenblick nicht gegenwärtig sind, weil ich in Gedanken mit andern Dingen beschäftigt bin. In einem weiteren Sinn vorbewußt sind Gegebenheiten, die ich mir ins Gedächtnis zurückrufen möchte, ohne daß mir dies ohne weiteres gelingt, z. B. Namen oder Erinnerungen an bestimmte Gegebenheiten. Unbewußt in einem engeren Sinn sind Gegebenheiten, die verdrängt sind, weil sie meinem Bild von mir selbst, von den Mitmenschen, vom Leben und der Welt, kurz: meiner Weltanschauung, aus der heraus ich wahrnehme, denke und handle, grundsätzlich widersprechen. Ich halte eine Diskussion über die Frage, ob das, was BERNE unter «Skript» versteht, eher vorbewußt oder unbewußt (im engeren Sinn) sei, an dieser Stelle für überflüssig, und schreibe durchgehend vom *unbewußten* Lebensplan, was schon deswegen gerechtfertigt ist, weil das, was «nur» vorbewußt ist, im deskriptiven Sinn ebenfalls unbewußt ist.

Der Begriff «Skript» ist in seiner praktischen Bedeutung demjenigen der «bevorzugten Transaktionen» oder der «bevorzugten Spiele» übergeordnet, denn diese sind immer Ausdruck des Skripts. Immer wenn Menschen sich begegnen, wirkt sich in der Art, wie sie miteinander umgehen, ihr Skript aus.

Die Lebenspläne derjenigen, die sich heiraten, passen meist gut zueinander. Komplementäre Lebenspläne sind für Ehepaare typisch (Be VI/195, 320). Der Lebensplan oder das Skript enthält nämlich nicht nur Anweisungen, wie ich erleben und mich verhalten werde, sondern auch bestimmte Erwartungen hinsichtlich der *Mitspieler.* Unbewußt wähle ich mir auf meinem Lebensweg Menschen aus, die sich als Mitspieler eignen und sie wählen mich, weil ich ihnen geeignet scheine, eine in ihrem Lebensplan vorgesehene Rolle als Mitspieler gut erfüllen zu können. Im Lebensplan eingeschlossen ist auch, was in meinem Leben als «gut» und was als «bös» gelten wird (Be VI/36 f).

1. Die Entstehung des unbewußten Lebensplans

Der unbewußte Lebensplan entsteht nach BERNE in seinen Grundzügen bereits in der frühen Kindheit und zwar vor dem sechsten, meist sogar bereits im Laufe des dritten Lebensjahres (Be VI/53). Der Lebensplan gründet in frühen, oft traumatischen Kindheitserlebnissen, die für die Einstellung zu sich selbst und zu den Mitmenschen, zum Leben und zur Welt prägend waren. Der unbewußte Lebensplan drängt dazu, die ursprünglichen Kindheitssituationen zu wiederholen, manchmal mit dem Anspruch, eine bessere oder glücklichere Lösung der damaligen Probleme zu finden (Be I/117 ff, 127 f).

Entscheidend für die Bildung des Lebensplans ist der Einfluß der Eltern (Be VI/32, 38, 53, 56, 419), wenn auch die ererbte Anlage, äußere Lebensumstände, eigene Wünsche und Sehnsüchte (BERNE spricht von «spontanen Erfindungen» – Be VI/65) dabei mitspielen. BERNE sieht den Einfluß der Eltern als so wichtig an, daß er den Lebensplan an verschiedenen Stellen seines Werkes kurzerhand als «parenterales Programm» bezeichnet. Das Kind sei ohnehin, wie es sei und wie es sich verhalte, «für seine Eltern» oder «um seiner Eltern willen». Tatsächlich ist ja das Kind vorerst von Haltung und Meinung seiner Eltern völlig abhängig, auch was die Bewertung seiner selbst anbetrifft. Es lernt von seinen Eltern, wie «man» sich am besten benimmt und wie «man» sich am besten in der Welt zurechtfindet (Be VI/38, 124). Die Einflüsse der Eltern sind aber keineswegs immer eindeutig: Einmal handelt es sich im allgemeinen um zwei verschiedene Elternpersonen und zum andern begegnet jeder Elternteil dem Kind zu verschiedenen Zeiten in verschiedener Stimmung. Überdies erreicht der Einfluß der Eltern das Kind auf averbalen und verbalen Wegen, wobei, was dem Kind «gesagt» wird, nicht immer mit dem übereinstimmt, was in Worten ausgedrückt wird. Besonders beeindruckend ist, was die Eltern in emotional gespannten Situationen sagen und tun. Die Rolle von Eltern können auch alle andern erwachsenen Beziehungspersonen aus der Kleinkinderwelt spielen. Es kommt auch vor, daß der Einfluß von älteren Geschwistern auf die Gestaltung des Lebensplans so wichtig ist wie derjenige der Eltern, meistens allerdings von Geschwistern, die ausdrücklich als Stellvertreter der Eltern eingesetzt worden sind.

Ein Skript kann *destruktiv* sein, so z. B. das Skript, das oft das Erleben und Verhalten der Frauen von Alkoholikern beeinflußt, die ihren Mann «retten» zu müssen glauben. Da diese Rettung sozusagen auf magische Weise vor sich gehen soll, ist sie von vornherein zum Scheitern verurteilt. Es kommt zu einer Scheidung und die Frau sucht sich einen neuen Mann, den sie «retten» könnte. Solchen Rettungsphantasien liegt im allgemeinen das Erlebnis eines alkoholischen Vaters im Kleinkindesalter zugrunde (Be I/117). Genau genommen ist es allerdings nicht wesentlich, ob der Vater Alkoholiker war oder nicht, sondern ob er solche Eigenschaften oder ein solches Verhalten aufwies, daß sich die Phantasie entwickeln konnte, ihn retten zu müssen. Ein Skript kann aber auch *konstruktiv* sein. Es kann denjenige, der ihm nachzuleben vermag, indem er geeignete Mitspieler findet, glücklich machen (Be I/117). STEINER unterscheidet *tragische* oder *verhängnisvolle* Skripts von *banalen* Skripts. Das virtuelle, nicht selten aber auch tatsächlich erreichte Ziel von tragischen Skripts kann die Einweisung in eine psychiatrische Klinik, in ein Gefängnis, kann Suizid, Totschlag oder Mord sein. Ein banales Skript schreibt ein Schicksal vor, wie es dem Durchschnitt der Menschen gegeben ist (CSt 115 ff). Dabei spielen auch kollektive Aspekte eine Rolle, die, abgestimmt nach den Erwartungen der Gesellschaft, für ganze Gruppen von Menschen gelten. Eine Frau mag z. B. nach den ihrem Skript innewohnenden Vorschriften ihr Leben so gestalten, wie es in ihrer Gesellschaftsschicht von einem «Frauenleben» erwartet wird, wobei sie sich mit diesen Erwartungen identifiziert (CSt 199 ff). Ähnliches gilt für Vertreter von Minderheiten in der Bevölkerung (ROBERTS).* «Die Skripts von Neurotikern, Psychotikern und Psychopathen sind fast immer tragisch» (Be I/118). Destruktive Direktiven, welche den Betreffenden daran hindern, als Gewinner zu leben, sind aber fast immer auch bei Leuten zu finden, die als durchaus gesund gelten.

Der Zeitpunkt, in dem unter dem Einfluß der Umgebung die Hauptrichtlinien des unbewußten Lebensplans festgelegt werden, ergibt etwa das, was bei der Verfassung eines Dramas als «Exposition» bezeichnet werden könnte. Meist ist sie durch ein ganz bestimmtes Ereignis im Leben des Kleinkindes markiert.

* D. L. Roberts, *Treatment of Cultural Scripts,* TAJ 1975, 5 (1), 29.

BERNE spricht vom «Skript-Protokoll» (Be I/118, VI/444). Die
«Durchführung» muß dann noch in den Einzelheiten festgelegt
und kann im Laufe der Jahre auch immer wieder etwas verändert werden, nach dem «das Spiel» bereits begonnen hat. Mit
der zunehmenden Lebenserfahrung und dem Milieu, in dem das
Kind und der Jugendliche leben, wechseln nämlich auch die
Kulissen und Requisiten. Beim Kleinkind bildet im allgemeinen
das Familienleben die Bühne und damit den Hintergrund und
die Atmosphäre zur Gestaltung des Lebensplans. In manchen
Familienmitgliedern erlebt das Kind Vorbilder, in andern typische Vertreter des guten oder des bösen Prinzips. Die Kulissen
bestehen aus den Räumen des Hauses, in dem das Kind aufwächst, oder seiner näheren Umgebung. Auch die Märchen und
Tiergeschichten, die dem Kind erzählt werden, oder die es aus
Bilderbüchern heraus sich vorstellt, tragen zur Gestaltung seines Weltbildes bei. Dieses entspricht im Kleinkindesalter einer
Märchenwelt, die mit unheimlichen Gestalten bevölkert ist und
magischen Gesetzen gehorcht (Be VI/172). Die Eltern treten
darin als Riesen und Ungeheuer auf, denen magische Kräfte
innewohnen (Be VI/39). Da gibt es wohlwollende und wilde
Tiere, Zauberer und Feen, Könige und Prinzen mitten in der
Alltagswelt. «Wenn du Geburtstag hast, wird ein Tiger hinter
dem Schrank hervorkommen», sagt ein Vater seinem kleinen
Kind und meint, er habe damit einen harmlosen Scherz gemacht, ohne zu bedenken, daß das Kleinkind tatsächlich – sagen wir zu 50% – in einer Welt lebt, in der solches durchaus
denkbar ist. Seither hat es Angst, als Erwachsener dann nur
mehr ein dumpfes Unbehagen, wenn der Geburtstag herannaht
oder irgend ein Ereignis, auf das es sich eigentlich freuen
dürfte. Die Märchenwelt und der Ausspruch des Vaters sind
dannzumal, wie ein Tiefenpsychologe sagen würde, schon
längst «im Unbewußten» und bilden «den archaischen Hintergrund für sein Skript (frei nach Be VI/172). Die Skriptversion,
die das Kleinkind aus dem «Protokoll» im Zusammenhang mit
der zunehmenden Erweiterung seine Lebensraumes entwickelt,
nennt BERNE mißverständlicherweise «Palimpsest» (Be I/127,
VI/444).* Später wird daraus das endgültige Skript.

* Ein Palimpsest ist ein Papyrus-Blatt oder ein Pergament, auf dem
der erste Text so gut wie möglich gelöscht und ein neuer Text darüber
geschrieben wurde.

Im Laufe der Zeit ändert der Heranwachsende nicht die Richtlinien oder das Gerüst seines Lebensplans, wohl aber Kulissen, Kostüme und Darsteller. Die Auswahl wird immer größer, indem das Kind durch das Leben auf dem Spielplatz und in der Schule immer mehr Erfahrungen sammelt und zunehmend auch Einblick in die Berufswelt der Erwachsenen gewinnt. Die Vorstellungen des Jugendlichen werden immer besser vereinbar mit der Realität. Ein romantischer Schimmer und romantische Illusionen bleiben trotzdem erhalten (Be VI/39 f, 172; JJ 297).

Neue Erfahrungen werden immer so ausgelegt, daß sie den ersten Ansätzen des Lebensplans entsprechen, womit sich sein Gerüst mehr und mehr verfestigt, obgleich der Betreffende sehr wahrscheinlich denkt, er bilde sich seine Erfahrungen und Gedanken frei und unabhängig (JJ 297). Das im Lebensplan vorprogrammierte Schicksal wird nicht als Zwang durchschaut. Es ist, wie wenn jemand an einem elektrischen Klavier sitzen und spielen würde, ohne zu bemerken, daß er immer nur diejenigen Tasten drückt, die ohnehin nach dem vorgestanzten Programm angeschlagen werden (Be VI/65 f).

2. Elterliche Botschaften

Es können didaktisch verschiedene Kategorien elterlicher Botschaften voneinander unterschieden werden. In der Praxis sind sie nicht scharf voneinander zu trennen.

a) Erwartungen und Ängste

Eine große Rolle spielen bereits Erwartungen der Eltern, bevor das Kind überhaupt zur Welt gekommen ist. Ist es erwünscht oder nicht, erwarten die Eltern also, es werde ihnen eine Last oder eine Freude sein? Sollte es ein Bub oder ein Mädchen sein? Inwiefern paßt ein Kind in den Lebensplan der Eltern? Ist ihm eine bestimmte Rolle schon vorbestimmt? (Be VI/69 ff). Die Wahl des Vornamens gibt einen wichtigen Hinweis auf die Erwartungen der Eltern, wenn wir erfahren können, was der betreffende Vorname für sie bedeutet. Wer auf den Namen eines andern Familienmitglieds, z. B. des Vaters, getauft wird, ist damit den bewußten und unbewußten Erwartungen der Eltern, er werde später diesem Familienmitglied ähnlich werden, fast hilflos ausgeliefert. Ebenso spielen die Vorstellungen eine Rolle, die bei sippenbewußten Eltern mit dem Familiennamen verbunden werden, der dem, der ihn trägt, z. B. ganz bestimmte Verpflichtungen auferlegen kann (Be VI/77 f, 420 f).

Ängste können dieselbe Bedeutung haben wie Erwartungen, z. B. die Angst einer Mutter, ihr Sohn werde ein Alkoholiker wie sein Vater oder die Angst eines Vaters, seine Tochter werde eine Prostituierte. Ängste sind psychologisch als «negative Erwartungen» zu werten.

b) Allgemeine Lebensregeln

Eltern pflegen ihren Kindern allgemeine Lebensregeln zu übermitteln, d. h. Mahnungen und Vorschriften, wie «man» sich benehmen muß, um gut und brav durchs Leben zu kommen (Be VI/118 f). Viele dieser Anweisungen haben die Eltern bereits von ihren Eltern übernommen. Häufig können sie als geläufige Sprichworte oder doch in sprichwörtlichen Redewendungen formuliert werden: «Morgenstund hat Gold im Mund!», «Spare in der Zeit, dann hast du in der Not!», «Erst die Arbeit, dann das Vergnügen!», aber auch einfache Aufforderungen und Ratschläge wie «Arbeite hart!», «Sei stets liebenswürdig!» Im allgemeinen drücken solche Regeln die sogenannten bürgerlichen Tugenden des Fleißes, der Ordnung und der Reinlichkeit aus. Unter diesen Lebensregeln sind aber immer auch solche mehr individueller Prägung wie «Rohkost ist gesund!» oder «Fleisch macht stark!».

Es gibt auch Lebensweisheiten, die dem Kind eine ausgesprochen pessimistische Lebenshaltung vermitteln und zwar in der möglicherweise durchaus gut gemeinten Absicht, es in geeigneter Weise auf die negativen Aspekte des Lebens vorzubereiten, z. B. «Das Leben ist wie ein Kuchen aus Kuhmist, von dem du jeden Tag ein Stück wirst essen müssen!», tatsächlich ausgesprochen von einer im bürgerlichen Sinn durchaus tüchtigen

Mutter, die ihre Kinder gern hatte. Derartige Empfehlungen zur Bewältigung des Lebens werden, wenn sie auch nicht im einzelnen sorgfältig bedacht sein mögen, doch bewußt und in der besten Absicht vermittelt, unabhängig davon, ob die Weisheit, die sie enthalten auf falschen Ansichten der Eltern beruhen (frei nach Be VI/118). Sie werden dem Kind im allgemeinen von beiden Eltern gleichgewichtig vermittelt (Be VI/294 f).

c) Direkte erzieherische Anweisungen

Der Einfluß der Eltern erreicht das Kind auch in Form von Anweisungen, die sich auf das aktuelle Verhalten des Kindes beziehen und die Form entweder von Lob und ermunterndem Ratschlag oder von Tadel, Befehlen und Drohungen haben. Wohlwollend sind Aussagen wie «Du darfst es tun!» oder auch «Du darfst es lassen!» (Be VI/124), «Du bist lieb und ruhig gewesen!» oder «Sei nicht allzu ehrgeizig!». Als gut gemeinte Forderungen sind formuliert «Sei immer liebenswürdig!», «Streng dich an, sonst bringst du es zu nichts!». Unwirscher tönt: «Halt deinen Mund!» (Be VI/113 f) oder «Stör mich nicht!», «Hör auf, dich zu beklagen!» (Be VI/107). Schließlich können solche Anweisungen auch mit Drohungen verbunden sein, die sich nur im Gesichtsausdruck oder Ton oder dann aber unmittelbar in Worten ausdrücken wie etwa «... sonst schlag ich dir alle Zähne ein!» (Be VI/114). Eine milde Form von Anweisungen verhindert ein Kind kaum daran, ein Gewinner zu werden; die mittlere Form kann ein Kind dazu bringen, sich zu einem Nicht-Gewinner zu entwickeln, und die gröbste Form wird sicher einen Verlierer aus ihm machen!» (Be VI/113 f).

Nach BERNE gehen in der Regel die direkten Anweisungen vom gegengeschlechtlichen Elternteil aus. Er «sagt» dem Kind, was es tun soll, z. B. der Vater zur Tochter: «Sei ein hübsches Mädchen!» oder die Mutter zum Sohn: «Denk nicht soviel!». Der gleichgeschlechtliche Elternteil beteiligt sich daran, indem er dem Kind «sagt», auf welche Art und Weise es am besten der Anweisung des gegengeschlechtlichen Elternteils nachkommt, in Bezug auf die beiden obigen Beispiele: die Mutter zeigt der Tochter, wie sie es am besten anstellen muß, um immer gepflegt und hübsch zu erscheinen, und der Vater verführt den Sohn, der nicht soviel denken soll, zum

Trinken (Be VI/279 ff; CSt 101 ff). Aus diesen Beispielen geht hervor, daß es doch wohl meistens kein Zufall ist, daß je zwei solche Eltern sich gefunden haben, deren Anweisungen sich so gut ergänzen (CSt 103). Diese Verhältnisse sind allerdings nicht gesetzmäßig, sondern nur eben häufig anzutreffen.

d) Glückwünsche und Verwünschungen

Manche Äußerungen der Eltern beziehen sich darauf, wie das Kind einmal sein Leben beenden soll. Dabei lassen sich Glückwünsche und Verwünschungen unterscheiden. Ein positiver Wunsch wäre «Lebe lang!» (als Glückwunsch formuliert: «Lang soll er leben!») oder «Stirb glücklich!» (VI/111, 131, 196). Verwünschungen wären: «Mach dich aus dem Staub!», «Geh zum Teufel!», «Du wirst als Alkoholiker enden wie dein Vater!», «Du ißt dich zutode!» (Be VI/107 f).

e) Schuldgefühl-Erzeuger

Ich möchte noch von mir aus auf Äußerungen von Eltern hinweisen, die absichtlich darauf angelegt sind, im Kind Schuldgefühle entstehen zu lassen wie «Du bist ein Nagel zu meinem Sarg!» oder «Du bringst mich noch frühzeitig ins Grab!» oder «Wegen dir mußte ich als junger Mensch meine Zukunftspläne begraben und heiraten!» Die Tatsache oder die Phantasie, daß die Mutter durch die Geburt des Betreffenden verletzt, krank, invalid geworden ist oder sogar ihr Leben lassen mußte, kann zu schwerwiegenden Schuldgefühlen führen. Der Betreffende hat oft das Gefühl, diese «Verfehlung» könne nur durch eigene Krankheit oder Invalidität oder gar den eigenen frühen Tod gesühnt werden. STEINER spricht vom «Muttertötungsskript», das einen zwingenden destruktiven Einfluß auf das Leben eines Menschen auszuüben pflege, der sich seiner Erfahrung nach nur mit einer psychotherapeutischen Behandlung aufheben lasse (CSt 75). BERNE schreibt im selben Sinn vom «Skript der geschädigten Mutter» (Be VI/76 f).

f) Provokationen

Als Provokationen bezeichnet BERNE eine direkte oder indirekte
Aufforderung, die den Weg zu einer Verliererhaltung oder, bei
einem unheilvollen Lebensplan, sogar zu einer Katastrophe
weist. Eine *direkte* Aufforderung wäre «Nimm noch einen
Drink!» (Be VI/108, 114 f), ausgesprochen zu einem jungen
Mann, der ohnehin schon alkoholgefährdet ist. Eine *indirekte*
Aufforderung derselben Bedeutung könnte aus der Feststellung
einer Mutter herausgehört werden, mit der sie einen Sechs-
jährigen, der an einer Whiskyflasche schnuppert, zurechtweist:
«Du bist noch viel zu jung, um schon Whisky zu trinken!» Der
Sohn kann (muß aber nicht!) annehmen, seine Mutter erwarte,
er werde später seine Männlichkeit durch Whiskytrinken beweisen (Be VI/100). Die Aufforderung «Sei vorsichtig!» kann
von einem Kind dahin ausgelegt werden, die Mutter nehme an,
es sei ungeschickt und werde immer wieder Fehler begehen.
Zusätzlich wirksam dürfte die Genugtuung sein, die deutlich
durchklingt, wenn tatsächlich ein Mißgeschick passiert ist, und
die Mutter meint: «Ich hab's ja gesagt, du sollst vorsichtig sein!»
(frei nach Be VI/102).

Nach meiner Erfahrung können auch positive Feststellungen
über Geschwister oder Nachbarskinder als Provokation wirken.
Hört ein Junge oder Mädchen die Eltern immer wieder von
einem Geschwister sagen: «Er ist so geschickt in Handarbeiten!
In diesem Fach bringt er immer die besten Noten nach Hause!»,
so liegt es nahe, daraus zu schließen, daß der Betreffende, der
das sagen hört, als weniger geschickt gilt und daß von ihm
in diesem Fach keine so guten Schulnoten erwartet werden,
selbst wenn er noch gar nicht zur Schule geht.

Provokationen, die von launischen oder gar übelwollenden
Eltern ausgehen, denen die Kinder lästig sind oder die mit den
Kindern rivalisieren, wiegen besonders schwer. Solche Eltern
oder «elterliche Tendenzen» führen zu einer Unterdrückung
der Unbefangenheit ihrer Kinder und dies auch noch, nach-
dem sie als «sabotierende Eltern» (STEINER: «Schweine-Eltern»)
(CSt 38, 53–58) verinnerlicht worden sind. Die wirksamsten
Provokationen gehen nach BERNE vom gegengeschlechtlichen
Elternteil aus (Be VI/114).

STEINER weist auf die suggestive Wirkung von charakterisierenden Feststellungen durch die Eltern hin wie «Er ist wirklich ungeschickt!» oder «Ich habe ihm geraten, er solle sich mehr Freunde machen, aber er ist so befangen! Nicht wahr, mein Junge?» Er nennt solche Feststelllungen, die besonders gewichtig sind, wenn sie Dritten gegenüber geäußert werden, «Zuschreibungen». Solche Feststellungen können wirksamer sein als Gebote und Verbote, weil sie suggestiver sind. Sie erinnern an Suggestionen des Hypnotiseurs. Ein solcher sagt auch nicht: «Stellen Sie sich vor, es sei kalt!», sondern: «Es ist kalt!» (CSt 72 ff). BERNE unterscheidet solche Zuschreibungen in seinem Buch nicht von andern Formen von Provokationen. Wer immer wieder oder vielleicht sogar nur einmalig, aber in einem psychologisch entscheidenden Zeitpunkt hinsichtlich seiner Identitätsfindung, von sich sagen hört, er sei ungeschickt oder er sei befangen, wird dabei die Erwartung seiner Mutter herausspüren, daß er wirklich ungeschickt oder befangen sei (Be VI/114). Nicht nur der Wunsch der Eltern ist, wie BERNE feststellt, für ein Kind gleichsam ein Befehl, der sein Leben weitgehend bestimmen kann, sondern auch ihre Erwartung! Wenn ein Kind «folgsam» ist, wird es auch nach dem Tod der Mutter deren tatsächliche Erwartung, es sei ungeschickt oder befangen, zu erfüllen suchen, um sie nicht eines Irrtum überführen zu müssen! (Be VI/101 f).

BERNE erwähnt unter den negativen Einflüssen auch immer wieder den *inneren Dämon,* den er aber widersprüchlich umschreibt: bald als Triebbedürfnisse und Impulse, die dem betreffenden Menschen eigen sind und mit denen er sich gegen die negativen elterlichen Einflüsse wehrt, jedoch so radikal und unangepaßt, daß sich daraus doch wieder destruktive Folgen ergeben (Be VI/109, 122, 132, 442), bald als eine besondere Art elterlicher Provokation oder Verführung, die gerade dann wirksam wird, wenn eine positive Wendung des Schicksals oder eine Befreiung aus dem Rollenzwang unmittelbar bevorsteht (Be VI/56, 122, 275 f, 442). Der «innere Dämon» wird erlebt wie eine lockende attraktive Frau oder eine Zauberin, die flüstert: «Komm! Mach vorwärts! Warum denn nicht? Was hast du zu verlieren? Alles? Dafür wirst du mich gewinnen!» Das Mittel gegen Dämonen sind Bannsprüche. «Jeder Verlierer sollte einen solchen Zauberspruch in seiner Brieftasche oder in seinem Portemonnaie mit sich tragen und immer, wenn etwas im Kommen ist, sollte er der Gefahr entgegentreten, seinen Spruch herausholen und ihn laut lesen. Wenn dann der Dämon flüstert: ‹Streck deinen Arm aus und setz dein Bündel Banknoten auf diese einzige letzte Nummer!› oder ‹Nimm nur noch einen letzten Drink!› oder ‹Jetzt ist der richtige Augenblick gekommen, um das Messer zu ziehen!› oder ‹. . . sie (bzw. ihn) zu umfangen und an dich zu ziehen!› – dann sollte er laut und deutlich sagen: ‹Mutter, ich will das lieber auf meine eigene Art tun – und gewinnen!›» (Be VI/276). Der innere Dämon entspricht also offensichtlich dem sabotierenden Teil im Eltern-Ich. – An anderm Ort aber spricht BERNE davon, daß der «innere Dämon» einem Gewinner auch eine plötzliche Freude bescheren kann (Be VI/134), denn bei wirklichen Gewinnern sei der Dämon aus einem Feind zu einem Freund geworden (Be VI/131).

h) Bannbrecher und Erlösungsrezepte

Bannbrecher sind Äußerungen der Eltern, die Wege zeigen, wie und wann negative Einflüsse ihre Wirkung verlieren können (Be VI/123 f). Auch solche können in einen Lebensplan eingebaut sein, z. B. «Du kannst Erfolg haben, wenn du erst einmal 40 Jahre alt geworden bist!», «Wenn du einmal drei Kinder hast, dann wirst du das Leben erst wirklich genießen können!», «Hast du einmal drei Jahrzehnte bei ein und derselben Firma ausgehalten, dann darfst du stolz sein!» Manchmal gibt der eine Elternteil eine solche Weisung, die ein mögliches Ziel setzt, und der andere Elternteil sagt, was nachher geschehen soll. Eine Mutter deutet der Tochter an: «Du wirst frei sein, wenn du einmal drei Kinder großgezogen hast!» und der Vater meint: «Wenn du frei bist, wirst du schöpferisch tätig sein!» Nach BERNE soll es typisch sein, daß die erste Lebenshälfte nach der Direktive des gleichgeschlechtlichen, die zweite nach derjenigen des gegengeschlechtlichen Elternteils verläuft (Be VI/192). Häufig wird aber der Tod als Bannbrecher deklariert: «Du wirst deine Belohnung im Himmel bekommen!» (Be VI/108).

Den Bannbrechern stehen die Erlösungsrezepte nahe. Eine Mutter, die der Tochter andeutet, daß sie den Orgasmus als Zeichen einer schmachvollen Unterwerfung unter einen Mann betrachtet, der ja, wie alle Männer, nur immer dasselbe will, kann gleichzeitig indirekt zu erkennen geben: «Wenn du einmal einen sehr bedeutenden Mann heiratest, einen Prinzen mit viel Geld oder vielleicht auch einen berühmten Künstler, dann darfst du Sex genießen!» (frei nach Be VI/49). Siehe zum Thema «Bannbrecher und Erlösungsrezepte» auch die Ausführungen zum «Bis-Skript» auf S. 148 f.

Wichtig und manchmal schwierig ist es, den entscheidenden psychologischen Gehalt in den Lebensregeln oder Anweisungen der Eltern zu erkennen, der manchmal anders aussieht, als es sich die Eltern selbst vorgestellt haben. Ein Vater gibt dem Sohn die Anweisung, dem Führer Gefolgschaft zu leisten und da dies in Deutschland zur Zeit Hitlers geschieht, denkt er sich unter dem Führer Adolf Hitler. Der Sohn befolgt die Anweisung, anerkennt dabei als Autorität aber Jesus oder Marx und wird zum fanatischen Christen oder Marxisten, wobei er sich zudem einbilden mag, er habe sich vom Einfluß des Vaters völlig befreit. Fromme Eltern mögen sich nichts Schöneres denken, als daß ihre Tochter einmal als Evangelistin andere zur einzig gültigen Wahrheit bekehren mag. Sie wird aber möglicherweise eine Hippie-Anhängerin und bekehrt mit der Guitarre andere junge Menschen zu den Idealen dieser Bewegung, oder sie nimmt Drogen und bekehrt andere zum Drogenkonsum, von dem sie sich das Heil der Welt verspricht (Be VI/169 f, JJ 297) «In einem Fall sagt eine Mutter allen ihren Kindern, sie würden in der staatlichen Nervenklinik enden, und dies traf dann wirklich zu: Die Mädchen kamen als Patientinnen in die Klinik, die Jungen als Psychiater» (Be VI/111). Der Vater mag Straßenkehrer sein, der Sohn wird Parasitologe; die Mutter ist eine gutmütige Prostituierte, die Tochter wird Krankenschwester (Be V/170).

3. Die Vorbilder

Früher oder später, sagt BERNE, findet das Kind ein Vorbild, mit dem es sich auf Grund seines ersten Lebensentwurfs identifizieren kann. Bereits hat es eine Idee, ob es ein Gewinner oder Verlierer werden wird; bereits ahnt es, wie es zu seinen Mitmenschen stehen wird und wie diese ihm gegenüber eingestellt sein werden. Das Vorbild aber, von dem es plötzlich spürt: «Das bin ich!», zeigt ihm, wie sein Leben verlaufen wird (Be VI/95). BERNE schreibt dies im Hinblick auf ein Vorbild, das sich dem Kind aus einer Geschichte ergibt, die es von der Großmutter oder auf der Straße hört. Vorbilder können aber auch Menschen aus Fleisch und Blut sein (CSt 87), vor allem die Eltern, dann aber auch die Großeltern oder irgendwelche Erwachsenen, mit denen es in Berührung kommt wie Verwandte, besonders Geschwister der Eltern, Paten, Dienstboten oder Nachbarn. Übrigens spielt es keine Rolle, wie diese möglichen Vorbilder wirklich waren, sondern wie sie vom Kind erlebt wurden.

a) Die Eltern als Vorbilder

Wichtige Einflüsse der Eltern gehen auch aus dem hervor, was sie dem Kind vorleben. Genau genommen könnte dabei auch von (averbalen) Botschaften gesprochen werden. Der gleichgeschlechtliche Elternteil spielt dabei eine besondere Rolle, zeigt er doch, wie eine Frau oder ein Mann, wie einmal das Kind einer sein wird, mit dem Leben fertig wird, wie er es aktiv gestalten kann oder wie es passiv fremden Mächten ausgeliefert ist. Auch der Umgang mit gesellschaftsfähigen Drogen wie Alkohol und Nikotin wird von den Eltern vorgelebt sowie z. B. auch die Einstellung zur Ehe und zum Ehepartner.

Eltern, die bereits gestorben sind, haben ihren Kindern auch «vorgelebt», wie alt diese selbst werden können. Ein unbewußter Lebensplan kann dahin lauten, auf jeden Fall älter zu werden als der gleichgeschlechtliche Elternteil oder auch beide Eltern, die in dieser Hinsicht als Rivalen erlebt werden, oder aber keinesfalls älter zu werden als der gleichgeschlechtliche Elternteil oder beide Eltern, um sie nur ja nicht zu übertreffen. Wird jemand, in dessen Lebensplan beschlossen war, nicht älter als die Eltern zu werden, unerwarteterweise doch älter, so kann er sich erleichtert und befreit fühlen; er kann aber auch an einer Überlebensneurose erkranken. Dies kann sich in einer depressiven Verstimmung zeigen: der Patient ist bedrückt, weil er befürchtet, die Liebe der (verinnerlichten) Eltern verloren zu haben. Eine Überlebensneurose kann auch dazu führen, daß der

Betreffende eine auffallend hektisches Leben führt, um die Frist, die ihm noch vergönnt ist, möglichst auszunützen. Eine dritte Möglichkeit besteht darin, daß derjenige, der an einer Überlebensneurose erkrankt ist, sich ganz auf sich selbst zurückzieht, da er glaubt, er würde mit dem Tod bestraft, wenn er das Leben wirklich genießen würde. An einer solchen Überlebensneurose kann übrigens nach BERNE jedermann erkranken, der in einer Situation überlebt hat, in der andere sozusagen «an seiner Stelle» gestorben sind, sei es im Krieg oder im Konzentrationslager (Be VI/188 f).

b) Die Großeltern als Vorbild

Bei der Gestaltung des unbewußten Lebensplans spielen auch die Ahnen oder zum mindesten die Großeltern eine Rolle (Be VI/66 f, 339 f). Wie die Vorfahren gelebt, was sie geleistet und was sie verkündet haben, hat in Familien mit Traditionsbewußtsein großen Einfluß. Konventionelle Lebensregeln, welche von den Eltern den Kindern übermittelt werden, entsprechen sehr häufig der Familientradition, die in die Tradition der entsprechenden Gesellschaftsschicht oder des Kulturkreises eingefügt ist. Solche Verhältnisse sind of für jedermann erkennbar, so wenn bei einer Familie in jeder Generation mindestens ein Sohn sich zum Berufsoffizier ausbildet oder in einer anderen immer mindesten eine Tochter ins Kloster zieht. Aber auch Bemerkungen wie «Dein Großvater war reich, aber seine leichtsinnige Frau hat ihm alles Geld durchgebracht!» oder «Meine Mutter hat ihre Eltern treu bis zu deren Tod gepflegt!» können von den Nachkommen, denen dies gesagt wird, in ihren Lebensplan eingebaut werden.

Es sind natürlich auch direkte Einflüsse der Großeltern auf die Enkel möglich, wenn diese die Großeltern noch persönlich erlebten. Solche Einflüsse können wie solche der Eltern eher destruktiv oder eher konstruktiv sein. Manchmal lernt das Kind seine Großeltern aber nur noch über Bilder und Fotografien kennen und malt sich dann in seiner Phantasie aus, wie diese gewesen sein könnten, wobei das, was es von den Eltern erfährt mitspielt. Häufig treffen die Einflüsse der Großeltern erst auf das Kind, wenn dieses seinen Lebensplan in den Grundzügen

bereits gebildet hat. Es wird dann das, was es über die Großeltern erfährt, im Sinne seines Lebensplans auslegen.

Nach meiner Erfahrung dient häufig einer der Großeltern
als Vorbild oder werden Charakterzüge mehrerer Großeltern
als vorbildlich erlebt. Ein solches Vorbild kann von den Eltern
angeboten oder dem Kind sogar aufgezwungen werden. Es ist
dies besonders dann der Fall, wenn die Eltern selbst ihre Eltern,
also die Großeltern des Kindes, als Vorbild anerkennen. Manchmal aber wählt das Kind, gleichsam heimlich und ohne auf
seine Eltern zu hören, einen Großvater oder eine Großmutter
(allenfalls aber auch andere Erwachsene aus seiner Umgebung)
zum Vorbild, der oder die im Lebensstil oder in der Lebensauffassung dem elterlichen Vorbild eben gerade widerspricht. Ein
solches «heimliches Vorbild» ist sehr einflußreich, denn die
Großeltern stehen ja über den Eltern, sind für das Kind mäch-
tiger als diese. Sich von seinen Großeltern verflucht oder geseg-
net zu erleben (auch wenn sie schon gestorben sind, wie das
Kind geboren wurde), kann einen tiefreichenden Einfluß auf
das Erleben und Verhalten haben. Es wird behauptet, daß der
Einfluß des Vaters der Mutter für den Sohn, der Einfluß der
Mutter des Vaters für die Tochter besonders bedeutsam sei.
Es ist dies häufig, aber keinesfalls immer so. Auch entsprechende Geschwister der Eltern können an die Stelle der Großeltern
treten.

*c) Gestalten aus Märchen und anderen Erzählungen, aus
Geschichte, Literatur und Kunst als Vorbilder*

Es ist nach BERNE sehr wichtig, die Lieblingsgeschichte oder das
Lieblingsmärchen eines Patienten zu kennen, denn diese Geschichte entspricht seines Erachtens einer Skizze seines Lebensplans – mit all seinen unerreichten Illusionen und vermeid-
baren Tragödien (Be VI/137). Ein Vorbild aus der Welt der
Phantasie scheint aber besonders bedeutsam zu sein, vermutlich weil es der Entfaltung von Vorstellungen die dem Lebensplan entsprechen, sozusagen viel offener steht als ein Vorbild
aus dem wirklichen Alltag!

Auch ENGLISCH nimmt an, daß Märchen, Erzählungen, Thea-
terstücke oder Filme, die jemanden ganz besonders beeindruck-

ten, häufig mit dessen Skript zu tun hatten. Jemand, der etwas über sein eigenes Skript erfahren will, kann versuchen, sich an ein Märchen, eine Tiergeschichte oder eine Erzählung zu erinnern, die ihm in einem Alter unter sieben Jahren einen großen Eindruck gemacht hat. Ebenfalls soll er sich an eine Erzählung, einen Film, ein Theaterstück zu erinnern versuchen, die ihn im Alter zwischen zwölf und zwanzig Jahren erschreckt, verstört oder stark begeistert hat. Schließlich fordert sie den Betreffenden auf, sich an ein «Stück Dichtung» oder irgend ein Geschehen, von dem er erfahren hat, ohne daß es ihn selbst betraf, aus den letzten drei Jahren, wennmöglich aus dem letzten Jahr, zu erinnern, das ihm besonders eindrücklich war. Gemeinsame Nenner und Charakteristika der drei Geschichten sowie Gegensätzlichkeiten und Kontraste zwischen der ersten und den beiden andern Geschichte können wertvolle Aufschlüsse über das Skript und allfällige Befreiungsversuche geben. ENGLISCH beschreibt, wie sie diese Untersuchung in Gruppen durchzuführen pflegt, wobei der Gedankenaustausch der Gruppenmitglieder untereinander eine wichtige Rolle spielt (FE 215 ff). Es kann auch noch eine eindrucksvolle Geschichte aus dem Alter zwischen 7 und 12 Jahren miteinbezogen werden.

Es ist nach meiner Erfahrung sehr wesentlich, daß jemand, der das Lieblingsmärchen aus seiner Kindheit erzählt, danach gefragt wird, was ihn an diesem Märchen besonders beeindruckt hat. Bei der Aschenbrödelgeschichte kann für den Erzähler z. B. die Tatsache im Mittelpunkt stehen, daß das Aschenbrödel aus der Familie verstoßen sein Dasein in der Küche fristen mußte. Ein anderer Erzähler mag von der Rivalität zwischen Aschenbrödel und den beiden Stiefschwestern besonders beeindruckt sein. Wieder ein anderer Erzähler legt am meisten Wert darauf, daß das Aschenbrödel schließlich doch noch das Glück hatte, einen Prinzen zu finden! Je nachdem hat die Aschenbrödelgeschichte, für denjenigen, dem sie besonders lebhaft im Gedächtnis haften geblieben ist, eine andere Bedeutung und eine ander Beziehung zu seinem Schicksal.

4. Mythen und Märchen als Skript-Modelle

Nach BERNE wird die Analyse des unbewußten Lebensplans dadurch erleichtert, daß dieser mit einem Mythos aus dem klassischen Altertum oder einem Volksmärchen in Beziehung gesetzt wird. «Von jedem Skript findet sich ein Modell unter den griechischen Mythen oder Dramen».* Mit der Bemerkung, daß Mythen und Märchen Modelle menschlicher Lebensläufe darstellen, bezieht sich BERNE bewußt auf C. G. JUNG und S. FREUD. Mythen und Märchen seien archetypische Bilder menschlicher Schicksale und die unbewußten Lebenspläne, für die sich die Menschen bereits in der frühen Kindheit entschließen, seien Variationen solcher Grundmuster (Be VI/47 f, 57). Mythen und Märchen hängen zusammen. Volkstümliche Sagen und Märchen sind Umgestaltungen der Mythen: aus Europa wurde nach BERNE Rotkäppchen, aus Proserpina Aschenbrödel und aus Odysseus jener Prinz, der in einen Frosch verwandelt worden ist (Be VI/210).

Es ist nicht notwendig, daß der Therapeut genau den Mythos oder das Märchen findet, «nach dem der Patient sich richtet», aber es ist stets von Vorteil, wenn es gelingt. Immerhin sprechen sich in diesen Geschichten die Jahrhunderte oder sogar Jahrtausende alten und damit primitiven Schichten der menschlischen Seele aus. Wer sich darauf stützen kann, darf wenigstens das Gefühl haben, von einer soliden Grundlage aus zu arbeiten (Be VI/48 f). Nur schon die Kenntnisse einiger Elemente aus dem Lebensplan erlauben dann manchmal, das Ziel, auf das dieser Plan ein Leben hinsteuert, vorauszusagen (Be VI/48). Der Therapeut hört also zuerst einmal dem Patienten zu, erfaßt die Grundzüge seines Skripts und sucht dann im Märchenbuch nach dem passenden Märchen – und nicht umgekehrt! (Be VI/409). Nach BERNE besteht ein Ziel der Skriptanalyse darin, «den Lebensplan des Patienten in einen passenden Zusammenhang mit der großen historischen Psychologie der ganzen menschlichen Rasse zu bringen, einer Psychologie, die sich seit dem Zeitalter der Höhlenbewohner über dasjenige der ersten Ackerbauer und der großen Reiche im Mittleren Orient bis zur Gegenwart nur wenig geändert hat» (Be VI/47). Das Schicksal, das den Menschen in den Mythen und Märchen durch Götter oder durch Feen und Zauberer auferlegt wird, ist nach BERNE eine Veranschaulichung des Zwanges, der vom unbewußten Lebensplan auf unser Schicksal ausgeht.

* E. Berne, *Preliminary Orientation to ITAA Summer Conference,* TAB 5 (1966), S. 171 f.

a) Modelle aus der griechischen Mythologie

Es ist einleuchtend, daß, wo Erzählungen mit unglückseligem Verlauf als Skript-Modelle gesucht werden, der Gedanke an die antiken Dramen auftaucht:

Von der Psychoanalyse wurde der Nachdruck auf den Ödipusmythus gelegt. Ödipus brachte unwissentlich seinen Vater um und heiratete seine Mutter, eine Verfehlung, wegen deren er in der Folge schwer büßen mußte. Nach BERNE handelt es sich dabei um ein Grundmuster eines häufigen unbewußten Lebensplans und zwar nicht nur vom Schicksal des Kindes, sondern auch von demjenigen der Eltern aus gesehen. Immer, wenn Ödipus einen älteren Mann trifft, wird er vermutlich zuerst «Guten Tag!» sagen, dann «Wollen Sie mit mir kämpfen?» Verneint der ältere Mann die Frage, dann hat Ödipus ihm nichts mehr zu sagen, als vielleicht noch einige belanglose Sätze über das Wetter, ein politisches Tagesereignis oder die neuesten Sportnachrichten; sagt der Mann aber «Ja!», dann hat er einen Mitspieler für sein Skript gefunden und das Spiel beginnt (Be VI/38). «Verlangt das Skript von ihm, daß er einen König tötet und eine Königin heiratet, dann muß er einen König suchen, dessen Skript dahin lautet, umgebracht zu werden und eine Königin, deren Skript von ihr fordert, dumm genug zu sein, ihn zu heiraten» (Be VI/58). Viele Familiendramen lassen sich, wie FREUD schon erkannt hat, auf die Ödipusformel bringen: der gleichgeschlechtliche Elternteil und das gleichgeschlechtliche Kind werden zu Rivalen in Bezug auf den andergeschlechtlichen Familienangehörigen Diese Stituation ist manchmal hinter «Familienspielen» verborgen, die in einem «Tumult» enden, z. B. zwischen dem Vater und seiner Tochter, die vielleicht immer wieder später, als er erwartet hat, nach Hause kommt. Manchmal kommt es zu Variationen, so wenn die Mutter sich in den Freund der Tochter verliebt oder die Tochter in den Freund oder Lieblingsbruder der Mutter (frei nach Be VI/51 f).

Im folgenden gebe ich einige Beispiele wieder, in welchen BERNE bestimmte griechische Heldensagen mit bestimmten Skripttypen in Beziehung setzt (Be V/141–144, VI/207 f).

In der griechischen Sage steht Tantalus bis zu den Knien in einem See und sieht herrliche Früchte über sich hängen. Trotzdem ist er verdammt, Durst und Hunger zu leiden, denn, wenn er sich bückt, um zu trinken, schwindet das Wasser, und wenn er sich hochreckt, um nach den Früchten zu greifen, schnellen die Äste hoch. Diese Sage ist für BERNE ein Bild für ein *Niemals-Skript* von Menschen, die umgeben sind von verlockenden Möglichkeiten, deren Eltern ihnen aber verboten haben, zu genießen, wonach sie gelüstet. Sie tragen überall den elterlichen Fluch mit sich, denn ihr inneres Kind fürchtet immer diejenigen Dinge, die es gleichzeitig begehrt. Ein Niemals-Skript kann in verschiedenen Lebensbereichen zur Geltung kommen. Jemand mit einem solchen Skript bringt es nach KAHLER möglicherweise nie fertig, einen Satz wirklich abzuschließen.* Ein solches Niemals-Skript kann auch die Grundlage dazu sein, daß eine Frau überhaupt nie einen Orgasmus erlebt oder daß ein Mann nur dann zum Orgasmus gelangt, wenn er nicht liebt.

Arachne wagte es, Athene zum Wettkampf in der Kunst des Webens aufzufordern und wurde von dieser zur Strafe für dieses Wagnis in eine Spinne verwandelt, als welche sie fortan gezwungen war, unaufhörlich immer Netze zu knüpfen. Diese Sage erinnert BERNE an ein *Immer-Skript* als Folge einer elterlichen Botschaft, die lautete: «Wenn es das ist, was du willst, so kannst du den Rest deines Lebens damit verbringen!» Unter einem Immer-Skript stehen junge Leute, die von ihren Eltern wegen Vergehen, die sie ihnen selbst unbewußt eingeimpft hatten, aus dem Haus geworfen wurden. «Wenn du schwanger bist, dann verdiene deinen Lebensunterhalt doch gleich auf der Straße!», sagt der Vater, der selbst wollüstige Phantasien hatte, als seine Tochter zehnjährig war. Der Vater, der seinen Sohn fortjagt, weil er hascht, mag sich in der Nacht darauf betrinken, um seinen Kummer zu vergessen. Das Immer-Skript kann auch Veranlassung sein, daß eine Frau zur Nymphomanin, ein Mann zum Dan Juan wird.

Jason und Herakles waren griechische Helden, denen schwierige Aufgaben auferlegt waren, ehe sie dann erhalten sollten, was ihnen gebührte. Diese Sage steht nach BERNE für ein *Bis-Skript* oder *Bevor nicht-Skript*. Ein solches Skript wird durch eine Mutter ausgelöst, die zur Tochter sagt: «Du darfst nicht heiraten, solange du noch für deine Mutter sorgen mußt» (oder: «. . .solange du noch in der Ausbildung bist!») Nach KAHLER ist

---

* T. Kahler, *Drivers: The Key to the Process of Scripts,* TAJ 5 (1975), S. 280 ff.

es für Menschen, die unter dem Zwang eines solchen Skripts stehen, typisch, daß sie in Schachtelsätzen sprechen, um nur ja immer alles richtig und korrekt gesagt zu haben. Was das Liebesleben anbetrifft, so kann dieses Skript die Veranlassung dafür sein, daß geplagte Hausfrauen und Geschäftsmänner keinen Orgasmus erreichen können, ohne daß zuerst alles, wofür sie verantwortlich sind, erledigt ist (s. auch S. 119).

Damokles wollte einmal das Glück eines Herrschers von Syrakus genießen. Es wurde ihm gewährt; er sah sich von allem nur möglichen Luxus umgeben, aber über seinem Haupt schwebte an einem Pferdehaar ein Schwert. Das wäre nach BERNE das Bild eines *Danach-Skript,* das auf der Überzeugung gründet: «Ich kann das Glück eine ganze Weile genießen, aber nachher wird das Übel über mich hereinbrechen!» Einem solchen Skript sind Menschen verfallen, die sich immer wieder sagen: «Wenn es mir allzu gut geht, muß etwas Schlimmes passieren!» Nach KAHLER ist es eine Eigenheit von Leuten, die einem solchen Skript gehorchen, daß sie etwas Positives sagen, dann ein «aber» anhängen und mit etwas Negativem enden. Unter dem Einfluß eines solchen Skripts leben auch Menschen, die von der elterlichen Drohung beeindruckt sind: «Wenn du erst einmal verheiratet bist und Kinder hast, dann weißt du erst, was der Ernst des Lebens ist!»

Das *Immer-und-immer-wieder-Skript* (BERNE) oder *Beinahe-Skript* (KAHLER) findet sich im Bild des Sisiphos. In der Unterwelt war ihm aufgetragen worden, mit größter Anstrengung einen Felsbrocken einen Hügel hinaufzuwälzen, aber jedesmal, wenn er den Gipfel beinahe erreicht hatte, rollte der Brocken wieder herunter. Es ist dies das Skript dessen, der immer wieder sagen kann: «Fast hätte ich es geschafft, wenn nur nicht . . .». Ein solches Schicksal hat ein Mädchen, das immer wieder als Brautjungfer aufgeboten wird, aber nie als Braut. Jemand mit einem solchen Skript macht im Gespräch immer wieder Feststellungen oder stellt eine Frage, die er im nachhinein andeutungsweise wieder zurücknimmt, z. B. «Ich habe mich wirklich verändert – sozusagen» oder «Die Farben auf deinem Fernsehschirm sind großartig – er ist aber etwas schmutzig» (KAHLER). Das «Immer-und-immer-wieder» kann sich darin zeigen, daß jemand mit diesem Skript wiederholt heiratet, sich aber dann immer wieder scheiden läßt (KAHLER).

Philemon und Baukis, zwei alte fromme Leutchen, wurden von den Göttern, die sie, ohne sie zu erkennen, einmal gastfreundlich aufgenommen hatten, nach ihrem Tod in Lorbeerbäume verwandelt. Sie sind nach der Vorstellung von BERNE wie zwei alte Menschen, die das Schicksal erfüllt haben, das ihnen von den Eltern aufgetragen worden ist und nun untätig, ohne Zweck und Ziel dahinvegetieren, höchstens vielleicht noch in seichtem Klatsch mit andern eine gewisse Befriedigung finden. Dazu zählt BERNE Mütter, die brav ihre Kinder großgezogen haben, die aber jetzt in alle Winde zerstreut fern von ihnen wohnen, oder Rentner, die 30 Jahre brav ihre Pflicht erfüllten, wie es ihre Eltern von ihnen erwartet haben, und jetzt ihr Leben in trostlosen Pensionen, Mietzimmern oder Alterssiedlungen fristen. Der Weihnachtsmann, auf den sie ihr Leben lang hofften, oder das Gelobte Land ist nicht gekommen! BERNE spricht vom *Unabgeschlossenen Skript.* KAHLER zweifelt, daß es sich beim Unabgeschlossenen Skript um eine Art von Skript handelt, die den andern eigenständig zur Seite gestellt werden kann. Er vermutet, es handle sich um das tragische Ergebnis eines Danach-Skripts.

Auf ähnliche Art möchte BERNE auch viele andere Themen aus der griechischen (Be VI/35, 206 f) oder auch germanischen (Be VI/50) Mythologie auslegen.

b) *Modelle aus Volksmärchen*

Die Rollen von Riesen, Menschenfressern und Hexen, Feen, dankbaren wilden Tieren sowie launischen Zauberern werden im wirklichen Leben von den Eltern übernommen (Be VI/107). Das Märchen vom Rotkäppchen ist nach BERNE typisch für eine Frau, die gern ein rotes Jäckchen trägt, im Alltag Botengänge für andere ausführt und deren sexuelle Empfindungsfähigkeit in der Kindheit durch den Großvater geweckt wurde. Sie würde gerne wieder etwas so Aufregendes erleben wie seinerzeit mit dem Großvater, worauf sie aber vergeblich wartet (Be VI/42–47, 420 f). Das Märchen vom Aschenputtel findet BERNE wieder in der Lebensgeschichte eines Mädchens, das als Tochter geschiedener Eltern beim Vater und der Stiefmutter aufwächst. Der Vater hat eine heimliche Geliebte, mit der sich Aschenputtel anfreundet. Diese sorgt dafür, daß die Tochter ihres Geliebten sich in Gesellschaft mit Jungen vergnügen kann. Die Tochter nimmt sich dann heimlich einen Geliebten, der zuerst arm scheint, dann aber sich doch als ein sehr erfolgreicher junger Mann aus gutem Hause entpuppt. BERNE versieht dann die Aschenputtelgeschichte noch mit einer Fortsetzung: Aschenputtel bekam zwar einen Prinzen, aber er war ein Langweiler und das Leben als Ehefrau und Königin wurde zunehmend unbefriedigender, bis sich das ehemalige Aschenputtel einer Tätigkeit zum Wohle einfacher und armer Leute ergab (Be VI/236 ff).

Es würde sich auch lohnen, sich mit dem Skript von Aschenputtels Stifmutter zu beschäftigen, einer Dame, die es immer fertig gebracht habe, es sich bequem zu machen, und die nach der Hochzeit von Aschenputtel wahrscheinlich zu ihren Töchtern gesagt habe: «Ich habe seit jeher gewußt, daß Aschenputtel ihren Weg machen wird – wenn ihr zwei Dummköpfe gemacht hättet, was ich euch geraten habe, dann hättet ihr den Prinzen bekommen!»* Passiert ist dies der Stiefmutter, weil ihr eigenes Skript ihr vorschrieb, daß zwei Töchter zu Verliererinnen, die Stieftochter aber zur Gewinnerin werden solle. Daß verschiedene Geschwister ein verschiedenes Schicksal erleiden, kann also bereits im Skript der Eltern vorgesehen sein (Be VI/402).

Das Märchen von Dornröschen paßt nach BERNE auf eine Frau, die ständig auf den reichen Prinzen wartet, der sie erwecken wird. An jedem Mann, der ihr begegnet, sogar wenn sie ihn schließlich heiraten sollte, hat sie etwas auszusetzen, weil er kein Prinz ist, weswegen sie sich betrogen vorkommen wird (Be VI/50 f).

Wichtig ist, daß BERNE das glückliche Ende der volkstümlichsten Märchen *nicht* dem archetypischen Grundmuster zuzählt, sondern als eine künstliche Ergänzung aus dem «wohlwollenden aber lügnerischen Eltern-Ich» betrachtet (Be VI/47). Der Lebensplan, der einem Märchen entspreche, ziele demgegenüber immer auf ein unbefriedigendes Ende hin. Dornröschen warte tatsächlich 100 Jahre auf den erlösenden Prinzen, sterbe aber im realen Leben, bevor ein solcher auftauche. In der

* Eric Berne, *Preliminary Orientation, ITTA Summer Conference*, TAB 5 (1966), S. 171 f.

Realität warte also ein solches Dornröschen bis zu seinem Tode auf den imaginären Prinzen (Be VI/50 f), es sei denn, es sei in seinem Skript geschrieben, daß es eines Tages geweckt werde. In diesem Fall wäre dann aber auch jede Art Prinz dazu geeignet (Be VI/354).

5. Die grundlegenden Phantasien oder Illusionen

Nach BERNE kommen in allen Lebensplänen grundlegende Illusionen zur Geltung. Es handelt sich vor allem um (1.) die Illusion von der Enderwartung, (2.) die Illusion von der Allmacht des Kindes und (3.) die Illusion von der magischen Potenz der Eltern. (Be VI/148–152).

Der eine erwartet, daß schlußendlich etwas wie ein Weihnachtsmann kommen und ihm den verdienten Lohn bringen wird; der andere erwartet die Erlösung in Form des Todes. Solche Enderwartungen kommen aber bereits in «kleineren Erwartungen» im Alltag zum Ausdruck. Das «Warten auf den Weihnachtsmann» zeigt sich dann als Warten auf den großen Lottogewinn, auf die Rente, die dem Betreffenden aller materiellen Sorgen enthebt, oder auf lange währende Jugendlichkeit, das «Warten auf den Tod» als Wunsch nach Invalidität, nach Aufhebung aller sexuellen Bedürfnisse oder vorzeitiges Altern. Würden solche Wünsche verwirklicht, hätten sie für den Betreffenden die Bedeutung einer Entlastung, das eigene Leben aktiv und selbstverantwortlich zu gestalten; genau das ist auch der psychologische Hintergrund der Enderwartung!

Denjenigen, der auf den Weihnachtsmann wartet, nennt BERNE «Gewinner», was mir nicht zutreffend scheint. Ich sehe in ihm eher einen Nicht-Gewinner, der ständig in der Hoffnung lebt, durch den Eingriff einer wunderbaren Schicksalsmacht doch noch zum Gewinner zu werden (zu den Begriffen «Gewinner», «Verlierer» und «Nicht-Gewinner» s. S. 80 ff). Denjenigen, der auf den Tod wartet, der alle seine Probleme lösen wird, ist nach BERNE ein «Verlierer».

Im Kindheits-Ich ist unter anderem die Illusion verankert, es sei unsterblich, allmächtig und unwiderstehlich, eine Phantasie, die bereits FREUD als wirksam erkannt hat. Diese Phantasie steht allerdings mit der Realität der Naturgesetze wie der

Eltern im Widerspruch. Sie werden nach BERNE durch Illusionen ersetzt, die sich an bestimmte Voraussetzungen knüpfen und den Lebensplan weitgehend beeinflussen Sie tauchen auf als «Wenn doch nur . . .» oder «Wenn ich mich richtig verhalte, dann wird der Weihnachtsmann tatsächlich kommen!» und ähnliches.

Das Kind glaubt auch, die Eltern hätten magische Kräfte. Tatsächlich können sich ja Eltern auch so benehmen, als würden sie selber daran glauben, so wenn sie zum Ausdruck bringen: «Wenn du tust, was ich dir sage, dann wird alles gut gehen». Das heißt für das Kind: «Wenn ich tue, was sie mir sagen, dann stehe ich unter magischem Schutz und alle meine liebsten Träume werden Wirklichkeit werden». Das Kind hält an diesem Glauben so fest, daß er kaum zu erschüttern ist. Wenn es anders kommt, als das Kind erwartet hat, dann in seinen Augen nicht, weil die magischen Wirkungen der elterlichen Anweisungen nicht mehr spielen, sondern weil es ihnen nicht genau genug gehorcht hat. Es kann zwar gegen diese Anweisungen rebellieren, aber nur in der Annahme, es könnte dasselbe, was es erträumt, auf anderen, im Grunde aber ebenso magischen Wegen, z. B. durch Drogen oder Umsturz der Gesellschaftsordnung, erlangen. Das Kind kann aber auch verzagen und meinen, es könnte die elterlichen Anordnungen nie aus eigener Kraft erfüllen. In beiden Fällen ist der Glaube an die Magie eigentlich nicht aufgehoben.

Manchen Menschen gelingt es mit zunehmender Lebensreife von sich aus, solche Phantasien und Illusionen aufzugeben. Andere bedürfen dazu, die Hilfe eines Psychotherapeuten. Er hat dann die schmerzliche Pflicht, seinen Klienten beizubringen, im Hier und Jetzt zu leben und nicht im «Wenn doch nur . . .» oder «Eines Tages dann . .» und ihnen schlußendlich klar zu machen, daß es den Weihnachtsmann, auf den hin sie gegebenenfalls ihr Leben eingerichtet haben, nicht gibt.

6. Die Galgen-Transaktion

STEINER spricht von einer Galgentransaktion, wenn ein Gruppenmitglied die andern Teilnehmer und manchmal auch den

Therapeuten dazu verleitet, über sein Eingeständnis eines skript-gemäßen selbstzerstörerischen Verhaltens zu lächeln oder zu lachen (CSt 307). Der Betreffende pflegt bei seinem Bericht selbst mitzulächeln, wie wenn er einen Scherz erzählen würde: Galgenlachen oder Galgenhumor. So starben im 18. Jahrhundert Verbrechen unter dem Galgen oft mit einem Lachen auf dem Gesicht oder einem Scherzwort auf den Lippen, während sich schon die Schlinge um ihren Hals zusammenzog, und das Publikum lachte mit (Be VI/195 f, 335 f).

«Ein typisches Beispiel ist ein Alkoholiker, der seit sechs Monaten nicht mehr getrunken hat, was jeder in der Gruppe weiß. Dann, eines Tages, kommt er in die Gruppe, läßt die andern eine Weile sprechen. Nachdem sie sich dann ihre Sorgen von der Leber geredet haben und er die Bühne für einen eigenen Auftritt zur Verfügung hat, sagt er: ‹Ratet, was über das letzte Wochenende passierte?› *Ein* Blick auf sein grinsendes Gesicht und die andern wissen, was passiert ist und sind bereit, auch ein Lächeln aufzusetzen. Einer von ihnen leitet die Galgentransaktion ein, indem er frägt: ‹Was ist denn geschehen?›. ‹Ich nahm einen Drink und dann noch einen und das, was ich noch weiß ist› – hier lacht der Erzähler und die andern lachen mit –, ‹daß es zu einer dreitägigen Sauferei kam!›» (Be VI/339).

Das Lachen des Erzählers oder das Lachen des Delinquenten unter dem Galgen ist Ausdruck des Vergnügens darüber, dem «sabotierenden Eltern-Ich» zu gehorchen, das im einen Fall gesagt haben mag: «Denk nicht – trink!», im andern Fall: «Du wirst noch am Galgen enden wie seinerzeit dein Vater!» Das (folgsame) Kind-Ich und das sabotierende Eltern-Ich lachen sich in gegenseitigem Einverständnis zu und das Publikum lacht mit. Durch das lachende Publikum, das sich dabei sozusagen mit dem sabotierenden Eltern-Ich identifiziert, wird die selbstzerstörerische Neigung des Betreffenden verstärkt statt vermindert, weswegen der Therapeut in einem solchen Fall nie mitlachen sollte. Er geht dabei allerdings das Risiko ein, als Spielverderber zu gelten und soll der Gruppe erklären, um was es geht (Be VI/334–338, CSt 307 f).

7. Skript und körperliche Symptome

Unter dem Einfluß seelischer Bedingungen können sich Unter- und Überentwicklungen einstellen, die dann an der körperlichen Statur oder am Bewegungsstil sichtbar werden. Unter dem Einfluß elterlicher Gebote und Verbote kann es dazu kommen, daß die Arme nicht mehr frei dazu gebraucht werden können, um Menschen und Dinge heranzuholen oder wegzustoßen, daß die Füße und Beine nicht mehr fest und sicher auf dem Boden stehen, daß die Gesichtsmuskulatur steif wird und die Mimik erstarrt, sodaß die Gefühle, die aus dem Bauch und Herzen aufsteigen, sich nicht mehr äußern können. Es kann eine Hemmung entstehen, den Brustkasten voll mit Luft zu füllen, sodaß der Betreffende nicht mehr mit voller Kraft und Überzeugung sprechen oder seiner Wut nicht mehr frei Ausdruck geben kann. Derjenige, dessen Ausatmung eingeschränkt ist, vermag nicht mehr zu seufzen, zu flüstern, zu stöhnen, worunter die Möglichkeit leidet, Schmerz und Trauer auszudrücken. Nach STEINER führt die Last der Verantwortung zu einer Überentwicklung von Händen, Armen und Schultern, während der Unterkörper steif und leblos werde. Einseitige Entwicklung von Sensitivität und Emotionalität führe zu einer guten Entwicklung der Sinnesorgane, lasse aber die Muskulatur weich und schlaff. Zu jedem Skript gehört ein bestimmter körperlicher Ausdruck. Auch ein heldenhaftes Vorbild kann sich in der körperlichen Haltung ausdrücken. Dabei werden auch die physiologischen Funktionen einbezogen, was sich schließlich auch in strukturellen Veränderungen wie Herzleiden, Magengeschwüren, rheumatischen Gelenkleiden ausdrücken kann, die das Leben verkürzen (frei nach CSt 111–114).

Nach BERNE denkt jeder gute Transaktionsanalytiker immer an die Ausdrucksbedeutung der Schließmuskeln. Bei dieser Forderung bezieht sich BERNE auf die psychoanalytische Entwicklungslehre, die ein orales, anales, urethrales und phallisches Entwicklungsstadium kennt. Nach BERNE ergibt sich für einen aufmerksamen Beobachter aus den Gesprächen am Familientisch, auf welche Schließmuskeln die betreffende Familie vorzugsweise fixiert ist. In der einen Familie drehen sich die Gespräche vor allem um die Funktion der oral-digestiven Schließmuskeln. Es geht ums Mund-Halten, Schlucken, Verdauen oder

Erbrechen. In der andern Familie drehen sich die Gespräche um anale Themen, wobei vor allem dem Stuhlgang, der als Entgiftung angesehen wird, viel Wichtigkeit beigemessen wird. In einer urethralen Familie wird viel gesprochen, die Gedanken strömen frei heraus, wobei aber immer noch einige Tropfen zurückgehalten und nur herausgepreßt werden, wenn die Zeit dazu gekommen ist. In wieder andern Familien geht die Unterhaltung um das Übel der Sexualität. Die Frauen halten die Beine gekreuzt und wenn sie sie nicht gekreuzt halten, dann verspannen sie doch wenigstens ihre vaginalen Schließmuskeln. Wenn jemand einen Schließmuskel immer krampfhaft geschlossen halten muß, wirkt sich das auch auf andere Körperteile aus und kommt in seiner ganzen Haltung zum Ausdruck, dasselbe wenn er seinen Schließmuskel gewohnheitsmäßig offen hält (Be (VI/159–164, 319 f).

Nach BERNE ist der plötzliche Ausbruch von körperlichen Symptomen für gewöhnlich ein «Skript-Zeichen». Dabei sieht er aber verschiedene Möglichkeiten einer Beziehung zwischen Skript und körperlichen Symptom. Er berichtet von einer jungen Frau, deren Skript ihr vorschrieb, verrückt zu werden. Unter normalen Umständen gelang es ihr, diesem elterlichen Gebot standzuhalten, und sie war, solange ihr Erwachsenen-Ich in Funktion war, ein ganz durchschnittliches Amerikanermädchen. Wenn sich aber jemand in ihrer Umgebung verrückt verhielt oder sagte, er fühle sich so, bekam sie sofort Kopfschmerzen und zog sich zurück. Wenn sie bei ihrem Therapeuten auf der Couch lag und zwischen ihnen ein Gespräch in Gang war, ging alles gut. Schwieg der Therapeut aber, so verlor ihr Erwachsenen-Ich die Herrschaft über die Situation, das Kind-Ich tauchte mit verrückten Vorstellungen auf und sie bekam augenblicklich Kopfschmerzen (Be VI/318).

Bei diesem Beispiel muß offen bleiben, ob BERNE glaubt, die Kopfschmerzen seien für die Patientin ein Zeichen von Wahnsinn oder kündigten Wahnsinn an oder ob es sich dabei, was meines Erachtens naheliegt, um einen Widerstand gegen das Auftauchen von Gedanken, Gefühlen und Vorstellungen handelt, die von der Patientin als «verrückt» beurteilt werden.

Manche Patienten, denen plötzlich übel wird, stehen nach BERNE unter dem elterlichen Gebot «Werde krank!». Er erwähnt auch Angstanfälle mit Herzklopfen, plötzlich allergische

Ausbrüche, wie Asthma und Nesselsucht, geschwürige Dickdarmentzündung und Perforationen von Magengeschwüren. Aus einem Beispiel, das er beisteuert, ergibt sich allerdings, daß solche «Skript-Signale» auch dann auftreten können, wenn ein Skript «bedroht» ist, z. B. nachdem ein Therapeut einer Patientin zur Scheidung geraten hat, während doch ihr Skript ihr eine Scheidung erst erlaubt hätte, nachdem ihre Kinder groß geworden sind (Be VI VI/318). «In einem Fall gab ein Paranoider seine Skript-Welt auf und begann in der realen Welt zu leben. Er war aber nicht genügend darauf vorbereitet und entbehrte der notwendigen Unterstützung. Weniger als ein Monat nach dem Neubeginn konnte Zucker in seinem Urin festgestellt werden. Er war zuckerkrank geworden und erfüllte damit nun in einem andern Bereich das Skriptgebot «Scheitere und werde krank!» (Be VI/318 f).

8. Das Antiskript, das Gegenskript und das Episkript

a) Das Antiskript nach Berne

Im Werk von BERNE findet sich mehrfach der Begriff *Antiskript,* jedoch in verschiedenen Bedeutungen. Ich möchte nur die folgende Bedeutung gelten lassen:

«Wenn jemand das ihm auferlegte Programm einfach umkehrt, ist er trotzdem programmiert.» Wer genau dem Gegenteil dessen folgt, was die elterlichen Weisungen ihm aufgeben, verhält sich nach einem Antiskript (Be VI/132 f). «Antiskript: Die trotzige Umkehr des Skripts. Das Gegenteil dessen, worauf die einzelnen Weisungen des Skripts hinzielen» (Be VI/442). Die Mutter sagt: «Trink keinen Alkohol!» und der Sohne trinkt Alkohol; die Mutter sagt: «Dusch dich jeden Morgen!» und der Sohn wäscht sich überhaupt nicht. Um zu wissen, was er tun soll, muß ein solcher Sohn also sehr wohl auf die Anweisungen seiner Mutter hören (Be VI/133). Die Einstellung, die einem solchen Antiskript entspricht, beruht zwar immer noch auf der Abhängigkeit von den Erziehungspersonen, kann aber manchmal auch bereits den ersten Schritt auf dem Weg zu einer endgültigen Ablösung von den elterlichen Forderungen bedeuten. Um ein autonomes Verhalten handelt es sich aber noch keineswegs.*

An andern Stellen seines Werks setzt BERNE, was er «Antiskript» nennt, den Lebensregeln und erzieherischen Geboten der Eltern gleich (Be VI/215 f). Dieses Antiskript ergibt sich also aus der Antwort auf die Frage: «Was war die bevorzugte Redensart oder Vorschrift deiner Eltern?» (Be VI/281). BERNE schildert einen Vater, der im Familienkreis und im Alltag ein ordentlicher und moralischer Mensch war, im Hinterzimmer jedoch gelegentlich mit Freunden zusammensaß, wobei sich alle an Zoten ergötzten. Es gibt Familien, in denen ein «Vorderzimmer-Verhalten» von einem «Hinterzimmer-Verhalten» unterschieden werden kann, ein Beispiel für die Heuchelei, die in dieser Welt üblich ist. «In der Sprache der Skriptpsychologie entspricht das ‹Vorderzimmer› dem Antiskript, in dem elterliche Lebensregeln maßgebend sind, während das ‹Hinterzimmer› dem Skript entspricht, in dem das geschieht, was wesentlich ist» (Be VI/170 f). – Bei dieser zweiten Bedeutung des Begriffs «Antiskript» handelt es sich ungefähr um das, was STEINER, wie ich weiter unten besprechen werde, als «Gegenskript» bezeichnet.

Als «Antiskript» werden von BERNE auch Feststellungen und Erwartungen verstanden, die eine Verwünschung aufzuheben versprechen, dasselbe also, das er auch «Bannbrecher» oder «Erlösungsrezepte» nennt (Be VI/49, 108). Beispiele s. S. 140 f.

Wenn es einem Kind gelingt, den gesamten Inhalt seines Skripts in sein Gegenteil zu verkehren, «ohne tatsächlich auch nur einer einzigen elterlichen Weisung zu widerhandeln», so spricht BERNE ebenfalls von einem «Antiskript» (Be VI/106). Ein Mädchen, dem die Mutter verboten hat, sich von Buben anfassen zu lassen, masturbiert sich mit durchaus gutem Gewissen, denn es widerspricht ja durchaus nicht dem mütterlichen Gebot. Ich denke in diesem Zusammenhang auch an ein bereits erwähntes Beispiel: den Sohn, der der Weisung seines Vaters folgt, Autoritäten gegenüber gehorsam zu sein. Sein Vater meint Adolf Hitler, der Sohn aber wird ein fanatischer Anhänger von Karl Marx oder Jesus Christus (BeV/169 f). – Bei beiden Beispielen handelt es sich meines Erachtens um ein Verhalten, das sich nicht ohne weiteres der ersterwähnten Bedeutung des Begriffs «Antiskript» unterordnen läßt.

* siehe auch H. R. Cellini u. O. Fraser, *Anti-Script: Cure or Curse?* TAJ 6 (1976), S. 274; E. Matuschka, *Anti-Script as a Therapeutic Tool,* TAJ 6 (1976), S. 275 ff.

b) Das Gegenskript nach Steiner

Wo nichts anders vermerkt, stützen sich die nachfolgenden Ausführungen auf folgende Arbeiten von Claude STEINER: (1.) *Script and Counterscript*, TAB 5 (1966), S. 133 f; (2.) *A Script Ckecklist*, TAB 6 (1967), S. 38 f; (3.) *Games Alcoholics Play*, Grove Press, New York, 1971, S. 27 f, 43–51, 57; (4.) *Scripts People Live*, Bantam Books, New York, 1975, S. 104–111, 244.

Nehmen wir an, ein Vater übermittle seinem kleinen Töchterchen unüberlegt aus rein emotionalen Motiven und averbal «Sei ein schönes Mädchen!». Dieser Wunsch entspringt strukturanalytisch formuliert seinem Kind-Ich. Möglicherweise wird die Mutter diesen Wunsch des Vaters unterstützen, indem sie dem Töchterchen vorlebt und zeigt, wie eine Frau sich pflegt und herrichtet, wie sie sich bewegt und sich in Gesellschaft gibt, um als schön oder hübsch zu gelten. Die Forderung des Vaters kann sich, unterstützt durch die Mutter, als Skript im Töchterchen niederschlagen. Dabei ist es nach den Erfahrungen der Transaktionsanalytiker wie in unserm Beispiel bei zwei Drittel der Fälle so, daß vom gegengeschlechtlichen Elternteil das Grundgebot ausgeht, während der gleichgeschlechtliche Elternteil zeigt, wie diese Forderung am besten verwirklicht wird. Wird die Tochter älter, wird nun nochmals die Erwartung und Forderung an sie herangetragen, eine attraktive Frau zu werden, diesmal aber überlegt und erzieherisch ganz bewußt aus Motiven, die der Anerkennung der sozialen und kulturellen Normen der betreffenden Gesellschaftsschicht durch die Eltern entspringen, strukturanalytisch gesprochen also aus deren beider Eltern-Ich. Im angenommenen Fall decken sich beide elterlichen Einflüsse: der frühere aus dem Kind-Ich des Vaters und der erst später wirksame aus dem Eltern-Ich beider Eltern. In einem solchen Fall besteht nach BERNE die größte Chance, daß aus dem Kind ein Gewinner wird (B VI/287).

Der Begriff des Gegenskripts wurde von STEINER nun aber aus solchen Beobachtungen entwickelt, in denen zwischen den unüberlegten emotionalen Forderungen aus dem Kind-Ich der Eltern und denjenigen, die das Kind erst später aus dem Eltern-Ich der Eltern erreichen, ein Widerspruch besteht. STEINER hat dabei immer die destruktiven und lebensfeindlichen Einflüsse im Auge, die von einem krankhaft verwirrten, verängstigten, böswilligen, irrationalen Kind-Ich in den Eltern ausgehen, wie er dies vor allem aus der Lebensgeschichte von Alkoholikern rekonstruieren konnte. Da läßt z. B. eine Mutter ihrem Sohn die Erwartung und Forderung zukommen (1. Beispiel) «Sei kein Mann!» oder (2 Beispiel) «Denk nicht!». Auch derartige Gebote können vom gleichgeschlechtlichen Elternteil, in diesem Fall vom Vater unterstützt werden, der im einen Fall (1. Beispiel) selbst das Beispiel eines unmännlichen Mannes vorlebt, am andern Fall (2. Beispiel) selbst trinkt, um nicht denken zu müssen. Diese Einflüsse führen beim Sohn zu einem ausgesprochen destruktivem Skript. Kommt dieser nun aber in die Pubertät, so kommt es zu neuen Forderungen der Eltern, die nun unter dem Eindruck gesellschaftlicher Normen von ihm verlangen (1. Beispiel) «Sei ein Mann!» oder (2. Beispiel) «Bleib nüchtern und geh mit klarem Kopf durch die Welt!». Damit konstituieren sie das, was STEINER ein *Gegenskript* nennt, nämlich ein Skript, dessen Forderungen den früheren vornehmlich unbewußten Einflüssen der Eltern auf ihren Sohn widersprechen.

Die Folge ist nun, daß der Betreffende später im Wechsel einmal ein *skriptgemäßes Verhalten* zeigen kann im Sinne der destruktiven Devisen «Sei kein Mann!» oder «Denk nicht (sondern trink)!», dann wieder ein *gegenskriptgemäßes Verhalten* im Sinn von «Sei ein Mann!» oder «Sei nüchtern und klar!» Jeder Alkoholiker hat nach STEINER Zeiten, in denen er nur mäßig oder überhaupt nicht trinkt, ohne aber deswegen geheilt zu sein. Er folgt nur vorübergehend seinem Gegenskript. Auch ein Mann, dessen Skript dahin lautet, Frauen seien verachtenswürdige unnütze Wesen, kann sich plötzlich einmal einer Frau nahe fühlen, sie lieben und es genießen, wieder geliebt zu werden. Für STEINER wird aber in jedem Fall schließlich das Skript über das Gegenskript den Sieg davontragen: Der eine wird sich durch Alkoholismus zugrunde richten und der andere wird seine Beziehungen zu Frauen immer wieder zerstören.

Nach BERNE bestimmt das ursprüngliche Skript den «Verlauf des Schicksals», das Gegenskript den «Lebensstil». Aus ihrem Widerspruch ergeben sich oft Überraschungen, die sich in Schlagzeilen niederschlagen: Statt «Hart arbeitender Diakon wird Ratspräsident» oder «... zieht sich nach 30 Jahren ehrenvoll zurück!» heißt es dann: «... kommt wegen Veruntreuung ins Gefängnis!»; statt «Hingebungsvolle Hausfrau wird Mutter des Jahres!» oder «... feiert goldene Hochzeit» heißt es dann: «... springt vom Dach eines Wolkenkratzers in den Tod!» Die Menschen folgten entweder dem Gegenskript, das da heissen kann: «Arbeite hart!» oder «Bleib dabei!» oder dann aber dem Skript wie z. B. «Vergiß deine Aufgaben!», «Handle ungeschickt!» oder gar «Fall tot um!». Zwischen diesen beiden Möglichkeiten – es sei denn es werden beide bewußt verworfen – wickeln sich der vordergründige Lebensstil im Alltag und das heimlich vorbestimmte Ende im Sinn des Skripts ab (Be VI/119 f).

Für einen Therapeuten ist es wichtig, ein vorübergehend gegenskriptgemäßes Verhalten bei einem Menschen mit destruktivem Skript nicht mit einer Heilung zu verwechseln. Wenn ein Alkoholiker nur mehr mäßig trinkt oder überhaupt zu trinken aufhört, ist das noch kein Beweis, daß er tatsächlich skriptfrei lebt, möglicherweise ist er nur eben in seinem Gegenskript befangen und kann jederzeit wieder seinem Skript verfallen. Ist seine Haltung aber ungezwungener, freier und offener geworden, bewältigt er seine Schwierigkeiten nicht mehr mit Alkohol und kann er sich auf andere Weise als am Wirtshaustisch vergnügen, können wir allerdings auf eine Heilung schließen.

Verwirrung stiftete nun aber die Tatsache, daß BERNE den Begriff «Gegenskript» in einem weiteren Sinn gebraucht, als von STEINER ursprünglich vorgeschlagen. Er identifiziert das Gegenskript nämlich völlig mit den wohlmeinenden Erziehungs- und Lebensregeln, welche die Eltern ihren Kindern nach traditionellem Muster von Eltern-Ich zu Eltern-Ich mitgeben und zwar nun unabhängig davon, ob sie einem (andern) Skript widersprechen oder nicht (Be VI/442). Ein «Gegenskript» in diesem Sinn kann mit einem ursprünglicheren Skript durchaus übereinstimmen, wie dies z. B. in dem eingangs erwähnten Beispiel von den Erwartungen der Eltern an ihre Tochter der Fall war. Gegenskript und Skript können nach BERNE im konstruktiven oder destruktiven Sinn übereinstimmen (Be VI/119, 286, 287), was allerdings den Ausdruck «*Gegen*skript» unsinnig erscheinen läßt (auch den Ausdruck «*Anti*skript», den BERNE statt dessen manchmal gebraucht – VI/287).

Unklarheiten ergeben sich aber auch durch die Polarisierung

zwischen einem in frühester Kindheit auf Grund averbaler und rein emotional motivierter elterlicher Botschaften entwickelten destruktiven und lebensfeindlichem Skript und einem erst in der späteren Kindheit durch erzieherisch wohlmeinende Botschaften entwickelten und gesellschaftlich anerkannten Normen angeglichenen Skript («Gegenskript»). STEINER hatte diese Polarisierung durch Forschung an sozial und psychisch schwer geschädigten Menschen entdeckt, wobei er auch vom «verrückten Kind-Ich der Eltern» oder von «Schweine-Eltern» spricht (s. S. 46 f). Trotzdem er in diesem Zusammenhang tragische («hamartische») Skripts von banalen Skripts zu unterscheiden vorschlägt, legen seine Ausführungen doch vielfach nahe, bei jedem Menschen eine solche Polarisierung vorauszusetzen. Keinesfalls sind die Gegenskript-Botschaften, so wohl gemeint auch sein mögen, imer wirklich «gute» Botschaften (s. die Ausführungen über die «Antriebe» S. 171 ff). Über die Konzentration der Transaktionalen Analyse auf die destruktiven Einflüsse in unserem Leben siehe meine Ausführungen auf S. 182 ff.

c) Das Episkript nach Englisch

Es kommt vor, daß es jemandem gelingt, sein eigenes verhängnisvolles Skript einem andern Menschen sozusagen aufzubürden, um es nicht selbst erfüllen zu müssen. Es kann sich bei demjenigen, dem das Skript aufgebürdet wird, um ein Familienmitglied, einen Ehepartner, einen Schüler, auch ein anderes Mitglied eine therapeutische Gruppe oder sonst jemanden handeln, der suggestibel genug ist, um ein solches Episkript anzunehmen. Meistens handelt es sich um jemanden, dessen eigener Lebensplan weniger verhängnisvoll (STEINER würde sagen: «banaler») ist als das Episkript. Lautet das Hauptgebot des Lebenplanes: «Stirb an Überarbeitung!» oder «Trinke!», so wird nun der Stellvertreter sich entsprechend verhalten und der ursprüngliche Träger dieses Planes fühlt sich von seinem Zwang befreit. ENGLISCH berichtet von einem Psychologen, dessen elterliche Anweisung in der Botschaft zusammengefaßt werden konnte: «Laß dich in ein Irrenhaus einsperren!» und der dann Patienten dazu benutzen konnte, sich von diesem Skriptzwang zu befreien, indem er Gelegenheit hatte, sie in eine psychiatrische Klinik einzuweisen (FE 187–195). Es kommt auch vor, daß ein «Stellvertreter» sich sofort oder nach einer Weile weigert, sich dem Episkript zu unterziehen, das dann auf seinen ursprünglichen «Träger» zurückfällt, worauf dieser wieder unter dessen Zwang gerät und sein Verhalten entsprechend ändert.

9. Die Entscheidung

Nicht alle Botschaften der Eltern beeindrucken das Kind gleichermaßen. Die meisten Kinder werden ja auch widersprechende Botschaften hören, unter anderem weil durchaus nicht immer beide Elternteile gleichsinnig auf das Kind einwirken. Es liegt also nicht allein bei den Eltern, welche ihrer Botschaften das Skript des Kindes, seine Einstellung zu sich selbst, den Mitmenschen, der Welt und dem Leben, maßgebend beeinflussen werden. Das Kind fällt seine Entscheidung selbst und zwar nach Ansicht der Transaktionsanalyse an einem bestimmten Tag, ja zu einer bestimmten Stunde (CSt 82 f). Nehmen wir an, ein Kleinkind erfahre *in einem bestimmten Augenblick,* in dem es, aus welchen Gründen auch immer, besonders empfänglich ist, oder es erfahre *mehrmals während einer längeren Zeitspann*e, daß es seinen Eltern lästig ist. Der Vater mag sagen: «Stör mich nicht!», wenn es mit einem Anliegen zu ihm kommt. Enttäuscht will es sich bei der Mutter Trost holen, die eben mit dem Staubsauger hantiert und möglicherweise gerade an diesem Tag besonders ungeduldig ist. Und das Kind hört nochmals «Geh mir aus dem Weg!» In diesem Moment kann sich beim Kind die Entscheidung bilden: «Mich mag niemand! Ich bin allen Leuten lästig!» und es wird von nun an, sein Verhalten danach ausrichten, nie jemandem mehr lästig zu fallen, niemals wieder unaufgefordert sich an jemanden zu wenden. Je jünger das betreffende Kind ist, umso weniger vermag es natürlich die Situation zu übersehen, z. B. zu realisieren, daß der Vater eben gerade jetzt dringend Ruhe braucht, weil er krank ist, oder daß die Mutter innerlich gespannt ist, weil die Familie in Geldnöten steckt.

Eine Entscheidung entspricht immer einer bestimmten

Grundeinstellung; das erwähnte Beispiel z. B. der Überzeugung «Ich bin nicht O.K., die andern sind O.K.!» Und diese Schlußfolgerung wird das Kind mit großer Wahrscheinlichkeit bis ans Ende seines Lebens aufrecht erhalten.

BERNE zählt Beispiele von solchen entscheidenden Schlußfolgerungen oder kurz: «Entscheidungen» auf (Be/84 f): «Es ist eine gute Welt; eines Tages sorge ich dafür, daß sie noch besser wird, sei es als Wissenschaftler, Dienstbote, Dichter oder Musiker!» Oder: «Es ist eine schlechte Welt, eines Tages bringe ich mich um!», «... werde ich verrückt», «... ziehe ich mich zurück!» Oder: «Das ist eine mittelmäßige Welt, in der jeder sich mühsam durchschlagen muß, wobei er aber zwischenhinein auch einmal tun darf, was ihm Spaß macht!» Oder: «Das ist eine rauhe Welt, in der du das beste daraus machst, wenn du einen weißen Kragen anziehst und dich mit anderer Leute Papier beschäftigst!» Oder: «Es ist eine trostlose Welt, in der du nichts anderes tun kannst, als in einer Bar zu sitzen, um auf bessere Zeiten zu hoffen!» Das sind natürlich nicht *wörtliche* Entscheidungen von Kleinkindern, sondern Entscheidungen, die bereits in die Sprache Erwachsener übersetzt sind. Die Entscheidung des Kleinkindes legt das Skript in seinen Hauptzügen fest. Es wird dann entsprechend der sich verändernden Realität umgestaltet und den Bedingungen der Welt des Jugendlichen und dann des Erwachsenen angepaßt.

Je jünger das Kind ist, um so mehr lebt es nicht in einer rational überschaubaren, sondern in einer emotional bestimmten Welt. Zudem steht es, je jünger es ist, umso ausgesprochener, unter einem schweren Druck, da es ohne Eltern nicht leben kann und ihre Zuneigung dringend nötig hat. Die Drohung, die das Kind hinter jeden einschränkenden Botschaft hört, heißt: «Wenn du nicht gehorchst, entziehe ich dir meine Liebe» oder noch drastischer: «Wenn du nicht gehorchst, laß ich dich im Stich!» Eine einschränkende Botschaft entspricht für das abhängige Kleinkind der Formulierung einer Bedingung, die es erfüllen muß, um sich der Zuneigung seiner Eltern zu versichern. Auch ein verhältnismäßig liberal erzogenes Kind hat immer Glegenheit, solche Bedingungen herauszuhören: «Wenn du nicht brav bist ...», «Wenn du dermaßen trotzig bist ...», «Wenn du solchen Lärm verführst ...» – «... dann ...». Nicht selten wird auch von Eltern, die sich selbst als wohlwollend betrachten, eine Drohung direkt oder indirekt geäußert: «... dann verleidet es mir!», «... dann bringst du mich ins Grab!», «... dann bringe ich dich irgendwo anders unter!» oder nur unbestimmt: «... dann wirst du schon sehen!» Am übelsten sind natürlich Botschaften wie «Verschwinde!» oder «Wenn du nicht wärest, ginge es uns gut!» Maßgebend ist immer, was das Kind hört, und es «hört» auch Dinge, die nicht in Worten ausgesprochen werden und die es nicht einmal selbst in Worten zu formulieren vermöchte.

Es gibt entscheidende Schlußfolgerungen, die einem Rückzug oder einer Resignation entsprechen. Es gibt aber auch Entscheidungen, die einem «und jetzt erst recht!» entsprechen. Das Kind mag zur Überzeugung gekommen sein, es sei immer lästig, aber es kann für sein zukünftiges Verhalten daraus folgern: «Ich schere mich nicht darum, ob ich als lästig empfunden werde oder nicht!», oder: «Lieber negative Beachtung als gar keine!». Das Letztere wäre eine Entscheidung, die nach Ansicht der Transaktionsanalytiker am Beginn einer Laufbahn als Krimineller oder Psychopath stehen könnte. Oder nehmen wir an, eine kleines Mädchen stehe unter dem Eindruck, daß seine Eltern immer um einen Sohn trauern, der kurz vor der Geburt des Mädchens gestorben ist. Das Mädchen kann daraus die Schlußfolgerung ziehen: «Ich werde immer unwichtig und lästig sein!»; es ist aber durchaus möglich, daß es sich sagt: «Ich würde geliebt, wenn ich ein Bub wäre!», und sich von nun an bemüht, sich wie ein Knabe zu verhalten. Auch eine solche kompensatorische Verhaltensweise wird aber, da eben doch aus einem Mädchen nie ein Knabe werden wird, letztlich von einer Resignation getragen. Aus diesen Beispielen geht hervor, daß nicht nur die Grundeinstellung im Moment der Entscheidung festgelegt wird, sondern auch, ob aus dem Kind ein Verlierer, ein Nicht-Gewinner oder ein Gewinner werden wird. Es sind auch Entscheidungen möglich wie «Ich habe immer Glück!» oder: «Mir schlägt alles zum Besten aus!»

Grundlage von «Entscheidungen» sind nicht immer nur Botschaften der Eltern, sondern, als Möglichkeit in der Transaktionsanalyse eher vernachlässigt, manchmal auch unpersönliche Ereignisse So kann z. B. ein Mädchen «ewig» auf den verschollenen Vater warten und in seiner psychischen Entwicklung stehen bleiben, gleichsam wie wenn es das Gebot erhalten

hätte «Wart auf deinen Vater!»* Unpersönliche Ereignisse und
elterliche Botschaften können auch zusammenwirken, so wenn
ein Kind, das langsamer, als es seine Mutter wünschen würde,
vom Kindergarten nach Hause schlendert und von einem Auto
angefahren wird, die Entscheidung trifft: «Nie mehr werde ich
schlendern, immer werde ich mich beeilen!»

Nach BERNE wird die entscheidende Schlußfolgerung immer
vor dem siebenten Alterjahr gefällt (Be VI/53). STEINER glaubt,
daß die Entscheidung doch auch manchmal erst im frühen Ju-
gendalter fallen kann (CSt 28, 83). Allerdings ist es nach diesem
Autor für verhängnisvolle Lebenspläne, die schließlich zu einer
Geisteskrankheit, zu einer Gemütskrankheit oder zu einer Sucht
führen, typisch, daß die Entscheidungen schon in einem sehr
frühen Alter gefällt wurden, während sogenannte banale Le-
bensplaner eher auf Entscheidungen gründen, die in der Jugend gefällt wurden (CSt 83), allerdings in einem Alter, in dem
der Betreffende noch nicht fähig war, seine Identität bewußt
zu wählen (CSt 84). Wer sich erst in einem Alter zu einer
bestimmten Einstellung gegenüber sich selbst und der Welt
entschließt, in dem er bereits genügend sachliche Informationen über seine eigenen Möglichkeiten und die Realität sammeln konnte und lebt er zudem frei von Druck und Erpressung
von Seiten seiner Umgebung, so kann er seine Entscheidung
autonom fällen und wird, wie STEINER glaubt, danach ein Leben führen, das nicht auf einem unbewußten Lebensplan fußt
(CSt 85, 123). Das aber seien Ausnahmen (CSt 124). Meiner
Erfahrung nach wird immer bereits in der Kleinkinderzeit eine
Entscheidung gefällt, aber diese ist mehr oder weniger fixiert,
bzw. schwerer oder leichter korrigierbar.

10. Die destruktiven Grundgebote nach R. und M. Goulding

Nach dem Ehepaar Goulding gibt es nur eine begrenzte Anzahl von elterlichen Geboten, die einem destruktiven Skript
oder bevorzugten destruktiven Spielen zugrundeliegen kön-

* R. Goulding, *Neue Richtungen in der Transaktionsanalyse*, Hb. d.
Ehe-, Familien- u. Gruppentherapie, hgb. v. C. Sager u. H. Kaplan, Bd.
1, Kindler, München, 1973, S. 44.

nen. Meines Erachtens handelt es sich bei der Aufzählung der Autoren aber eher um einen Versuch, die vielen möglichen Gebote in bestimmte Kategorien einzuteilen. Diese «Grundgebote» wurden von den Autoren als negative Befehle oder Verbote formuliert («Sei nicht . . .»). Sie stimmen mit andern Autoren in der Ansicht überein, daß alle skriptgemäßen destruktiven Botschaften als solche Verbote und nicht als Gebote zu formulieren seien. Meines Erachtens braucht dies aber nicht unbedingt der Fall zu sein. Ob ich einem Kind sage: «Laß dich mit niemandem ein!» oder «Halte Distanz!» kommt praktisch auf dasselbe heraus. Unterschiede liegen höchstens im Ton oder im Zusammenhang, in dem das gesagt wird. Ich werde die Ausführungen der Autoren in freier Weise zusammenfassen und mit eigenen Beispielen ausgestalten. Ich möchte ausdrücklich bemerken, daß es bei der Arbeit an sich selbst wie mit Patienten notwendig ist, immer genau die richtige Formulierung zu finden: «Genau unter diesem Verbot (oder Gebot) stehe ich!» Die Formulierungen, die ich unten anführe sind also immer nur Beispiele und können in der Praxis vielfach variiert werden.

Die Grundgebote werden dem leiblichen Kind vom Kind-Ich seiner Eltern übermittelt. Damit wollen die Transaktionsanalytiker sagen, daß die Grundgebote nicht etwa im vollen Bewußtsein der elterlichen Verantwortung übermittelt werden, sondern unbedacht und in diesem Sinne «unbewußt». GOULDING spricht vom «irrationalen Teil der Eltern». Zudem werden sie im allgemeinen nicht verbal übermittelt, sondern indirekt und averbal. Nach meiner Erfahrung ist es allerdings nicht selten, daß Eltern ihren Kindern auch verbal, meist in einer emotionalen Aufwallung, destruktive Botschaften zukommen lassen.

Sei nicht!
Diese radikalste Einschränkung könnte auch mit «Existiere nicht!» formuliert werden. Ein Kind wird sich durch eine solche Verwünschung bedroht fühlen, wenn es den Eindruck hat, ei-

---

* R. Goulding, *Neue Richtungen in der Transaktions-Analyse*, Hb. d. Ehe-, Familien- und Gruppentherapie, hgb. v. C. Sager u. H. Kaplan, Kindler, München, 1973, Bd. 1, S. 132 ff (Übersetzung von *New Directions in Transactional Analysis*, Progress in Group and Family Therapy, hgb. v. C. Sager u. H. Kaplan, Brunner-Mazel, New York, 1972, S. 107 ff); R. u. M. Goulding, *Injunctions, Decisions and Redecisions* TAJ 6 (1976), S. 41 ff.

ner der Eltern wolle es umbringen oder aber es sei ihnen lästig. Vielleicht wurde es wegen einer tatsächlichen oder angeblichen Unart bedroht: «Wart, ich werf dich zum Fenster hinaus!», oder es wird, möglicherweise sogar «zu seinem eigenen Wohl», in ein Kinderheim geschickt, oder es geht der Familie wirtschaftlich schlecht und das Kind hört tatsächlich oder vermutet nur, daß es den Eltern eine finanzielle Last bedeutet. Ein Kind, deren Eltern immer streiten, mag erfahren, daß die Ehe wegen der Schwangerschaft der Mutter geschlossen wurde und schließt daraus, daß seine Existenz der Anlaß ist, daß seine Eltern widerwillig in eine unerfreuliche Ehesituation gedrängt wurden. Es setzt sich in einem Kind, das von einer Sei-nicht-Botschaft beeindruckt wird, die entscheidende Schlußfolgerung fest, daß es lästig ist und nicht verdient, auf der Welt zu sein. Daraus können sich beim Erwachsenen Suicidgedanken ergeben, die sich direkt und bewußt oder indirekt äußern können, letzteres z. B. bei einer Frau, die vermutet, sie habe Brustkrebs und trotzdem keinen Arzt aufsucht. Das Gebot «Stirb!» oder «Verschwinde!» oder die Feststellung «Hier hast du nichts zu suchen!» gehört in diese Kategorie.

Sei nicht du selbst!
Die Autoren fassen unter dieser Einschränkung Äußerungen zusammen, aus denen das Kind schließt, es sollte ein anderes Geschlecht haben im Sinn von «Sei kein Mädchen!» oder «Sei kein Junge!». Nach GOULDING können Homosexualität und Transvestismus eine Folge dieses Grundgebotes sein.

Sei kein Kind!
Oft kommt das älteste Kind einer Familie zum Schluß, es dürfe sich nicht wie ein Kind gebärden, wenn es immer wieder ermahnt wird, es müsse als das älteste doch auch das vernünftigste Kind sein, es müsse sich gegenüber den jüngeren Geschwistern vorbildhaft verhalten, es habe die Eltern bei deren zeitweiliger Abwesenheit zu vertreten usw. Oft verbindet sich mit dieser Einschränkung bei einem Kind die Überzeugung, es dürfe keine eigenen Wünsche und Bedürfnisse haben.

Werde nicht erwachsen!
Zu dieser Kategorie zählen die Autoren verschiedenartige Gebote und Verbote, so z. B. «Bleib kindlich naiv, das steht dir

so gut!», «Denk nie selbständig!», «Zeige nie sexuelle Empfindungen oder irgendwelche erotischen Bedürfnisse!», «Sei deinen Eltern dankbar und bleib' zu Hause, wenn sie dich nötig haben!» Die Autoren erwähnen die Möglichkeit, daß ein Mädchen, das «ewig» auf seinen verschollenen Vater «wartet», sich genau so verhalten kann, wie wenn es unter dem Gebot «Werde nicht erwachsen!» stehen würde.

Schaff es nicht!
Eine solche Botschaft kann der eifersüchtigen Angst der Eltern entstammen, daß das Kind erfolgreicher, schöner oder intelligenter als seine Eltern werden könnte Ein Kind, das im Geschäft seines Vaters oder seiner Mutter arbeitet, spürt manchmal deutlich, daß sein «Vorgesetzter» keinesfalls möchte, daß es etwas besser weiß oder kann als dieser. Manche Leute «ehren ihre Eltern» lebenslänglich, indem sie ihre tatsächlichen Erfolge im Leben nicht richtig einschätzen und sich keinesfalls darüber freuen.

Tu nichts!
Dieses Gebot kann von ängstlichen Eltern gegeben werden: «Unternimm nichts, denn alles, was du tust, könnte unglücklich enden!» Ein Kind, das sich durch dieses Gebot beeindrucken läßt, mag trotzdem etwas unternehmen, aber dabei ängstlich bleiben mit der magischen Erwartung, daß es dann eher gut ausgehen könnte, oder es wird durch sein ganzes Leben vermeiden, wichtige Entscheidungen zu treffen, bzw. es wird andere für sich entscheiden lassen.

Nimm dich nicht wichtig!
Wer sich nicht wichtig nimmt, wagt eigene Bedürfnisse nicht wahrzunehmen oder akzeptiert sie nicht, steht keinesfalls für sie ein oder setzt sie gar durch. Manchmal wirkt dieses Gebot bei einem Menschen auch nur in einem bestimmten Bereich seines Lebens, z. B. nur im Geschäft oder dann nur zu Hause.

Gehör nicht dazu!
Vielleicht stellen die Eltern fest: «Wir gehören nicht zu dieser Gemeinschaft, wir gehören nur einer dem andern» und das Kind übernimmt diese Feststellung wie eine eigene Entscheidung. Es kann auch ein Kind aus irgendwelchen Motiven zum

Schluß kommen, daß es selbst nicht zu seiner Familie gehört, ein Außenseiter ist, was sich später dahin auswirken kann, daß es den Eindruck hat, nirgends zuzugehören, sondern immer isoliert zu stehen.

Laß dich mit niemandem ein!

Wörtlich übersetzt heißt dieses Gebot: «Sei nicht nah!», offensichtlich im Sinn von «Komm niemandem zu nahe und laß niemanden zu nahe an dich herankommen!» Dieses Gebot kann von Eltern ausgehen, die körperliche Nähe, Zärtlichkeitsbezeugungen und Umarmungen ihrer Kinder schlecht ertragen. Auch der Tod eines Menschen, dem sich ein Kind nahe gefühlt hat, oder seine Entfernung kann zur Schlußfolgerung führen: «Ich will mich niemals wieder einem Menschen nahe fühlen!» Auch Gebote wie «Trau niemandem!» oder «Liebe niemanden!» werden von den Autoren zu dieser Kategorie gezählt. «Halte Distanz!» wäre eine Formulierung, die auch in diesen Rahmen fällt.

Sei nicht gesund!

Eltern, die sich immer wieder heftig streiten, aber sich plötzlich gut vertragen, wenn das Kind krank ist, können dieses Gebot ausstrahlen. Manche chronisch kranke Menschen erhielten in der Kindheit nur dann die benötigte Zuwendung, wenn sie krank waren. In der Formel «Sei nicht gesund!» (Gleichbedeutend wäre: «Sei krank!») inbegriffen ist nach GOULDING ausdrücklich auch «Sei *geistig* nicht gesund!» (oder «Sei verrückt!», «Sei verwirrt!») Auch «Schon dich!« gehört in diese Kategorie.

Denk nicht!

In seiner allgemeinsten Form entspricht dieses Gebot weitgehend dem «Werde nicht erwachsen!», es kann sich aber auch nur auf bestimmte Bereiche beziehen: «Denk nicht an Sex!» und ähnliches. «Denk nicht selbständig, denk das, was auch ich denke!»

Fühl nicht!

Dieser Kategorie entsprechen Gebote wie «Sei nicht traurig!», «Sei nicht wütend!», «Sei nicht fröhlich!» usw. Das Gebot «Sei nicht zärtlich!» erinnert an die Kategorie «Halte Distanz!»

«Fühl nicht, was du wirklich fühlst, sondern was ich fühle!»,
z. B. im Sinn «Ich habe kalt! Zieh deinen Mantel an!» Dieses
Grundgebot bezieht sich sowohl auf Gefühle im Sinn des Zu-
Mute-Seins wie auf Körperempfindungen.

Allgemeine Betrachtungen
HARTMANN und NARBOE heben zwei destruktive Gebote als besonders katastrophal heraus: «Sei nicht!» und «Sei nicht normal!» und nehmen an, daß die Wirkung der andern von GOUL-
DING herausgehobenen Grundgebote darauf beruht, daß im Hintergrund diese beiden «katastrophalen Botschaften» drohen,
also z. B. «Sei kein Kind, *sonst* stirbst du!» oder «Werde nicht
erwachsen, *sonst* wirst du verrückt!»*
    Die GOULDINGschen Grundgebote stehen in einer engen Be-
ziehung zu den Entscheidungen. Zu jeder Entscheidung gehört
auch ein Grundgebot, z. B. zur Entscheidung «Ich will nie wieder von irgend jemandem etwas verlangen!» Dazu gehört das
Gebot: «Laß dich mit niemandem ein!» Oder zur Entscheidung «Ich will mein Leben lang beweisen, daß ich so gut bin
wie mein Bruder – aber eigentlich kann ich das gar nicht!» gehört das Gebot «Sei kein Mädchen!» (bzw. «Sei nicht du
selbst!»).** Diese Beziehung zwischen Grundgeboten und Entscheidungen scheint mir besonders wichtig.

11. Die Antriebe nach T. Kahler

Im Januar 1974 erschien ein Aufsatz von T. KAHLER und H. CAPERS,
The Miniscript, TAJ 4 (1974), Nr. 1, S. 26 ff, in dem die Autoren
einen neuen Begriff, das *Miniscript,* zur Diskussion stellen und in
diesem Zusammenhang auf gewisse grundlegende elterliche Forderungen hinweisen, die sie als *Antriebe* bezeichnen. Dieser Aufsatz
erregte Aufsehen in den Kreisen, die sich mit Transaktionaler Analyse beschäftigen. Es folgten ihm mehrere, teils zustimmende, teils
kritische, teils erläuternde Artikel. Ich erwähne: M. GOULDING, *Letter to the Editors,* TAJ 4 (1974), Nr. 3, S. 51, sowie die Entgegnung
auf diesen Aufsatz von T. KAHLER, *Letter to the Editors,* TAJ 4
(1974), Nr. 4, S. 64 f. Es folgen drei erläuternde Arbeiten von T.

    * Ch. Hartmann u. N. Narboe, *Catastrophic Injunctions,* TAJ 4
(1974), Nr. 2, S. 10 ff.
    ** M. Goulding, *Letters to Editors,* TAJ 4 (1974), Nr. 3, S. 51.

KAHLER: *Structural Analysis: A Focus on Stroke Rationale, a Parent Continuum, and Egograms*, TAJ 5 (1975), S. 267; *Scripts: Process and Content*, TAJ 5 (1975), S. 277; *Drivers: The Key to the Process of Script*, TAJ 5 (1975), S. 280. F. GERE bestätigte und ergänzte das Konzept über das Miniscript mit dem Artikel *Developing the OK Miniscript*, TAJ 5 (1975), S. 285 ff. Sh. D. GELLERT kritisierte im Aufsatz *Drivers*, TAJ 5 (1975), S. 422 ff, die Überlegungen, mit denen KAHLER den Begriff «Antrieb» eingeführt hatte. Dieser aber verteidigt seine Ansichten *In Response*, TAJ 5 (1975), S. 425 ff.

Im folgenden stelle ich den Begriff «Antrieb» heraus und stütze mich dabei auf die erwähnten Arbeiten, insbesonders auf diejenigen von KAHLER. Dieser Autor möchte allerdings den Begriff nur in enger Beziehung zu seinem Konzept des Miniscripts diskutiert wissen. Die psychologische Bedeutung des Antriebsbegriffes und die Anregung, die er für die Transaktionale Diagnostik und Therapie bietet, sind aber von der Konzeption des Miniscripts weitgehend unabhängig.

Als Antriebe werden von T. KAHLER und H. CAPERS fünf elterliche Forderungen bezeichnet, die dem Kind ermöglichen sollen, «gut durchs Leben zu kommen»: «Sei perfekt!», «Müh dich ab!», «Beeil dich!», «Sei liebenswürdig!», «Sei stark!». Die psychologische Bedeutung dieser Formeln wird meiner Ansicht nach erst klar, wenn ich das Wort «immer» beifüge und sie damit verabsolutiere: «Sei *immer* perfekt!», «Müh dich *immer* ab!», «Sei *immer* liebenswürdig!», «Beeil dich *immer*!» «Sei *immer* stark!» Es handelt sich um Kurzformeln, deren Bedeutung einer näheren Erläuterung bedarf. Ich halte mich dabei nicht wörtlich, aber sinngemäß an die Ausführungen von KAHLER.

Sei perfekt!
Dieser Antrieb verlangt Perfektion, Vollkommenheit und vor lem Gründlichkeit in allem, was ich tue, *oder* erwartet ein solches Verhalten von den andern («oder» wurde von mir hervorgehoben, um darzutun, daß KAHLER selbst dieses Bindewort und nicht etwa «und» gebraucht. An anderer Stelle aber erklärt dieser Autor, daß jedermann, der unter einem Antrieb stehe, dessen Befolgung auch von andern erwarte). Wer unter diesem Antrieb handelt, gebraucht komplizierte Wendungen, wenn er etwas erklärt; er neigt dazu, mehr zu sagen, als eigentlich nötig wäre, und befleissigt sich großer Ausführlichkeit, um

auch ja richtig verstanden zu werden. Er sagt gern «... natürlich ...», «... genau ...», «... klar ...», «ich denke ...». Er sagt seine Meinung nicht nur, sondern rechtfertigt sie auch gleichzeitig. Er teilt, was er zu bemerken hat, gerne in «erstens, zweitens, drittens ...» auf oder zeigt doch mit den Fingern, daß er seine Argumente zählt. Seine Körperhaltung ist im allgemeinen steif und aufrecht, sein Gesichtsausdruck ernst und streng. Er glaubt, daß er nicht akzeptiert würde, wenn er nicht wirklich genau und gründlich wäre. Er will «Fünfe nicht gerade sein lassen» und (oder?) verlangt dies auch von anderen. Fehlerlosgikeit ist sein Ideal!

Müh dich ab!

Wörtlich übersetzt heißt dieser Antrieb «Versuche hart!» (d. h. «ernsthaft», «mit viel Energie»). Was KAHLER meint, umschreibt er durch ein Beispiel: Ein Mann gerät in Treibsand; wenn er sich wild bewegt und zappelt im Sinn von «Versuche hart!», wird er versinken, wenn er sich aber langsam und bedacht bewegt, kann er sich retten! Wer unter dem Einfluß dieser Forderung steht, sucht nach KAHLER auch andere dazu zu bringen, daß sie sich mit ihm bemühen. Er beantwortet Fragen oft nicht direkt, wiederholt z. B. die Frage, überlegt, verfolgt Nebengedanken oder sagt: «Es ist mühsam für mich» oder «Ich weiß nicht» (auch wenn er eigentlich Bescheid weiß), «Ich kann nicht», «Ich will es versuchen» oder so ähnlich. Sein Ton ist eher ungeduldig, seine Haltung und Gebärden verkrampft, gern setzt er sich nach vorn geneigt mit aufgestützten Ellbogen hin. Der Gesichtsausdruck läßt erkennen, daß er sich bemüht. Er verhält sich, wie wenn er sich das Leben dadurch verdienen müßte, daß er sich stets bemüht, und wie wenn jede Unbekümmertheit bestraft würde.

Sei liebenswürdig!

Wörtlich übersetzt: «Gefall mir!» oder «Verhalte dich mir zuliebe!» Da diese Forderung als Verallgemeinerung wirksam wird, ziehe ich den Ausdruck «Sei liebenswürdig (zu jedermann)!» vor. Wer unter diesem Antrieb steht, fühlt sich dafür verantwortlich, daß diejenigen, die mit ihm zu tun haben, sich wohl fühlen. Er kommt ihnen entgegen, denn es ist ihm wichtig, von ihnen geschätzt zu werden und beliebt zu sein. Er sagt gern: «Sie wissen ja ...», «Könnten Sie vielleicht ...?» Er sieht oft zur Seite, bevor er eine Frage beantwortet, zieht die Augenbrauen gern hoch, äußert sich mit zustimmendem «Hmm, hmm» und nickt häufig mit dem Kopf. Er ist interessiert, zu erfahren, ob er seine Sache gut macht.

Beeil dich!

Dieser Antrieb ist Anlaß, alles rasch zu erledigen, auch rasch zu antworten und zu sprechen. Wer unter diesem Antrieb steht, kann andern zeigen, daß sie nicht zu lang und ausführlich sprechen sollen; er sieht häufig auf die Uhr oder klopft ungeduldig mit den Fingern auf die Tischplatte. Bevorzugte Redewendungen sind: «Wir müssen uns beeilen!», «Gehen wir!». Seine Haltung ändert sich rasch; er runzelt die Stirn; sein Blick schweift häufig ab.

Sei stark!

Wer unter diesem Antrieb steht, ist ein Stoiker, d. h. ausgesprochen gefühlsverhalten. Er spricht eher monoton und zeigt wenig Bewegtheit; dementsprechend strahlt er auch wenig Wärme aus. Bevorzugte Redewendungen sind: «Ich habe nichts dazu zu sagen!», «Es ist dies nicht meine Sorge!». Die Hände hält er eher steif, die Arme verschränkt. Der Gesichtsausdruck entspricht einem sogenannten Pokergesicht.

Nach KAHLER gehören die Antriebe zum Gegenskript, d. h. zu den elterlichen Forderungen, mit denen konventionelle kulturelle und soziale Vorstellungen erfüllt werden sollten. Sie entstammen einem zwar wohlmeinenden, aber doch einschränkenden Eltern-Ich. Sie werden im allgemeinen dem Kind später und vielfach auch wörtlich vermittelt, im Gegensatz zu den destruktiven Grundgeboten nach GOULDING. Die Antriebe werden nach einer andern Äußerung von KAHLER zwar bereits in den ersten Lebensjahren oder sogar in den ersten Lebensmonaten «eingeimpft», aber ihre Wirkung komme erst zwischen sechs und zwölf Jahren zur Geltung. Die Eltern übermitteln dem Kind gewöhnlich diejenigen Antriebe, unter denen sie selbst stehen. Obgleich derjenige, der einem Kind einen solchen Antrieb vermittelt, annimmt, dieser diene diesem dazu, gut durch's Leben zu kommen, so ist dessen Wirkung doch paradox, nämlich letztlich destruktiv. Der Antrieb ist nämlich nicht erfüllbar. Im Alltag immer, unter allen Umständen und in jeder Beziehung perfekt zu sein, ist unsinnig; Fehler sind unvermeidlich. Krampfhafte Bemühung führt nicht in jedem Fall zum Ziel; nicht alles, was ich in Angriff nehme, kann ich auch bewältigen und vor allem ist auch nicht gesagt, daß der Lohn umso sicherer ist, je mehr ich mich bemüht habe. Ich kann mit fortdauernder Liebenswürdigkeit nicht allen sozialen Schwierigkeiten ausweichen; manchmal schätzt es derjenige, mit dem ich mich auseinandersetze, gar nicht, wenn ich ihn liebenswürdig behandle oder sieht doch darin keinen Anlaß, seinerseits liebenswürdig zu sein. Wenn ich mich immer sehr beeile, kann manches gerade deswegen mißglücken. Wenn ich keine Gefühle zeige, mich abschließe und zurückhalte, muß ich auf Zuneigung und Bestätigung verzichten. Wer also sozusagen «sein Leben auf eine oder zwei Karten (= Antriebe) setzt» wird notwendigerweise immer wieder enttäuscht, ja verzweifelt. Er stürzt in ein destruktives Grundgefühl, das KAHLER, meines Erachtens unrichtig, mit dem sogenannten Lieblingsgefühl identifiziert.

Die negative Bedeutung der Antriebe hängt zudem damit zusammen, daß sie mit einer Steigerung verbunden sind. Es steht dahinter immer die Forderung: »Du solltest noch gründlicher sein!», «Du solltest dich noch mehr bemühen!» usw. Die Antriebe sind nicht nur unbewußt oder halbbewußt, sondern auch zwanghaft und nicht realitätsangemessen. Sie werden befolgt, wie wenn eine Katastrophe drohen würde, wenn sie nicht erfüllt werden. Antriebe, wie KAHLER sie versteht, sind immer lebenseinschränkend.

Unter was für einem Antrieb jemand steht, kann bei einem Gespräch innert wenigen Minuten festgestellt werden, auch wenn nur über das Wetter gesprochen wird. Es gilt nur eben seine Redewendungen, den Ton, in dem er spricht, seine Körperhaltung, seine Gebärden und seine Mimik zu beobachten. Wenn jemand, der unter dem Antrieb steht «Sei perfekt!», gefragt wird, was zwei und zwei gibt, mag er antworten: «Das ist abhängig vom System, auf das sich diese Zahlwerte beziehen!» Steht derjenige, der gefragt hat, selbst unter dem Antrieb «Sei perfekt!» oder aber auch unter dem Antrieb «Müh dich ab!» oder «Sei liebenswürdig!», so wird er durch diese Ant-

wort veranlaßt, von nun an «intelligentere» und «vollkomme-
nere» Fragen zu stellen. Auf diese Art können sich zwei Partner in ihren Antrieben gegenseitig bestärken. Für jemanden, der
unter dem Antrieb «Sei perfekt!» steht, paßt ein Partner gut,
der selbst sich nach dem Antrieb «Sei liebenswürdig!» verhält.

Ein Patient sagt zum Therapeuten: «Ich habe wirklich ein
Problem» und macht dann eine Pause. Er steht unter dem
Antrieb «Sei perfekt!», der verhindert, daß er sein Problem
geradewegs schildert und ihn dazu verführt, vorerst zu konsta-
tieren, daß er ein Problem hat. Gleichzeitig ist die Pause eine
Einladung an den Therapeuten, zu sagen: «Was führt Sie zu
mir?» Ein Therapeut, der dieser Aufforderung folgt, ohne daß
dazu eine logische Notwendigkeit bestehen würde, steht selbst
unter dem Antrieb «Müh dich ab!» oder auch «Sei liebenswürdig!» Ein Therapeut, der einen Patienten frägt: «In was für
einer Situation fühlen Sie sich deprimiert? Wann fühlen Sie sich
eher deprimiert?», hat zwei Fragen hintereinander gestellt, ohne
dazwischen eine Antwort abzuwarten, nach KAHLER ein Hinweis darauf, daß er unter dem Antrieb steht «Müh dich ab!».
Nehmen wir an, der Patient sage darauf: «Nun, es ist schwierig, das so genau zu sagen!», so steht auch er in diesem Augenblick unter dem Antrieb «Müh dich ab!» Sagt der Therapeut
nun: «Könnten Sie das nicht jetzt einmal versuchen?», so steht
dahinter die Liebenswürdigkeit des Therapeuten, die mit einem
ebenso liebenswürdigen Entgegenkommen des Patienten rechnet. Wäre dem nicht so, hätte er den Patienten aufgefordert:
«Bitte versuchen Sie es jetzt!»

Antriebe lösen oft eine destruktive Verstimmung aus, die
nach KAHLER dem Lieblingsgefühl entspricht. Der Weg, der
zur Lehre von den Antrieben führte, bestand darin, daß der
Autor Menschen beobachtet hatte, die einer solchen destruktiven Verstimmung verfielen und feststellte, daß sie zuvor ein
Verhalten zeigten, das einem der fünf Antriebe entspricht. Die
Bemühung im Sinn eines Antriebes kann mißglücken. Dann
werden destruktive Grundbotschaften wirksam. Entweder verfällt der Betreffende dann sofort einer destruktiven Verstimmung oder er bäumt sich zuvor dagegen auf. Es ergibt sich somit ein Ablauf über 4 Stationen: (1.) Ich muß (z. B.) immer
gründlich und perfekt sein, sonst droht eine Katastrophe (Antrieb); (2.) ich höre innerlich z. B. «Du bist kein Mann!», «Auf

dich ist kein Verlaß!» (destruktive Botschaft); (3. – fakulativ)
Das sollt ihr mir büßen! (Geschieht euch recht!», «Nun müßt
ihr es ohne mich machen!») (rachsüchtiges Kind); (4.) das Leben ist sinn- und zwecklos! (destruktives Grundgefühl). – Um
aus dieser negativen Verstimmung wieder herauszukommen,
rafft sich der Betreffende erneut im Sinn seines «bevorzugten»
Antriebs auf und wieder droht derselbe Ablauf! Die erste Station entspricht nach KAHLER einer bedingten O.K.-Haltung
(»Du bist O.K., wenn du . . .», z. B. «. . . immer gründlich
bist»), die zweite der Grundeinstellung «Ich bin nicht O.K., du
bist O.K.«, die dritte der Grundeinstellung «Ich bin O.K., du
bist nicht O.K.« und die vierte Station der Grundeinstellung
«Ich bin nicht O.K., du bist nicht O.K.». Diese vierte Station
soll nach GOULDING und KAHLER der Entscheidung auf die sogenannten Katastrophenbotschaften hin entsprechen, (s. S. 171),
könnte also auch formuliert werden: «Ich habe keine Existenzberechtigung!» oder «Ich bin nicht normal und als Mensch
nicht vollzunehmen!».

Ein solcher Ablauf soll nur Sekunden bis Minuten dauern
und wird von KAHLER als *Miniskript* bezeichnet. Diese Bezeichnung ist ausgesprochen ungeschickt, denn «Skript» heißt nach
BERNE soviel wie «unbewußter (oder: vorbewußter) Lebensplan», während KAHLER unter «Miniskript», eine, wie ich definieren möchte, innerlich ablaufende Folge von (Ver-)Stim-
mungen versteht, die allerdings mit dem unbewußten Lebensplan zusammenhängt. KAHLER definiert das Miniskript (frei
übersetzt) als «einen Ablauf im Bereich des Verhaltens, der Sekunden bis Minuten dauert und die bevorzugte Einstellung
zum Leben verstärkt».

Was wir bis jetzt besprochen haben, wäre nach KAHLER das
Nicht-.O.K.-Miniskript. Diesem stellt der Autor ein *O.K.-Mini-
skript*, mit dem sich besonders CAPERS und GERE beschäftigt
haben, zur Seite. Beispiel eines O.K.-Miniskript (-Ablaufs) wäre
z. B. (1.) Du darfst Gefühle und menschliche Wärme zeigen
(eine Erlaubnis statt ein «Antrieb»); (2.) «Sei nah!» (ein konstruktives statt ein destruktives elterliches Grundgebot); (3.) ich
genieße es, «gestreichelt zu werden und zu streicheln» (Ausdruck des unbefangenen Kindes); (4.) ich fühle mich frei und
stark (positives Grundgefühl) und weiter im Kreislauf: (1.) deshalb darf ich (es mir leisten,) meine Gefühle (zu) zeigen . . .

usw. Nach KAHLER soll ein Mensch «jede Sekunde des Tages entweder in seinem O.K.-Miniskript oder in seinem Nicht-O.K.-Miniskript» sein.

Nach KAHLER (und vorläufig bestätigt durch GERE) ist ein «Nicht-O.K.-Miniskript» (-Ablauf) der einzige Weg, auf dem jemand seinen destruktiven Grundbotschaften verfallen kann; er bildet die dynamische Grundlage von Spielen, Lieblingsgefühlen, Nicht-O.K.-Grundeinstellungen. Der naheliegendste und in der Praxis tatsächlich meistens auch wirksamste Weg, um diesen Ablauf zu verunmöglichen, liege in der therapeutischen Bearbeitung des Antriebs, der ihn auszulösen pflege. Wenn diese Annahme von KAHLER wirklich zutrifft, meint GERE, der den Überlegungen KAHLERs positiv gegenübersteht, so handelt es sich um eine diagnostisch und therapeutisch geradezu «revolutionäre» Ergänzung der bisherigen Errungenschaften der Transaktionalen Analyse, die sich ursprünglich mit den *unmittelbar* einschränkenden und destruktiven elterlichen Botschaften und ihrer Aufhebung beschäftigte.

Es stellt sich aber die Frage, ob es nur gerade diese fünf Antriebe gibt. KAHLER behauptet, er habe keine andern gefunden. Wenn noch weitere Antriebe aufgestellt würden, müßten sich diese immer auch in einem charakteristischen körperlichen Verhalten und charakteristischen Redewendungen widerspiegeln. Es besteht kein Zweifel, daß es sich bei den fünf Antrieben nach KAHLER um Kategorien oder Rahmenbegriffe handelt. Genau genommen, können nämlich z. B. dem Antrieb «Sei perfekt»!, wie KAHLER und CAPERS ihn umschreiben, psychologisch verschiedene Aufforderungen zugrunde liegen, so «Sei genau!», «Sei korrekt!», «Sei fehlerlos!», «Sei sauber!». Ich bin überdies der Ansicht, daß gerade die fünf Antriebe nach KAHLER Zwänge widerspiegeln, unter denen solche Leute aus dem bürgerlichen Mittelstand (oder doch solche, die dessen Normen als ideal anerkennen) vielfach leiden, die den Psychotherapeuten aufsuchen.

Ich halte es für überflüssig und zweifelhaft, die Vorstellung des Miniskript-Ablaufs unbedingt mit andern, bereits traditionellen Begriffen der Transaktionalen Analyse in Beziehung zu setzen, so z. B. die vier Stationen mit den Grundeinstellungen zu vergleichen, oder die letzte Station mit dem Lieblingsgefühl zu identifizieren, verzichte aber an dieser Stelle auf eine Begründung, warum dies nicht angängig ist.

Antriebe sind *indirekt destruktive Botschaften.*

12. Unbewußter Lebensplan und tatsächlicher Lebenslauf

Der unbewußte Lebensplan bedeutet für das Individuum einen Zwang, sich sein Leben so einzurichten, daß es ihn erfüllt. Es kommt aber vor, daß der tatsächliche Lebenslauf dem Lebensplan nicht entspricht:

Es kann geschehen, daß jemand das Programm, das ihm «aufgegeben» ist, umkehrt, sodaß sich sein Lebenslauf genau umgekehrt gestaltet, wie in seinem unbewußten Lebensplan vorgesehen ist. Er folgt dann einem Antiskript (s. S. 157 f). In diesem Zusammenhang dürfen wir auch nicht vergessen, daß die Einflüsse der beiden Eltern einander widersprechen können (Be VI/133). Es gibt auch «Skript-Versager», denen es trotz Bemühung bisher nicht gelungen ist, ihrem Lebensplan gemäß zu leben (Be VI/133). Um den elterlichen Anweisungen gemäß leben zu können, braucht es nämlich einen Spielraum von charakterlichen Möglichkeiten, der unter anderem auch durch Vererbung mitbestimmt wird (Be VI/53). Weiter braucht es doch auch äußere Gegebenheiten, die einer Erfüllung des Skripts entgegenkommen (Be VI/53), z. B. einigermaßen geeignete Mitspieler. Ist im Lebensplan einer Mutter ein körperlich oder geistig behindertes Kind nicht vorgesehen, bekommt sie aber ein solches Kind, um das sie sich ihr Leben lang kümmern muß, bedeutet dies für die Mutter in Bezug auf ihr Bestreben, den unbewußten Lebensplan zu erfüllen, eine tragische Frustration (Be VI/191). Jemand, der bisher brav nach seinem Lebensplan gelebt hat, der ihn zwang, in abhängiger Position hart zu arbeiten, kann nach seiner Pensionierung völlig ratlos dastehen und, da er bisher gewöhnt war, der Direktive seines Lebensplans zu folgen, nichts anderes mehr tun, als auf seinen Tod zu warten (Be VI/192). Auch ein solches Schicksal kann allerdings durch ein Skript vorbestimmt sein, BERNE spricht vom «unabgeschlossenen Skript» (s. S. 150).

Neben dem Skriptzwang gibt es also noch andere Zwänge, die in inneren oder äußeren Umständen liegen. BERNE faßt sie unter dem Begriff «force majeure» zusammen. Es sind dies unvermeidliche Schicksalgewalten wie Krankheit oder Erleidnis einer Gewalttätigkeit, z. B. bei Kriegsereignissen (Be VI/195).

Unter dem Einfluß eines unbewußten Lebensplans oder Skripts steht jemand, dessen Leben unumkehrbar nach einem

Programm abläuft, das sich in der Kindheit, überwiegend unter dem Einfluß der Eltern oder von Elternersatzpersonen, gebildet hat und das das individuelle Verhalten in den wichtigsten Bereichen des Lebens – Heirat, Ehe, Elternschaft und Todesart – bestimmt. Nach dieser Definition bestimmt sich auch ein skriptfreies oder autonomes Verhalten: Es läßt sich nicht auf ein Programm zurückführen, das in der frühen Kindheit erworben wurde; es folgt nicht seinerzeit bedacht oder unbedacht gegebenen elterlichen Direktiven, sondern entwickelt sich frei aus der fortlaufenden Auseinandersetzung des Individuums mit der Realität. Dabei ist es wichtig, daß ein Leben, das unter der Direktive steht: «Mach das Gegenteil von dem, was deine Eltern von dir erwarten!» kein autonomes Leben ist, sondern eine immer noch «planmäßige» oder «programmierte» Rebellion! (frei nach Be VI/418 f). Es gibt tatsächlich Menschen, denen es gelungen ist, sich aus dem Schicksalszwang ihres Lebensplans zu befreien, so daß sie das, was sie tun, aus eigenem Entschluß und auf eine eigene unverwechselbare Weise tun. Solche Menschen sind frei und unabhängig und erfüllen sich ihre Bedürfnisse, wenn auch unter Rücksichtnahme auf die Bedürfnisse der Menschen, die mit ihnen leben. Eine solche Freiheit stand im Altertum nur Göttern und Königen zu (Be VI/32, 53 ff). Ein solcher Mensch lebt nicht nach einer geheimen Formel, die sein Leben bestimmt, sondern trifft seine Entscheidungen von einem Augenblick zum andern bewußt und unter Berücksichtigung der Realität. Er hat sich von den elterlichen Anweisungen wie auch von den infantilen Illusionen distanziert. Er lebt wirklich autonom (Be VI/418). Bei ihm hat – um in der Ausdrucksweise der Strukturanalyse zu sprechen – das Erwachsenen-Ich eindeutig die Oberhand und nicht das (angepaßte) Kind-Ich, das unter dem Einfluß des Eltern-Ich steht und das Skript zu befolgen versucht (Be VI/318). Ein solcherart autonomer Mensch ist aber durchaus in Fühlung mit seinem unbefangenen oder natürlichen Kind-Ich; deshalb kennt und äußert er auch durchaus Gefühle, z. B. der Angst oder des Zorns, der Unzulänglichkeit und andere mehr, dies aber immer aus der Situation heraus begründet und nicht, weil seine Eltern solche Gefühle erlaubt oder belohnt haben (Be VI/418). Er spielt seine eigene Melodie, ein tapferer Improvisator, welcher der Welt allein gegenübersteht (Be VI/277). Keinesfalls darf die Situation und das Lebensgefühl dessen, dem es durch aktive Bemühung gelungen ist, sich aus seinem Skript zu befreien, verwechselt werden mit der Situation und dem Lebensgefühl dessen, dem es trotz Bemühung nicht gelungen ist, sein Skript zu erfüllen. Dieser hat resigniert. Viele Depressionen und schizophrenen Zusamenbrüche sind nach BERNE Ausdruck einer solchen Resignation (Be VI/133).

Rein theoretisch taucht die Frage auf, ob bei einem autonomen Menschen die Freiheit, die er erlangt hat, bereits in seinem Skript vorgesehen sein könnte (Be VI/227). Überdies meint BERNE, daß auch ein Leben, das auf wesentlichen Strecken durch Anweisungen geleitet wird, die über die Eltern von den Vorfahren übermittelt wurden, durchaus sinnvoll, vielleicht sogar noch schöner sein kann, als wenn der Betreffende nur auf sich selber angewiesen wäre (Be VI/277). Nach STEINER läßt aber nur die völlige Freiheit vom Zwang eines unbewußten Lebensplans einen Menschen seine Möglichkeiten voll ausschöpfen; auch wenn der Lebensplan nicht verhängnisvoll auf ein tragisches Ende hinzielen sollte, bedeutet er doch unweigerlich eine Einschränkung der Autonomie (CSt 124).

Allgemeine Bemerkungen zur Analyse des unbewußten Lebensplans

BERNE legt bei der Skriptanalyse das Hauptgewicht auf die elterlichen Einflüsse. Nur nebenbei erwähnt er noch die Mitwirkung angeborener Eigenarten und außerpersönlicher Ereignisse sowie von Einflüssen anderer als elterlicher Autoritäten. Unter anderem hängt dies sicher mit der Erfahrung und Überzeugung zusammen, daß das menschliche Kind maßgebend durch Ereignisse geprägt ist, von denen es in seinen ersten Lebensjahren getroffen wird. Diese sind aber weitgehend durch die Auseinandersetzung mit den Eltern geprägt. Die Auseinandersetzung mit der dinglichen oder unpersönlichen Umwelt darf aber meines Erachtens nicht vergessen werden. Dazu gehören auch Unfälle.

Ich würde dem Werk von BERNE nicht gerecht, wenn ich nicht betonen würde, daß er in seiner Darstellung der Analyse des Lebensplans und besonders bei der Untersuchung der möglichen elterlichen Einflüsse auf deren *negative* Anweisungen ganz besonderes Gewicht legt. Äußerungen negativen Inhalts sind vielleicht tatsächlich besonders entscheidend für die Gestaltung des Lebensplans, besteht doch die Erziehung weitgehend in Einschränkungen und Verboten. Ein Kind braucht kaum zu lernen, daß es herrlich ist, mit einem Ball zu spielen oder herumzutoben oder zu jauchzen, aber es muß lernen, daß dies nicht jederzeit und an jedem Ort getan werden darf. Nach BERNE kommen die positiven Anweisungen der Eltern, da sie im allgemeinen verbal gegeben werden, erst in einem späteren Lebensalter zur Wirkung, nachdem der Lebensplan unter dem Einfluß im wesentlichen einschränkender erzieherischer Maßnahmen bereits in seinen wichtigen Zügen festgelegt ist (Be VI/110). Dazu muß aber gesagt werden, daß dem Kind wohl auch viele averbale ermutigende und wohlwollende Anweisungen im vorsprachlichen Alter zukommen! Sicher spielt eine Rolle, daß eben Psychotherapeuten mehr über tragische Lebenspläne erfahren und wissen als über konstruktive. Erstere sind dramatischer, über sie wird ausführlicher gesprochen und überdies sind Verlierer aus naheliegenden Gründen häufiger in der Sprechstunde von Psychiatern, und die Transaktionale Analyse wurde aus den Erfahrungen der Sprechstunde entwickelt (Be VI/107). «Leute mit guten Skripts sind vermutlich nur rein akademisch an einer Skript-Analyse interessiert, außer sie wollen sich zu Therapeuten ausbilden» (Be VI/281). BERNE stellt selbst ausdrücklich fest, daß er sich, was die Einflüsse auf die Gestaltung des Lebensplans anbetrifft, vor allem mit Verlierer-Skripts beschäftigt habe (Be VI/107). Wohl unter diesem Gesichtspunkt ist auch zu verstehen, daß die Lektüre der Werke von BERNE oft den Eindruck machen, wie wenn die Lebenspläne aller Menschen auf ein sogenanntes tragisches Ende zusteuern würden (Be VI/40).

Meines Erachtens sind aber noch andere Überlegungen angebracht: Es handelt sich beim Skript nach BERNE um einen Lebensplan, der *nicht bewußt* ist. Damit enthält er aber all das, was in den *bewußten* Lebensplan als mögliche Alternative nicht aufgenommen oder daraus verdrängt worden ist. Das, was nicht in den bewußten Lebensplan aufgenommen oder daraus verdrängt worden ist, wirkt aber trotzdem und zwar unkontrolliert aus dem sogenannten Unbewußten. Das dürften überwiegend negative Einflüsse sein und zwar ganz besonders bei neurotischen und psychotischen Patienten, aus deren Schicksal BERNE ganz offensichtlich seine Skript-Theorie entwickelt hat.

Bereits bei BERNE, dann aber vermehrt bei seinen Schülern, zeigt sich eine Tendenz die elterlichen Botschaften zu polarisieren in einerseits destruktive Botschaften, die das natürliche Lebensgefühl des unbefangenen Kindes zu vernichten und seine Entwicklung zu einer autnomen Persönlichkeit zu sabotieren drohen und in andererseits wohlmeinende erzieherische Botschaften, die ihm die Einordnung in die Gesellschaft erleichtern sollen. Das Skript wird teilweise mit den erwähnten destruktiven Botschaften, das Gegenskript mit den erzieherischen identifiziert. Die destruktiven sollen aus dem Kind-Ich der Eltern stammen, die erzieherischen aus dem Eltern-Ich der Eltern. Wir könnten auch von hintergründigen und vordergründigen Botschaften sprechen. Die destruktiven werden von den Vertretern der Transaktionalen Analyse vorzugsweise als Verbote formuliert, die erzieherischen als Gebote. Die destruktiven Botschaften sollen vorwiegend in den ersten Lebensjahren des Kindes und averbal übermittelt worden sein, die erzieherischen vor-

wiegend verbal in den späteren Kinderjahren und im Jugend-
alter. Diese Spannung zwischen den destruktiven und erzieherischen Botschaften beschäftigt die Transaktionsanalytiker ganz
besonders, während viele von ihnen die Möglichkeit einer wohlwollenden und ermutigenden Ausstrahlung der Eltern auf ihre
Kinder in den ersten Lebensjahren und die Möglichkeit direkt
destruktiver, in Worten vermittelten Botschaften in den späteren Lebensjahren vernachlässigen. Meines Erachtens hängt
dies damit zusammen, daß sich die Skriptanalyse bei Menschen,
die an seelischen Störungen leiden, sozusagen «gezielt» mit den
destruktiven Einflüssen «aus dem Unbewußten» befaßt und
damit, allgemeinpsychologisch gesehen, einseitig ist. Es steht
dies in Übereinstimmung mit der wiederholten Aussage von
BERNE, daß die Transaktionale Analyse ein Gebiet der *Sozialpsychiatrie* und zur *Heilung von neurotischen, sogenannt
psychopathischen und psychotischen Störungen* entwickelt worden sei.

Die transaktionale Analyse als Therapie

BERNE betont ausdrücklich, daß die Transaktionale Analyse und damit auch die Skriptanalyse weder zur Soziologie noch zur Sozialpsychologie zu rechnen sei, sondern zur Sozialpsychiatrie. BERNE will damit sagen, daß die Arbeit der Transaktionalen Analyse nicht wertfrei wissenschaftlich ist, sondern gezielt darauf ausgerichtet, seelische Leiden und Beziehungsstörungen zu beheben (Be III/51). Der Transaktionalen Analyse liegen ganz bestimmte Ansichten zugrunde, was ein menschliches Leben, dem es materiell an nichts mangelt, lebenswert macht: Es sind dies, wie schon mehrfach erwähnt, Bewußtheit, Spontaneität und Intimität. Unter «Bewußtheit» wird dabei das unmittelbare Erleben der Gegenwart, welche die eigene Befindlichkeit wie die sinnlich wahrnehmbare Realität umfaßt, verstanden. «Spontaneität» ist das Leben aus sich selbst in enger Beziehung zur Realität und ohne Zwang und Einschränkung durch ungeprüft übernommene Normen oder infantile Illusionen, wohl aber unter Berücksichtigung der Bedürfnisse auch der Mitmenschen. Als «Intimität» schließlich gilt der Bereich offener und aufrichtiger, bereichender und beglückender menschlicher Beziehungen (Be III/178–183).

Es gibt drei mögliche Motive, eine Veränderung durch Therapie zu suchen: (1.) Ein eigentlicher Leidensdruck, wie ihn Menschen empfinden, die unter neurotischen oder psychotischen Symptomen oder ernsthaften Beziehungsstörungen leiden, immer vergeblich mit dem Kopf gegen die Wand rennen oder um eines unechten und nur vorübergehenden Gewinns willen ständig Spiele betreiben, bis sie verzweifeln. (2.) Die Verzweiflung an der scheinbaren Sinnlosigkeit des Lebens oder das Leiden an einer existentiellen Langeweile: «Was soll's?», «Welchen Sinn hat das alles?». (3.) Die Einsicht, daß eine Veränderung das Leben noch lebenswerter machen könnte, daß eine noch reichere und erfülltere Existenz möglich wäre. Dieses Motiv findet sich z. B. bei Menschen, welche eine Transaktionale Analyse vorerst aus andern als therapeutischen Motiven auf sich nehmen (H 80).

1. Allgemeine Eigenheiten bei der therapeutischen Anwendung der Transaktionalen Analyse

Bei dieser Therapieform – wenn wir vorläufig von einer Kombination mit andersartigen therapeutischen Methoden absehen wollen – gewinnen die Patienten emotional getragene Einsicht durch Gespräche. Im Mittelpunkt steht die Anleitung zu einem Denkprozeß, «der oft analytisch ist», dann aber zu Aha-Erlebnissen führt (JJ 27). STEINER stellt fest, daß im Gegensatz zu einer klassischen psychoanalytischen Behandlung bei einer Transaktionalen Analyse auch Ratschläge erteilt werden dürfen. Der Psychotherapeut sei schließlich ein Experte auf seinem Gebiet und als solcher dürfte er auch seine Ansichten zu psychologischen Problemen äußern. Ein Therapeut, der annehme, er könne mit einem Patienten arbeiten, ohne persönliche Ansichten und Werturteile ins Spiel zu bringen, irre sich ohnehin (CSt 274 ff).

Zwischen Patient und Therapeut besteht das Verhältnis von Mitarbeitern. Die Verantwortung ist geteilt. Die Therapie darf, wie STEINER betont, nicht in ein Retter–Opfer-Spiel ausarten. Als «Retter» im Sinn eines solchen Spieles muß jeder betrachtete werden, der einem andern von überlegener Position aus Hilfe leistet und dabei dessen Fähigkeit zur Selbsthilfe entweder völlig übersieht oder zu gering einschätzt. In einer Retter-Rolle befangen ist auch wer einem andern Hilfe aufdrängt, die dieser gar nicht verlangt, oder derjenige, der es unterläßt, den, der Hilfe nötig hat, zur Mitarbeit an der Konfliktlösung aufzufordern. Das Retter-Opfer-Spiel führt meistens nach einer gewissen Zeit zu Ressentiment-Gefühlen: Beim Retter, weil sich kein Erfolg einstellt; beim Opfer, weil es sich gegenüber der ausgespielten Überlegenheit des Retters aufbäumt, der offensichtlich das Opfer für sein eigenes Selbstbewußtsein nötig hat. Folgende Regeln verhindern, daß ein Therapeut (oder sonst ein Helfer) in ein solches Spiel verwickelt wird: (1.) Der Therapeut soll nie ohne genaue Abmachung arbeiten, in welcher Beziehung und zu welchem Ziel die Hilfe geleistet werden soll! Wir werden weiter unten unter dem Titel «Behandlungsvertrag» auf diesen Punkt zurückkommen. (2.) Wer helfen will, soll nie voraussetzen, daß der andere völlig hilflos und ohnmächtig sei, es sei denn, er sei wirklich bewußtlos! (3.) Die Hilfe besteht im wesentlichen darin, dem andern zu zeigen, wie und wo er seine eigenen Fähigkeiten einsetzen kann! (4.) Der Therapeut soll sich nicht bemühen, mehr als etwa 50% der therapeutischen Arbeit zu leisten; mindestens 50% soll derjenigen, der die Hilfe zukommen soll, selber leisten! (5.) Der Therapeut soll nicht mehr tun, als er eigentlich tun will! Ich verstehe diese Regel auch dahin, daß er sich nicht mehr einsetzen soll und nicht mehr Kräfte in seine Arbeit investieren soll, als es ihm, ohne daß er überfordert wird, möglich ist. (6.) Der Helfer soll jedes Verhalten vermeiden, das ihn in eine überlegene Position bringt! Die einzige Überlegenheit, die er hat und die er auch nicht verleugnen soll, besteht darin, daß er, eine entsprechende Ausbildung und Erfahrung vorausgesetzt, ein therapeutischer Experte ist. (7.) Nimmt der Therapeut bei sich selbst gegenüber einem Klienten oder einem Gruppenteilnehmer eine Verärgerung wahr, darf er annehmen, daß er einer Retter-Rolle verfallen ist: Entweder wollte er mehr als 50% helfen oder er hat etwas getan, was er eigentlich nicht tun wollte, z. B. um den Klienten zu schonen, statt ihm die Realität vor Augen zu halten. (8.) Der Helfer muß sich auch davor hüten, selbst in eine Opfer-Rolle zu geraten! – Der Therapeut darf dabei nie vergessen, daß niemand ein Spiel mit ihm spielen kann, wenn er nicht mitspielt. Die Fähigkeit eines Therapeuten hängt weitgehend davon ab, inwiefern er es versteht, das Retter–Opfer-Spiel zu vermeiden. (Diese Ausführungen über die Vermeidung eines Retter–Opfer-Spiels frei nach CSt 286 ff).

Die Transaktionale Analyse wurde ursprünglich als gruppentherapeutische Methode entwickelt. «Die Gruppe schafft eine Situation, in der sich die Menschen ihrer selbst, der Struktur ihrer individuellen Persönlichkeit, ihrer Transaktionen mit andern, ihrer Spiele und ihrer Rollen bewußt werden können.» Das hilft ihnen, «sich selbst klarer zu sehen und das zu verändern und zu fördern, was sie verändern und fördern wollen» (JJ 28). Eine Gruppe bietet ein gutes Demonstrationsfeld für den Ablauf von Spielen und andern Manifestationen einer eingeschränkten Erlebens- und Verhaltensweise. Oft arbeitet der Therapeut auch im Rahmen der Gruppe eine Zeit lang mit einem einzelnen Teilnehmer, der ein Problem dargelegt hat. Der Therapeut wie auch die andern Gruppenmitglieder helfen dem Patienten, der eben im Vordergrund der Aufmerksamkeit steht, herauszufinden, inwiefern eine alte eingeübte Erlebens- und Verhaltensweise, inwiefern eine hinderliche elterliche Vorschrift, inwiefern eine in Anpassung oder Rebellion festgefahrene Kindheitshaltung einer Lösung des Problems im Wege steht. Manchmal kann der Therapeut mit einer gezielten «Erlaubnis» (s. S. 224 f) ein Skriptgebot aufheben oder doch den Weg zu seiner Überwindung zeigen (CSt 301–304). Im Sinn eines Verhaltenstrainings werden den einzelnen Teilnehmern oft «Hausaufgaben» gestellt, über deren Erledigung sie den andern Teilnehmern in der nächsten Sitzung berichten sollen (CSt 318 ff). Die Gruppe wird direktiv geleitet.

Keinesfalls ist aber trotz dieser Vorzüge der Gruppentherapie jeder Patient von vornherein für eine solche geeignet. Manchmal ist seine Beziehungsfähigkeit so gestört, daß er sich einer Gruppe nicht einfügen oder seine Persönlichkeit in einer Gruppe nicht zur Geltung bringen kann. Eine vertrauensvolle Beziehung zum Therapeuten entwickelt sich in einer Einzeltherapie leichter und übrigens kann der Therapeut bei einem solchen Verfahren sein Vorgehen dem Patienten besser anpassen. Trotzdem war auch für BERNE die Behandlung im Rahmen einer Gruppe die «Therapie der Wahl». Eines seiner Bücher befaßt sich ausdrücklich mit dem Wesen und der Methodik der Gruppentherapie (Be IV). Was die Analyse des Lebensplans anbetrifft, so bedeuten regelmäßige Einzelsitzungen jedoch nach BERNE eine wertvolle Ergänzung der Gruppenpsychotherapie (CSt 16 f).

2. Der Behandlungsvertrag

«Das Erwachsenen-Ich ist die einzige Kraft, die wirksam zwischen dem Eltern-Ich und dem Kindheits-Ich intervenieren kann; das müssen alle therapeutischen Interventionen in Rechnung stellen». Der entscheidende Faktor bei der Therapie besteht darin, daß man zuerst das Erwachsenen-Ich des Patienten anspricht und erreicht» (Be VI/373 f). Es geschieht dies durch den Abschluß eines Behandlungsvertrages. In diesem Vertrag wird festgestellt, was der Patient bei sich ändern möchte und wozu ihm der Therapeut nach besten Kräften behilflich sein will. Die Wünsche des Patienten sollten sich auf sein Verhalten beziehen. Allgemeine Wünsche wie glücklicher oder beziehungsfähiger zu werden, reifer zu werden, mehr Verantwortung für sich selber zu übernehmen zu lernen, sich besser mit andern verstehen zu können, sind ungeeignete Ziele, um in einen Behandlungsvertrag aufgenommen zu werden (CSt 291). Der Therapeut sollte es seinerseits ablehnen, verhältnismäßig geringe Störungen als Behandlungsziele zu akzeptieren, z. B. Eheschwierigkeiten, wenn viel schwerere Störungen dahinterstehen, wie Alkoholismus oder Drogensucht (CSt 294). Es kann sinnvoll sein, einen Vertrag vorläufig nur für vier bis sechs Wochen abzuschließen, in welcher der Zeit der Therapeut die wirklichen Bedürfnisse des Patienten und der Patient die Methode des Therapeuten kennen lernen kann (CSt 292). Es empfiehlt sich ohnehin, daß der Behandlungsvertrag für jedes Stadium der Behandlung gesondert ein Ziel festsetzt, vorerst z. B. bei einem Patienten, der zuviel trinkt, ein «Antialkohol-Kontrakt». Im Grunde genommen richtet sich der Behandlungsvertrag gegen die Einschränkungen, die dem Patienten in seiner Kindheit auferlegt wurden, die seine Unfreiheit bedingen, mit andern Worten: gegen das destruktive Eltern-Ich (Be VI/374).

Durch den Vorschlag eines Behandlungsvertrages richtet sich der Therapeut gleich zu Beginn an das Erwachsenen-Ich des Patienten. Für das Kindheits-Ich des Patienten ist der Therapeut nämlich eine Art Magier, der Zwerg, der Hexenmeister, der Fisch, der Fuchs oder der Vogel der Märchen, der dem Patienten die magischen Mittel zur Erreichung seiner Ziele überreicht (Be VI/307). Die Besprechung und Formulierung des Behandlungsvrtrages ist der erste Schritt, um dem Patienten klar zu machen, daß von ihm ein gewisses Maß von Autonomie und Selbstverantwortlichkeit gefordert wird. Wichtig ist die Gegenseitigkeit des Vertrages. Dem Therapeuten wird das Ziel der Behandlung nicht frei überlassen, wie dies nach Steiner bei der psychoanalytischen Behandlung der Fall sein soll, sondern er verpflichtet sich, gemeinsam mit dem Patienten an denjenigen Veränderungen zu arbeiten, auf die sie sich einmal oder in Etappen geeinigt haben (CSt 276, 299). Durch Rückblick auf den Behandlungsvertrag läßt sich immer wieder feststellen, was erreicht werden soll und was bisher erreicht wurde (JJ 28).

Es ist nun zweifellos nicht jeder Patient, der einer psychotherapeutischen Behandlung bedarf, von vornherein fähig, aus einer Erwachsenen-Haltung heraus einen solchen Behandlungsvertrag selbstverantwortlich abzuschließen. Sein Erwachsenen-Ich kann vorerst noch schwach und inaktiv sein (Be VI/373). Bei Patienten, die keine Eltern hatten, die wirklich als Eltern wirksam waren, oder bei solchen, die ihre Eltern früh verloren haben, oder bei solchen, die immer in Heime abgeschoben worden sind, muß der Therapeut zuerst eine Art Zufluchtsort darstellen. Er muß einfach einmal für den Patienten da sein. Ein solcher Patient muß vorerst Gelegenheit haben, Spiele zu spielen, um seine Ängste zu verbergen und seine Depressionen zu mildern. Der Therapeut muß in einer Elternrolle ermutigen und vergeben, Bußen auferlegen und Bonbons verteilen, damit der Patient überhaupt diese menschlichen Beziehungsmöglichkeiten erfahren kann. Es ist dies die Methode um an ein einsames Kindheits-Ich heranzukommen. (Be VI/356). Wieder ein anderes Vorgehen verlangt ein Patient, der von einem verwirrten schizoiden Kind-Ich beherrscht wird. Dieser bedarf der Hinweise und Ratschläge, wie er sich komfortabler in seinem Skript einrichten und dabei möglichst angenehm in seiner «Skript-Welt» leben kann (Be VI/356). Es stellt sich dann heraus, ob eine Therapie nach der Methode der Transaktionalen Analyse überhaupt Aussicht auf Erfolg hat. Wer an einer akuten Psychose leidet, an einem schweren Intelligenzdefekt oder unter der Einwirkung von Drogen steht, kann keinen Behandlungsvertrag abschließen, was nicht heißt, daß er keiner Behandlung bedarf, jedoch sicher keiner Skript-Analyse (CSt 298 f).

Für Minderjährige sollte der Vertrag mit den Eltern abgeschlossen werden. Es muß dann aber beigefügt werden, daß die Behandlung erst abgeschlossen werden soll, wenn auch das Kind als Patient damit einverstanden ist, denn sonst kann es geschehen, daß die Eltern die Behandlung sofort beendet sehen wollen, wenn das Kind die ersten Regungen von Autonomie zeigt (CSt 197 f).

3. Widerstand und Übertragung

«Widerstand» und «Übertragung» sind zwei Begriffe aus der analytischen Psychotherapie. Sie lassen sich aber ohne weiteres auch auf praktische Probleme der Transaktionalen Analyse anwenden.

Kommt ein Patient zu einem Therapeuten, so muß dieser sich klar sein, daß sein Patient sich im Grunde genommen weigern wird, ein Gewinner zu sein. Er kommt nämlich in Behandlung, um ein tapferer Verlierer zu werden (Be VI/37) und im Rahmen seines unbewußten Lebensplans bequemer leben zu lernen (Be VI/351), mit andern Worten, nicht um geheilt zu werden, sondern um herauszufinden, wie er ein noch besserer Neurotiker sein könnte (Be VI/349). Wenn ein Verlierer zu einem Gewinner werden will, muß er nämlich seinen ganzen Lebensplan oder doch den größten Teil desselben von sich werfen und neu beginnen, wogegen die meisten Leute aber einen ausgesprochenen Widerwillen haben (Be VI/37). Es besteht ein Widerstand von Seiten des Kind-Ichs, weil es Angst hat, allein, verlassen, ohne Schutz von seinem Eltern-Ich dazustehen. Diese Angst kann stärker sein als das Leiden an neurotischen Angstsymptomen, Zwangsvorstellungen und psychosomatischen Symptomen (Be VI/312).

Der Patient, der in seinem Lebensplan befangen ist, wählt einen Therapeuten, von dem er voraussetzt, daß er in seinen Lebensplan paßt. Dabei spielt das Alter und spielt das Geschlecht des Therapeuten eine Rolle, auch die Vermutung, ob er wohl als Verführer oder zu Verführender «mitzuspielen» geeignet ist. Rebellische Patienten wählen häufig einen Therapeuten, von dem sie annehmen, er habe ebenfalls eine rebellische Einstellung. Viele Patienten wählen einen Therapeuten, von dem sie annehmen, er sei kein guter oder sogar der schlechteste Therapeut, weil sie einer Heilung ausweichen möchten (Be VI/304). Auch wenn ein Patient einem Therapeuten zugewiesen wird, wird er ihn allsogleich versuchen, in eine bestimmte Rolle zu schieben, die in seinen Lebensplan paßt (Be VI/349).

Für den Therapeuten besteht die vordringlichste Aufgabe darin, herauszufinden, welche Rolle er im Lebensplan des Patienten spielt oder spielen sollte. Er kann darüber Aufschluß erhalten, wenn er erfährt, wie der Patient mit allfälligen früheren Therapeuten umgegangen ist (Be VI/309 f, 353). Ein Therapeut, der die ihm zugedachte Rolle spielt, wird dem Patienten trotz möglichen Fortschritten nicht entscheidend helfen

können. Es gilt dies erst recht, wenn auch der Patient umgekehrt eine Rolle im Lebensplan des Therapeuten spielt (Be VI/
352). BERNE empfiehlt, gleich zu Beginn der Behandlung auf
diese Verhältnisse einzugehen mit Fragen wie «Haben Sie wirklich im Sinn, sich heilen zu lassen?» (Be VI/352) oder «Sind Sie
einverstanden, daß ich helfe, den Weg zu finden, der Sie aus
Ihrer Krankheit herausführt?» (Be VI/354).

Die Möglichkeit einer echten Heilung ist am größten, wenn
im Lebensplan des Patienten eine Weisung verankert ist, daß
zu seiner Heilung bestimmte Voraussetzungen erfüllt sein müssen und diese Voraussetzungen zu Beginn der Behandlung bereits bestehen oder während der Behandlung eintreten (Be VI/
254). Diese Voraussetzungen brauchen mit dem Therapeuten
persönlich nichts zu tun haben, z. B. «Die Schweiz ist das gelobte Land; hier werde ich Heilung finden!» Dies für einen Aus-
länder oder einen Schweizer aus dem Ausland, der sich zur
Behandlung in die Schweiz begibt. Oder: «Aller guten Dinge
sind drei und das ist mein dritter Therapeut!». Ist im Lebensplan
des Patienten einprogrammiert, daß ihm nie wird irgend jemand helfen können oder daß er ein Versager ist und bleiben
wird, so sind die Anforderungen an eine erfolgreiche Behandlung sehr groß. Der Therapeut muß diese Verwünschungen
durchbrechen, wozu er einen stärkeren Einfluß auf den Patienten ausüben muß als seinerzeit dessen Eltern. Eine unbewußte Direktive kann auch lauten: «Du darfst so lange zum
Psychiater gehen, als er dich sicher nicht heilt, denn schließlich
wirst du ohnehin Selbstmord begehen!» (Be VI/353).

Voraussetzung einer erfolgreichen Behandlung ist, daß das
Kind-Ich des Patienten zum Therapeuten soviel Vertrauen gewinnt, daß der Lebensplan aufgelöst werden kann. Die Grundeinstellung «Ich bin nicht O.K., du bist O.K.» ist eine bessere
Voraussetzung dazu, als eine Einstellung, die von vornherein
den andern und damit auch den Therapeuten als nicht O.K.
betrachtet. Der Therapeut muß den Patienten dazu ermutigen,
die einschränkenden elterlichen Direktiven zu durchbrechen.
Er muß ihn in seiner neu erworbenen Freiheit sodann unterstützen, damit er nicht einem schlechten Gewissen gegenüber seinen
inneren Eltern verfällt. Es bedingt dies beim Therapeuten, abgesehen von Wissen und Kunst, auch Zuversicht und Überzeu-
gungskraft. Letztlich hat der Therapeut dem Patienten behilf-

lich zu sein, den negativen elterlichen Anweisungen Widerstand zu leisten, ja, sie unwirksam zu machen. Das Vertrauen zum Therapeuten muß stärker sein als seine innerliche Abhängigkeit vom negativen Einfluß der Eltern. Das Kind des Patienten schreckt aber auch davor zurück, gesund zu werden. Er hat Angst, seine Mutter würde ihn verlassen und diese Angst droht immer wieder stärker zu werden als der Leidensdruck. «Zu diesem Zeitpunkt gibt es ein Stadium, in dem eine therapeutische Skriptanalyse sich kaum mehr von einer psychoanalytischen Therapie unterscheidet. Das Protokoll des Skripts wird zum Objekt der Forschung und die andern frühen Einflüsse, die den Patienten dazu führten, sich für eine Nicht-O.K.-Haltung und eine Nicht-O.K.-Lebensweise zu entscheiden, werden einer genauen Prüfung unterzogen.» Dabei werden auch die Widerstände deutlicher, z. B. der Stolz, ein Neurotiker, ein Schizophrener, ein Drogensüchtiger oder ein Krimineller zu sein (Be VI/312).

4. Träume

Für BERNE dienen die Träume der Patienten in erster Linie dazu, deren unbewußte Lebenspläne zu erkennen. Am raschesten gewinne der Therapeut einen Einblick in das Skript eines Patienten und in seine Weltanschauung, wenn er ihn nach irgend einem Traum frage (Be VI/308). BERNE spricht von «Skript-Träumen» und versteht darunter offensichtlich Träume, aus denen der unbewußte Lebensplan besonders klar hervorgeht. Berichtet der Patient einen solchen Traum, so eröffnet sich plötzlich ein logischer Zusammenhang zwischen verschiedenen Gegebenheiten, die vorher unverbunden nebeneinander standen (Be VI/174). Ein solcher Skript-Traum kann die Neuauflage eines Alptraumes aus der frühen Kindheit sein, nämlich aus der Zeit, in welcher der unbewußte Lebensplan sich ausgebildet hat. Diese Neuauflage braucht, oberflächlich gesehen, dem kindlichen Alptraum nicht genau zu entsprechen, kann aber oft als dessen Übersetzung in die Vorstellungswelt des Jugendlichen oder des Erwachsenen verstanden werden (Be VI/175).

Ich erinnere mich an eine Patientin, die ihren Vater, den sie sehr geliebt hatte, in der frühen Kindheit verloren hat. Sie träumte, ihr Mann fahre in einem Schiff davon und verlasse sie. Dieser Traum gab ihre immerwährende Angst wieder, auch ihr Mann werde sie, wie einst ihr Vater, eines Tages verlassen. Sie realisierte, daß sie eigentlich ständig in dieser Angst und damit in der Erwartung lebte, es werde dies eines Tages geschehen. Viele ihrer Erlebens- und Verhaltenseigentümlichkeiten konnten als Ausdruck dieser Erwartung verstanden werden. Die Aufhebung dieser Erwartung führte zu einer Erschütterung ihres bishigen Lebensgefühls. Die Aufhebung einer skriptgemäßen Überzeugung bedeutet immer einen Verzicht auf auf eine «liebgewordene» Haltung gegenüber dem Leben und setzt demgemäß die Überwindung eines Widerstandes voraus.

BERNE berichtet von einer Patientin, die seit Jahren wiederholt und auch während der Behandlung träumte, sie werde verfolgt und flüchte sich in einen abwärts führenden Tunnel, wo sie vor ihren Verfolgern geschützt war, die aber den Eingang bewachten. Sie entdeckte, daß am andern und untern Ende des Tunnels eine andere Gruppe gefährlicher Leute auf sie wartete. Die Patientin konnte demnach nicht vor und nicht zurück. Hätte sie sich gehen lassen, so wäre sie hilflos der unten stehenden Gruppe in die Arme geglitten. Sie mußte sich mit aller Kraft mit beiden Armen an der Tunnelwand anstemmen, um nicht abzurutschen. BERNE stellt fest, daß die Patientin den größten Teil ihres Lebens in einer derart verkrampften Haltung in einem Tunnel wie in einer Falle zugebracht habe, und ihre Einstellung und Vorgeschichte machte klar, daß ihr Skript darauf zusteuerte, daß sie eines Tages erlahmen und dem Tod in die Arme gleiten würde. «Eine Heilung von ihrem Skript würde bedeuten, daß sie aus dem ‹Tunnel› herausgeholt und in die wirkliche Welt hineingestellt würde», während die bisherige Behandlung nur dazu geführt hatte, daß sich die Patientin in ihrem Tunnel etwas bequemer fühlen konnte, während sie auf den Tod wartete (Be VI/174 f). BERNE stellt aber ausdrücklich fest, daß eine skriptbezogene Deutung von Träumen nur eine von ganz verschiedenen Möglichkeiten sei, einen Traum auszulegen (Be VI/175).

SAMUELS und GOULDING* lassen den Traum erzählen, wie wenn der Träumer, das, was er im Traum erlebt hat, eben jetzt

* A. Samuels, *A TA Approach to Dreams*, TAJ 4 (1974), Nr. 3, S. 27; R. Goulding, *Injunctions, Decisions and Redecisions*, TAJ 6 (1976), S. 74.

(nochmals) erleben würde. Dann soll er den Traum wiederholt nochmals erzählen, wobei er sich jedesmal mit einer andern Gestalt, einem andern Objekt oder einer Stimmung im Traum identifiziert. Wenn wir die beiden bereits erwähnten Träume als Beispiele heranziehen, so würde die Träumerin des ersten Traumes diesen nochmals erzählen, wie wenn sie das Schiff wäre, das den Mann entführt, dann, wie wenn sie dasselbe vom Mann aus erleben würde, schließlich vielleicht noch, wie wenn sie das Meer wäre, welches das Schiff trägt und die Träumerin zunehmend von ihrem Mann trennt. In Bezug auf unser zweites Traumbeispiel würde die betreffende Träumerin, nachdem sie den Traum in der Gegenwart mit «Ich» erzählt hat, dazu angeregt, die Ereignisse von den anonymen Verfolgern aus zu erzählen, dann vom Tunnel aus, schließlich von den Leuten aus, die sie am unteren Ende des Tunnels erwarten. In komplizierten Träumen werden diejenigen Motive herausgegriffen, die dem Träumer oder dem Therapeuten besonders bedeutsam erscheinen.

Bis da entspricht die Bearbeitung des Traumes der gestalttherapeutischen Technik, die F. PERLS eingeführt hat.* Nun soll aber der Träumer jedes der Motive, mit denen er sich identifiziert hat, einem seiner Ich-Zustände zuordnen: dem wohlwollenden Eltern-Ich, dem kritischen Eltern-Ich, dem Erwachsenen-Ich, dem reaktiven Kind-Ich, dem unbefangenen Kind-Ich, nachdem er in den vorangegangenen Sitzungen bereits gelernt hat, diese Ich-Zustände in sich selbst zu unterscheiden. Natürlich können dabei auch mehrere Traumkomponenten demselben Ich-Zustand zugeschrieben werden. Sie verkörpern dann verschiedene Aspekte desselben. SAMUELS spricht auch davon, daß die andern Gruppenteilnehmer die entsprechenden Rollen spielen können, nachdem festgestellt worden ist, welchem Ich-Zustand sie entsprechen. Es können die Rollen so verteilt werden, daß jeder eine Rolle spielt, die bei ihm im Alltag zu kurz zu kommen pflegt, so z. B. einer, der sehr kontrolliert lebt, die Rolle des unbefangenen Kindes, ein anderer, der sehr implusiv ist, die Rolle des Erwachsenen-Ichs.

Auch dieses letzterwähnte Verfahren, bei dem sich die andern Gruppenteilnehmer aktiv beteiligen, erinnert an eine Methode der

* F. Perls, *Gestalt-Therapie in Aktion*, Klett, Stuttgart, 1974.

Traumauslegung in Gestalt-Gruppen, nur müssen wir uns dabei klar sein, daß auf diese Art jeder seine eigenen Probleme darstellt und nicht mehr die Probleme des Träumers selbst. Ich sehe die vorgeschlagene Methode mehr als Anregung an, um sich mit den eigenen Ich-Zuständen auseinanderzusetzen, denn als eine eigentliche Auslegung des Traumes selbst, wie ihn die tiefenpsychologischen Verfahren anstreben.

Das von SAMUELS und GOULDING vorgeschlagene Verfahren kann nach SAMUELS dazu dienen, (1.) die verschiedenen Ich-Zustände besser zu umschreiben und zu definieren, (2.) ein Egogramm aus dem Traum zu konstruieren, aus dem ersichtlich wird, welche Anteile der Persönlichkeit eher zu dämpfen und welche eher zu akzentuieren sind, (3.) die existentielle Botschaft des Traumes in Beziehung zum Skript zu bringen, zu den bevorzugten Spielen und zu den Lieblingsgefühlen und Anhaltspunkte zu bieten zur Ausarbeitung von «Verträgen», die vom Skript befreien helfen, (4.) die Übertragung zu klären, (5.) gegenwärtige Konflikte zu klären und zu lösen.

Bevor GELLERT* mit der Traumarbeit beginnt, verlangt er vom Patienten eine Äußerung darüber, was er im Laufe der Behandlung an seinem Verhalten verändern möchte. Dann läßt er sich den Traum erzählen. Er frägt, nachdem er den Traum kennen gelernt hat, wie alt der Träumer im Traum ist oder was für Gefühle, die im Traum vorkommen, ihn besonders beeindrucken und wie diese beschaffen sind. Danach frägt er: «Was geschah in deinem Leben, als du so alt warst?» oder «... als du solche Gefühle hattest?» oder (beide Fragen zusammengezogen): «Was geschah in deinem Leben, als du so alt warst und diese Gefühle hattest?» Diese Fragen können im Träumer Erinnerungen, meist aus seiner Kindheit, wecken, die zu entscheidenden Ereignissen führen.

5. Strukturanalytische Ansätze zur Behandlung

Wichtige Bemühungen in der Therapie drehen sich darum, dem Patienten das Eltern-Ich, das Kindheits-Ich und das Erwachsenen-Ich zum Erlebnis zu bringen (Be I/160–165). Dazu wer-

* Sh. D. Gellert, *How to Reach Early Scenes and Decisions by Dream Work*, TAJ 5 (1975), S. 411 ff.

den die Patienten bereits in den ersten Sitzungen in die Lehre von der Persönlichkeitsstruktur nach transaktionaler Betrachtungsweise eingeführt. Sie sollen selbst erkennen lernen, welcher Ich-Zustand bei ihnen zu einem bestimmten Zeitpunkt im Vordergrund steht und allenfalls auch die Transaktionen in einer Einzelbesprechung oder in einer Gruppensitzung bestimmt (H 261). Die Wandtafel ist für den therapeutisch tätigen Transaktionsanalytiker ein unentbehrliches Requisit. Schon das erste Gespräch mit dem Patienten liefert Beispiele, z. B. indem der aufmerksame Zuhörer während einer beliebigen Viertelstunde des Gespräches, den Patienten in mindestens zwei verschiedenen Stimmen sprechen hört: mit einer «Elternstimme», wenn er vordergründige Lebensweisheiten zum besten gibt, und mit einer «Kinderstimme», wenn er ausdrückt, daß er sich den Bestimmungen seines unbewußten Lebensplans fügt (Be VI/324 f).

Der Therapeut sollten den Patienten lehren, auf das innere Gespräch zwischen den drei Instanzen zu hören, wie ein solches besonders vor wichtigen Entscheidungen und Handlungen vor sich geht. Dabei stößt der Therapeut jedoch meistens auf Widerstand, denn, wer Stimmen hört, gilt ja im allgemeinen als verrückt. Da aber jeder hier und da Selbstgespräche führt, läßt sich der Patient vielleicht doch überzeugen, daß er nicht deshalb abnormal ist, weil er in sich verschiedene Teilpersönlichkeiten wahrnehmen kann. BERNE führt den Widerstand gegenüber dieser Aufforderung des Therapeuten auch darauf zurück, daß der Patient sich die Illusion bewahren will, autonom und erwachsen zu sein, eine Illusion, die er aufgeben muß, wenn er realisiert, daß oft in ihm die Stimme der Eltern oder des (reaktiven) Kindes führend ist (Be VI/273 f, 369 f).

Manche Therapeuten benützen die gestalttherapeutische Methode des leeren Stuhls, um den Patienten ihre inneren Stimmen bewußt werden zu lassen. Der Patient kann dann z. B. dazu angehalten werden, sich mit einem leeren Stuhl zu unterhalten, wie wenn sein Vater darauf sitzen würde, dann den Sitz zu wechseln und nun so mit sich selbst zu sprechen, wie wenn er der Vater wäre (Be VI/370).

STUNTZ arbeitet mit verschiedenen leeren Stühlen. So kann z. B. dem Therapeuten gegenüber ein Stuhl stehen, in dem der Patient sitzen soll, wenn sein Erwachsenen-Ich aus ihm spricht, rechts, im rechten Winkel zum Sitz des Therapeuten, ein Stuhl für das Eltern-

„Stuhltechnik" nach Stuntz

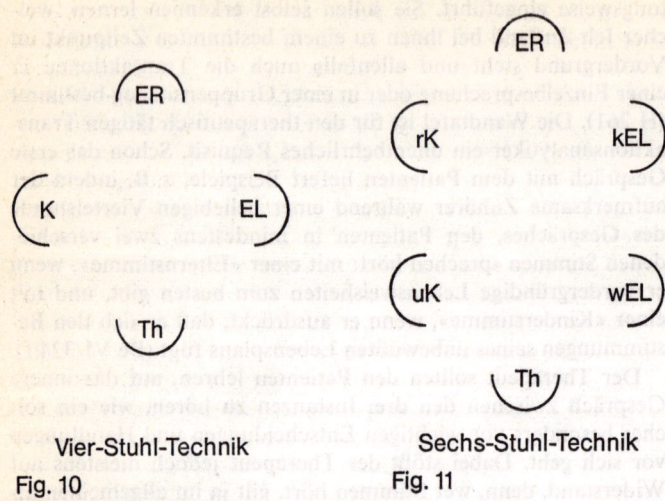

Vier-Stuhl-Technik
Fig. 10

Sechs-Stuhl-Technik
Fig. 11

Ich des Patienten, links ein Stuhl für dessen Kind-Ich (Fig. 10).
Es kann aber auch sinnvoll sein rechts zwei Stühle nebeneinander
zu stellen, wobei der eine für das einschränkend kritische, der andere für das gewährend-wohlwollende Eltern-Ich gedacht ist, während links gegenüber zwei Stühle für das reaktive und das unbefangene Kind-Ich bereit gehalten werden (Fig. 11). Indem dann der
Patient immer auf denjenigen Stuhl sitzt, von dem er glaubt, daß er
seinem momentanen Ich-Zustand entspricht, kann das, was in seinem Innern vor sich geht, psychodramatisch dargestellt werden. Die
wichtigen Dialoge spielen sich zwischen Eltern-Ich und Kind-Ich
ab, während das Erwachsenen-Ich zu beurteilen versucht, was dabei
vor sich geht (oder vor sich gegangen ist) und dabei besonders das
gewährend-wohlwollende Eltern-Ich und das unbefangene innere
Kind ermuntert, sich zur Geltung zu bringen.*

Andere Therapeuten benützen die Methode des Psycho-
dramas, wobei ausgebildete Helfer eine Rolle übernehmen und
der Patient eine andere. BERNE persönlich verzichtet auf diese
methodischen Hilfsmittel. Seiner Erfahrung nach genügt es im

* E. C. Stuntz, *Multiple Chairs Technique*, TAJ 3 (1973), S. 105 ff.

allgemeinen, den Patienten aufzufordern, unmittelbar auf seine inneren Stimmen zu hören. Dabei kann der Therapeut aber auch seine eigene Stimme sozusagen in den Kopf des Patienten «eindringen» lassen und sich in die Gespräche, die dort stattfinden, einschalten. Dabei stellt er die destruktiven elterlichen Direktiven unmittelbar in Frage und gibt dem Patienten die Erlaubnis, den Eltern *nicht* zu gehorchen. Die Haltung, zu welcher der Therapeut den Patienten dabei ermutigt, darf aber nicht als eine offene Rebellion verstanden werden, womit dieser wieder nicht frei und autonom entscheiden und tun würde, was er möchte und richtig findet, sondern in einem rebellischen Kind-Ich fixiert würde (Be VI/369 f).

Medikamente können die elterlichen Stimmen zum Schweigen bringen oder doch in den Hintergrund treten lassen, wodurch auch die Abhängigkeit des Kind-Ichs gemildert würde. Solche Medikamente dämpfen aber die ganze Persönlichkeit, was sich im Alltag nachteilig auswirken kann, eine echte Auseinandersetzung mit den Eltern verunmöglicht und die Gefahr mit sich bringt, daß die inneren Eltern sich später sogar am inneren Kind dafür rächen, daß es sie nicht beachtet und sich gewisse Freiheiten herausgenommen hat (Be VI/370 f).

Schon nur durch eine therapeutische Strukturanalyse können bei einer Behandlung befriedigende Resultate erreicht werden. Im übrigen dient sie aber auch als Vorbedingung für eine allenfalls notwendige vertiefte therapeutische Arbeit (Be IV/221).

a) Die Emanzipation des Erwachsenen-Ichs

Durch eine Stärkung des Erwachsenen-Ichs wird die Möglichkeit geschaffen, daß der Patient die Realität so sehen lernt, wie sie ist, und dementsprechend realitätsgerechte Urteile und Entscheidungen fällen kann. Das Erwachsenen-Ich vermittelt zwischen Eltern-Ich und Kind-Ich, wobei es dazu beiträgt, das unbefangene innere Kind von einschränkenden elterlichen Direktiven zu befreien. Nach BERNE genügt es bei vielen Patienten, zur Behebung ihrer Störungen, wenn das innere Kind statt auf das einschränkende oder gar destruktive Eltern-Ich auf sein Erwachsenen-Ich hören lernt. Der Therapeut dient dabei als Vermittler, indem das, was er sagt, vom Patienten zuerst an die

Stelle der Stimme seiner Eltern tritt, was einer sogenannten Übertragung entspricht, schließlich aber als realitätsgerechter Ausdruck eines Erwachsenen-Ichs erkannt wird, das der Patient schließlich durch sein eigenes Erwachsenen-Ich ersetzen kann.* Wer unter dem Gebot steht «Denk nicht!» darf keine Erwachsenenhaltung einnehmen. Ein solches Gebot bildet einen mächtigen Widerstand gegen die Emanzipation des Erwachsenen-Ichs.

«Die Aufhebung von Trübungen des Erwachsenen-Ichs ist eine frühzeitig einsetzende Forderung in der Therapie» (CSt 41). Diese Aufgabe ist aber schwierig zu erfüllen, da die Trübungen durch Rationalisierungen verteidigt werden. Bei Trübungen der Erwachsenenhaltung durch das Eltern-Ich sollte dem Betreffenden klargemacht werden, daß es für ihn als selbständigen erwachsenen Menschen nicht mehr gefährlich ist, anderer Meinung zu sein als die Eltern. Geht es um eine Trübung durch das Kind-Ich, so muß der Betreffende erkennen lernen, daß grundsätzliche Anpassung oder grundsätzliche Rebellion gegen imaginäre Elternfiguren irreal sind (H 120 f). Zur Aufhebung der Trübungen verhilft eine im genau richtigen Zeitpunkt einsetzende Konfrontation der Erwachsenenhaltung des Therapeuten mit den realitätsfremden Ideen, die Anlaß der Trübung sind (CSt 41). Erst ein Erwachsenen-Ich, das frei von Trübungen ist, kann als wirklich autonom angesehen werden (Be I/165).

Übungsbehandlung ist ein wesentlicher Zug der therapeutischen Strukturanalyse. Das Erwachsenen-Ich wird wie ein Muskel betrachtet, der durch Übung erstarkt. Sind die Trübungen aufgehoben und die Grenzen zum Eltern-Ich und zum Kind-Ich geklärt, dann sollte sich der Patient darin üben, sein Erwachsenen-Ich sinnvoll einzusetzen und zu diesem Zweck lange genug «darin» zu verweilen (Be I/151 f). Dann werden sich auch die Beziehungen zu den Mitmenschen im Alltag, besonders zu den Familienangehörigen verbessern. Je besser es dem Patienten gelingt, von Erwachsenen-Ich zu Erwachsenen-Ich mit andern zu verkehren, umso mehr bessern sich auch die sozialen Verhältnisse in seiner familiären und beruflichen Situation. Destruktive Spiele zwischen Ehepartnern, zwischen Eltern und Kindern sowie zwischen Freunden werden abgebaut. Der Patient wird mutiger und glücklicher schon lange, bevor die tiefenpsychologi-

* E. Berne, *In Treatment*, TAB 1 (1962), S. 10.

sche Behandlung seiner verwirrten Kinder abgeschlossen ist (Be I/160–165). Überdies ist die Stärkung des Erwachsenen-Ichs des Patienten auch notwendig, um sich seiner Mitarbeit bei der Behandlung zu sichern. Das Erwachsenen-Ich des Patienten und dasjenige des Therapeuten sollten zusammenarbeiten, allerdings weder im Sinn einer Komplizenschaft noch einer sentimentalen Kameraderie, sondern wie ein Team zweier selbstverantwortlicher Persönlichkeiten. Beiden muß dabei klar sein, daß der Therapeut ein Fachmann ist und weder ein persönlicher Manager noch ein Kindergärtner. Auf jeden Fall muß vermieden werden, daß der Patient sich von seiner Eigenverantwortlichkeit drückt mit dem Argument, er sei ohnehin nur ein Neurotiker. Der Patient ist nicht nur ein Neurotiker, sondern eine Persönlichkeit mit einem zwar vorläufig noch verwirrten Kind, aber doch auch mit einem Erwachsenen-Ich, das, so ungeschickt und schwach es vorerst auch sein mag, geübt und gestärkt werden kann (Be I/153).

Im allgemeinen sollte der Therapeut auf den Patienten mit seinem Erwachsenen-Ich reagieren, so sehr auch der Patient im Sinn einer Übertragung aus einer Kindheitshaltung heraus das Eltern-Ich des Therapeuten zu provozieren sucht. Es wird deswegen immer wieder zu gegensinnigen oder gekreuzten Transaktionen kommen: Der Patient spricht aus seinem Kindheits-Ich das Eltern-Ich des Therapeuten an; dieser aber antwortet immer wieder aus einer Erwachsenenhaltung heraus und richtet sich an das Erwachsenen-Ich des Patienten. Der Patient ist vorerst fassungslos, da er mit seinem Versuch, dem Therapeuten zu begegnen, nicht ankommt (Be I/174). Er soll aber gezwungen werden, mehr und mehr sein eigenes Erwachsenen-Ich einzusetzen und damit Selbstverantwortlichkeit und Autonomie zu entwickeln. In Anspielung auf ein Grundprinzip der psychoanalytischen Therapie könnte in diesem Zusammenhang auch in Bezug auf die Haltung der transaktionsanalytischen Therapeuten von einer «Therapie in Versagung» gesprochen werden.

Es gibt allerdings auch Situationen, in denen der Therapeut absichtlich aus einer Elternhaltung heraus reagiert und damit auf die sogenannte Übertragung des Patienten eingeht. Es ist dies dann angebracht, wenn das Kind-Ich des Patienten schizoide Züge trägt (Be I/164 f), nach der Transaktionalen Analyse Folge stark sabotierender Einflüsse der leiblichen Eltern auf das Kleinkind. Es gibt auch Patienten, deren Eltern früh gestorben sind oder die aus andern Gründen keine Eltern erlebten. Bei diesen besteht eine Lücke im Eltern-Ich, selbst wenn der Patient dies bestreiten sollte, da er glaubt, andere Beziehungspersonen hätten ihm die Eltern ersetzt. In diesem Fall besteht ein «Eltern-Hunger», der zuerst gestillt werden muß, bevor das Skript verändert oder aufgehoben werden kann».* Bei einem therapeutischen Eingriff, den BERNE als «entscheidende Intervention» bezeichnet, spricht der Therapeut den Patienten aus dem Eltern-Ich an (s. S. 224 ff).

Auch bei der Gruppentherapie kann es angebracht sein, daß der Therapeut eher eine elterliche als eine erwachsene Haltung einnimmt. Dabei hat er Gelegenheit, eine wohlwollendere Haltung einzunehmen, als es viele Patienten von ihren leiblichen Eltern her gewöhnt sind und damit dem verängstigten Kind-Ich dieser Teilnehmer Erleichterung verschaffen. BERNE beschreibt eine solche Gruppe, in der er Patienten mit latenter Psychose aufgenommen hatte. Er erwähnt auch eine Patientin, die er in eine andere Gruppe aufgenommen hatte, in der er eine Erwachsenenhaltung einnahm, die aber gleichzeitig bei einem Sozialarbeiter in Behandlung war, der ihr in einer wohlwollenden elterlichen Haltung gegenübertrat. Eine solche Zusammenarbeit könne sehr wertvoll sein. Der eine Therapeut analysiert dann mit dem Patienten die Spiele, die er beim andern durchzuführen versucht (Be I/157 f).

b) Die Erneuerung des Eltern-Ichs nach Muriel JAMES

Wie schon STEINER festgestellt hat, ist das Eltern-Ich nicht ein für allemal durch die Internalisierung des Verhaltens der leiblichen Eltern fixiert. Die Neigung, eine Elternhaltung einzunehmen, ist angeboren, vor allem das Bestreben, eigene Kinder zu versorgen und zu verteidigen. Lebenserfahrungen können aber von der Jugend bis ins Alter die Elternhaltung verändern: Es können neue Situationen, z. B. die Notwendigkeit, eigene Kinder zu erziehen, elterliches Verhalten herausfordern; es kann die Begegnung mit neuen Autoritätsfiguren oder mit

* E. Berne, *Preliminary orientation,* ITAA Summer Conference, TAB 5 (1966), S. 171 f.

Menschen, die wir bewundern, durch neue Internalisationsprozesse unser Eltern-Ich verändern (CSt 36 f).

JAMES hebt nun als dritten Weg zur Veränderung des Eltern-Ichs noch die Möglichkeit hervor, durch eigene Entscheidung und Übung im Alltag die Elternhaltung gegenüber andern wie sich selbst zu verändern, nämlich die von den eigenen Eltern übernommene Haltung zu entschärfen, zu kompensieren oder zu ergänzen.* Es ist das dann nötig, wenn die bestehende Elternhaltung geeignet ist, die Entwicklung zur Autonomie einzuschränken.

Um festzustellen, wer einer Erneuerung seines Eltern-Ichs bedürfe, stellt JAMES an die Patienten jeweils drei Forderungen: (1.) Beschreibe mit fünf Worten, wie du deine Mutter als kleines Kind erlebt hast! (2.) Beschreibe desgleichen deinen Vater! (3.) Wenn es noch andere Erwachsene gab, die sich um dich als Kleinkind bemüht haben, dann beschreibe, wie sie waren! – JAMES glaubt, daß sie aus den Antworten erfahren könne, was für Eigenschaften der Eltern einschränkend waren und was für Eigenschaften die Autonomie des Kindes zu fördern geeignet waren. Diese beiden Arten von Eigenschaften seien voneinander zu sondern und daraus ein Eltern-Ich zu konstruieren und zwar derart, daß dieses einerseits die positiven und fördernden Eigenschaften der leiblichen Eltern enthalte und andererseits solche Eigenschaften, welche die destruktiven Eigenschaften der eigenen Eltern aufheben würden.

Die Erneuerung des eigenen Eltern-Ichs ist ein psychologischer Prozeß, der verschiedene Stadien durchläuft. Der Patient muß sich detailliert mit der Wirkung, die seine Eltern in der Kindheit auf seine Entwicklung hatten, auseinandersetzen. Er muß sich über die Bedeutung der einschränkenden Eigenschaften seiner Eltern in Bezug auf seine gegenwärtige Haltung gegenüber sich selbst wie gegenüber den Mitmenschen und der Welt und dem Leben im allgemeinen klar werden. Er muß die natürlichen Bedürfnisse seines unbefangenen inneren Kindes erkennen lernen, wozu z. B. Methoden aus der Gestalttherapie behilflich sein können. Inwiefern das bisherige Eltern-Ich einer Korrektur und Ergänzung bedarf, ergibt sich aus der Auseinandersetzung zwischen Erwachsenem-Ich und unbefangenem

* M. James, *Self-Reparenting: Theory and Process,* TAJ 4 (1974), Nr. 3, S. 32 ff, und MJ Tech S. 486 ff.

inneren Kind. Die Erneuerung des eigenen Eltern-Ichs entspricht nach JAMES einem Entschluß des Erwachsenen-Ichs. Dieser Entschluß sei begleitet von einem «inneren Vertrag», nämlich dem Vorsatz, sich in der Folge sowohl gegenüber andern wie gegenüber dem eigenen inneren Kind auf diese neue Art und Weise zu verhalten. Werde dann versucht, diesen Vorsatz in die Praxis umzusetzen, könne dies vorerst unbequem sein und unecht anmuten, bald aber werde es immer besser gelingen und schließlich sogar spontan und selbstverständlich geschehen. Nach meiner Erfahrung spielt die Unterstützung durch den Therapeuten oder durch die Gruppe bei diesem Prozeß eine große Rolle. Er geht auch nicht isoliert vor sich, sondern ist in der Praxis verwirkt mit anderen, weiter unten beschriebenen therapeutischen Ansätzen und Methoden. Wenn ein Patient mir überzeugend und selbst verwundert sagt: «Ich bin heute eigentlich viel wohlwollender gegenüber mir selber eingestellt als vor der Behandlung!», dann weiß ich, daß er sein Eltern-Ich erneuert hat.

c) Die Erneuerung des Eltern-Ichs bei der Behandlung jugendlicher Schizophrener nach M. u. J. SCHIFF*

Das Ehepaar Morris und Jaqui SCHIFF begann erfolgreich, jugendliche Schizophrene und schizoide Persönlichkeiten unter 30 Jahren zu behandeln, indem sie diese in ihre eigene Familie, die noch drei Buben im Schulalter mitumfaßte, zu integrieren versuchte. Die beiden Therapeuten verhielten sich genau so, wie wenn sie die Kranken endgültig adoptiert hätten und ließen sie fühlen, daß sie nicht mehr zu ihren leiblichen Eltern oder in eine psychiatrische Klinik zurückgeschickt würden. Nach einigen Wochen pflegten die Kranken, von ihrer Umgebung ermuntert, bis ins Kleinkindes- und Säuglingsalter zu regredieren, wobei sie von ihren Pflegeeltern und «Geschwistern» dann auch wie wirkliche Kleinkinder und Säuglinge behandelt, d. h. gefüttert, gestreichelt, gesäubert und gebadet wurden. Im Laufe

* J. Schiff, *Advances in Group Treatment* (Referat), TAB 7 (1968), S. 85 ff; *Reparenting Schizophrenics,* TAB 8 (1969), S. 47 ff und nachfolgende Berichte von Patienten, S. 64–71; A. Schiff, *Reparenting Schizophrenics,* TAB 8 (1969), S. 72–75; A. W. Schiff u. J. L. Schiff, *Passivity,* TAJ 1 (1971), Nr. 1, S. 71; J. Schiff, *All my children,* Evan, New York, 1971.

von Monaten wurden sie durch die orale, anale und phallisch-ödipale Phase hindurchbegleitet. Es wurde dabei immer zum Ausdruck gebracht, daß sie bedingungslos ernst genommen, geschätzt und geliebt würden. Sie wurden dabei nicht verwöhnt, sondern fortlaufend mit Lob und Tadel erzogen und ihnen auch die realitätsgerechten moralischen Werte vermittelt, zu denen die Pflegeeltern selbst sich bekannten. Diese lebten ihnen auch die traditionellen Rollen von Vater und Mutter vor, ermutigten sie und zogen sie, wie dies in einer Familie mit vielen Kindern üblich und notwendig ist, zu den täglichen Hausarbeiten bei. Eigentlich krankhaftes Verhalten wurde nicht durchgelassen, wohl aber alle Arten kindlichen Verhaltens. Es stellte sich heraus, daß es besonders wichtig ist, die Kranken dazu zu erziehen, Probleme und Konflikte zu erkennen und selbstverantwortlich zu lösen sowie Auseinandersetzungen nicht auszuweichen.

Im Laufe von drei Jahren (1966–1969) konnten 14 von 19 Kranken anscheinend völlig geheilt, arbeits- und beziehungsfähig entlassen werden. Sie blieben in Kontakt zur Pflegefamilie, die sie von Zeit zu Zeit wieder aufsuchen. Kontakt mit den leiblichen Eltern brachte die Gefahr von Rückfällen mit sich. J. SCHIFF erklärt die Behandlungserfolge damit, daß die Krankheit durch die Internalisierung eines krankhaften Eltern-Ichs mindestens mitbedingt gewesen sei. Die Eltern der Kranken hätten in erster Linie ihren eigenen Bedürfnissen und nicht denen ihrer Kinder gelebt und diesen vorwiegend negative Botschaften zukommen lassen. Durch die radikale Trennung der Kranken von den Herkunftsfamilien sei es gelungen, ihr krankhaftes Eltern-Ich sozusagen zu entmachten. Wenn dies gelungen sei, habe jeweils die tiefgehende Regression eingesetzt. Infolge der durchgehend wohlwollenden Haltung der Pflegeeltern und Pflegegeschwister sei den Kranken in der Regressionsphase Gelegenheit gegeben worden ein von Grund auf neues Eltern-Ich aufzubauen. Die Krankheitssymptome werden von SCHIFF als Versuch erklärt, den leiblichen Eltern Phantasieeltern zur Seite zu stellen – seien es Gott, Nachbarn oder irgendwelche Gestalten aus Erzählungen – und sich diesen im Erleben und Verhalten anzupassen. Auf diese Art würden die Kranken in sich nebeneinander verschiedene Arten von reaktivem Kind-Ich aufstellen. Die schizophrenen Symptome seien zugleich Versuche, kindliche Bedürfnisse auf unangepaßte Art doch noch auszudrücken und zu befriedigen.

Ich würde zögern, diese «Adoptionstherapie» als spezifisch transaktionsanalytisch zu bezeichnen. Es ist eher die *Interpretation* ihrer Wirkungsweise transaktionsanalytisch. Auch bei der Schlafkur, mit der an Schizophrenie Erkrankte früher behandelt wurden, dann aber auch bei der Insulinkur wurde immer wieder behauptet, daß die Regression, der die Patienten dabei verfallen, ihre Hilflosigkeit im Dämmerzustand und die Pflege, die sie dann nötig haben, das wesentliche Moment dieser Therapieformen darstelle. Der bekannte daseinsanalytisch eingestellte Psychotherapeut Medard Boss hat schon vor Jahrzehnten eine Hinwendung zum Kranken, ähnlich derjenigen wie sie das Ehepaar SCHIFF beschreibt, als Behandlung bei Schizophrenie und andern Persönlichkeitsstörungen empfohlen.

d) Die Regressionsanalyse

In seinem ersten Buch hat BERNE ein Verfahren beschrieben, mit dem er dem inneren Kind eines Patienten ermöglichen möchte, sich «auszusprechen» (Be I/247–255). Damit würde erleichtert, die Probleme, die das Kind-Ich betreffen, durchzuarbeiten. Schließlich könnte mit dem Verfahren das Kind-Ich wie ein konkretes Kind behandelt werden: es könnte wohlwollend, sogar zärtlich ermuntert werden, sodaß es alle seine Qualitäten entfalten könne und auch bisher verborgene Züge zum Vorschein kommen können.

Das Vorgehen, das BERNE als «Regressionsanalyse» bezeichnet, besteht darin, daß der Therapeut wie ein Fünfjähriger zu sprechen versucht und sich mit seinem Patienten unterhält, den er auffordert, sich in seine Kinderzeit zurückzuversetzen, auf jeden Fall sich bei diesem Gespräch nicht über acht Jahre alt zu fühlen. Ein Fünfjähriger hat bereits ein gewisses Gefühl für die Realität, aber einen begrenzten Wortschatz, der noch nicht durch Schulerfahrungen angereichert ist. Spricht der Patient zu erwachsen, dann versteht ihn der Therapeut einfach nicht. Die Grenze von acht Jahren wird von BERNE deshalb gewählt, weil er annimmt, daß sich doch jedermann noch an ein Alter, das darunter liege, erinnern könne.

Bei einem solchen Gespräch können sich die Schwierigkeiten und Probleme, denen sich der Patient als kleines Kind gegenübersah, offenbaren, wobei der Therapeut durch das, was er sagt, seinen Gesprächspartner dazu bringen kann, diese Schwierigkeiten und Probleme möglichst klar darzustellen – immer mit dem Verständnis und der Sprache eines Kindes. Ein solches Gespräch von Kind zu Kind läßt sich sowohl im Rahmen einer Einzeltherapie wie einer Gruppentherapie inszenieren. In einer Gruppe können sich auch mehrere Teilnehmer an einem solchen Gespräch beteiligen.

«Die Regressionsanalyse ist eine Art von Psychodrama, scheint aber sowohl hinsichtlich seines theoretischen Hintergrundes wie seiner Technik präziser zu sein. Der Spielraum ist beschränkter, aber auch weniger künstlich, denn die Teilnehmer, einschließlich des Therapeuten, spielen eine Rolle, die sie zuvor in Blut, Schweiß und Tränen wirklich verkörpert haben.» Voraussetzung ist auf jeden Fall, daß der Patient bereits in der Strukturanalyse gut geschult ist. Sein Zweck besteht darin, die Abwehr aufzuweichen und die energetische Besetzung vorübergehend auf das Kind-Ich zu verschieben. Für Patienten, die völlig im Eltern-Ich oder Erwachsenen-Ich befangen sind, ist dies sehr schwierig, andern aber fällt es leichter, manchmal so leicht, daß sie, wie BERNE schreibt, gar nicht verstehen, was dabei vor sich geht.

BERNE stellt bei dieser ersten ausführlichen Beschreibung des Verfahrens aus dem Jahr 1961 fest, daß es die Praxis der Transaktionalen Analyse am weitesten vorantreibe. Es sei aber erst im Versuchsstadium. Er erwähnt das Verfahren erneut kurz in seinem Wienervortrag 1968, dann aber, besonders auch in seinem zuletzt erschienenen zusammenfassenden Werk, nicht mehr. Es bleibt demnach offen, ob es sich ihm bewährt hat. Ich vermute, daß es vor allem durch den Einbau gestalttherapeutischer Verfahren, deren sich viele Transaktionsanalytiker zu bedienen pflegen, gleichsam überholt wurde.

e) Die Befreiung des unbefangenen Kindes

Während der Sitzungen beim Therapeuten sollte es dem Patienten gestattet sein, sein unbefangenes inneres Kind «herauszulassen» (Be I/161). Es ist keinesfalls Aufgabe des Therapeuten, den Patienten daran zu hindern, sein inneres Kind «auszuagieren». Allerdings hat er den Patienten anzuleiten, im Alltag das Ausagieren des Kindes durch sein Erwachsenen-Ich zu kontrollieren, sodaß sozial destruktive Folgen ausbleiben (Be I/153).

BERNE wie STEINER machen darauf aufmerksam, daß eine Veränderung der Erlebens- und Verhaltensweise, wie sie bei einer Transaktionalen Analyse angestrebt wird, auch durch andere als nach den Regeln der Transaktionalen Analyse geführten Gruppen gefördert werden kann, nämlich durch sogenannte «Erlaubnis-Klassen» (Be VI/371 f, CSt 316 ff). BERNE verhält sich bei seinen Empfehlungen dabei allerdings zurückhaltender als STEINER. In der Tat trifft es auch nach meiner Erfahrung zu, daß auch andere Arten von Selbsterfahrungsgruppen, die sich über längere Zeit alle Wochen oder alle zwei Wochen treffen, oder Gruppenveranstaltungen, die über ein Wochenende oder mehrere Tage dauern, dazu dienen, das eigene unbefangene Kind besser kennen zu lernen und zum Ausdruck zu bringen. Es geschieht dies am ehesten durch Anregungen und Übungen aus der Encounter-Tradition.

In der Gruppenbewegung hat «Encounter» (Begegnung) eine doppelte Bedeutung: (1.) Die Encountergruppe nach ROGERS befaßt sich mit Gesprächen zwischen den Teilnehmern, wobei der Leiter durch sein eigenes Verhalten und die Regeln, die er vorschlägt, ein Klima der Aufrichtigkeit und des Vertrauens schafft, in der jeder jeden andern so akzeptiert, wie er ist.* Es kommt zwischen den Teilnehmer zum Abbau von Masken und Fassaden, zur Auflösung von Identifikationen mit sozialen Rollen. Jeder zeigt sich schließlich im Gespräch so, wie er wirklich ist und sagt, was er fühlt und denkt. Bisher selbstverständliche Erlebens- und Verhaltensweisen werden dadurch gelockert und in Frage gestellt; mitmenschliche Kontakt- und Beziehungsmöglichkeiten werden neu erfahren; soziale Ängste werden abgebaut und vielfach als hinderlich und überflüssig erlebt. (2.) In den Encounter-Gruppen nach SCHUTZ u. a. wird vor allem geübt, differenzierte Sinneserfahrungen und Körperempfindungen zu erleben sowie Gefühle wahrzunehmen und auszudrücken.** Körperkontakte und andere Formen abverbaler Begegnung zwischen den Teilnehmern werden gefördert. Bewegungen sind so wichtig wie Gespräche. Der Leiter ordnet Übungen an, durch

* Carl R. Rogers, *Encounter-Gruppen,* Kindler, München 1974.
** William C. Schutz, *Freude,* Rowohlt, Reinbek bei Hamburg, 1971; *Encounter,* ISKO-Press, Hamburg, 1977.

welche Erfahrungen in der gekennzeichneten Richtung ermöglicht und intensiviert werden können. Gedankliche Reflexionen spielen kaum eine Rolle.

In solchen Gruppen können die Teilnehmer lernen, elterliche Verbote, unaufgefordert zu sprechen oder gar zu denken, zu überwinden; sie können lernen, andere zu berühren und sich selbst berühren zu lassen, sich ausgiebig zu bewegen oder gelassen zu entspannen, sich anmutig oder selbstsicher zu verhalten, zu lachen oder zu weinen, zu tanzen oder mit andern zu kämpfen, sich sexuell attraktiv oder sich aggressiv zu benehmen usw. STEINER hat gute Erfahrungen damit gemacht, daß er Patienten, die nach mehreren Monaten transaktionsanalytischer Therapie keine Fortschritte mehr machten, in Marathonveranstaltungen schickte.

Marathonveranstaltungen sind Gruppensitzungen, die 12 bis 18 Stunden dauern und bei denen die Teilnehmer sich im Sinn der Encounter-Tradition erfahren. – Nach meiner Erfahrung ist es sehr wohl möglich, in Gruppen rein verbale Auseinandersetzungen und Belehrungen wie in klassischen transaktionsanalytischen Gruppen nach BERNE mit Anregungen im Encounter-Stil zu kombinieren. Auch STEINER gibt Anleitungen für solche Möglichkeiten, z. B. verbale und averbale «Streichelübungen» (CSt 331 ff).

6. Die therapeutische Analyse destruktiver Erlebens- und Verhaltensmuster

Für diese Seite der Therapie ist die Beobachtung des Patienten im Rahmen einer Gesprächsgruppe sehr vorteilhaft oder sogar fast unersetzbar. Der Therapeut, der nur beobachtend und deutend an den Gruppensitzungen teilnimmt, wird an den averbalen und verbalen Äußerungen des Patienten bald erkennen, ob er eine Verlierer- oder Nicht-Gewinnerhaltung einnimmt oder sogar bereits nahe an einer Gewinnerhaltung ist. Ebenso kommt die bevorzugte Grundeinstellung in der Auseinandersetzung mit andern bald deutlich zum Ausdruck, ebenso die Lieblingsgefühle und Lieblingsüberzeugungen. Besonders wertvoll ist die Gruppe für die Analyse der vom Patienten bevorzugten Spiele, die ja letztlich seine Lieblingshaltungen und damit auch seinen Lebensplan stützen sollen.

Wie auch bei der Strukturanalyse ist die intuitive Beobachtungsfähigkeit des Therapeuten wichtig. Er sollte dabei ganz wach, ausgeruht und in jeder Beziehung in guter Verfassung sein. Er darf keine Vorurteile und Erwartungen gegenüber seinen Patienten haben, sogar vom entschiedenen Willen, ihnen zu helfen, sollte er sich befreien, wenn er wirklich unvoreingenommen beobachten möchte (Be VI/321 f). Nicht nur die Mimik, die allgemeine Körperhaltung und die Gebärden des Patienten sind wichtig, sondern auch lautliche Äußerungen. Hüsteln bedeutet nach BERNE «Niemand liebt mich!», Seufzen «Wenn ich doch nur . . .». Aus der Art des Lachens, nämlich ob es hämisch, wehmütig oder boshaft tönt oder ob es wohlwollend, Ausdruck eines befreienden Aha-Erlebnisses oder einfach nur von Herzen unbefangen freudvoll ist, gibt dem Therapeuten wichtige Hinweise. Der sprachliche Akzent zeigt bei Ausländern, wie leicht sie sich veränderten Verhältnissen anzupassen pflegen. Inländische Dialekte lassen darauf schließen, welcher der elterlichen Bezugspersonen, wenn diese aus verschiedenen Gegenden stammen, der Betreffende eher nachahmt. Was grammatikalische Eigenheiten anbetrifft, so dienen gehäufte Adjektive und abstrakte Substantive dazu, Eindruck zu machen; Aussagen mit Pronomina, Verben und konkreten Substantiven haben einen höheren Echtheitswert (Be VI/323–331).

a) Die Verliererhaltung

Es ist wichtig, daß der Patient zur Einsicht gelangt, auf welche Art und Weise er als Verlierer immer wieder seine eigenen Erwartungen zu erfüllen versucht, wie er seine Erfahrungen immer wieder so auslegt, daß sie ihm bestätigen «Ich bin ein Verlierer!» Auch dabei spielt die Belehrung eine wichtige Rolle. Wenn wir dem Patienten erklären, was wir unter einem «Gewinner», einem «Nicht-Gewinner» und einem «Verlierer» verstehen, verhelfen wir ihm zur Distanz gegenüber seinen eigenen Erlebens- und Verhaltensmustern, und diese Distanz erleichtert ihm die Einsicht. Wie auf dem ganzen Gebiet der Psychotherapie ist eine Einsicht umso wirksamer, je lebendiger sie ist, je mehr wir einen Patienten *erleben lassen können,* wie er in einer bestimmten Haltung befangen ist. Dabei haben wir gegen

Widerstände anzukämpfen, denn jeder möchte seine Haltung, die er sich im Laufe seines Lebens gegenüber sich selbst, der Welt und den Mitmenschen erworben hat, bestätigt wissen und verteidigt sich oft sehr energisch, wenn sie in Frage gestellt wird. Es ist kein Zweifel, daß eine rein intellektuelle Einsicht in die Tatsache, in einer Verliererhaltung befangen zu sein, die Bedeutung einer Abwehr haben kann. Der Betreffende glaubt dann gleichsam, das Problem sei gelöst, wenn er rational versteht, um was es geht. Ebenso besteht aber auch kein Zweifel, daß eine Einsicht zu einer emotionalen Erschütterung führen kann, womit eine Änderung der Erlebens- und Verhaltensgewohnheiten eingeleitet werden kann.

b) Die Grundeinstellung

Was hier zur Verliererhaltung gesagt wurde, gilt auch für die vom Patienten bevorzugten Grundeinstellung. Dabei ist es allerdings oft noch schwieriger, den Patienten zu einer erlebten Einsicht zu führen, da der Therapeut selbst ja in die Grundeinstellung des Patienten einbezogen ist: Hat der Patient eine «Ich–, du+»-Einstellung, wird er gläubig annehmen, was ihm der Therapeut sagt, aber Mühe haben, die Verantwortung für sich selber in die Hand zu nehmen. Er erwartet Ratschläge, auf die er sich in Zukunft abstützen kann, hat aber Schwierigkeiten einzusehen, daß es darum geht, daß er seine Grundhaltung gegenüber dem Leben ändert, indem er darauf verzichtet, bei allen Lebensschwierigkeiten auf die «Ich–, du+»-Einstellung auszuweichen. Hat der Patient gewohnheitsmäßig eine «Ich+, du–»-Einstellung, besteht für ihn von vornherein die Versuchung, die therapeutischen Möglichkeiten gering zu schätzen und den Therapeuten abzuwerten. Wenn er überhaupt mit einem ausgesprochenen «Leidensdruck» in die Behandlung kommt, so ist seine Grundeinstellung und damit auch sein Selbstgefühl bereits erschüttert und bedroht. Ich spreche häufig diese Tatsache direkt an und pflege in der Folge zu sagen, ich würde ihn erst als geheilt und gesund ansehen, wenn die Tatsache, daß er einen Therapeuten (oder sonst jemanden) um Hilfe ersuche, keine Minderwertigkeitsgefühle mehr in ihm auslöse. Am schwierigsten ist es für den Therapeuten, mit den Patienten konstruktiv

211

zu arbeiten, die in einer «Ich–, du–»-Einstellung befangen sind. Sie trauen weder sich selbst noch dem Therapeuten etwas zu. Sie sind davon überzeugt, daß ja doch alles nichts mehr nützt. Manchmal sind solche Patienten vorerst über den Intellekt erreichbar, indem ich sie belehrend auf ihre destruktive Grundeinstellung aufmerksam mache. Andere sind dadurch erreichbar, daß ich ihre Einstellung als Möglichkeit ausdrücklich akzeptiere. Manchmal gelingt es mir, mit ihrem verschütteten unbefangenen Kind Kontakt aufzunehmen, was sich dann in einer sogenannten Übertragung äußert, die ich vorerst nicht zerstöre und erst in Frage stelle, wenn sich die Möglichkeit einer tragfähigen Beziehung von Erwachsenen-Ich zu Erwachsenen-Ich aufgetan hat.

Auch der Weg von den defensiven Grundeinstellungen «Ich–, du+» und «Ich+, du–» führt oft über eine vorübergehende verzweifelte «Ich–, du–»-Haltung. Fanita ENGLISCH beschäftigt sich eingehend mit dieser kritischen Erscheinung. Sie kann die Gefahr von Suizid, von Tötungshandlungen oder psychotischen Reaktionen auch bei Patienten mit sich bringen, deren Skript an sich nicht auf ein solches «Ende» hinsteuern würde. Manchmal ist dieser Zustand so schwer zu ertragen, daß der Zwang des Lebensplanes das kleinere Übel dagegen erscheint. Diese Erscheinung kann in der Einzeltherapie wie in einer Gruppentherapie auftreten und der Therapeut darf sich davon nicht überraschen lassen. Oft geht ein unvermittelter Wechsel der beiden Grundeinstellungen «Ich bin O.K., du bist nicht O.K.» und «Ich bin nicht O.K., du bist O.K.» einer solchen Krise voraus. Manchmal versichert der Patient auch vorher krampfhaft, er habe die Einstellung «Ich bin O.K., du bist O.K.» erreicht. Während ein und derselben Marathonsitzung kann ein Wechsel dieser Einstellungen sehr rasch vor sich gehen.

ENGLISCH frägt sich, ob eine rasche oder langsame Entwicklung über eine solche Krise hinweg besser sei. «Nach meiner Erfahrung hat es sich als wirksamste Hilfe für Patienten erwiesen, die durch die mit der Änderung der Grundeinstellung verbundene Krise gehen, daß sie wissen (meist non-verbal vermittelt), daß auch ich durch eine ähnliche Hölle gegangen bin und das O.K. erreicht habe. Ich bange mit ihnen wegen der Schmerzen, die sie ertragen müssen, bin aber auch zuversichtlich, daß sie daraus mit einem neuen O.K.-Gefühl hervorgehen

212

werden ... Wenn der Patient die Krise überwindet und zur
‹Ich bin O.K., du bist O.K.›-Einstellung gelangt, so ist dies mit
der Erfahrung verbunden, es alleine geschafft zu haben, auf der
Basis der eigenen Entscheidung und durch die Schrecken der
Konfrontation mit dem Selbst» (FE 161–167).

c) Das Lieblingsgefühl

Zu den destruktiven Erlebensmustern, welche auch das Verhalten maßgebend beeinflussen, gehören die Lieblingsgefühle.
Die Aufforderung: «Beschreiben Sie dasjenige negative Gefühl,
das sie am häufigsten in ihrem Leben gehabt haben!»* zielt
direkt auf das bevorzugte Lieblingsgefühl. Die Formulierung
dieser Aufforderung ist dem Verständnis des Patienten anzupassen. Manchmal ist es besser statt von einem negativen, von
einem *schlechten* Gefühl zu sprechen. Auch das kann aber
ein ungewohnter Ausdruck sein. Es empfiehlt sich Beispiele
von solchen negativen oder schlechten Gefühlen aufzuzählen
(s. S. 98). Es ist dem Patienten in geeigneter Weise zum Bewußtsein zu bringen, daß solche Lieblingsgefühle, auch wenn
es sich um Ärger oder Wut handelt, lähmend wirken und die
konstruktive Lösung eines Problems oder Konfliktes vereitelt.
Durch Fragen gelingt es oft, festzustellen, in welchen Kindheitserlebnissen ein Lieblingsgefühl wurzelt. Ich bin nicht der Ansicht, daß das negative Lieblingsgefühl verschwindet, wenn der
Patient weiß, in was für Ereignissen es wurzelt, ich bin aber
sehr wohl der Meinung, daß eine solche Einsicht zu einer gewissen Distanz gegenüber dieser immer wieder auftauchenden
lähmenden Verstimmung führt und daß diese Distanz der erste
Schritt zu seiner Auflösung sein kann. Es hat sich mir in der
Praxis immer wieder als entscheidend erwiesen, den Patienten
bewußt zu machen und erleben zu lassen, daß die Aufgabe eines
Lieblingsgefühl einen ernsthaften Verzicht erfordert, *trotzdem*
es sich um ein *negatives* Gefühl handelt. Wenn er sich selbst
gut beobachten kann, wird er erfahren haben, daß es jedesmal
einen gewissen Genuß mit sich bringt, im negativen Lieblingsgefühl zu verweilen.

GOULDING schildert eindrücklich die Auflösung eines Lieb-

* P. McCormick, *Guide for Use of a Life-Script Questionnaire*, Transactional Pub, San Francisco, 1971.

lingsgefühls bei einer Patientin: «Eine vierzigjährige Frau hatte die Fähigkeit, alle möglichen Dinge herauszufinden, deretwegen sie Schuldgefühle haben konnte, bis sie genug davon beieinander hatte, um ernsthaft zu erwägen, sich umzubringen. Wir forderten sie auf, fünfunddreißig zu sein («Wofür fühlen Sie sich jetzt schuldig?»), dann dreißig, dann fünfundzwanzig, dann zwanzig Jahre alt usw. Mit vierzig fühlte sie sich schuldig, weil sie ihren Mann aus dem Haus trieb; mit fünfunddreißig hatte sie Schuldgefühle wegen der Art, wie sie ihre Kinder aufzog; mit dreißig hatte sie Schuldgefühle, weil sie keinen Orgasmus hatte; mit fünfundzwanzig hatte sie Schuldgefühle, weil sie mit zwanzig schwanger geworden war, bevor sie verheiratet war; mit zwanzig hatte sie Schuldgefühle, weil sie schwanger war; mit fünfzehn hatte sie Schuldgefühle, weil sie nicht genug Schularbeiten machte; mit zehn hatte sie Schuldgefühle, weil sie masturbierte; mit fünf hatte sie jedesmal Schuldgefühle, wenn sie zuviel Lärm machte oder etwas tat, was ihren Eltern nicht gefiel. – Schließlich forderten wir sie auf, ein neugeborenes Baby zu sein: Weswegen hatte sie jetzt Schuldgefühle? Sie wußte es nicht, also baten wir sie, sich in ihre Mutter hinzuversetzen und Carol (der Patientin) zu sagen, was mit ihr nicht in Ordnung sei. Als ihre Mutter (Edna) sagte sie zu sich selber, all ihre (Ednas) Schwierigkeiten hätten angefangen, als sie mit Carol schwanger wurde; an ihrem ganzen lausigen Leben sei Carol schuld. Carol sei schuld daran, daß sie empfangen worden sei. Als Carol Edna dies sagen ließ, hörte sie auf, die Rolle der Mutter zu spielen und fing an zu lachen. ‹Das ist blöd›, sagte sie und setzte sich wieder auf ihren eigenen Stuhl. ‹Du gibst mir die Schuld an meiner eigenen Empfängnis. Du spinnst, und ich will verdammt sein, wenn ich mich weiterhin schuldig fühle, daß ich noch am Leben bin.›»*

Solche «Fragen nach rückwärts», zeitlich von der unmittelbaren Gegenwart bis in die früheste Kindheit führen nach GOULDING ganz allgemein viel eher zur Aufklärung über den Ursprung eines Lieblingsgefühls oder sonst einer gewohnheitsmäßigen Verstimmung als wenn wir sogleich mit der frühen Kindheit beginnen.*

* R. Goulding, *Neue Richtungen in der Transaktions-Analyse,* im Hb. d. Ehe-, Familien- und Gruppentherapie, hgb. v. C. Sager u. H. Kaplan, Kindler, München, 1973, S. 153 f.
* R. Goulding, *Decisions in Script Formation,* TAJ 2 (1972), S. 62 f.

d) Die Spielanalyse

Auf die Spielanalyse legt BERNE großen Wert. Tatsächlich spielt sie auch sowohl in der Einzel- wie in der Gruppentherapie eine wichtige Rolle. Wenn die konventionellen Rituale in der Beziehung zwischen Therapeut und Patient oder in der Beziehung zwischen den Gruppenmitgliedern abgebaut worden sind und erkannt worden ist, daß unverbindliche Unterhaltungen nicht dem Zweck der Zusammenkunft entsprechen, werden «Spiele» gespielt. Am Therapeuten liegt es, die bevorzugten Spiele der Patienten zu durchschauen. Es sind dieselben Spiele, die sie auch im Alltag zu spielen pflegen, um ihre Lieblingsgefühle und Lieblingsüberzeugungen bestätigt zu sehen, sich immer wieder oben oder unten zu fühlen, ihren unbewußten Lebensplan zu erfüllen und offener und direkter Begegnung mit sich selbst wie mit den andern auszuweichen. Bevorzugt ein Patient ein bestimmtes Spiel, so spielt er es, wie BERNE bemerkt, gewöhnlich nicht nur gelegentlich, sondern fast ständig, Stunde für Stunde, Tag für Tag, wenn auch mit verschiedener Intensität (Be I/261).

Bei der Deutung von Spielen hat der Therapeut zu bedenken, daß mancher Patient, ohne sich dessen bewußt zu sein, die therapeutische Situation aufsucht, um seine Spiele spielen zu können oder sogar noch bessere Spiele zu lernen. Wenn ihm dies gelingt, ist das ein Motiv, in der Therapie zu bleiben, wenn es ihm aber mißlingt, kann dies ein Grund dafür sein, daß er enttäuscht ausbleibt und die Therapie abbricht. Solche Zusammenhänge müssen dem Patienten bewußt gemacht werden, bevor es zu spät ist. Immer ist auch daran zu denken, daß es Patienten und sogenannte Gesunde gibt, bei denen Spiele – neben Ritualen und unverbindlicher Unterhaltung – die einzige Möglichkeit sozialen Kontaktes darstellen. Nehmen wir ihnen diese Möglichkeit, ergreift sie Verzweiflung. Dann muß ihnen, wenn irgend möglich, Zugang zum Erlebnis der Intimität oder, wie ich in diesem Zusammenhang zu sagen bevorzuge, direkter mitmenschlicher Begegnung eröffnet werden. Manchmal ist das schwierig oder unmöglich und der Therapeut muß sich begnügen, die sozial negativen Spiele durch neutralere, aber immer noch spielerische soziale Umgangsformen, besonders im Rahmen der Familie und des Arbeitsplatzes, zu ersetzen, bzw. zu gewähren, daß sie durch solche ersetzt werden. Steht die Frage im Raum: «Wenn ich keine Spiele mehr spielen soll, was tu ich dann?», so empfiehlt BERNE viel Geduld und ist überzeugt, daß das Kind im Patienten unversehens neue und bessere Beziehungsformen entdecken und einsetzen wird. Er empfiehlt dem Therapeuten in diesem Zusammenhang den Leitspruch von Ambroise Paré: «Ich behandle, Gott aber heilt!» Er fügt aber bei, daß er damit nicht behaupten wolle, sozial konstruktive Beziehungen seien gleichbedeutend mit Heilung, aber oft brächten sie eine endgültige Besserung mit sich (Be I/109).

Es gibt Spiele, die sich besonders häufig zwischen Patient und Therapeut oder zwischen Klient und Sozialarbeiter abspielen. BERNE hat viele Variationen solcher Spiele geschildert, von denen ich im folgenden nur einige wenige erwähnen kann. Dabei werde ich mich nicht wörtlich an BERNE halten, sondern eigene Erfahrungen und Überlegungen einbeziehen.

Verschiedentlich erwähnt BERNE das «Gerichtshof-Spiel», das besonders in der Paartheapie aktuell werden kann (Be I/228, 242, III/96 ff, IV/355 f). Der eine der beiden Partner klagt den andern vor dem Therapeuten an, wie wenn er diesen zum Richter machen würde. Spielt dieser mit, so kommt es wirklich zu einer Situation wie an einem Gerichtshof: Der Therapeut steht einem Kläger und einem Angeklagten gegenüber, die manchmal ihre Rollen auch wechseln, und versucht nun möglichst gerechte und weise Urteile zu fällen. Eine Möglichkeit, sich nicht in dieses Spiel hineinziehen zu lassen, besteht darin, daß der Therapeut verlangt, daß keiner der hilfesuchenden Partner in der dritten Person sprechen darf, also z. B. (zum Therapeut gewandt): «*Er* hat gestern behauptet, ich würde die Kinder verwöhnen» oder «*Sie* hat sich geweigert, mir das Mittagessen zu kochen». Die beiden Partner werden damit gezwungen durch Gebrauch von *Ich* und *Du* in einem Dialog miteinander einzutreten, der dann vom Therapeuten nach kommunikationspsychologischen Gesichtspunkten gesteuert werden kann.

Ein anderes Spiel zwischen Patient und Helfer wird von BERNE mit dem Stichwort «Holzbein» gekennzeichnet (Be I/110 ff, III/159 ff). Als Modellfall dieses Spieles gilt ein Mann mit Holzbein, der seine mangelnde soziale Anpassungsfähigkeit damit entschuldigt, daß er eben invalid sei und sich damit von jeder Anstrengung entlastet, an seiner Rehabilitation mitzu-

arbeiten. Ein Helfer, der die Invalidität eines Hilfesuchenden –
es braucht nicht ein Holzbein zu sein; es kann sich auch um
eine angebliche Anlage zu Jähzorn, eine Gesichtsnervlähmung,
eine Minderintelligenz usw. handeln – ein Helfer, der die Invalidität eines Hilfesuchenden als Rechtfertigung dafür akzeptiert, daß dieser sich nicht um Behebung seiner Schwierigkeiten
bemüht, hat sich als Mitspieler fangen lassen. Kommt ein Klient
mit der ausgesprochenen oder unausgesprochenen Frage zum
Helfer: «Was erwarten Sie von einem Mann, der aus einer zer-
rütteten Familie kommt?» oder «... ein Neurotiker ist» oder
«... ein Alkoholiker ist», dann sollte die Antwort des Helfers
lauten: «*Ich* erwarte überhaupt nichts von Ihnen. Die Frage ist,
was *Sie* eigentlich von sich selbst erwarten?» Was der Therapeut
vom Patienten verlangt, ist eine ernsthafte Antwort auf diese
Frage, wozu er ihm allerdings sechs Wochen bis sechs Monate
Zeit lassen muß. Mit andern Worten: Der wichtigste Teil der
Behandlung besteht darin, mit dem Patienten durchzuarbeiten,
was die Konfrontation mit dieser Frage in ihm auslöst.

Als drittes Spiel erwähne ich ein «Spiel», das ich «Versager-
Spiel» nennen möchte. Es wird von einem Patienten oder Klienten gespielt, der den Helfer mit der Überzeugung aufsucht
«Mir ist ohnehin nicht zu helfen». Wenn der Helfer diese Falle
nicht durchschaut, ist er verloren, denn der Klient wird immer
der stärkere sein, mit andern Worten: es wird ihm immer gelingen, eine Bestätigung für diese Lieblingsüberzeugung zu finden. Es spielt derjenige Helfer mit, welcher der Überzeugung
ist, daß er jedermann helfen könne oder müsse und demzufolge
versagt habe, wenn dies nicht gelinge. Er realisiert dann nicht,
daß die Hilfe, die der Klient sucht, darin besteht, in seiner Überzeugung, daß er ein Versager ist, bestätigt zu werden. Mitspieler ist auch derjenige Helfer, der seinerseits der Überzeugung huldigt, jeder Klient sei letztlich undankbar und ent-
täuschend. In einem solchen Fall arbeiten beide Partner gemeinsam auf ihr jeweiliges Ziel hin. Es gilt vor allem einmal,
herauszufinden, daß der Klient überhaupt das Versager-Spiel
zu spielen versucht. Es geht darum, solche Patienten mit ihrer
Eigenverantwortlichkeit und Autonomie zu konfrontieren und
es abzulehnen, die Verantwortung für ihre Heilung zu übernehmen. Manchmal gelingt es, dem Patienten schon nach einer
Unterredung zur entscheidenden Einsicht, welche zu einer neuen

Lebenshaltung führt, zu verhelfen; häufiger sind dafür noch viele weitere Unterredungen nötig. Es geht auch hier nicht darum, daß es der Helfer ablehnt, sich weiter mit dem Klienten zu beschäftigen, sondern darum, daß er sich nicht als Mitspieler ködern läßt.

Ich habe in den vorangehenden Beispielen die Spiele immer so geschildert, wie wenn der Patient oder Klient der Initiant wäre. Es ist aber immer auch möglich, daß die Initiative vom Helfer ausgeht. Beim Gerichtshof-Spiel ist dies der Fall, wenn er sich von vornherein als Richter fühlt; beim Holzbein-Spiel ist derjenige Helfer Initiant, der von vornherein der Überzeugung ist, er müsse dem Patienten gegenüber nur genügend Teilnahme zeigen und ihm genügend Geborgenheit vermitteln, dann werde alles gut; ein Helfer, der von vornherein die Überzeugung sozusagen ausstrahlt, daß eigentlich keiner wirklich Hilfe wolle, kann bei demjenigen, der ohnehin lieber in seiner Neurose bleiben möchte, eine Versager-Haltung bestärken.

Was BERNE nur bei einzelnen Spielen anführt, gilt meines Erachtens allgemein: Es kann sinnvoll sein, scheinbar vorerst auf das Spielangebot des Patienten einzugehen. Manchmal spielt der Patient so arglos und naiv, daß sein Erwachsenen-Ich zuerst soweit entwickelt und gestärkt werden muß, daß er fähig wird, zu erfassen, was vor sich geht und die Frustration, welche die Konfrontation mit sich bringt, zu ertragen (Be III/153). Manchmal besteht eine akute Störung, die z. B. eine medikamentöse Behandlung erfordert. Ein Weg, der schließlich eine Konfrontation erleichtert, besteht dann möglicherweise darin, dem Patienten gewisse Lebensregeln für den Alltag vorzuschreiben, durch deren Einhaltung er an der Besserung mitarbeiten kann. Es kommt dann darauf an, wie sich der Patient in der Folge zu dieser Aufforderung verhält (Be III/145 f). Sich der *aktiven* Mitarbeit des Patienten zu versichern, ist ein wichtiges Prinzip der Transaktionalen Therapie, ebenso der Abschluß eines Behandlungsvertrages, der sich auf einer möglichst genauen Formulierung dessen aufbaut, was der Patient eigentlich will, und was der Helfer zu liefern bereit ist. Beide Prinzipien spielen eine wichtige Rolle bei der Vorbeugung von Spielen.

7. Die Skriptdiagnose

«Die Ausführung einer Skriptanalyse erfordert zuvor ein möglichst klares und gründliches Verständnis aller andern trans-
aktionellen Methoden: der Strukturanalyse, der Analyse von
Transaktionen und der Spielanalyse».* Eine Persönlichkeits-
diagnose auf Grund der Skriptanalyse ist wertvoller als eine
klassische psychopathologische Diagnose. Sie kann längere Zeit
benötigen, während deren kaum entscheidende therapeutische
Interventionen vom Therapeuten ausgehen können. Gewisse
Fortschritte im Befinden des Patienten sind trotzdem bereits
möglich, aber noch keine Heilung, die ja mit dem Entschluß des
Patienten zusammenfällt, sein Skript endgültig aufzugeben.**

a) Die ersten Besprechungen mit dem Patienten

BERNE empfiehlt, zuerst eine Vorgeschichte zu erheben. Der
Therapeut fühlt sich dabei in das ein, was der Patient über sich
berichtet, um sich vorerst auf rein intuitivem Weg über dessen
unbewußten Lebensplan ins Bild zu setzen. Er achtet auf Lücken
im Bericht des Patienten, d. h. auf das, worüber dieser *nicht*
spricht. Später wird er dann darauf beharren, daß diese Lücken
ausgefüllt werden. Er frägt nach Träumen, deren Bedeutung
für den Skriptanalytiker wir bereits erwähnt haben. Auch Fragen nach der beruflichen Tätigkeit des Patienten können Fäden
sichtbar werden lassen, die zum unbewußten Lebensplan führen.
Aus was für Gründen hat er einen bestimmten Arbeitsplatz gesucht oder einen solchen aufgegeben? Aufschlußreich kann auch
sein, aus was für Motiven ein Patient sich eine Freundin, Braut
oder Frau suchte und sich gegebenenfalls wieder von ihr trennte
(Be VI/309 f).

«Aber» ist ein sehr wichtiges Wörtchen im Bericht des Patienten, denn es weist auf eine skriptgemäße Einschränkung:
«Auf Grund meines Skripts hatte ich keine Erlaubnis, das zu
tun ...» (Be VI/327). Andere Wendungen wie «möglicher-

---

* E. Berne, *Editorial Comment on Script Analysis Section,* TAB 5
(1966), S. 150.
** C. Steiner, *Introductory Remarks of Script Analysis Section,* TAB 5
(1966), S. 150 f.

weise», «vielleicht», «wenn», «sollte», «könnte» sind, wenn sie sich häufen, kennzeichnend für jemanden, der sich nicht festlegen will oder sein Ziel nicht erreichen darf (Be VI/332). Der Lebensplan eines Patienten sollte immer in dessen Muttersprache formuliert werden, wie ja auch sein Eltern-Ich in der Muttersprache zu ihm spricht. Der Therapeut sollte also der Muttersprache des Patienten mächtig sein.

Um sich von den Anweisungen seines unbewußten Lebensplans zu lösen, sollte der Patient innehalten und nachdenken (Be V/169). Der Transaktionsanalytiker leitet seine Patienten zur Introspektion an, d. h. dazu, daß sein Erwachsenen-Ich «in sein Inneres hineinblickt», «um zu beobachten, wie sie funktioniert: wie der Betreffende Sätze zusammenfügt, aus welcher Richtung seine Vorstellungen kommen und was für Stimmen sein Verhalten lenken» (Be VI/273). «Der Betreffende wird erst einsehen, daß er nach einem Programm lebt, wenn er den Glauben an seine Autonomie aufgegeben hat. Er muß realisieren, daß er sich bis jetzt keineswegs immer frei entschieden und frei gehandelt hat, wie er sich einbildete, sondern viel eher als Marionette eines Schicksals, das schon von Generationen vor ihm bestimmt wurde.» Je älter ein Patient ist, umso schwieriger ist es für ihn, sich aus der Rolle zu befreien, zu der ihn sein unbewußter Lebensplan verpflichtet (Be V/169).

b) Das skriptbezogene Interview

Verschiedene Schüler von BERNE haben versucht, eine Liste von Fragen aufzustellen, deren Beantwortung durch den Patienten dazu dient, dessen unbewußten Lebensplan aufzudecken. BERNE griff diese Bemühungen auf und erweiterte die Fragebogen auf ungefähr 200 Fragen, die aber für die Alltagspraxis des Psychiaters und Psychologen auf eine geringere Anzahl reduzierte (Be VI/426–437, VI deutsch: S. 349–360). Im folgenden kann ich nur eine Auswahl von Fragen wiedergeben. Ich beziehe mich dabei nicht nur auf BERNE, sondern auch auf P. McCORMICK, der einen kurzen Leitfaden zum skriptbezogenen Interview geschrieben hat* sowie auf eigene Erfahrungen. Ich habe in erster

* P. McCormick, *Guide for Use of a Life-Script Questionnaire in Transactional Analysis,* Transactional Pubs, San Francisco, 1971.

Linie Fragen ausgewählt, die sich auf den unbewußten Lebensplan beziehen. Es gibt z. B. auch Fragen, die sich mit der Gefühlswelt des Patienten, besonders seinen mutmaßlichen Lieblingsgefühlen beschäftigen. Die Formulierung der nachfolgenden Fragen ist verhältnismäßig willkürlich. Sie muß selbstverständlich der Aufnahmefähigkeit und Intelligenz des Patienten angepaßt werden. Auch die Reihenfolge, in der ich die Fragen anführe, ist nicht festgelegt. In der Praxis richtet sie sich nach dem allgemeinen Verlauf des Interviews.

Zu den meisten Fragen erübrigt sich für den Leser, der meine bisherigen Ausführungen gelesen hat, ein langer Kommentar.

Wer hat Ihren Vornamen ausgewählt und nach wem wurde er gewählt? Was hat Ihr Vornamen oder was haben Ihre Vornamen für Sie als Kind bedeutet und was bedeutet er oder was bedeuten sie für Sie heute? Wurden Sie als Kind tatsächlich so benannt oder wurden sie oder werden Sie heute noch von Ihren Familienangehörigen oder Freunden mit einem Kosenamen oder Übernamen bedacht? Wie hätten Sie als Kind gerne heißen wollen? Welchen Vornamen würden Sie heute gerne tragen? Was bedeutet Ihr Geschlechtsname und was für Vorstellungen verbinden sich damit?

Es ist bei diesen wie andern Fragen wichtig, sich zuerst immer auch auf die Kindheit zu beziehen. Also keinesfalls nur «Was bedeutet Ihnen Ihr Vorname?», sondern immer auch «Was bedeutete Ihnen Ihr Vorname als Kind?» Die skriptgemäße Bedeutung des Vornamens kommt mit den Vorstellungen, die das Kind damit verbunden hat, deutlicher zum Ausdruck. Viele Erwachsene wehren Vorstellungen, die sich mit dem Vornamen verbinden, ab, da sie Phantasien, die sich an den Vornamen heften, «lächerlich», auf jeden Fall «unsachlich» oder «unvernünftig» finden.

Wissen Sie, was Ihr Vater (Ihre Mutter) sagte oder dachte, als Sie auf die Welt kamen? (oder: Was glauben Sie, daß er und sie gesagt oder gedacht haben?). War Ihre Geburt geplant oder ungeplant? Waren Sie ein erwünschtes oder ein unerwünschtes Kind? Das wievielte von wievielen Geschwistern sind Sie? Zählen Sie Ihre Geschwister auf, indem Sie mit dem ältesten beginnen und sagen, ob es ein Bruder oder eine Schwester ist, und wieviele Jahre es älter ist als Sie usw.!

Die Frage nach der Stellung in der Geschwisterreihe ist, wie wir bereits von der Psychoanalyse und besonders aus der Individualpsychologie wissen, psychologisch bedeutsam. In unserem Zusammenhang geht es aber auch darum, ob der Betreffende wohl erwünscht war oder nicht. Ist er ein Knabe und das jüngste Kind nach vier Schwestern, so ist anzunehmen, daß er erwünscht war («Die Zahl der Töchter widerspiegelt die Sehnsucht der Eltern nach einem Jungen!»). Kam der Patient – wieder als Jüngster – viele Jahre nach mehreren Geschwistern zur Welt, ist besonders genau darnach zu forschen, ob er wirklich erwünscht war oder ob seine Zeugung ein «Versehen» war. Beim Ältesten einer Geschwisterreihe ist sorgfältig abzuklären, ob die Schwangerschaft der Mutter der Grund war, weswegen die Eltern heiraten mußten.

Schildern Sie kurz, was für ein Mensch Ihre Mutter (Ihr Vater) war? Wie war Ihre Einstellung (seine Einstellung) zu den Menschen, zum Leben, zur Welt? Zitierte sie (er) gerne bestimmte Sprichworte oder Redensarten? Was meinte Ihre Mutter (Ihr Vater), was Sie tun müßten, um möglichst gut durch's Leben zu kommen? Was erwartete Ihre Mutter (Ihr Vater), was aus Ihnen würde? Was wäre das Schlimmste für die Mutter (den Vater) gewesen, das hätte aus Ihnen werden können? Was sagte Ihre Mutter (Ihr Vater), wenn Sie sich so verhielten, wie sie (er) es richtig fand? Was sagte Ihre Mutter (Ihr Vater), wenn sie ungehalten oder gar wütend auf Sie war? Was war das Schlimmste, was sie (er) je sagte? Was hatten Sie damals für ein Gefühl, als Sie das hörten? Was dachten Sie sich dabei?

Beschreiben Sie, was Sie von Ihren Großeltern wissen? Wie waren sie? Was führten sie für ein Leben? Was hatte Ihre Mutter, was Ihr Vater für ein Vorbild? Wer war in der Kindheit und Jugend, wer ist heute für Sie ein Vorbild? Was für Eigenschaften glauben Sie von Ihrer Mutter (Ihrem Vater) geerbt zu haben?

Die Schilderung des Wesens der Eltern und Großeltern sowie der Vorbilder sollte nicht zu ausführlich ausfallen. Kurze Beschreibungen fallen prägnanter aus. Die Beschreibungen – auch dessen, was die Eltern sagten – sollen einfach und unkompliziert sein, ungefähr so, daß sie für ein Kind verständlich sind. Wenn nach Aussagen der Eltern gefragt wird, sollten sie möglichst wörtlich und in direkter Rede wiedergegeben werden. Kann sich der Befragte nicht mehr genau erinnern, weiß aber noch den Sinn des Gesagten, soll er phantasieren, was seine Mutter oder sein Vater etwa gesagt haben könnte. – Die Zusatzfragen «Was hatten Sie dabei für ein Gefühl?» und «Was dachten Sie sich dabei?» können im Anschluß an jede

Erörterung eines Ereignisses gestellt werden, das möglicherweise traumatisch wirkte. Manchmal geht aus der Antwort die Grundentscheidung hervor, welche früher schon oder sogar in diesem Moment die Einstellung des Betreffenden zu seinem Leben bestimmte.

Was sind Sie für ein Mensch? Nennen Sie einige Charaktereigenschaften! Haben Sie schon jemandem den Tod gewünscht? Bei welcher Gelegenheit? Haben Sie schon einmal gewünscht zu sterben oder haben Sie schon einmal versucht, sich umzubringen? Bei welcher Gelegenheit? Wie waren Sie als Kind? Halten Sie das Leben für lebenswert?

Diese Frage zielen auf die Grundeinstellung: «Ich+, du–» oder «Ich–, du+» oder «Ich–, du–». Nicht selten berichten Patienten, daß Sie als Kind deutlich anders erlebten oder sich verhielten als später, entweder freier oder eingeschränkter. Verhielten sie sich freier, kann manchmal ziemlich genau das Alter angegeben werden, in dem sie eine wichtige Grundentscheidung fällten, und oft sogar das Motiv dazu. Verhielten sie sich eingeschränkter als heute, so liegt dieser Einschränkung oft ein Skript zugrunde, das in der Gegenwart überdeckt ist, aber unbewußt noch fortwirkt.

Was ist Ihre früheste Kindheitserinnerung? Was wird aus Menschen, wie Sie einer sind? Was werden Sie in fünf Jahren tun, wo werden Sie dann stehen, wenn Sie weiterleben wie bis anhin? Was werden Sie im Alter tun? In welchem Alter glauben Sie, daß Sie sterben werden? Wieso gerade in diesem Alter? (Wie alt wurden Ihre Eltern?) An was könnten Sie sterben? Was werden Ihre letzten Worte sein? Was werden die andern auf den Grabstein schreiben, um Ihr Leben kurz in einem Satz zu charakterisieren? Was würden Sie darauf schreiben?

Die Frage nach der frühesten Kindheitserinnerung, auf die Alfred ADLER, der Begründer der Individualpsychologie, großen Wert egte, hat sich mir auch für die Aufspürung der skriptgemäßen Lebenseinstellung sehr bewährt. Nach BERNE sind «die andern», ohne daß dies ausdrücklich gesagt wird, die Eltern und was diese «auf den Grabstein schreiben» entspricht ihren vordergründigen Lebensregeln, während aus dem, wie der Betreffende selbst sein Leben kennzeichnet, das unbewußte Skript hervorgeht. Nach meiner Erfahrung kann es sich allerdings auch gerade umgekehrt verhalten.

Wieso haben Sie mich zum Therapeuten gewählt? Wer empfahl mich Ihnen? Was wissen Sie über mich? Wie stellen Sie sich vor, daß die Behandlung vor sich gehen wird? Wieso haben

Sie die Behandlung beim früheren Therapeuten abgebrochen? Was hatten Sie für ein Gefühl dabei? Was für Schlußfolgerungen haben Sie daraus gezogen?

Diese Fragen gehen davon aus, daß ein Patient seinen Therapeuten in der unbewußten Erwartung wählt, daß er eine Rolle in seinem unbewußten Lebensplan spielen wird. Möglicherweise hat der vorangehende Therapeut seine Rolle schlecht gespielt und wurde darum verlassen oder es gehörte zu seiner ihm vom Patienten zugedachten Rolle, verlassen zu werden! Aus den Vorstellungen, die der Patient über den Ablauf der Behandlung mit sich bringt, läßt sich oft erraten, ob er selbstverantwortlich an seiner Heilung mitarbeiten oder nur Therapie «konsumieren» möchte.

Es gibt nun noch eine Reihe von Fragen, die den Patienten zu einer selbstverantwortlichen und autonomen Haltung sich selber gegenüber führen möchten. Dazu einige Beispiele:

Was hat zu geschehen, bevor Sie gesund werden? Wollen Sie wirklich gesund werden? Zu was für einer Änderung von Ihnen selbst soll Ihnen die Therapie behilflich sein? – Was ist das Schlimmste, was Sie mit Ihrem Leben beginnen könnten? Was ist das Beste, was Sie mit Ihrem Leben beginnen könnten? Was wollen Sie mit Ihrem Leben beginnen? – Inwiefern wünschen Sie sich, daß Ihre Mutter, daß Ihr Vater anders gewesen wären? Was würde das für Sie heute ändern? Was tun Sie heute, um diese Änderung von sich aus herbeizuführen?

Ich verweise noch ausdrücklich auf das Kapitel über die Lieblingsgeschichte (s. S. 144 f)!

8. Die Befreiung aus dem Skriptzwang

a) Die «entscheidende Intervention» nach BERNE

Eine Patientin hat Momente von Besinnungslosigkeit, wenn sie trinkt und ist in Gefahr, sich zu ruinieren. Sie sagt zum Therapeuten: «Wenn ich nicht zu trinken aufhöre, ruiniere ich mich und meine Kinder!» Diese Feststellung macht die Patientin offensichtlich aus einer Erwachsenenhaltung heraus. «Das stimmt!» antwortet der Arzt, ebenfalls aus der Erwachsenenhaltung, «so bedürfen Sie also einer Erlaubnis, mit trinken aufzuhören.» –

«Genau so ist es!» bestätigt die Patientin, wieder aus der Erwachsenenhaltung. «Richtig!», sagt der Therapeut, *«So hören Sie auf zu trinken!»* Dabei setzt er sein Eltern-Ich ein, das sich an das Kindheits-Ich der Patientin wendet. Diese reagiert auch mit dem angesprochenen Kindheits-Ich, indem sie ängstlich frägt: «Und was soll ich tun, wenn ich wieder völlig verkrampft bin?» – «Ruf mich an!», gibt der Therapeut zur Antwort (Be VI/375).

In einem Kommentar zu diesem Dialog weist BERNE darauf hin, daß er sich zuerst vergewissern muß, daß der Patient aus der Erwachsenenhaltung heraus sein destruktives Verhalten auch wirklich aufgeben will, daß er also die Einsicht besitzt von der Notwendigkeit einer Veränderung. Die sogenannte Erlaubnis soll seines Erachtens als Imperativ formuliert sein und zwar ohne jede Einschränkung, d. h. ohne «wenn» und «aber» und auch ohne Drohung («sonst»). Zugleich muß der Therapeut dem Patienten seine Hilfe anbieten, um in nächster Zeit die Verhaltensänderung auch durchhalten zu können, denn diese richtet sich gegen die elterlichen Botschaften, deren Wirksamkeit nur selten unter dem Einfluß einer «Erlaubnis» endgültig gebrochen ist (Be VI/375). STEINER meint, daß ein Patient, bei dem eine «entscheidende Intervention» wirklich angekommen sei, die Unterstützung seines Therapeuten kaum noch länger als ungefähr drei Monate benötige, sonst bestehe der Verdacht, daß sich zwischen Therapeut und Patient ein Retter-Opfer-Spiel entwickelt habe (CSt 314 f).

BERNE vergleicht die «entscheidende Intervention» mit dem Durchhauen des gordischen Knotens durch Alexander den Großen. Wer diesen Knoten zu lösen vermöchte, lautete die Sage, würde zum Beherrscher Asiens werden. Alexander «löste» ihn durch einen Hieb mit dem Schwert (Be VI/377). Dieser Vergleich ist gefährlich, da er vermuten lassen könnte, die «entscheidende Intervention» sei eine recht einfache therapeutische Maßnahme. Gewisse Äußerungen von BERNE unterstützen noch diese Ansicht. Leidet jemand an einer Überlebensneurose, z. B. ein Sohn an der Angst, nicht älter zu werden, als sein in jüngeren Jahren verstorbener Vater geworden ist, so meint BERNE, die Behandlung sei «sehr einfach»: «Der Therapeut muß dem Patienten nur die ‹Erlaubnis› erteilen, länger zu leben als sein Vater!» (Be VI/189 f). In Tat und Wahrheit bedarf die «entscheidende Intervention» einer monate- oder sogar jahrelanger Vorbereitung, nämlich einer eingehenden therapeutischen Strukturanalyse, während deren der Patient sein Erwachsenen-Ich einsetzen lernt, wenn immer das nötig ist, sowie einer umfassenden therapeutischen Skriptanalyse. Eine Erlaubnis wie «Hören Sie auf zu trinken!» wirkt nur, wenn vorangehend klar gestellt worden ist, daß der Patient mit seiner Trunksucht einem elterlichen Gebot folgt, das z. B. lauten könnte: «Trink dich zu Tode!» oder «Denk nicht – trink!» (Be VI/365–378; CSt*).

Eine ungenügend vorbereitete Erlaubnis kann völlig fehlgehen: Ein Patient beschreibt seine unhaltbare Ehesituation und scheint eine «Erlaubnis» nötig zu haben, sich scheiden zu lassen. Aber vielleicht braucht er, um aus seinem Skript aussteigen zu können, eben gerade die «Erlaubnis», seine Frau *nicht* zu verlassen!**

Die Wahl und Formulierung einer «entscheidenden Intervention» erfordert Einfühlung, Intuition und eine vertraute Beziehung zwischen Therapeut und Patient, in die auch das innere Kind des letzteren einbezogen ist, an das sich ja die Intervention richtet. Der Therapeut muß von suggestiver Zuversicht erfüllt sein, wenn er eine «Erlaubnis» geben will. Ein zaghafter Therapeut hat nach BERNE ebenso wenig Erfolg wie ein zaghafter Cowboy, der ein Pferd bändigen soll (Be VI/376). Daß suggestive Momente als Gegenwirkung gegen den Zwang eines eingeprägten Lebensplans durchaus sinnvoll eingesetzt werden dürfen, ist einleuchtend, wenn wir bedenken, daß die Botschaften möglicherweise längst verstorbener Eltern wie posthypnotische Befehle wirken. BERNE stellt ja auch fest, daß das Kind von seinen Eltern gleichsam «hypnotisiert» werde, nach bestimmten Erlebens- und Verhaltensmuster zu leben (Be VI/343 f).

BERNE verlangt, daß die «Erlaubnis» im Sinn einer «entscheidenden Intervention» als Imperativ formuliert werde. Es widerspricht dies dem Ausdruck «Erlaubnis». Eine wirkliche Erlaubnis würde demgegenüber lauten: «Du *darfst* aufhören zu trinken!» STEINER unterscheidet ein *Kommando* von einer Erlaubnis. Es handelt sich um einen autoritären Befehl wie «Bring dich nicht um!» oder «Schlag deine Kinder nicht!», den ein Thera-

* C. Steiner, *Introductory Remarks to Script Analysis,* TAB 5 (1966), S. 150 f.
** P. Crossman, *Permission and Protection,* TAB 5 (1966), S. 152 ff.

peut manchmal anwenden muß, bevor der Lebensplan eines Patienten bereits erhellt ist. In Notsituationen muß er dem Zwang eines destruktiven Skripts manchmal einen Gegen-Zwang gegenübersetzen. Von einem Kommando spricht STEINER auch, wenn er in einer Gruppe eingreifen muß, um gewisse elementare Regeln durchzusetzen, so wenn ein Teilnehmer, der unter dem Einfluß von Alkohol oder Drogen steht, das Gespräch in der Gruppe immer wieder unterbricht. STEINER könnte dann veranlaßt sein, barsch zu sagen: «Sei jetzt still!» (CSt 305 f).

Ein Patient arbeitete als Arzt und zwar sehr hart. Die Analyse ergibt, daß die Lebensregel seiner Eltern gelautet hat: «Arbeite hart!» Diese Regel befolgte er im Alltag. Sein Vater war Arzt gewesen und bot ihm ein Verhaltensmuster an, auf welche Art und Weise er hart arbeiten sollte: nämlich im Beruf eines Arztes. Von der Mutter erhielt er das Gebot «Gib niemals auf, arbeite, bis du tot umfällst!», vom Vater wurde ihm der «Bannbrecher» übermittelt «Du kannst aufatmen, wenn du erst einmal einen Herzinfarkt bekommen hast!». In der Behandlung, bei der diese Verhältnisse durchgearbeitet werden, formuliert der Therapeut schließlich die «Erlaubnis»: «Du kannst aufatmen, auch ohne zuvor einen Herzinfarkt bekommen zu haben!» Nachdem diese Erlaubnis schließlich trotz aller Widerstände integriert worden ist, ist der «Fluch» aufgehoben. Der Patient richtet sich sein Leben so ein, daß er zwar immer noch als Arzt hart arbeitet, aber sich doch nicht mehr mit dem unbewußten Ziel überfordert, tot umzufallen oder wenigstens sich einen Herzinfarkt zuzuziehen. Hätte der Therapeut bei ihm, so stellt BERNE fest, keine Analyse des unbewußten Lebensplanes durchgeführt, sondern den zweifellos sinnvollen Rat gegeben, nicht so hart zu arbeiten, sonst werde er noch eines Tages tot umfallen oder doch einen Herzinfarkt bekommen, so hätte dies dem Patienten nichts genützt, denn das war ja das unbewußte Ziel seines Lebens. Damit wäre ihm der «Befehl» seiner Eltern bestätigt worden. Er mußte dazu geführt werden, sich von den destruktiven Direktiven seiner Eltern zu befreien. Die Freude am Arztberuf und an harter Arbeit blieb ihm dabei erhalten (Be VI/126 ff, VI deutsch 118 ff).

b) Die «Erlaubnis» aus dem eigenen Eltern-Ich

Von einer «Erlaubnis» spricht BERNE nicht nur bei einer Intervention des Therapeuten, die einem destruktiven Gebot oder Verbot der Eltern entgegengesetzt ist, sondern auch bei einer Botschaft der Eltern, die dem Kind erlaubt, sich frei und autonom zu entwickeln (Be VI/444). Eine solche elterliche «Erlaubnis» wird dann genau wie eine destruktive Botschaft in das Eltern-Ich des Kindes integriert. Auch eine «Erlaubnis», die der Therapeut in elterlicher Funktion dem Patienten erteilt, muß letztlich in das (wohlwollende) Eltern-Ich des Patienten integriert werden. Geschieht das nicht – z. B. weil das Eltern-Ich des Patienten nur kritisch-einschränkend funktioniert –, so ist der Patient durch eine wirksame «Erlaubnis» zwar freier, jedoch nicht eigentlich autonomer und unabhängiger geworden, sondern statt an die Eltern nur eben an den Therapeuten gebunden. Daß der Patient anfänglich die Autorität des Therapeuten an Stelle eines eigenen wohlwollenden Eltern-Ichs setzt, kann als Übergang allerdings sinnvoll sein, solange bis er sein eigenes Erwachsenen-Ich so weit entwickelt hat, daß er sein Schicksal selbst in die Hand nehmen kann.* In diesem Zusammenhang kann auch die Erneuerung des Eltern-Ichs (s. S. 202 ff) eine besondere Bedeutung gewinnen.

Eine andere therapeutische Methode als diejenige, die BERNE als «entscheidende Intervention» bezeichnet, besteht darin, daß der Patient *von vornherein* die Erlaubnissätze, welche die negativen Botschaften aufheben sollen, selbst formuliert. Voraussetzung ist, daß er fähig ist, zusammen mit seinem Therapeuten an seinem Skript zu arbeiten, wozu er sich in Erwachsenenhaltung versetzen muß, und daß es ihm zugleich möglich ist, sich selber gegenüber eine wohlwollende Elternhaltung einzunehmen. Dieses Verfahren hat zwei Vorteile: Einmal bleibt der Patient, der sich selbst die Erlaubnis erteilt, wie bereits ausgeführt, unabhängig vom Therapeuten; zum andern kann er selbst an der Formulierung eines treffenden Erlaubnissatzes arbeiten. Nur ein Erlaubnissatz, der genau «trifft», geht mit der Chance einher, daß eine Befreiung von destruktiven Skriptgeboten geschieht und sich damit die Einstellung des Betreffenden sich selber, den Mitmenschen und der Welt gegenüber grundlegend ändert.

Nehmen wir an, ein Patient habe seit frühester Kindheit unter dem Eindruck gestanden, das Leben sei immer ernst, mühsam und freudlos und habe damit viele Erlebens- und Verhaltensmöglichkeiten aus seinem Leben ausgeklammert. Mögliche «Erlaubnissätze», die diesem prägenden Eindruck entgegenwirken

* P. Crossman, *Permission and Protection*, TAB 5 (1966), S. 152 ff; W. H. Holloway, *Beyond Permission*, TAJ 4 (1974), Nr. 2, S. 15 f.

könnten, wären z. B. «Du darfst dich freuen!», «Du darfst tun, was dir Freude macht!», «Du darfst tun, wozu du Lust hast!» oder «Du darfst genießen!». Vielleicht wird aber das innere Kind durch keinen dieser Sätze wirklich getroffen, während eine weitere Formulierung unmittelbar «einschlägt»: «Du darfst leben!» Der Betreffende sagt vielleicht sofort: «Das ist es – das ist genau die richtige Formulierung, geeignet die bisherige Einstellung gegenüber dem Leben ‹aus den Angeln zu heben›.» Eine geglückte Formulierung läßt oft Rückschlüsse zu auf die einschränkende Botschaft, die der bisherigen Lebenshaltung zugrunde liegt, in diesem besonderen Fall möglicherweise die Botschaft «Lebe nicht!» oder, in der Formulierung nach GOULDING (S. 167): «Sei nicht!». Auf diese Art dient die gemeinsame Arbeit an der Formulierung von Erlaubnissätzen durch Therapeut und Patient oft auch der Erhellung des Skripts. Ob ein «Erlaubnissatz» richtig gewählt ist, entscheidet der Patient. Der Therapeut kann nur Vorschläge machen.

Ich unterscheide in der Praxis *fundamentale Erlaubnissätze* und *spezifische Erlaubnissätze.* «Du darfst leben!» wäre ein fundamentaler Erlaubnissatz, da er die Existenzberechtigung dessen, an den es sich richtet, bestätigt, ähnlich: «Schön, daß du da bist!», «Schön, daß es dich gibt!» Einem solchen fundamentalen Erlaubnissatz kann ein oder können mehrere spezifische Erlaubnissätze angefügt werden, die für sich allein als ungenügend empfunden werden, z. B. «Du darfst leben und du darfst dich freuen!»

KAHLER und CAPERS sind der Ansicht, daß es therapeutisch lohnender ist, «Erlaubnisse» zu formulieren, die den sogenannten Antrieben entgegengesetzt sind, als solche, die sich direkt auf die destruktiven Botschaften beziehen.* Sie behaupten, eine Behandlung würde in einem solchen Fall ungefähr sieben Monate dauern, während eine solche, die sich mit den destruktiven Botschaften und ihrer Aufhebung beschäftige, eine Behandlungszeit von durchschnittlich zwei Jahren benötigte. Ich möchte Beispiele von Erlaubnissätzen erwähnen, die sich gegen die fünf Antriebe richten. Ich beziehe mich dabei auf die Arbeit von KAHLER und CAPERS, verzichte aber auf eine durchgehend wörtliche Übersetzung der von CAPERS vorgeschlagenen Erlaubnissätze. (1.) Antrieb: «Sei (immer) perfekt!» – Erlaubnissätze:

* Zur Lehre von den Antrieben siehe S. 171 ff. Dort auch Literaturhinweise.

«Du darfst Fehler machen!», «Du darfst dich selber sein!», «Du brauchst niemandem Eindruck zu machen!». (2.) Antrieb: «Müh dich fortwährend ab!» – Erlaubnissätze: «Du darfst zu Ende führen, was du begonnen hast!», «Du darfst gewinnen!», «Leben kann vergnüglich sein!». (3.) Antrieb: «Sei (immer) liebenswürdig!» – Erlaubnissätze: «Du darfst deinem Urteil vertrauen!», «Du darfst deine Bedürfnisse befriedigen!», «Du darfst zu deinen Gefühlen stehen!», «Du brauchst nicht dafür verantwortlich zu sein, wie die andern sich fühlen!». (4.) Antrieb: «Beeil dich (ständig)!» – Erlaubnissätze: «Du darfst jetzt leben und dir Zeit dafür nehmen!», «Du darfst dir Zeit nehmen!», «Du hast Zeit, das zu tun, was du möchtest!». (5.) Antrieb: «Sei stark!» – Erlaubnissätze: «Sei offen!», «Du darfst auch schwach sein!», «Du darfst Gefühle zeigen!».

Nach M. GOULDING kann es gefährlich sein, von vornherein seine Antriebe aufzugeben. Jemand könne dann erst recht unter den Einfluß dessen geraten, was darunter liegt, nämlich die destruktiven Gebote seiner Eltern.*

c) Die Neu-Entscheidung nach GOULDING**

Der Höhe- und Wendepunkt der Behandlung kann auch in einer Neu-Entscheidung gesehen werden, mit der sich der Patient aus dem Zwang der Gebote und Verbote, die bis anhin für sein Erleben und Verhalten maßgebend waren, befreit. Der wirkliche Erfolg der Therapie trifft ein, wenn der Patient einen neuen Entschluß faßt und diesen auch tief in seinem Innern integriert. «Wenn einer ... den ‹Vorsatz› faßt, sich zu ändern, ist es nicht das gleiche, wie wenn er sich ändert.» Es kommt zu einer wirklichen Freude, tief im Innern gespürt, frei zu sein. Jetzt kann er seine destruktiven elterlichen Botschaften, seine Antriebe, seine Spiele, seine Betrugsmanöver und sein Skript wirklich aufgeben (G I/155). Die Therapie besteht darin, ein Klima zu schaffen, in dem der Patient in Bezug auf das Gebot, das seinem Skript

* M. Goulding, *Letters to Editors TAJ,* TAJ 4 (1974), Nr. 3, S. 51.
** In diesem Kapitel stütze ich mich auf zwei Arbeiten:
I. R. Goulding, *Neue Richtungen in der Transaktions-Analyse,* Hb. d. Ehe-, Familien- und Gruppentherapie, hgb. v. C. Sager und H. Kaplan, Kindler, München, 1973, Bd. 1, S. 132 ff;
II. R. u. M. Goulding, *Injunctions, Decisions and Redecisions,* TAJ 6 (1976) S. 41 ff.

zugrundeliegt, eine neue Entscheidung fassen kann. «Wenn er diesen neuen Entschluß erst einmal gefaßt hat, werden seine Spiele und Betrugsmanöver überflüssig» (G I/150). Er soll erkennen, daß er zu irgend einem Zeitpunkt in der Kindheit den falschen, weil destruktiven, Entschluß gefaßt hat, weil er nur so überleben konnte. Er kann sich aber von seinen Eltern nicht lösen und damit nicht autonom werden, wenn er nicht die Verantwortung für seinen ursprünglichen Entschluß und damit auch für seine Neu-Entscheidung übernimmt, statt die Verantwortung auf seine Eltern abzuwälzen (G I/151). Falsch ist es also, den Patienten darin zu bestätigen, daß er ein Opfer seiner Eltern ist und ihn darin zu ermutigen, diese abzulehnen (G I/151). Er sollte vielmehr dazu gebracht werden, daß er ihnen vergibt. Es ist dies für den Erfolg der Behandlung entscheidend (G I/131 Anm.). Der Patient soll erkennen, daß seine Eltern reale Menschen mit ihren eigenen Schmerzen und Enttäuschungen waren und keine Hexen und Ungeheuer. Auch sie versuchten, im Leben zurecht zu kommen und mit ihren Schwierigkeiten fertig zu werden, z. B. indem sie diese an ihre Kinder weitergaben (G I/152).

Eine therapeutische Anregung besteht darin, den Patienten dazu zu bringen, sich Gedanken darüber zu machen, was aus ihm in fünf oder zehn Jahren geworden sein wird, wenn er weiter nach seinem Skript lebt, und was aus ihm würde, wenn er von seinem Skript befreit wäre (G I/149). Andere Anregungen gehen von gestalttherapeutischen Techniken aus, z. B. von einem phantasierten Dialog mit einem Elternteil, in dem der Patient seinem Willen, autonom zu sein, Ausdruck gibt (G I/149). Die Autoren versuchen, dem Patienten seinen inneren Widerstand gegen eine echte Neu-Entscheidung bewußt erleben zu lassen: Sein «Ich will nicht» neben seinem «Ich will»; seinem Mangel an Übereinstimmung zwischen dem, was er vorgibt, zu wollen und seinem Verhalten; seine Reserve gegenüber einer möglichen Änderung, die sich ausdrückt in Aussagen mit «ich versuche ...», «ich kann nicht ...», «ich möchte ...», «ich sollte ...», «ich müßte ...», «warum ... weil» (G I/152).

Es genügt also nicht, den Patienten rein rational bewußt werden zu lassen, unter welchem Gebot er steht, was seine Lieblingsgefühle sind, was für destruktive Spiele er betreibt (G I/132 f, 152); es genügt aber auch nicht, wenn er auf Antriebe achtet, z. B. auf das Gebot «Arbeite schwer, hab' Erfolg!» (G I/150); es genügt schließlich auch nicht, wenn der Therapeut durch «Erlaubnisse», die er ausspricht, die destruktiven elterlichen Gebote aufzuheben versucht und sich damit als wohlwollender Elternteil verhält, was nur eine neue Abhängigkeit schafft (G I/150 f). Es kommt allein auf eine echte erlebte Neu-Entscheidung an. Gelingt sie, dann werden die eingeschliffenen Erlebens- und Verhaltensmuster überflüssig (G I/150). Diese Neu-Entscheidung sollte nicht nur aus dem Erwachsenen-Ich getroffen werden. Das innere Kind würde verzweifeln, wenn ihm auf diese Art, verunmöglicht würde, durch den Ausdruck seiner Lieblingsgefühle und Spiele «Streicheleinheiten» zu bekommen. Das Kind selbst sollte, wenn auch im Einverständnis mit dem Erwachsenen-Ich, die Neu-Entscheidung treffen und gleichzeitig danach Ausschau halten, auf neue und ehrlichere Weise, «Streicheleinheiten» zu erlangen, wie dies besonders in der Atmosphäre von Trainingsgruppen möglich ist (G II/46).

GOULDING sieht besonders in der Gestalttherapie die Möglichkeit, eine Neu-Entscheidung erlebnismäßig zu aktualisieren. Wie bereits erwähnt, kann der Patient auf gestalttherapeutische Art mit einer maßgebenden Beziehungsperson im Hier und Jetzt konfrontiert werden (G II/46 f). Der Patient kann auch aufgefordert werden, mehrmals in der Gegenwart einen besonders wichtigen Satz zu wiederholen, mit dem einem destruktiven Gebot widersprochen und die Autonomie betont wird. Wieder eine andere Möglichkeit besteht in einer gestalttherapeutischen Traumbearbeitung (s. S. 194 f). Eine weitere Methode besteht in einer dramatischen Auseinandersetzung verschiedener Persönlichkeitsanteile, z. B. des inneren Kindes mit demjenigen elterlichen Anteil, von dem die Gegenskriptforderungen und Antriebe ausgehen, oder des inneren Kindes mit dem sabotierenden Anteil des Eltern-Ichs oder schließlich des reaktiven Kind-Ichs mit dem unbefangenen Kind-Ich. Im letzteren Fall handelt es sich nicht um einen Ich-Du-Dialog wie in den beiden ersten Fällen, sondern um einen Ich-Ich-Dialog (G II/48).

Es kann auch vorkommen, daß ein Patient seine alte Entscheidung zwar aufrecht erhält und sich mit seinem Charakter, insofern er darauf beruht, abfindet, jedoch die destruktiven Wirkungen dieser Entscheidung auf die Realität aus seinem Erwachsenen-Ich heraus nach Möglichkeit auszuschalten sucht

(G I/138, II/46). So kann jemand weiter unter dem Gebot «Sei kein Kind!» leben und die entsprechende Entscheidung, sich keinesfalls kindlich zu benehmen, aufrecht erhalten. Wenn ihm aber bewußt geworden ist, wo er steht, wird er sich wegen seiner Unfähigkeit, Spaß zu genießen, keine Vorwürfe mehr machen und auch anderen den Spaß nicht mehr verderben (G I/138). Ein anderer hat vielleicht realisiert, daß er unter dem Gebot steht, niemandem zu nahe zu kommen. Er kann sich möglicherweise nicht zu einer grundsätzlichen Neu-Entscheidung entschließen und wird auch weiterhin auf Distanz sehen, aber er wird es dann nicht mehr nötig haben, einen Streit vom Zaune zu brechen, nur um Nähe zu vermeiden (G I/150).

Neu-Entscheidungen können von einem negativen Gefühl gefolgt sein, was als Strafe des kritischen Eltern-Ich aufzufassen ist. So kann jemand sozusagen sich selbst beweisen, daß die Neu-Entscheidung falsch oder wirkungslos ist.* Eine Gruppe kann dazu dienen, Neu-Entscheidungen zu verstärken und zu festigen, indem derjenige, der damit auf seine Lieblingsgefühle und bevorzugten Spiele verzichtet hat, von der Gruppe «gestreichelt», d. h. gelobt und in seiner Haltung bestätigt wird (G I/155).

d) Der Verhaltensvertrag

Der sogenannte Verhaltensvertrag ist ein wichtiges Instrument der Therapie im Rahmen der Transaktionalen Analyse: Einmal ergänzt er die *rationale Einsicht* und das *emotionale Erlebnis* mit der *Übung* als drittem therapeutischen Faktor und zweitens verpflichtet er den Patienten zu einer aktiven Mitarbeit an seiner Heilung.

Stellen wir uns vor, daß ein Patient, der zum Therapeuten kommt, sichtlich unter dem Antrieb steht «Müh dich fortwährend ab!». Eine der Auswirkungen dieses Antriebs besteht darin, daß er nie eine Frage direkt beantwortet. Der Therapeut kann den Patienten schon in der ersten oder einer der nächsten Sitzungen den Patienten auf diesen Antrieb wie auf die Eigenart, die darauf zurückzuführen ist, hinweisen und die Abmachung treffen, er solle inskünftig alle Fragen des Therapeuten direkt beantworten. Ein anderer Patient steht möglicherweise unter

* F. Gere, *Developing the O.K.-Miniscript,* TAJ 5 (1975) S. 285 ff.

dem Antrieb «Sei immer liebenswürdig!» Eine Äußerungsform dieses Antriebes besteht darin, daß der Betreffende den Therapeuten nicht ansieht, bevor er antwortet. Nach meiner Erfahrung sieht er überhaupt den Leuten, mit denen er spricht, kaum je direkt in die Augen. Der Therapeut kann ihn darauf verpflichten, ihm, während sie miteinander sprechen, in die Augen zu sehen.* In einer Gruppe können dieselben Abmachungen sich auch auf die Beziehungen des betreffenden Gruppenteilnehmers zu den andern Mitgliedern der Gruppe beziehen.

Solche verpflichtenden Abmachungen werden in der Transaktionalen Analyse *Verträge* genannt; im Unterschied zum *Behandlungsvertrag* spreche ich spezifizierend auch von *Verhaltensvertrag*. Solche Verträge können sich aber auch auf das Verhalten außerhalb der Sprechstunde beziehen. In diesem Sinn könnten die beiden Beispiele erweitert werden: ein Patient kann auch aufgefordert werden, inskünftig im Alltag Fragen seines Ehepartners direkt zu beantworten oder seinen Partner während gemeinsamen Gesprächen anzusehen. Von einem Patienten gleich zu Beginn der Therapie zu verlangen, er solle im Alltag *alle* Fragen direkt beantworten oder er solle *jedermann,* zu dem er spricht, ungehemmt ansehen, könnte eine Überforderung sein. Ein Verhaltenstraining – und um ein solches handelt es sich beim Abschluß derartiger Verträge – muß in kleinen Schritten durchgeführt werden, um nicht das Gegenteil dessen, was damit angestrebt wird, zu erreichen.

Es gibt nun aber auch Verhaltensverträge, die sich gegen destruktive elterliche Botschaften und darauf zurückzuführende Entscheidungen richten. Sie benötigen eine eingehende Vorarbeit, nämlich eine eigentliche Skriptanalyse. Nehmen wir an, eine Entscheidung, die dem Erleben und Verhalten eines Patienten zugrundeliegt, heiße: «Bleibe immer im Hintergrund!» oder «Sei immer unauffällig!» oder noch deutlicher «Verschwinde!». Die Erlaubnis, die dieser Botschaft entspricht heißt vielleicht: «Du darfst dich zeigen!» Um darauf einen Verhaltensvertrag aufzubauen, ist ein eingehendes Gespräch zwischen Therapeut und Patient notwendig. Zuerst muß festgestellt werden, wie sich diese einschränkende Entscheidung im Alltag auswirkt. Vielleicht ergibt sich, daß er in der Mittagspause nie allein

* Diese zwei Beispiele nach T. Kahler u. H. Capers, *The Miniscript,* TAJ 4 (1974), Nr. 1, S. 39.

die Fabrikkantine betreten kann; er erträgt nicht, daß sich die Blicke der andern auf ihn richten. Er muß immer abwarten, ob er von Kollegen am Arbeitsplatz abgeholt wird oder sich «zufällig» einer Gruppe auf dem Weg in die Kantine anschließen kann. Ein Verhaltensvertrag, welcher den Erlaubnissatz «Du darfst dich zeigen!» unterstützt, könnte dahin lauten, daß der Patient sich vornimmt, während der nächsten drei Wochen je am Dienstag und Freitag allein die Kantine aufzusuchen.

Ein Verhaltensvertrag darf einem Patienten nie aufgezwungen werden. Der Patient soll den Vertrag freiwillig eingehen. Am vorteilhaftesten ist es, wenn dieser Vertrag auf einem Vorschlag des Patienten selbst beruht. Der Therapeut hat in jedem Fall darauf zu sehen, daß sich der Patient mit dem Vertrag nicht überfordert, d. h. Bedingungen aufstellt, die er vermutlich gar nicht einhalten wird. Es kann sich der unbewußte Widerstand des Patienten darin zeigen, daß er zuviel von sich fordert, dann scheitert und schließlich sich auf sein Lieblingsgefühl zurückziehen kann: «Wieder einmal hat es sich erwiesen: ich bin zu nichts fähig!» Ein Verhaltensvertrag muß einfach und klar abgefaßt werden und darf keine einschränkenden Bedingungen aufweisen, z. B. «Bei der nächsten Teambesprechung melde ich mich zum Wort, wenn ich etwas zu sagen habe – außer der Chef ist dabei!» Nur zu leicht wird dann in der Praxis angehängt: «. . . oder sein Stellvertreter» oder gar noch dazu «. . . oder der Stellvertreter des Stellvertreters» usw.

Es ist zu bedenken, daß Verhaltensweisen, in die Mitarbeiter oder Angehörige einbezogen sind, schwieriger zu ändern sind, außer diese seien orientiert und positiv zur Änderung eingestellt. Mit einem Patienten, der seiner Frau gegenüber allzu willfährig ist, immer nachgibt und nie «nein» sagen kann, wird abgemacht, daß er während zweier Wochen immer deutlich sagt, wenn er andere Bedürfnisse oder eine andere Meinung hat als seine Gattin. Dieser Vertrag wird mit Vorteil in Anwesenheit der Gattin ausgehandelt – vorausgesetzt, sie sei fähig zu verstehen, um was es dabei geht –, sonst könnte es dieser einfallen, plötzlich zu sagen: «Was ist auch heute in dich gefahren!», womit alles verdorben sein könnte. Ein solcher Vertrag muß genau überlegt werden. Um bei unserm Beispiel zu bleiben: Wenn der Mann sich in Tat und Wahrheit für sein ständiges Nachgeben in anderer Hinsicht fortlaufend an der Frau rächt, was ihm gar nicht bewußt zu sein braucht, so müßte dieser Zusammenhang in den Vertrag einbezogen werden. In einem solchen Fall müßte überprüft werden, ob der Patient wirklich willens ist, den Vertrag zu erfüllen oder ob er vielleicht die Rache so süß findet, daß daraus ein Widerstand gegen die Erfüllung des Vertrages entsteht. Was ebenfalls dieses Beispiel anbetrifft, so muß sich der Therapeut vor Vertragsabschluß versichern, ob der Patient überhaupt fähig ist, eigenständige Bedürfnisse wahrzunehmen und eigenständige Ansichten zu bilden!

Verträge sollen *sofort* gültig sein. Also nicht: «Nach Weihnachten werde ich dann keine Zwischenmahlzeiten außer Apfel und Orangen mehr zu mir nehmen!», sondern: «Ab morgen werde ich während drei Wochen keine Zwischenmahlzeiten außer Äpfeln und Orangen mehr zu mir nehmen!» Hier handelt es sich um einen scheinbar recht banalen Vertrag. Er wird vermutlich nur wirksam sein, wenn vorher klargestellt und durchgearbeitet wurde, unter was für einer Botschaft der Betreffende steht, z. B. «Friß dich zu Tode!» oder «Sei häßlich!» oder «Sei schwerfällig!». Die zutreffenden Erlaubnisse könnten lauten: «Du darfst leben!» oder «Du darfst hübsch sein!» oder «Du darfst dich leicht und beschwingt bewegen!»

Mit dem Vertrag geht der Patient freiwillig eine Verpflichtung gegenüber dem Therapeuten oder den übrigen Gruppenmitgliedern oder auch einem einzelnen Gruppenmitglied ein. Diese Verpflichtung ist befristet. Nach Ablauf der Verpflichtung hat eine Besprechung zu erfolgen: Wurde der Vertrag anstandslos erfüllt oder zeigen sich Schwierigkeiten? Sollte ein weiterer Vertrag mildere oder kann er strengere Forderungen umfassen? Sollte der Vertrag nicht erfüllt worden sein, muß der «Vertragspartner» dem Betreffenden behilflich sein, nicht in ein negatives Lieblingsgefühl abzurutschen oder sich aus einer negativ-kritischen Elternhaltung heraus zu tadeln oder gar zu bestrafen. Die Aufrechterhaltung eines wohlwollenden Eltern-Ichs sich selber gegenüber ist wichtig.

Es liegt nahe, in diesem Zusammenhang auch an die Möglichkeit zu denken, Verträge mit sich selbst abzuschließen. In der Praxis bleibt es dann meist bei den wohlbekannten guten Vorsätzen! Die am schwersten durchschaubaren Spiele sind solche, die wir mit uns selbst betreiben. Das Gespräch mit einem andern ist das beste Mittel, um zu vermeiden, daß ich mich weder überfordere noch selbst betrüge und vor allem auch das, was ich beschließe, sozusagen mich selbst als Vertragspartner ernst nehme.

9. Die Verbindung der Transaktionalen Analyse mit andern Behandlungsmethoden*

In seinem ersten Buch nimmt BERNE viel positiver als in den späteren Büchern und besonders in seinem letzten auf die Möglichkeit einer Ergänzung der Transaktionsanalyse durch die *Psychoanalyse* Bezug. Die psychoanalytische Behandlung entspreche, schreibt er, weitgehend einer Skriptanalyse (Be I/173 f). Die psychoanalytische Behandlungsmethode diene dazu, die Verwirrung des Kindes (Be I/86, 148, IV/220) sowie Konflikte zwischen Kind-Ich und Eltern-Ich oder zwischen Kind-Ich und Erwachsenen-Ich (Be I/86, 155) zu beheben. Wenn die therapeutische Strukturanalyse bereits zu einem Erfolg geführt habe, müsse nicht unbedingt eine psychoanalytische Behandlung angeschlossen werden, andererseits sei aber die Emanzipation des Erwachsenen-Ichs durch eine Strukturanalyse Voraussetzung einer Psychoanalyse (Be I/154, IV/220**). Im übrigen kann eine Transaktionsanalyse auch neben einer psychoanalytischen Behandlung durchgeführt werden (Be I/177). Schließlich gibt es auch Krankheitsbilder, bei denen die Psychoanalyse als Behandlungsmethode der Wahl an erster Stelle steht und die Erfolge einer Transaktionsanalyse zweifelhaft sind. Es ist dies nach BERNE bei der Konversionshysterie und bei den Phobien der Fall. Gerade für diese Leiden wurde ja auch die Psychoanalyse sozusagen erfunden. Andere kürzere Behandlungsmethoden bleiben bei diesen Leiden ein Notbehelf (Be IV/344 f). Auch R. C. DRYE hält eine psychoanalytische Behandlung bei Patienten angezeigt, die an Konversionshysterie, an Phobien, an Zwangsneurosen und ähnlichen Syndromen leiden, mindestens wenn eine transaktionsanalytische Behandlung mit gestalttherapeutischen Elementen nicht zum Erfolg geführt hat.*** Bei Patienten mit kurzen, aber doch stürmischen Ausbrüchen des «archaischen

* Vergleichende Betrachtungen zum Verhältnis der Transaktionalen Analyse zu anderen tiefenpsychologischen Richtungen s. S. 243 ff.
** E. Berne *In Treatment*, TAB 1 (1962), S. 10 ff.
*** R. C. Drye *Psychoanalysis and TA*, in MJ Tech, S. 187 ff.

«Kind-Ichs», welche eine kontinuierliche Problembearbeitung trotz an sich emanzipiertem Erwachsenen-Ich nicht zulassen, sowie bei Patienten mit ernsthaften narzißtischen Störungen und narzißtischer Übertragung sei eine engere Beziehung zwischen Therapeut und Patient über längere Zeit nötig, wie sie nur eine psychoanalytische Behandlung mit mehreren Sitzungen pro Woche möglich mache» Im übrigen empfiehlt der Autor mit MENNINGER Leuten, denen an einer gründlichen Kenntnis der eigenen Persönlichkeit gelegen ist, besonders wenn sie sich zu Therapeuten und Erziehern ausbilden, eher eine Psychoanalyse. Er erwartet bei dieser Empfehlung allerdings, daß die Bevorzugung einer solchen langdauernden Therapie von «zünftigen» Transaktionsanalytikern als Verstärkung eines Verlierer- oder doch Nicht-Gewinner-Skripts ausgelegt werden könnte.

Die Kombination von Transaktionaler Analyse mit *gestalttherapeutischen Verfahren* ist bei verschiedenen Transaktionsanalytikern sehr gebräuchlich. Ich verweise auf das Buch von Muriel JAMES und Dorothy JONGEWARD (JJ), das ausgiebig therapeutische Ansätze aus beiden Bereichen miteinander verbindet. In der Arbeit von M. JAMES über *Gestalttherapy and TA* finden sich verschiedene wertvolle Hinweise (MJ Tech S. 250 ff). Im Laufe meiner bisherigen Ausführungen kam ich verschiedentlich auf die Technik der Konkretisierung des inneren Gesprächs unter den drei Persönlichkeitsanteilen mit der gestalttherapeutischen «Technik des leeren Stuhls» zu sprechen (S. 198). Auch bei der Bearbeitung von Träumen folgen verschiedene Transaktionsanalytiker der gestalttherapeutischen Anregung (S. 194). Das Ehepaar GOULDING arbeitet weitgehend auch gestalttherapeutisch (S. 231). Dasselbe gilt von Fanita ENGLISCH (FE 72 ff). G. THOMSON, ein prominentes Mitglied der International Transactional Association, und H. PETZOLD, ebenso prominentes Mitglied des Fritz-Perls-Institutes in Düsseldorf schrieben kürzlich gemeinsam eine Arbeit *Zur Verbindung von Transaktionaler Analyse und Gestalttherapie.*[*]

R. D. LEIBL[**] und andere Autoren, so der im deutschen Sprachbereich sehr bekannte A. S. HELLINGER, kombinieren Transaktionale Analyse und *Primärtherapie.* Je nachdem auf

[*] Integrative Therapie, Jg. 1976, S. 154 ff.
[**] R. D. Leibl, *A Comparative Integration of Primal Therapy and Transactional Analysis,* TAJ 3 (1973), S. 115 ff.

welchem therapeutischen Verfahren das Hauptgewicht gelegt wird, dient die Transaktionale Analyse dazu, die Einsichten, die dem Selbsterleben bei den Primärsitzungen entspringen, zu vertiefen, oder aber es können Primärsitzungen dem Patienten, der sonst im Rahmen der Transaktionalen Analyse an sich arbeitet, sein durch elterliche Botschaften unterdrücktes und hinter Willfährigkeit oder Rebellion verstecktes unbefangenes, wenn auch unterdrücktes Kind unmittelbar und eindrucksvoll zum Erlebnis bringen.

Eine Verbindung von Transaktionaler Analyse und *Psychodrama* ist naheliegend. H. Petzold hat den Begriff «Transaktionalytisches Psychodrama» geprägt*. Mit verschiedenen im Psychodrama üblichen Methoden können für den Patienten strukturanalytische Verhältnisse lebendig gemacht werden, so besonders mit der Doppelgängertechnik und mit Rollentausch bei Auseinandersetzungen zwischen Paaren, Familienmitgliedern oder Gruppenteilnehmern. M. E. Holtby macht darauf aufmerksam, daß sich in einem Psychodrama auch Situationen aus der Kindheit wiederholen lassen, aus denen sich für den Patienten destruktive Entscheidungen ergeben haben.** Werden sie gespielt, so kann der Patient unter dem Schutz des Therapeuten es wagen, Bedürfnisse und Gefühle zu erleben und auszudrücken, die er damals nicht wahrgenommen hat oder zu übergehen gezwungen war, und neue Entscheidungen fällen.

Bei der Transaktionsanalyse i. e. S. handelt es sich um einen sehr wertvollen kommunikationspsychologischen Ansatz, der im Rahmen *kommunikationstherapeutischer Verfahren* ausgezeichnet verwendet werden kann. Ich verweise auch auf die Ausführungen über eine Kombination von Transaktionaler Analyse mit *Gruppenverfahren, die der Encounter-Tradition entsprechen* (S. 208 f). Auch *Übungen mit gelenkter Phantasie,* wie sie oft in Selbsterfahrungsgruppen verwandt werden, können nach meiner Erfahrung die Transaktionale Analyse bereichern.

Die Transaktionale Analyse ist in der therapeutischen Praxis ein offenes Verfahren. Es ist kaum eine bewährte therapeutische Methode denkbar, die nicht sinnvoll auch im Rahmen einer Transaktionalen Analyse eingesetzt werden könnte.

* H. Petzold, *Die Verbindung von Transaktionaler Analyse, Kreativen Medien und TA-Psychodrama,* Partnerberatung, Jg. 1976, S. 175 ff.
** M. E. Holtby, *TA and Psychodrama,* TAJ 5 (1975), S. 133 ff.

Allgemeine Bemerkungen
zur transaktionalen Analyse als Therapie

Ich nehme an, es wird recht schwierig sein, nach meinen vorangegangenen, vornehmlich referierenden Ausführungen über den therapeutischen Aspekt der Transaktionalen Analyse einen zusammenhängenden Gesamteindruck zu erlangen. Ziel aller therapeutischen Bemühungen, ganz gleichgültig, wie der Akzent vom jeweiligen Therapeuten gesetzt wird, ist ganz zweifellos die *Autonomie* des Patienten, seine Unabhängigkeit und Eigenständigkeit im Urteilen, Entscheiden und Handeln und zwar unter Berücksichtigung seiner Grundbedürfnisse einerseits und der Realität andererseits. Ein guter Therapeut wird seine Patienten, wenn sie eine gewisse Tragfähigkeit erreicht oder bereits in die Behandlung mitgebracht haben, «bei ihrer Autonomie nehmen», d. h. sie als Menschen betrachten und behandeln, die für sich selbst verantwortlich sind. Er wird sich als Experte betrachten, der im Auftragsverhältnis zum Patienten steht. Damit wird er viele Patienten, die sich auf ihn stützen oder sich gar an ihn klammern möchten, die ihre Beziehung zu ihm sozusagen in ihr Leben einzubauen trachten, indem sie, ohne sich dessen ganz bewußt zu sein, ihn als «Freund für's Leben» ansehen, vor den Kopf stoßen. ENGLISCH spricht im Zusammenhang mit solchen Überlegungen von einem «rauhen Therapieklima» (FE 197). Es schließt dies aber Herzlichkeit und menschliche Wärme in der Begegnung nicht aus, aber immer in der, vielfach sogar ausgesprochenen Überzeugung, daß der Patient letztlich für sich selbst verantwortlich ist. Trotzdem haben viele Patienten, die nie in ihrem Leben eine tragende Beziehung erlebt haben, in der sie es wenigstens vorübergehend wagen durften, auch sich selber zu sein, vorerst auch Geborgenheit nötig, jedoch nicht die Geborgenheit eines «Retters», der ihnen alle Verantwortung für sich selbst abnimmt, sondern eines Menschen, der bereit ist, sie voll und ganz zu akzeptieren.

BERNE hält ausdrücklich daran fest, daß die Identität eines jeden Menschen immer drei Persönlichkeitsanteile umfaßt, daß, mit andern Worten, die Frage «Wer bin ich?» immer beantwortet werden muß mit: «Ich bin dreierlei» (s. S. 37). Eine erste

Phase der Behandlung besteht auch tatsächlich darin, ein produktives Zusammenspiel zwischen positiv-wohlwollendem Eltern-Ich, Erwachsenen-Ich und unbefangenem Kind-Ich zu erreichen. Diesem ersten Ziel dienen die Anregungen zur Emanzipation des Erwachsenen-Ichs, zur Erneuerung des Eltern-Ichs und zur Befreiung des unbefangenen inneren Kindes. Wo hat aber die Forderung der Autonomie im Rahmen der Strukturanalyse ihren Platz? Wer ist eigentlich autonom geworden, wenn er sich von den stereotypen Erlebens- und Verhaltensgewohnheiten und vom Skriptzwang befreit hat? Es ist zweifellos die *Person* als ganzes, die mit Begriffen der Transaktionalen Analyse nur unzulänglich erfaßt werden kann. Es ist nicht einfach das unbefangene innere Kind, das nach einer erfolgreichen Behandlung autonom geworden ist und auch nicht allein das erfolgreich eingesetzte Erwachsenen-Ich. Mit dem Ausdruck «Integriertes Erwachsenen-Ich» versucht die Transaktionale Analyse auf ihre Art das zu erfassen, was ich als Person bezeichne (s. S. 41 f), wobei es sich aber dabei nicht mehr um etwas handelt, was sonst in der Transaktionalen Analyse als Erwachsenen-Ich bezeichnet wird.

Die therapeutische Methode der Transaktionalen Analyse greift an drei verschiedenen Punkten an: an der Einsichtfähigkeit, an der emotionalen Erlebnisfähigkeit und am Verhalten des Patienten. Dadurch soll eine Wandlung der Persönlichkeitsstruktur erreicht werden, die in der Autonomie gipfelt. Diese drei verschiedenen Ansatzpunkte sind nach ERSKINE eine Besonderheit der Transaktionalen Analyse.* Die Transaktionale Analyse ermöglicht seines Erachtens eine Integration von Verfahren, die vornehmlich nur an je einem dieser drei Punkte ansetzen: die tiefenpsychologisch-analytischen Verfahren an der Einsichtsfähigkeit, die Gestalttherapie an der emotionalen Erlebnisfähigkeit und die Verhaltenstherapie am Verhalten. Zu den Verfahren, die an der emotionalen Erlebnisfähigkeit ansetzen, möchte ich als besonders typisch noch die Primärtherapie erwähnen. Gerade weil die Transaktionale Analyse alle diese drei Ansatzpunkte als gleich bedeutungsvoll in ihre therapeutische Methode einbezieht, kann sie auch widerspruchslos andere Verfahren zur Bereicherung herbeiziehen.

* R. G. Erskine, *The ABC'S of Effektive Psychotherapy*, TAJ 5 (1975), S. 163 ff.

Es ist auch wieder ERSKINE, der ganz ausgezeichnet und einleuchtend sechs Stadien bei einer transaktionalen Therapie
unterscheidet. Sie erfolgen sinnvoll aufeinander in Richtung auf
die Erreichung der Autonomie. Die Aufzählung dieser sechs
Stadien ergibt meines Erachtens ein sehr gutes Bild von dem,
was ein Patient im Verlauf einer Therapie, die unter dem Zeichen der Transaktionalen Analyse steht, erlebt:

(1.) Das erste Stadium ist durch Abwehrverhalten gekennzeichnet. Der Patient muß lernen, sich von seinen stereotypen
Erlebens- und Verhaltensweisen, die er bis jetzt als selbstverständlich und natürlich betrachtet hat, zu distanzieren. (2.) Er
realisiert, daß seine stereotypen Erlebens- und Verhaltensweisen sowie seine Unterwerfung unter Skript-Gebote, die zu einer
Einschränkung seiner kindlichen Unbefangenheit führten, in
der frühen Kindheit, in erster Linie unter dem Einfluß der
ersten Beziehungspersonen, erlernt wurden. Ärger und Wut auf
die Eltern wird die Folge sein. (3.) Großer Schmerz ergreift den
Patienten, der sich jetzt sozusagen mit seinem bis anhin unterdrückten unbefangenen Kind identifiziert. Gleichzeitig sieht er
ein, wie er durch seine Grundentscheidungen selbst an der Einschränkung seiner Erlebnisfähigkeit beteiligt war. Manche Patienten hören mit dieser Einsicht mit der Behandlung auf. (4.)
Der Patient wird sich klar über seine Abhängigkeit von den
elterlichen Einflüssen und der Notwendigkeit, sich von diesen
zu distanzieren. (5.) Der Entschluß, sein Leben zu ändern reift
heran. Ein konstruktives Zusammenspiel von unbefangenem
Kind, Erwachsenen-Ich und wohlwollendem Eltern-Ich gibt ihm
die Möglichkeit dazu. Neu-Entscheidung und Verhaltensverträge
gehören zu diesem Stadium. (6.) Das letzte Stadium umfaßt die
Versöhnung mit den Eltern. «Meine Eltern haben getan, was sie
nach ihren damaligen Möglichkeiten für mich tun konnten!»,
ist die Schlußfolgerung aus der Versöhnung.*

* unter freier Benutzung des Aufsatzes von R. G. Erskine, *Six Stages of
Treatment*, TAJ 3 (1973), S. 17.

Die transaktionale Analyse im Vergleich zu anderen tiefenpsychologischen Richtungen

Aus der Überschrift dieses Kapitels geht bereits hervor, daß ich die Transaktionale Analyse zur Tiefenpsychologie rechne, vor allem die Analyse des unbewußten Lebensplans oder Skript-Analyse. Sie gründet sich ebenfalls auf die Prägung von Erlebens- und Verhaltensmuster durch frühe Kindheitserfahrungen und richtet ihre therapeutische Aktivität darauf, destruktive Prägungen, welche die Entfaltung der eigenen Möglichkeiten und eine fruchtbare Auseinandersetzung mit der Welt einschränken, bewußt zu machen und zu verändern. Unter «Prägung» verstehe ich hier ganz allgemein die Ausbildung von Denk-, Verhaltens- und Wertungsgewohnheiten als Folge von Erfahrungen in der frühen Kindheit und nicht im engeren ethologischen Sinn die in einem ganz bestimmten, oft sehr kurz bemessenen Entwicklungsstadium aktuelle «Zuordnung einer angeborenen Verhaltensweise zu spezifischen Objekten».*

In der Literatur über die Transaktionale Analyse wurde schon verschiedentlich versucht, Vergleiche zu andern tiefenpsychologischen Schulen zu ziehen. Abgesehen von den Ausführungen von BERNE zu diesem Thema, auf die ich unten ausführlich eingehen werde, erwähne ich: R. C. Drye, *Psychoanalysis and TA* (MJ Tech 187 ff), F. R. Wilson, *TA and Adler* (TAJ 5 (1975), S. 117 ff), J. Simoneaux, *Adlerian Psychology and TA* (MJ Tech 205 ff), L. Herman, *On Transactional Analyst's Understanding of Carl Jung* (TAJ 5 (1975), S. 123 ff), E. A. Merlin, *Jung and TA: Some Clarification* (TAJ 6 (1976), S. 169 ff), *Analytical Psychology and TA* (MJ Tech S. 217 ff). Die vergleichenden Betrachtungen in diesen Aufsätzen sind nicht sehr aufschlußreich. Es geht den Autoren mehr darum, den Kollegen, die vor allem auf dem Gebiet der Transaktionalen Analyse bewandert sind, eine Einführung in die erwähnten tiefenpsychologischen Verfahren zu geben. Ich stütze mich deshalb bei den folgenden Überlegungen in erster Linie auf die Äußerungen von BERNE zum Thema sowie auf eigene Untersuchungen.

* E. H. Hess, *Prägung,* Kindler, München, 1973, S. 93.

1. Transaktionale Analyse und Psychoanalyse*

BERNE sieht die Transaktionale Analyse als eine Fortentwicklung der Psychoanalyse an, ungefähr wie das arabische Zahlensystem als Fortentwicklung des römischen Zahlensystems betrachtet werden könne. Der entscheidende Fortschritt liegt nach BERNE in der Einführung der Strukturanalyse (Be VI/399 ff). Unter «Psychoanalyse» wie unter «Transaktionaler Analyse» können drei Dinge verstanden werden: eine *Ideologie,* die sich mit dem Wesen des Menschen und dem Sinn des Lebens befaßt; eine *Psychologie,* die sich auf Erfahrungen mit Menschen stützt, die an seelischen Störungen leiden; eine *Behandlungsmethode* für neurotische Störungen. Ein Vergleich zwischen Transaktionaler Analyse und Psychoanalyse muß sich folgerichtig auf alle diese drei Gegebenheiten stützen, auch wenn diese sich nicht genau auseinanderhalten lassen.

a) Der ideologische Hintergrund

Der menschenkundliche Hintergrund ist bei der Transaktionalen Analyse und der Psychoanalyse in einem wesentlichen Punkt verschieden: Bei der Psychoanalyse steht die Überzeugung im Hintergrund, daß der Mensch «eigentlich» ein rücksichtsloses, grausames, auf die Befriedigung elementarer, sozusagen roher Triebe angelegtes Wesen ist, das durch kulturelle und soziale Bedingungen, die ihm intrapersonal durch das Über-Ich-Gewissen entgegentreten, gezähmt oder gehemmt wird. Die «Kunst des Lebens» besteht darin, trotz dieser Hemmung seine Triebe und Bedürfnisse, insofern sie sich nicht unterdrücken lassen, in verwandelter, sozialisierter Form auszutragen. Gelingt dies nicht, brechen die elementaren, in der biologischen Konstitution verankerten Triebe entweder durch oder kommen, insofern sie doch unter dem Einfluß kultureller Bedingungen stehen, verzerrt in neurotischen Symptomen zum Ausdruck. Die Ausfüh-

---

* Eine zusammenfassende Darstellung der verschiedenen Aspekte der Psychoanalyse nach FREUD finden sich in GdT Bd. 1, S. 84–163 (Die klassische Abwehrtheorie nach Sigmund und Anna Freud) GdT Bd. 2, S. 65 bis 135 (Die Sexualtheorie und die Triebkonflikttheorie nach Freud) und GdT Bd. 3, S. 43–111 (Die Lehre von den infantilen Beziehungskonstellationen).

rungen der Psychoanalytiker widersprechen sich in der Frage, ob dieser Prozeß unter dem stetigen Druck der Kulturforderungen steht, oder ob der Mensch schon von vornherein darauf angelegt ist, seine biologischen Bedürfnisse zu sozialisieren. Insofern ist es nicht ganz zutreffend und eine Vereinfachung zu behaupten, der Mensch sei nach psychoanalytischer Ansicht von Grund auf egozentrisch, rücksichtslos, grausam und nur auf die Befriedigung seiner rohen Triebe ausgerichtet.

BERNE stellt fest: «Wir gehen von der Annahme aus, daß jedes normale menschliche Kind mit der Fähigkeit auf die Welt kommt, seine Möglichkeit zu seinem und zum Vorteil der Gesellschaft zu entwickeln, sich seines Lebens zu freuen, produktive und kreative Arbeit zu leisten und frei von psychischen Störungen zu sein» (Be IV/259). BERNE scheint unter «normal» soviel zu verstehen wie «frei von organischen Defekten», im engeren Sinn: «frei von hirnorganischen Defekten» (Be I/45).

Mit Recht wird BERNE zu den Vertretern der Humanistischen Psychologie gezählt. Es ist sehr schwierig, deren Grundsätze zusammenzufassen. Wenn ich es an dieser Stelle versuche, stütze ich mich in erster Linie auf die Lehrsätze von BUGENTAL, über die Charlotte BUEHLER referiert, sowie auf Ausführungen von Abraham MASLOW und Ruth COHN*: (1.) Die «innere Natur» des Menschen ist gut. «Wenn man ihr erlaubt, unser Leben zu leiten, wachsen wir gesund, fruchtbar und glücklich» (MASLOW). (2.) Jeder Mensch, dessen biologische und psychologische Grundbedürfnisse gestillt sind, ist aus eigener Verantwortung heraus zur Selbsteinsicht, zur Selbstverwirklichung und zur Entfaltung der ihm eigenen Möglichkeiten fähig. (3.) Ich lebe immer nur im gegenwärtigen Augenblick. Ich suche im gegenwärtigen Moment ganz zu leben und aus der gegenwärtigen Situation zu gewinnen, was sie bietet. (4.) Auch Schmerz, Konflikt, Kummer, Zorn und Schuld gehören zum Leben und dürfen demzufolge als Gefühle nicht abgewertet, versteckt und verdrängt werden. Sie haben eine wichtige Bedeutung im Leben, insofern sie unsere «innere Natur offenbaren, stärken und erfüllen» (MASLOW). (5.) Wertvolle Erlebnisse sind solche, die

* Ch. Bühler u. M. Allen, *Einführung in die humanistische Psychologie*, Klett, Stuttgart, 1974, S. 81 f; A. H. Maslow, *Psychologie des Seins*, Kindler, München, 1923, S. 21 f; Ruth C. Cohn, *Von der Psychoanalyse zur themenzentrierten Interaktion*, Klett, Stuttgart, 1975.

mein inneres Wachstum fördern, d. h. mein Leben bereichern, meine Möglichkeiten entfalten und mich positiv verändern. (6.) Jeder Mensch ist wichtig mit der ihm eigenen Vergangenheit, Gegenwart und Zukunft, mit seinen ihm eigenen Bedürfnissen und Gefühlen.

So vorsichtig die Vertreter der Humanistischen Psychologie sich auch ausdrücken, so deutlich schimmert doch durch alle ihre Aussagen über das Wesen des Menschen hindurch, daß sie ihn als von Grund auf gut betrachten. Dem entspricht auch, daß das ursprüngliche, natürliche oder unbefangene Kind-Ich im Rahmen der Transaktionalen Analyse überwiegend als soziopositiv, wenn auch vielleicht als manchmal ungebärdig, sowie als kreativ geschildert wird. Dem entspricht auch, daß, wer sich von den destruktiven elterlichen Devisen und dem Zwang seines unbewußten Lebensplans befreit hat, tun kann, was er will und damit gesund und in Ordnung ist im Sinn von «Ich bin O.K., du bist O.K.». Ich frage mich, ob BERNE es nicht seiner psychoanalytischen Vorbildung zu verdanken hat, daß er an wenigstens einer Stelle seines Werkes nicht nur davon spricht, daß ein Kind auch aus sich heraus egozentrisch und grausam sein kann, sondern daß der Mensch überhaupt auch eine sozial böse Seite in sich trage, mit der fertig zu werden nicht einfach sei (s. S. 26 f). Er spricht dabei recht eindrücklich von dem, was C. G. JUNG nicht nur als persönlichen, sondern als allgemeinmenschlichen (archetypischen) Schatten bezeichnen würde (GdT Bd. 4, S. 71–85). Das Problem der Schattenseite der menschlichen Natur beschäftigt aber BERNE sonst kaum. Die Vertreter der Humanistischen Psychologie neigen dazu, «böse» oder «aggressive» Verhaltensweisen als Folge einer Frustration in der Kindheit durch ungeschickte Erziehungspersonen oder widrige Umstände zu betrachten oder als Folge einer «Selbst-Blockierung» von Bedürfnissen und Gefühlen.

b) Der psychologische Gehalt

Die Psychoanalyse wie die Transaktionale Analyse gehen bei der Untersuchung von Erlebens- und Verhaltenseigentümlichkeiten eines Menschen auf dessen frühe Kindheit zurück. Beide psychologischen Richtungen sind der Auffassung, daß die

Grundlagen zu bestimmten Erlebens- und Verhaltensmustern bis spätestens im fünften oder sechsten Altersjahr gelegt seien. Dabei steht der Einfluß der frühen Beziehungspersonen, für gewöhnlich der Eltern, im Vordergrund.

BERNE gibt sich an verschiedenen Stellen seines Werkes mit der Frage ab, ob die psychoanalytischen Begriffe «Über-Ich», «Ich», «Es» in Analogie zu den transaktionsanalytischen Begriffen «Eltern-Ich», «Erwachsenen-Ich», «Kindheits-Ich» gesetzt werden können (Be I/269 ff, IV/296 ff). BERNE ist der Ansicht, daß die FREUDschen Instanzen rein theoretische Begriffe seien, während es sich bei den von der Transaktionalen Analyse aufgestellten Ich-Zuständen um erfahrbare und sozial bedeutsame Realitäten handle. Mindestens was den psychoanalytischen Begriff des Über-Ichs angeht, irrt sich BERNE mit dieser Feststellung, denn das Über-Ich ist auch in psychoanalytischer Betrachtungsweise eine erfahrbare und sozial bedeutsame Realität. Auch BERNE zweifelt aber nicht, daß zwischen den FREUDschen Instanzen und seinen Ich-Zuständen Beziehungen bestehen.

Was die Transaktionale Analyse «Eltern-Ich» nennt, erinnert ausgesprochen an den psychoanalytischen Begriff «Über-Ich». Das sogenannte Über-Ich ist eine innerpsychische Instanz, welche die verinnerlichten Gebote und Verbote der Eltern umfaßt, deren Mißachtung «automatisch» die Angst vor Strafe, vor allem Angst vor der Abwendung der schützenden elterlichen Mächte mit sich bringt. Nah verwandt oder identisch mit dem Über-Ich ist auch das Ich-Ideal, an dem das reale Selbstbild gemessen wird. Damit sei nur kurz der psychoanalytische Über-Ich-Begriff gekennzeichnet, auf den ich an anderer Stelle ausführlich eingegangen bin (GdT Bd. 1, S. 92 ff; Bd. 2, S. 113–119). Das Über-Ich ist das anerzogene Gewissen und macht sich wie das Eltern-Ich als innere Stimme bemerkbar. Dieses Über-Ich, das die Freiheit des Erlebens und Verhaltens durch Tabus und festgelegte Zielvorstellungen einschränkt, liefert nach psychoanalytischer Vorstellung auch die Motive zur Verdrängung von triebhaften Regungen und damit in Verbindung stehenden Gefühlen und Gedanken.

In der Vorstellungswelt der Transaktionalen Analyse steht das reaktive Kindheits-Ich unter dem Einfluß des Eltern-Ichs, entweder indem es sich gehorsam dessen Forderungen und Wertungen anpaßt oder indem es grundsätzlich dagegen rebelliert.

Je mehr dieses reaktive Kindheits-Ich im Vordergrund steht, umso weniger werden die eigenständigen Impulse aus dem unbefangenen Kind-Ich wahrgenommen und über das Erwachsenen-Ich mit der Realität in Beziehung gesetzt. Wer fortlaufend gegen die Normen des Über-Ichs verstößt, hat nach psychoanalytischer Auffassung entweder ein schwaches Über-Ich, was einem Defekt entspricht, oder büßt durch Angst und Schuldgefühle. Dort wo die Psychoanalyse eine Über-Ich-Schwäche als Mitbedingung zu einer Delinquenz betrachtet, ist die Transaktionale Analyse der Ansicht, daß die Delinquenz eine Folge destruktiver elterlicher Gebote sei. Die Betreffenden stünden unter dem elterlichen Gebot, zu delinquieren.* Die Angst und die Schuldgefühle, die sich als Folge einer Verletzung von Über-Ich-Geboten einstellen können, sind auch der Transaktionalen Analyse bekannt. Sie entsprechen einer Angst vor dem «Liebesverlust» der Eltern und vor Strafe. Beim Versuch, sich aus dem Zwang eines Skripts zu befreien, treten sie als Widerstand auf. FREUD spricht andeutungsweise davon, daß sich ein strenges Über-Ich im Laufe einer erfolgreichen psychoanalytischen Behandlung unter dem Einfluß einer positiven Beziehung zum Analytiker zu mildern pflege. In der Sprache der Transaktionalen Analyse wird derselbe Vorgang als Erneuerung des Eltern-Ichs im Sinn eines Überwiegens einer wohlwollenden, die Autonomie fördernden Elternhaltung gegenüber sich selber umschrieben, ein Prozeß, der aber die Emanzipation des Erwachsenen-Ichs voraussetze.

In der Transaktionalen Analyse spielt die Vorstellung eine große Rolle, daß jemand nicht nur in sich eine elterliche Stimme hören kann oder sich selber gegenüber eine abschätzige oder wohlwollende Haltung einnehmen kann, sondern daß jemand auch andern gegenüber sich elterlich zu verhalten vermag. Es ist dies dann die Elternhaltung gegen außen, durch welche der Kommunikationsstil typisch beeinflußt werden kann. Eine solche Elternhaltung müßte im Rahmen der psychoanalytischen Betrachtungsweise als Identifikation mit dem Über-Ich gekennzeichnet werden. Die transaktionale Strukturanalyse stellt eine Verbindung zwischen personifizierten Persönlichkeitsanteilen und kommunikationspsychologischen Beobachtungen her, die der Psychoanalyse fremd ist.

* *Transcription of Eric Berne in Vienna, 1968,* TAJ 3 (1973), S. 67.

Der Begriff des Erwachsenen-Ichs der Transaktionalen Analyse erinnert deutlich an den Ich-Begriff der Psychoanalyse und zwar ganz besonders deswegen, weil beiden die Funktion der Realitätsprüfung zukommt. «Emanzipation des Erwachsenen-Ichs» bedeutet eine Stärkung des Einflusses der Instanz, die in der Psychoanalyse als «Ich» bezeichnet wird, auf die Entscheidungen und Handlungen und eine zuverlässigere Kontrolle über die triebhaften und emotionalen Bedürfnisse einerseits, über die Impulse aus dem Über-Ich andererseits. Die Forderung nach der Emanzipation oder Stärkung des Erwachsenen-Ichs im Rahmen der Transaktionalen Analyse entspricht der Forderung FREUDS, aus dem Es müsse zunehmend Ich werden, «so daß die Gestaltung des Schicksals vom Kind-Ich auf das Erwachsenen-Ich übergehen kann, von der archäopsychischen Unbewußtheit auf die neopsychische Bewußtheit» (Be I/118).

Das Kind-Ich der Transaktionalen Analyse zum Es der Psychoanalyse in Beziehung zu setzen, ist bedeutend schwieriger und begrifflich nicht ohne weiteres möglich. Am ehesten könnte gesagt werden, daß das unbefangene, ursprüngliche oder freie Kind-Ich derjenige Persönlichkeitsanteil ist, in dem die «natürlichen» Energien, Bedürfnisse, Kräfte und Möglichkeiten am unmittelbarsten zum Ausdruck kommen. Aber das unbefangene Kind-Ich, wie es in der Transaktionalen Analyse verstanden wird, ist keineswegs «ein Chaos, ein Kessel voll brodelnder Erregung», etwas von überwiegend «negativem Charakter» (F XV/80), sondern eine personifizierte (BERNE: «phänomenologisch zu definierende») Instanz, deren Funktion es eigentlich ist, die Verarbeitung der realen Gegebenheiten und die darauf beruhenden Entscheidungen und Handlungen des Erwachsenen-Ichs zu motivieren (Be I/69), ja, das Erwachsenen-Ich gar zu programmieren (Be I/252). Die ungehemmte Entfaltung derjenigen Energien, Kräfte und Triebe, welche die Psychoanalyse im Es vermutet, müßte zu einer Verhaltensweise führen, die eher dem negativen Kindheits-Ich, dem Kleinen Faschisten, wie BERNE sagen würde, entspräche, wobei sich zudem die vielen einander widersprechenden Bedürfnisse teilweise lähmen würden. Im übrigen ist das Es der Psychoanalytiker nach ihrem eigenen Eingeständnis ein theoretisches Konstrukt, während das Kindheits-Ich der Transaktionsanalytiker so wirklich ist wie das Eltern-Ich und das Erwachsenen-Ich.

Aus dem Vergleich der strukturanalytischen Betrachtungsweise im Sinn der Transaktionsanalyse mit der psychoanalytischen Instanzenlehre ergibt sich, daß die Transaktionale Analyse der Psychoanalyse vor allem eine Differenzierung des Über-Ich-Konzeptes anzubieten hat, gehen doch vom Eltern-Ich nicht nur Verbote aus sowie an Ideal-Vorstellungen gemessene Gebote, sondern auch mannigfache Erwartungen, vordergründige Lebensweisheiten, Anweisungen, in emotional gespannten Situationen hingeschleuderte Flüche usw., kurz: all das, was, wie die Transaktionale Analyse sagt, den «Skript-Apparat» bedingt. Daß eine Differenzierung des Über-Ich-Begriffs und seiner Bedeutung für den praktischen Lebensbezug wünschenswert wäre, betonen auch die Psychoanalytiker selbst, so z. B. L. RANGELL und J. CREMERIUS.* CREMERIUS beruft sich dabei auch auf Anna FREUD: «Die analytische Zersetzungsarbeit am Über-Ich» sollte in der Therapie ganz besonders berücksichtigt werden.»**

Nach FREUD ist der Ödipuskomplex der «Kernkomplex der Neurosen» (F V/127 f Anm.). Unter dem Ödipuskomplex versteht er eine familiäre Beziehungskonstellation, die durch eine erotische Zuneigung zwischen dem Kind und einem Elternteil bei Rivalität gegenüber dem andern bedingt ist (GdT Bd. 3, S. 49 ff). BERNE kommt in seinem Werk immer wieder auf den Ödipuskomplex zu sprechen (Be I/118, 201, II/218 f, VI/38 f, 51 f, 57 f). Für ihn ist der Ödipuskomplex ein Programm, das häufig in den Lebensplan eingebaut ist. In seinem ersten Werk ist er der Ansicht, daß die ödipale Situation «für gewöhnlich» den Kern jedes Skript bilde (Be I/118).

BERNE macht auch wiederholt darauf aufmerksam, daß die ödipale Situation durch einen Elternteil aktualisiert werden kann, so durch einen Vater, dessen Frau sexuell sehr zurückhaltend ist, weswegen für ihn die im Pubertätsalter stehende Tochter an sexueller Attraktivität gewinnt. Es kann dann immer wieder zu Auseinandersetzungen mit der Tochter kommen, zu sogenannten Tumult-Spielen, die mit Türenschlagen enden (Be III/130 f). In anderen «Familienspielen» kommt je-

* L. Rangell, *Perspektiven der Psychoanalyse,* Psyche 28 (1974), S. 933 ff; J. Cremerius, *Übertragung und Gegenübertragung bei Patienten mit schweren Über-Ich-Störungen,* Psyche 31 (1977), S. 879.
** Anna Freud, *Das Ich und die Abwehrmechanismen,* Imago, London, 1946, S. 65.

weils auch die heimliche Rivalität zwischen den Eltern oder zwischen einem Kind und einem Elternteil zum Ausdruck.

Für STEINER ist das Ödipusdrama ein Modell für den «Schicksalszwang» oder «Wiederholungszwang», von dem auch FREUD spricht (CSt 62). Einem solchen Zwang können nach FREUD auch Menschen verfallen, die nicht an einem unbewußten Konflikt zu leiden scheinen, also nicht an einer Neurose im engeren Sinn leiden: «So kennt man Personen, bei denen jede menschliche Beziehung den gleichen Ausgang nimmt: Wohltäter, die von jedem ihrer Schützlinge nach einiger Zeit im Groll verlassen werden, so verschieden diese sonst auch sein mögen, denen also bestimmt scheint, alle Bitterkeit des Undanks auszukosten; Männer, bei denen jede Freundschaft den Ausgang nimmt, daß der Freund sie verrät; andere, die es unbestimmt oft in ihrem Leben wiederholen, eine andere Person zu großer Autorität für sich und die Öffentlichkeit zu erheben, und diese Autorität dann nach abgemessener Zeit selbst stürzen, um sie durch eine neue zu ersetzen; Liebende, bei denen jedes zärtliche Verhältnis zum Weibe dieselben Phasen durchmacht und zum gleichen Ende führt usw.» (F XIII/20 f). Aus der Sicht und in der Terminologie der Transaktionalen Analyse handelt es sich bei einem solchen schicksalshaften «Wiederholungszwang» um einen «Skriptzwang», letztlich als Folge einer Prägung durch elterliche Botschaften und frühkindliche charakterbildende Entscheidungen.

Ein Grundbegriff der Psychoanalyse ist die «Übertragung». Als «Übertragung» bezeichnet BERNE Erlebens- und Verhaltensweisen, die auf Erfahrungen aus der Frühkindzeit zurückgeführt werden können (Be I/117 f). Bei einer analytischen Behandlung bestehe eine solche Übertragungssituation, weil sich das Drama der frühen Kindheit bei dieser Gelegenheit nochmals abspiele, d. h. der Patient sein Skript wieder zu erfüllen versuche (Be I/129 f). Was sich aber in der analytischen Behandlung abspiele, spiele sich auch überall sonst im Leben ab, wenn der Patient andern Menschen begegne (Be I/128). Es spielt nach BERNE in diesem Zusammenhang theoretisch keine Rolle, ob es bei einer solchen Wiederholung darum geht, genau das zu wiederholen, was in der Kindheit geschehen ist oder aber zu einem besseren Abschluß zu bringen, was damals mißglückt ist, oder aber einen höheren Gewinn daraus zu ziehen, als damals möglich war. Das begrifflich entscheidende Moment, um von einer Übertragung im gekennzeichneten Sinn zu sprechen, sei der Bezug zur Kindheit (Be I/119). Im Zusammenhang mit diesen Überlegungen spricht auch BERNE, indem er auf FREUD verweist, von einem «Wiederholungszwang». Tatsächlich schreibt FREUD: «Die Übertragung ist selbst ein Stück Wiederholung und die Wiederholung ist die Übertragung der vergessenen Vergangenheit nicht nur auf den Arzt, sondern auch auf alle anderen Gebiete der Gegenwart» (F X/130).

Außer den Übertragungssituationen und den Wiederholungen im Sinne eines «Schicksalszwangs» erwähnt FREUD noch andere Beobachtungen, die auf einen «Wiederholungszwang» schließen lassen. Schließlich versucht er, diesen als einen «dem belebten Organischen innewohnenden Drang zur Wiederherstellung eines früheren Zustandes» zu erklären (F XIII/38).

Was die Unterscheidung von den vier Grundeinstellungen anbetrifft, die in der Transaktionalen Analyse eine große Rolle spielen, so erinnern die asymmetrischen Einstellungen an die Unterscheidung eines oknophilen von einem philobatischen Typus durch den Psychoanalytiker Michael BALINT.* Der Oknophile sucht seinen Halt in bestimmten Mitmenschen, auf die er sich stützt oder an die er sich hängt, während der Philobat seine Mitmenschen als wenig verläßlich betrachtet, sich lieber auf sich selber verläßt und aus diesem Grund auch mehr Wagnisse «im Umgang mit den natürlichen Elementen» eingeht, indem er z. B. in den Bergen klettert, auch bei stürmischem Wetter segelt oder fliegt. In transaktionsanalytischer Betrachtung wäre der Oknophile jemand mit der Grundeinstellung «Ich bin nicht O.K., du bist O.K.», der Philobat jemand mit der Grundeinstellung «Ich bin O.K., du bist nicht O.K.». Diese Deutung scheint mir einleuchtender als diejenige von BALINT, der annimmt, daß für den Philobaten die «Elemente», denen er sich anvertraue als «archaische Muttersymbole» anzusehen seien. Viel eher *mißt sich* der Philobat mit den «Elementen». Daß es sich bei den beiden Typen um verschiedene und entgegengesetzte Reaktionsformen auf die unausweichliche Zerstörung der ursprünglichen Symbiose zwischen Kind und Mutter handelt, wie BALINT er-

* M. Balint, *Angstlust und Regression*, Klett, Stuttgart, 1960. – Ausführliche Zusammenfassung in GdT Bd. 3, S. 159 ff.

klärt, würde auch der Ansicht der Transaktionsanalytiker zur Entstehung der beiden asymmetrischen Grundeinstellungen entsprechen.

Was Jürg WILLI in Bezug auf Kollisionen in einer Zweier-beziehung als «progressive Position» bezeichnet, entspricht einer «Ich bin O.K., du bist nicht O.K.»-Einstellung, was er als «regressive Position» bezeichnet, einer «Ich bin nicht O.K., du bist O.K.»-Einstellung.* Seine Kollisionsmodelle, die er den verschiedenen Stufen der Libidoentwicklung nach psychoanalytischen Gesichtspunkten einzuordnen versucht, sind Modell für verschiedenartige neurotische Verstrickung zweier Partner mit entgegengesetzter Grundeinstellung: einem Narzißten, der sich als «grandios» erlebt (Ich+, du–), mit einem Komplementärnarzißten, der schwärmerisch und verehrend zu seinem Partner aufschaut (Ich–, du+); einem elterlich pflegenden und beschützenden Partner (Ich+, du–) und einem solchen, der sich pflegen und beschützen läßt (Ich–, du+); einem dominierenden Partner (Ich+, du–), und einem solchen, der sich in Abhängigkeit dominieren läßt (Ich–, du+); einem untreuen Partner, der seinen Emanzipationswunsch und Freiheitsdrang austrägt (Ich+, du–), und einem Partner, der von Trennungsängsten beherrscht wird (Ich–, du+); einem Partner, der alles dreinsetzt, sich «männlich» zu bewähren (Ich+, du–) und einem Partner, der einer passiv-femininen Rolle verfallen ist (Ich–, du+).

BERNE befaßt sich eingehend mit der möglichen psychoanalytischen Deutung der «Spiele» (Be IV/300 ff). In seinem Buch über die *Spiele der Erwachsenen* (Be III) kommen reichlich psychoanalytische Gesichtspunkte zur Geltung. BERNE weist daraufhin, daß ein Psychoanalytiker vor allem die Abwehrfunktion der Spiele beachten würde. Nehmen wir das bereits erwähnte Tumult-Spiel zwischen Vater und Tochter als Beispiel, das z. B. jedesmal dann ausbrechen könnte, wenn die Tochter an einem Abend später nach Hause gekommen ist, als es dem Vater gut scheint. Dieses Tumult-Spiel dient auch nach BERNE der Abwehr, nämlich der Abwehr des Bewußtseins von der sexuellen Attraktivität der Tochter für den Vater oder auch der gegenseitigen sexuellen Attraktivität. Für die Transaktionsanalyse ist die Abwehr nur *ein* Aspekt von «Spielen»: «Neben der Abwehr bringen die Spiele dem Spieler noch manche andere

* J. Willi, *Die Zweierbeziehung*, Rowohlt, Reinbek b. Hamburg 1975.

253

Vorteile, die alle mithelfen, das jeweilige Spiel in Gang zu halten» (Be IV/301). Neben der Abwehr der Intimität bringt ein solches Spiel noch den «Gewinn», daß sich die beiden Spieler trotzdem intensiv emotional miteinander beschäftigen («psychologischer Gewinn»); weiter gewinnen beide in der Folge Gesprächsstoff, der Vater für den Stammtisch, wo er sich mit Gleichgesinnten in Elternhaltung über die Verderbtheit der heutigen Jugend unterhalten kann, die Tochter für ihre Zusammenkünfte mit einer Freundin oder mehreren Gleichaltrigen, mit denen sie sich über das unbegreifliche Unverständnis der Eltern aussprechen kann («sozialer Gewinn»). «Die Abwehr ist – mindestens in der Gruppentherapie – schwieriger anzugehen als die andern ... Arten der Befriedigung, so daß es sich in der Praxis empfiehlt, sich therapeutisch zu allererst mit den letzten zu beschäftigen. Wenn sie nämlich ihre Attraktion durch Einsicht oder Kooperationswilligkeit des Spielers verloren haben, wird dieser die Spiele aufgeben und damit auch auf die Abwehr verzichten» (Be IV/301). BERNE plädiert also dafür, therapeutisch zuerst den sozusagen *sekundären* Gewinn eines Spieles anzugehen, da dann häufig auch der *primäre* Gewinn aufgegeben werde.

Es ist für mich besonders reizvoll, die Grundängste, welche die Psychoanalytiker mit den verschiedenen Stufen der Libidoentwicklung verbinden, mit typischen Skript-Botschaften in Vergleich zu setzen.* Die Grundangst auf der oralen Stufe ist die Angst vor der Vernichtung. Auf die Eltern projiziert entspricht ihr die Botschaft «Sei nicht!». Der Angst vor dem Verlust des Objekts als solchem, würde die Botschaft entsprechen «Geh weg!»; der Angst vor dem Verlust der Liebe des Objekts, ebenfalls eine Angst, die auf der analen Stufe aktuell zu sein pflegt, der Feststellung «Du gehörst nicht zu mir!»; der Kastrationsangst der Botschaft «Sei kein Mädchen!» oder «Du bist kein Mann!»; der Angst vor dem Über-Ich die Botschaft «Du darfst nicht dich selber sein, sonst gehörst du nicht dazu!» In diesem Zusammenhang frage ich mich, ob nicht diese Grundängste, wie die Psychoanalyse annimmt, weitgehend an bestimmte Entwicklungsstadien gebunden sind und durch elterliche Botschaften nur eben aktualisiert werden. Sie erscheinen dann in der Trans-

* siehe zu diesen Grundängsten G. u. R. Blanck, *Angewandte Ich-Psychologie,* Klett-Cotta, Stuttgart, 1978, S. 122.

aktionalen Analyse als Folgen solcher Botschaften und können therapeutisch auch durch diesen Botschaften entgegengesetzte Erlaubnisse aufgehoben werden.

Ich verweise auch auf die Ausführungen des psychoanalytisch orientierten Familientherapeuten Helm STIERLIN zum Problem der Ablösung von Eltern und Kindern.* Sein Konzept der verschiedenen «Beziehungsmodi», um «das Drama der Ablösung von Eltern und Kindern zu begreifen» könnte in der Sprache der Transaktionalen Analyse gut durch typische elterliche Botschaften illustriert werden: Was STIERLIN als «bedingungslose Abstoßung» bezeichnet, würde der Botschaft entsprechen «Geh zum Teufel!»; was er eine «bedingte Lösung» nennt, käme in der Botschaft zum Ausdruck «Du darfst dich frei bewegen, wenn . . .»; einer «Bindung auf kognitiver Ebene» nach STIERLIN würde die Botschaft entsprechen «Ohne deine Eltern wirst du dich nie zurechtfinden im Leben!»; eine «Bindung auf emotional-triebhafter Ebene» käme zum Ausdruck in einer Botschaft wie «Du hast es nirgends so gut wie zu Hause, die Welt außerhalb ist voller Lug und Trug!». Eine «Delegation» wäre eine Skriptübertragung (s. Episkript S. 162 f).

c) Der therapeutisch-methodische Aspekt

Die psychoanalytische Methodik kennt den Begriff des «Arbeitsbündnisses», «Behandlungsbündnisses» oder «Behandlungsvertrags».** Die Fähigkeit, einen solchen Behandlungsvertrag abzuschließen und sich um seine Einhaltung zu bemühen, gilt im Bereich der klassischen Psychoanalyse als Bedingung, daß ein Patient für eine Behandlung überhaupt geeignet ist. Der Patient, sagt der Psychoanalytiker, müsse einen nicht-neurotischen Teil seines Ichs abspalten können, der sich mit dem Analytiker verbinde, sich mit ihm identifiziere und dessen Deutungen mit-

* vergl. H. Stierlin, *Von der Psychoanalyse zur Familientherapie*, Klett, Stuttgart, 1975, S. 165 ff; *Eltern und Kinder*, Suhrkamp, Frankfurt a. M. II. Aufl. 1976, S. 48; *Familientherapie von Adoleszenten* in H. E. Richter, H. S. Strotzka, J. Willi (Hgb.), *Familien und seelische Krankheit*, Rowohlt, Reinbek b. Hamburg, 1976, S. 184 ff.

** siehe z. B. B. R. Greenson *Technik und Praxis der Psychoanalyse*, Klett, Stuttgart, 1973, S. 58 ff, 202 ff, 385 ff; J. Sandler et al., *Grundbegriffe der psychoanalytischen Therapie*, Klett, Stuttgart, 1973, S. 20, 24 ff, 54.

vollziehe; dieser Ich-Teil stehe in einer gewissen Distanz zur übrigen, insbesondere zur neurotischen Persönlichkeit; dieser Vertrag schaffe eine realitätsgerechte Arbeitsbeziehung zwischen Patient und Analytiker. Was mit all dem gemeint ist, läßt sich ohne weiteres auch in der Terminologie der Transaktionalen Analyse ausdrücken: Das Erwachsenen-Ich des Patienten muß so weit mobilisiert werden können, daß ein Behandlungsvertrag abgeschlossen werden kann. Bei einem solchen Vertragsabschluß wird bereits eines der Ziele der Behandlung miteinbezogen, nämlich den Einfluß des Erwachsenen-Ichs (psychoanalytisch ausgedrückt: «des nicht-neurotischen, realitätsgerechten Teil des Ichs») auf das Erleben und Verhalten zu stärken.

Die Psychoanalyse gründet sich auf freie Assoziationen, womit die Zensur aufgehoben werden soll. Es bedeutet dies, daß das Kind-Ich des Patienten sich frei äußern soll, ohne daß Eltern-Ich oder Erwachsenen-Ich intervenieren. In der Praxis, besonders im Beginn einer Behandlung, mag es allerdings vorkommen, daß das Eltern-Ich sich frei ausspricht, ohne vom Erwachsenen-Ich dabei gestört zu werden. Es bedarf dann einigen technischen Geschicks, um das Kind-Ich hervorzuholen und das Eltern-Ich beiseite zu schieben. Auch wenn das Kind-Ich allein sich bei der Methode der freien Einfälle äußert, so hören Eltern-Ich und Erwachsenen-Ich doch zu und nehmen wahr, was vor sich geht. Darin liegt der Unterschied zwischen einer psychoanalytischen Behandlung und einer solchen mit Hypnose oder Narkoanalyse, bei denen das Eltern-Ich und das Erwachsenen-Ich vorübergehend völlig ausgeschaltet werden. Es wird ihnen im nachhinein berichtet, was das Kind-Ich gesagt hat. Das ist weniger wirkungsvoll als die Situation bei der Psychoanalyse, die entsprechend den erwähnten Verfahren überlegen ist (Be I/173).

Das Wort «Übertragung» taucht bei BERNE auch im Zusammenhang mit der Analyse von Transaktionen auf. Wenn der Therapeut aus einer Erwachsenenhaltung heraus das Erwachsenen-Ich des Patienten anspreche, dieser aber aus einer Kindhaltung heraus sich an das Eltern-Ich des Therapeuten wende, finde eine gegensinnige oder überkreuzte Transaktion statt. BERNE spricht in einem solchen Fall von *Übertragungstransaktion,* da er sie als kennzeichnend für ein Übergangsverhältnis von

Patient zu Therapeut ansieht. Umgekehrt spricht er von *Gegen-übertragungstransaktion,* wenn ein Patient das Erwachsenen-Ich des Therapeuten anspricht, dieser aber aus seinem Eltern-Ich heraus antwortet (Be I/89 f, II/193, VI/14 f). Wenn BERNE allerdings feststellt, daß diese transaktionale Betrachtungsweise das Hauptproblem der psychoanalytischen Technik illustriere (Be I/89), so vereinfacht er sowohl das Problem der Übertragung und Gegenübertragung wie die psychoanalytische Behandlungsmethode doch etwas allzusehr!

Das, was die Psychoanalyse als Übertragung bezeichnet, spielt eine viel bedeutendere Rolle bei der «entscheidenden Intervention», wie sie die Transaktionale Analyse empfiehlt, bei der imperativ aus dem Eltern-Ich des Therapeuten dem Kindheits-Ich des Patienten vermittelter «Erlaubnis». Diese Intervention setzt, um wirkungsvoll zu sein, eine vertrauensvolle Beziehung des Patienten zum Therapeuten voraus. Der Therapeut muß dabei als mindestens so entscheidend und bedeutungsvoll erlebt werden wie die Eltern, damit seine «Erlaubnis» die destruktiven Botschaften der Eltern aufzuheben imstande ist.

Insofern der Therapeut als wohlwollend und gewährend erlebt wird, spielt auch in der Transaktionalen Analyse eine wichtige Rolle, was Franz ALEXANDER «korrektive emotionale Erfahrung» nennt.* Diese ist nach ALEXANDER der «wichtigste Faktor bei allen Arten von aufdeckender Therapie». Diese Erfahrung geht nach diesem Autor der andern emotional ebenfalls bedeutsamen Erfahrung des Patienten voraus, «daß er nicht länger ein Kind ist, welches einem allmächtigen Vater gegenübersitzt». In der Sprache der Transaktionalen Analyse würde das heißen, daß für den Patienten die Erfahrung, daß er durch das wohlwollende Eltern-Ich des Therapeuten sich in seinem Kindheits-Ich angesprochen fühlt, der andern Erfahrung, daß der Therapeut aus seinem Erwachsenen-Ich sein Erwachsenen-Ich anspricht, vorausgeht. Die Reihenfolge dieser zwei Erfahrungen ist aber nicht verbindlich. Bereits bei der Besprechung des Behandlungsvertrages spricht ja der Therapeut das Erwachsenen-Ich des Patienten an. Entscheidend für die Haltung des Therapeuten sollte meines Erachtens sein, wie er am besten den Patienten zu einer autonomen Haltung erzieht. Einerseits geschieht

* F. Alexander in F. Alexander u. Th. M. French, *Psychoanalytic Therapy,* Ronald Press, New York, 1946, S. 22.

dies, indem er durch eine durchgehend gewährend-wohlwollende Haltung das reaktive (gehorsame oder rebellische) Kindheits-Ich des Patienten einschmilzt, sodaß sich das unbefangene Kind-Ich des Patienten frei entfalten kann. Damit wird sozusagen die *emotionale* Autonomie des Patienten gefördert. Andererseits aber wird die Autonomie des Patienten gegenüber der inneren und äußeren Realität dadurch gefördert, daß der Therapeut aus seinem Erwachsenen-Ich das Erwachsenen-Ich des Patienten anspricht und sich weigert, diesen als unverantwortliches Kind zu betrachten. Es ist diese Haltung immer dann gegeben, wenn die Beziehung zur Realität zur Sprache kommt. Eine solche Realität liegt auch in der Tatsache vor, daß der Therapeut und der Patient sich als zwei unabhängige Persönlichkeiten gegenüberstehen, die in einem Vertragsverhältnis zueinander stehen.

Was die sogenannten Widerstände anbetrifft, deren Beachtung neben der Durcharbeitung der Übertragung nach FREUD im Mittelpunkt der psychoanalytischen Praxis steht (F X/54), so spielen sie in der Transaktionalen Analyse eine so große Rolle wie in der Psychoanalyse. Jede «Entscheidung», die in der frühen Kindheit unter dem Eindruck der elterlichen Botschaften oder anderer einschränkender Ereignisse gefaßt wurde, ist, wie Fanita ENGLISCH sagt, eine «Überlebensschlußfolgerung». Der spätere Neurotiker hat in der Kindheit seine eigenständigen Bedürfnisse und Gefühle unterdrückt und damit seine Unbefangenheit sich selber und andern gegenüber verloren, weil er dies vermeintlich oder tatsächlich tun mußte, um vor seinen Eltern bestehen und das heißt: überleben zu können. Eine Verliererhaltung oder eine fixierte Grundeinstellung, ein Lieblingsgefühl oder eine Lieblingsüberzeugung, Spiele und andere Manipulationen, mit denen eine direkte Begegnung vermieden wird, aufzugeben, bringt deshalb immer Angst mit sich. Diese Angst setzt sich zusammen aus der in die Gegenwart übertragenen ursprünglichen Angst, von den Eltern verlassen zu werden, und aber auch aus der Angst, eine gewohnte Haltung um einer ungewissen Zukunft willen aufzugeben. Ich getraue mich zu sagen, daß, wenn diese Angst nicht zeitweilig gespürt wurde, wohl kaum ein Schritt zur Aufhebung des Skriptzwanges getan worden ist.

Vielleicht handelt es sich dann nur um einen «Fortschritt» im Sinn von BERNE. Diese stellt nämlich überspitzt eine «Hei-

lung», wie sie die Transaktionale Analyse anstrebe, bloßen
«Fortschritten», wie sie für eine psychoanalytische Behandlung
typisch seien, gegenüber. Solche «Fortschritte» sind seines Erachtens nur einfach Erleichterungen innerhalb eines Lebensplans, mit andern Worten: Möglichkeiten, sich noch besser in
der Neurose einzurichten. Für BERNE ist dementsprechend die
Aussage, ein Patient habe Fortschritte gemacht, von vornherein
verdächtig darauf, daß der Patient einer eigentlichen Heilung
ausgewichen sei. Der Leidensdruck könne sich zwar vermindert
haben, aber die Befreiung aus dem Zwang des unbewußten Lebensplans, die Verzicht, Kraft und Mut erfordern, sei nur noch
schwieriger geworden (Be VI/174 f). Bei einer psychoanalytischen Behandlung, meint BERNE, werde Steinchen nach Steinchen von der Last, die der Patient trage, untersucht und weg-
geschafft, während es das erste Ziel der therapeutischen Skriptanalyse sei, den Strick, an dem der Patient seine Last trage,
durchzuschneiden, sodaß die ganze Last zu Boden falle und der
Patient sich plötzlich befreit fühle. Dann könne immer noch
eine sorgfältige Durcharbeitung des ganzen Materials erfolgen.
Der Psychoanalytiker, meint BERNE, stelle fest: «Es kann dir
nicht besser gehen, bevor du nicht durchanalysiert bist», der
Skriptanalytiker jedoch sei der Ansicht: «Werde erst einmal
gesund, dann können wir immer noch eine Analyse vornehmen,
wenn du dann noch das Bedürfnis haben solltest» (Be VI/377).
«Wir sind nicht daran interessiert, daß unsere Patienten wäh-
»rend der Behandlung Fortschritte machen ... Wir wollen unsere Patienten heilen»*.

Mit seiner Polemik gegen bloße Fortschritte in der Behandlung möchte BERNE sagen, daß im Rahmen einer Skriptanalyse
der entscheidende Augenblick dann gekommen ist, wenn der
Patient plötzlich erkennt, daß er bis jetzt völlig im Skriptzwang
befangen war, wobei gleichzeitig für ihn die Möglichkeit echter
Autonomie aufleuchtet. Ein solcher Augenblick hat Ähnlichkeit
mit einer Bekehrung. Ein solcher Patient kann über Nacht gesund werden, wenn auch gewisse Beschwerden und soziale Unzulänglichkeiten vorläufig noch bestehen bleiben. BERNE spricht
als Vergleich von einem Patienten, der soeben eine erfolgreiche
Bauchoperation überstanden hat. Die ersten Tage fühlt er sich
noch schwach und krank, macht aber doch sogenannte Fort-

* *Transcription of Eric Berne in Vienna, 1968*, TAJ 3 (1973), S. 72.

schritte, indem er jeden Tag etwas länger aufstehen und etwas weiter spazierengehen darf. Dann, am fünften oder sechsten Tag, wacht er eines Morgens auf und ist plötzlich in einer andern Verfassung: er fühlt sich gesund, wenn er auch noch eine gewisse Schwäche spürt und wenn ihn auch noch die Operationswunde schmerzen mag. Nun will er möglichst bald nach Hause und unternimmt alles, um seine Beschwerden zu überwinden (Be VI/362 f).

Eigentlich unnötig zu erwähnen, daß BERNE sich vielfach selbst widerspricht, wenn er schreibt, daß er an Fortschritten nicht interessiert sei. Er beschreibt die Heilung seiner Patienten immer wieder als einen Prozeß und wo ein Prozeß ist, gibt es auch Fortschritte, was er an verschiedenen Stellen in seinem Werk bestätigt. Er möchte nur den entscheidenden Unterschied hervorheben, der zwischen bloßen Fortschritten und einer Heilung besteht, während in üblichen medizinischen Statistiken gewöhnlich eine kontinuierliche Reihe zwischen «ungeheilt», «gebessert», «deutlich gebessert», «geheilt» diesen grundsätzlichen Unterschied verwische (Be VI/354).

Eine psychoanalytische Kurzbehandlung, über deren Möglichkeiten in den letzten Jahren rege diskutiert wurde, verlangt vom Psychoanalytiker ein strukturierteres Vorgehen als eine «Langstreckenanalyse». Bei dieser Strukturierung kann ihm nun meines Erachtens die Transaktionale Analyse eine wertvolle Hilfe bieten. Elemente der Transaktionalen Analyse lassen sich ausgezeichnet in eine psychoanalytische Kurzbehandlung einbauen und zwar ohne in völligem Widerspruch zu psychoanalytischen Behandlungsprinzipien zu stehen. Ich frage mich auch sehr – bis heute sprechen meine Erfahrungen dafür –, ob nicht auch eine auf längere Zeit angesetzte psychoanalytische Behandlung durch Elemente aus der Transaktionalen Analyse abgekürzt werden könnte. Eine Diskussion dieser Möglichkeit würde aber den Rahmen dieser Arbeit sprengen.

Nur kurz weise ich darauf hin, daß die Transaktionale Analyse sich in gruppentherapeutischen Verfahren sehr bewährt. Auch nach meiner Erfahrung bedeutet sie eine echte Bereicherung in der therapeutischen Gruppenarbeit. Die Strukturanalyse und ihre kommunikationspsychologische Anwendung befaßt sich dabei besonders mit interaktionellen Prozessen, während die Aspekte der Skriptanalyse die Einzeltherapie in der Gruppe befördern, wobei die Teilnehmer gegenseitig als Hilfstherapeuten funktionieren, nachdem sie vom Gruppenleiter gelernt haben, worauf es bei der Skriptanalyse ankommt.

2. Transaktionale Analyse und Individualpsychologie*

Die Gemeinsamkeit zwischen der Betrachtungsweise der Transaktionalen Analyse und der von Alfred ADLER begründeten Individualpsychologie ist recht groß, sowohl was den ideologischen Hintergrund, wie was den psychologischen Aspekt wie was die allgemeine therapeutische Haltung anbetrifft. Diese Gemeinsamkeit wird von BERNE durchaus anerkannt (Be VI/58).

Eine ganz wesentliche Gemeinsamkeit zwischen der Auffassung von BERNE und derjenigen von ADLER ergibt sich aus ihrer Betonung der Selbstverantwortlichkeit des Menschen. Diese ist zwar nicht unbedingt und in jeder Beziehung verantwortlich für das Schicksal, insofern es ihm durch außerpersönliche Gegebenheiten auferlegt wurde, wohl aber dafür, wie er sich mit diesem Schicksal auseinandersetzt. Dieser Selbstverantwortlichkeit weicht z. B. sowohl nach BERNE wie nach ADLER derjenige aus, der seine Eltern für seine neurotischen Symptome und Wesenszüge und damit für sein neurotisches Leiden verantwortlich macht. Der Begriff der «Entscheidung», der in der Transaktionalen Analyse eine sehr wichtige Stelle einnimmt, könnte ohne weiteres auch der individualpsychologischen Betrachtungsweise eingeordnet werden. Die «Entscheidung», die in der frühen Kindheit angesichts der Gebote und Verbote der Eltern oder anderer eindrücklicher Ereignisse die Einstellung zum Leben festlegte, kann nur durch eine Neu-Entscheidung aufgehoben werden. Eine solche ist nur wirksam, wenn sie dem willentlichen Entschluß des Patienten aus seinem Erwachsenen-Ich (in Übereinstimmung mit dem unbefangenen Kind-Ich und dem wohlwollenden Eltern-Ich) entspringt. Nach BERNE wie nach ADLER geht die Heilung des Patienten nicht vom Therapeuten aus, sondern ist Folge eines bewußten Entschlusses des Patienten selbst. Der ganze therapeutische Prozeß bedarf der Mitarbeit des Patienten.

* eine zusammenfassende Darstellung der Individualpsychologie findet sich im GdT Bd. 3, S 183–226

Das unbefangene Kind ist nach ADLER natürlicherweise gemeinschaftsbezogen eingestellt. Es wird in jedem Menschen dann durch das reaktive – gehorsame oder rebellische – Kind überlagert. Dieses entwickelt sich unter dem Einfluß einer verwöhnenden oder versagenden Erziehung, unter dem Einfluß allfälliger körperlicher Gebrechen oder dem Erlebnis anderer Ungleichheiten zu andern Menschen, und, nach Ansicht von ADLER, auch nur schon aus dem Vergleich der eigenen Unterlegenheit als Kind gegenüber den umweltbeherrschenden Erwachsenen.

Ein Begriff, der dem Eltern-Ich als internalisierte Stimme und Ansicht der leiblichen Eltern analog wäre, findet sich in der Individualpsychologie nicht, wennschon eine in neurotischem Ausmaß angepaßte oder rebellischen Haltung ja auch bei einem Erwachsenen zeigt, daß seine Eltern, auf die er mit dieser Haltung reagiert, immer noch «anwesend» sind. Das Erwachsenen-Ich kommt aber auch in der Individualpsychologie zur Geltung, so wenn der Patient vom Therapeuten bei der Analyse seines Lebensstils und seiner sozialen Reaktionsformen zur aktiven Mitarbeit aufgefordert wird. Der Therapeut setzt ja dann voraus, daß es dem Patienten möglich ist, sich im gebotenen Ausmaß von sich selbst zu distanzieren. Eine solche Distanzierung entspricht aber der Haltung eines Erwachsenen-Ichs.

In der Transaktionalen Analyse wird weniger betont, daß das unbefangene Kind vom Ursprung her gemeinschaftsbezogen eingestellt sei, wie dies bei ADLER der Fall ist, dafür aber hervorgehoben, daß es jedem Menschen gegeben sei, vertraute Beziehungen zu einzelnen Mitmenschen aufzubauen. Die Aufteilung des Menschen in drei Persönlichkeitsanteile, wie dies der Strukturanalyse entspricht, widerstrebt den Individualpsychologen, betonen sie doch die «Einheit der Person». Der Widerspruch zwischen diesen beiden Betrachtungsweisen ist aber nur scheinbar, denn die «Person», welche die Individualpsychologen meinen, steht außerhalb der drei Ich-Zustandsformen, von denen der Transaktionsanalytiker spricht. Diese Person – BERNE spricht vom «wahren Selbst» – bedient sich sozusagen nur dieser drei Ich-Zustände, indem sie bald aus dieser, bald aus jener Position heraus erlebt und handelt. Solange jemand in seinem Skript befangen ist, liegt sein Ziel immer nur darin, die Forderungen dieses Skript zu erfüllen, gleichgültig ob er nur aus dem (reaktiven) Kind-Ich oder aus dem Eltern-Ich oder aus dem durch das Kind-Ich motivierten Erwachsenen-Ich heraus entscheidet und handelt.

Die Verlierer-, Nicht-Gewinner- oder Gewinnerhaltung, die Grundeinstellung sowie ganz allgemein die fixierten Ansichten eines Menschen von sich selbst, den Mitmenschen und dem Leben überhaupt, die er sich in der frühen Kindheit gebildet hat, bestimmt in der Betrachtungsweise der Transaktionalen Analyse wie er seine späteren Erfahrungen auslegt, nämlich immer so, daß seine Ansichten bestätigt werden. Das ist genau auch die Auffassung von Alfred ADLER. Es handelt sich bei diesem Sachverhalt um das, was in der Individualpsychologie als «tendenziöse Apperzeption» bezeichnet wird, eine selektive Auffassung von dem, was der Betreffende wahrnimmt und erfährt. Wer in seinem Skript befangen ist, wird nicht nur so urteilen, wie sich aus seiner vorgeformten Erwartung ergibt, sondern sich auch immer wieder so verhalten, daß seine Ansichten bestätigt werden.

Das Erleben und Verhalten eines Menschen, sein Denken, Fühlen, Wollen und Handeln wird nach ADLER verständlich, wenn man seine «Meinung» kennt, das Bild, das er sich seit je von sich selbst, vom Leben und von der Welt macht, von seinen Kräften und Fähigkeiten. Der Lebensplan oder Lebensstil ist Ausdruck seiner «Meinung», und wenn diese bekannt ist, läßt sich sein Verhalten logisch daraus ableiten. Diese «Meinung» bildet sich bereits in einem Alter, in dem das Kind noch nicht fähig ist, das, was es erlebt, in Worte und Begriffe zu fassen.*

Für BERNE ist das unverbindliche Geplauder und sind die «Spiele» eine Methode, um entweder ohne direkte Begegnung einige Streicheleinheiten zu erhalten oder sich vorübergehend «oben» zu fühlen oder schließlich der «Intimität» auszuweichen. Auch ADLER kennt «Arrangements» oder «Manöver», um entweder Beachtung zu finden, sich «oben» zu fühlen oder aber, wie es die Individualpsychologie sieht, der Verantwortung gegenüber der Gemeinschaft auszuweichen. Es geht um «Sicherung» durch «aggressive Arrangements» (offene oder versteckte Entwertung, Anklage oder Selbstbeschuldigung) oder durch

* A. Adler, *Der Sinn des Lebens,* Fischer Taschenbuch 6179, Frankfurt a. M., 1973, S. 25–32.

«distanzierende Arrangements» (Rückzug, Zweifel und Grübelzwang, Konstruktion von Hindernissen oder Angst).*

Nach Berne ist die Skript-Analyse zwar Freudianisch, nicht aber psychoanalytisch. Was die Individualpsychologie anbetrifft, so stellt Berne fest, daß Alfred Adler von allen Vorgängern der Transaktionsanalyse derjenige sei, dessen Feststellungen denjenigen eines Skript-Analytikers am nächsten kommen. Um das zu beweisen fügt Berne einige Zitate bei, die er einem Werk von Alfred Adler entnimmt (Be VI/58 f):

«Wenn ich das Ziel einer Person kenne, so weiß ich ungefähr, was kommen wird. Und ich vermag es dann auch, jeder der aufeinanderfolgenden Bewegungen einzureihen ... Dazu kommt noch, daß auch der Untersuchte nichts mit sich anzufangen wüßte, solange er nicht nach einem Ziel gerichtet ist» (S. 2**). «Das Seelenleben des Menschen richtet sich wie eine von einem guten Dichter geschaffene Person nach ihrem 5. Akt ... Jede seelische Erscheinung kann, wenn sie uns das Verständnis einer Person ergeben soll, nur als Vorbereitung für ein Ziel erfaßt und verstanden werden» (S. 21). Es entspinnt sich «ein fiktives Ziel als gedachte, endgültige Kompensation und ein Lebensplan als der Versuch einer solchen» (S. 24). Dieser Lebensplan bleibt im Unbewußten, «damit der Patient an ein unverantwortliches Schicksal, nicht an einen lange vorbereiteten, ausgeklügelten, verantwortlichen Weg glauben darf ... Den Abschluß und die Versöhnung findet der Mensch dann in der Konstruktion eines oder mehrerer ‹Wenn-Sätze›. ‹Wenn irgend etwas anderes gewesen wäre ...!›» (S. 30).

In der Tat spielt der Begriff des «unbewußten Lebensplanes» bei Alfred Adler eine sehr große Rolle, später spricht er vom «Lebensstil» oder vom «Bewegungsgesetz», nach dem ein Mensch sich verhält. Die Zitate, auf die sich Berne bezieht, könnten durch unzählige andere aus dem Werk Adlers, die alle dieselben Feststellungen enthalten würden, ergänzt werden.

Berne nennt aber auch «Abweichungen», welche die SkriptAnalyse von den Feststellungen Adlers unterscheiden sollen: (1.) Der Lebensplan sei in der Regel nicht unbewußt; (2.) die

---

* H. u. R. Ansbacher, *Alfred Adlers Individualpsychologie*, Reinhardt, München u. Basel, 1972, S. 254–265.
** A. Adler, *Praxis u. Theorie der Individualpsychologie*, Fischer Taschenbuch 6236, Frankfurt a. M., 1974.

betreffende Person sei keineswegs allein für ihn verantwortlich; (3.) das Ziel und die Art und Weise, wie er eingehalten werde, würden sich noch genauer voraussagen lassen als selbst ADLER dies wahrhaben wollte (Be VI/59).

Der ersten der genannten Abweichungen widerspricht BERNE selbst, wenn er vom «unbewußten Lebensplan» schreibt (Be III/62).

Die zweite angebliche Abweichung der Skript-Analyse von der Individualpsychologie besteht nach BERNE darin, daß die Verantwortung für die Aufstellung des Lebensplanes nicht allein beim betreffenden Patienten liege. Ich verstehe diese Bemerkung von BERNE dahin, daß er die Eltern als mindestens mitverantwortlich für die Aufstellung des Lebensplanes betrachtet. Auch darin widerspricht er ADLER keineswegs, wenn dieser auch immer wieder betont, daß der Patient seiner Verantwortung für sein Leiden nicht ausweichen dürfe, indem er die Eltern dafür verantwortlich mache. ADLER will damit keineswegs feststellen, daß Eltern nicht für das psychologische Schicksal ihrer Kinder mitverantwortlich seien, sondern seinen (erwachsenen) Patienten nur nahebringen, daß sie *jetzt* die Verantwortung für ihr Schicksal selbst zu übernehmen hätten. Darin unterscheidet er sich also nicht von BERNE, der ja im übrigen auch immer wieder formuliert, das Kind *entscheide sich* bereits in den ersten Lebensjahren für seinen Lebensplan.

Der dritte Punkt: die Auswirkungen des unbewußten Lebensplanes würden sich nach den Erfahrungen der Skript-Analytiker um einiges genauer voraussagen lassen, als ADLER dies angenommen habe, ist zutreffend, nur läßt er einen meines Erachtens eine sehr wichtige Tatsache außer Acht. Sie betrifft den entscheidenden, von BERNE aber in diesem Zusammenhang nicht beachteten Unterschied zwischen der Transaktionalen Analyse und der Individualpsychologie: ADLER weiß immer von vornherein, was das Ziel des unbewußten Lebensplans ist, nämlich Sicherheit, Überlegenheit, Macht, letztlich sogar Gottähnlichkeit. Bei BERNE zielt der unbewußte Lebensplan bei denjenigen, die als Verlierer leben, auf Selbstmord, Gefängnis oder psychiatrische Klinik im Sinne einer «Endlösung», bei solchen, die als Gewinner leben (ohne sich aber aus dem Skript befreit zu haben) auf die Belohnung durch einen Weihnachtsmann, der aber möglicherweise auch erst im Jenseits kommen wird. Die

Möglichkeit, daß die Resignation des «Ich bin nicht O.K.» durch Streben nach Macht, Besitz und Ansehen überspielt oder überkompensiert wird, wird von HARRIS zwar ausdrücklich betont und widerspricht auch nicht den Ausführungen von BERNE, aber es ist das nicht immer der Fall – die Resignation kann auch unmittelbar ausgetragen werden, z. B. in der Haltung «Ich bin nicht O.K., du bist nicht O.K.» –, und dann wäre ein solches Streben nicht Ziel des Lebensplanes, sondern würde dieses nur überdecken. Der Lebensplan, den die Transaktionsanalyse meint, liegt gleichsam noch eine Stufe tiefer als derjenige, von dem ADLER spricht: Schon die Minderwertigkeitsgefühle, an denen nach ADLER jeder «natürlicherweise» leidet, sind im Lebensplan verankert.

Aus meinen vorstehenden Ausführungen geht hervor, wie beide, sowohl BERNE wie ADLER, sich immer wieder auf das *Ziel* des Lebensplanes berufen. Sie huldigen einer sogenannten finalen Betrachtungsweise, um menschliches Erleben und Verhalten zu verstehen. Deutlich ergibt sich dies unter anderem bei den Ausführungen von BERNE zur Sucht, die gleichermaßen für Nikotin-, wie Alkohol- oder Drogensüchtige gültig sind (Be VI/185 f). Der Süchtige wird sich mit der Zeit zugrunde richten. Es ist dies sein Ziel. Wenn wir ihm also vorhalten, wie schädlich seine Sucht ist, fühlt er sich unbewußt in seiner Gewohnheit bestätigt, denn er will sich ja im Grund genommen zerstören. Die «entscheidende Intervention» heißt auch nicht: «Wir wollen einmal analysieren, warum Sie rauchen!» oder «Warum hören Sie denn eigentlich nicht auf zu rauchen?», sondern schlicht: «Hören Sie auf zu rauchen!» Es entspricht dies einer Formulierung, wie sie BERNE für «Erlaubnisse» empfiehlt, obgleich sie eher einem Kommando oder Befehl entspricht (s. S. 224 f). Der «Gewinn» einer solchen Sucht besteht darin, daß sie dazu verhilft, ein grundlegendes Skriptgebot, z. B. «Sei nicht!» zu erfüllen.

Ein anderes Beispiel, das die Forderung nach einer finalen Betrachtungsweise auch im Rahmen einer Transaktionalen Analyse illustriert, ergibt sich aus den Bemerkungen von BERNE zu einer Störung wie vorzeitigem Samenerguß. Seines Erachtens läßt sich sehr wohl sagen, die «Ursache» zu einer solchen Störung liege im Zentralnervensystem. Die transaktionalen Überlegungen zu einer solchen Störung richteten sich aber nicht nach der sogenannten Ursache, sondern nach ihrer Wirkung. Diese aber beziehe sich auf die Beziehung zwischen dem Betreffenden und seiner Geliebten. Gewöhnlich erfülle ein solches Symptom die Forderungen eines Mißerfolgs-Skripts, das sich auch in Bereichen außerhalb der Sexualität auswirke (Be VI/319).

Die streng finale Betrachtung wäre also im Rahmen der Transaktionalen Analyse dann angebracht, wenn eine Verhaltensweise auf das Skript zurückgeführt wird. In der Individualpsychologie deckt sie auf, daß derjenige, um den es geht, immer irgendwie nach einer Erhöhung seines Persönlichkeitsgefühls strebt. Ob auch das Erleben und Verhalten eines Menschen final zu erklären ist, der sich von seinem Skriptzwang befreit hat, bleibt offen. Es hängt davon ab, ob die Lebensziele eines skriptfreien Menschen immer festgelegt sind, womit er «berechenbar» bleiben würde. Das Studium der Werke von ADLER führt dazu, anzunehmen, daß seines Erachtens auch der nicht-neurotische Mensch weiterhin an einer Erhöhung seines Persönlichkeitsgefühls interessiert ist, aber nun nicht mehr *gegen* seinen in ihm angelegten Gemeinschaftssinn, sondern *mit* diesem, daß er sozusagen eine Synthese von Persönlichkeitsgefühl und Gemeinschaftssinn lebt.

Ebenfalls in Übereinstimmung mit der Individualpsychologie Alfred ADLERS steht die Auffassung des Transaktionsanalytikers, daß psychopathologische Symptome das Ergebnis einer Selbsttäuschung seien. Die Patienten könnten aber eben gerade deshalb geheilt werden, weil ihr Leben und ihre Unzulänglichkeiten von einer eingebildeten Fiktion abhänge (Be VI/49). Dieses Zitat könnte geradezu aus einem Werk von ADLER stammen. Mit der Überzeugung, die darin zum Ausdruck kommt, hängt es auch zusammen, daß die Behandlungsmethode der Transaktionalen Analyse (ohne Kombination mit andern psychotherapeutischen Richtungen) wie diejenige der Individualpsychologie rational ist und keine Regression voraussetzt. Bei beiden Verfahren spielt die Belehrung eine wichtige Rolle. Auch das gruppentherapeutische Verfahren ist dementsprechend bei den Therapeuten beider Richtungen direktiv.

Zuletzt sei noch ein Unterschied vermerkt: Bei der Transaktionsanalyse ist die Befreiung aus dem Skript das Ziel der Behandlung, bei der Individualpsychologie die Befreiung des ursprünglichen und allgemeinmenschlichen Gemeinschaftssinnes,

der durch den aufreibenden Kampf zwischen Minderwertigkeitsgefühlen und Geltungsbedürfnis beim psychisch kranken
Menschen nicht mehr zur Auswirkung kommen kann. Die Betonung der Gemeinschaftsbezogenheit des Menschen, wie sie
der Auffassung von ADLER eigen ist, fehlt bei der Transaktionsanalyse, wenn sie sich auch mindestens bei HARRIS angedeutet
findet. Es steht dies in Übereinstimmung mit der Humanistischen Psychologie, die ich als Grundlage der Transaktionsanalyse geschildert habe. Diese ist «persönlichkeitszentriert».
Die Anschauungen von ADLER widersprechen ihr nicht, gehen
aber in der Betonung des Gemeinschaftssinnes sozusagen «über
sie hinaus». In der Terminologie der Transaktionsanalyse würde
ADLER sagen, das ursprüngliche oder natürliche Kindheits-Ich,
das durch die Behandlung befreit wird und unter Kontrolle
durch das Erwachsenen-Ich sich in der Realität austrägt, sei
seinem Wesen nach in erster Linie gemeinschaftsbezogen.

3. Transaktionale Analyse und Analytische Psychologie nach C. G. Jung*

Zwei Begriffe aus der JUNGschen Psychologie werden von BERNE
wiederholt aufgegriffen: die Persona und die Archetypen.

In dem Buch *Games People play* (Spiele der Erwachsenen)
erwähnt BERNE den Begriff der Persona im Zusammenhang mit
dem Nutzen, den Menschen aus den verschiedenen Arten von
Sozialkontakt ziehen können. Dazu gehört auch die Bestätigung
der Rolle oder, gleichbedeutend, die Festigung der Position,
z. B. diejenige eines energischen oder diejenige eines rechthabe-
rischen, eines nachgiebigen oder verständnisvollen Eltern-Ichs,
die jemand an einer Zusammenkunft von Eltern einnehmen
kann. Eine solche Rolle sei ähnlich dem, was JUNG als Persona
bezeichne, «nur ist sie weniger opportunistisch und tiefer in der
Phantasie des einzelnen verwurzelt» (Be III/45). In seinem Buch
über *Sex in Human Loving* (Spielarten und Spielregeln der
Liebe) und in dem umfangreichsten Werk, das hauptsächlich der
Skriptanalyse gewidmet ist, *What do you say after you say hello*

* eine ausführliche Darstellung der JUNGschen Psychologie findet sich
im GdT Bd. 4.

(Was sagen Sie, nachdem Sie «guten Tag» gesagt haben) geht BERNE noch näher auf den Begriff der Persona ein und analysiert ihn nach den Regeln der Transaktionalen Analyse. «Die ‹Persona› ist die Art, wie man sich gibt» (Be V/87), der Stil, mit dem das Skript ausgetragen wird (Be VI/57). Diese Persona entspricht sowohl den eigenen Intentionen wie den Erwartungen der Umwelt. «Es handelt sich um eine soziale Persönlichkeit», die sich zwischen dem 6. und 10. Lebensjahr (Be VI/158) oder zwischen dem 6. und 12. Lebensjahr (Be V/87) ausbildet. Ausdruck der Anpassung an die sozialen Verhältnisse. Sie entspricht dem unbewußten Lebensplan. Ist der Betreffende ein Gewinner, dann ist seine Persona, d. h. die Art, wie er sich gibt, anziehend, liebenswürdig, höflich, kontaktfreudig, ist er ein Verlierer, ist seine Persona und damit sein Verhalten abweisend, unwirsch, herablassend, nörglerisch (Be V/87, 158). «Der wichtigste Anspruch, den man an eine ‹Persona› stellen kann, ist der, daß sie funktioniert. Funktioniert sie nicht, befindet sich der Betreffende in einem dauernden Angstzustand, solange er mit andern Leuten zusammen ist, denn seine ‹Persona› könnte zusammenbrechen, oder aber er vermeidet Gesellschaft und wird zum Einzelgänger» (Be V/87 f).

Den Archetypus-Begriff von JUNG erwähnt BERNE im Zusammenhang mit seiner Ansicht, daß die Motive der klassischen Mythologie und der Volksmärchen Skript-Modelle darstellen. Er bezieht sich dabei auf ein Buch von J. CAMPBELL, *The Hero with a Thousand Faces*, New York, 1945, dessen Autor sich seinerseits auf FREUD, JUNG und ihre Nachfolger stützt. Nach JUNG sind es bekanntlich immer wieder dieselben Motive, aus denen sich die Sagen und Märchen aller Völker und Zeiten zusammensetzen. Der Archetypusbegriff hat bei JUNG verschiedene Bedeutungen. Eine dieser Bedeutungen entspricht diesen Motiven. Nach CAMPBELL wie nach JUNG liegen diese auch vielen emotional bedeutsamen Ergebnissen des heutigen Kulturmenschen zugrunde (Be VI/47 f, 57). BERNE geht allerdings mit den Motiven in Märchen und Mythologien recht willkürlich um!

Die Bedeutung «innerer Dialoge» ist den Psychotherapeuten JUNGscher Richtung durchaus bekannt. Die Dimension eines solchen Dialogs kann das persönliche Bewußtsein und das persönliche Unbewußte umfassen und sich z. B. zwischen dem Ich

und dem Schatten oder zwischen dem Ich und dem gegengeschlechtlichen Wesensanteil abspielen. Darüber hinaus kennt
aber JUNG noch archetypische Gestalten und archetypische
Wahrheiten. Die archetypischen Gestalten sind überpersönliche
Gegebenheiten. Wer sich mit ihnen identifiziert statt sich mit
ihnen auseinanderzusetzen, verfällt einer «Inflation». Die archetypischen Wahrheiten aber sind Regeln und Gesetze des Erlebens und Verhaltens, die wir seines Erachtens unbedingt befolgen müssen, um gesund zu bleiben. Ihre Befolgung entspricht
einer notwendigen Anpassung an die «innere Realität», dazu gehört z. B. der Glaube an irgend eine Art Unsterblichkeit der
Seele. Ich nehme an, BERNE würde in den archetypischen Gestalten ins Mythologische vergrößerte Eltern sehen und in den
archetypischen Wahrheiten elterliche Glaubensgebote. Umgekehrt könnten wir einem Transaktionsanalytiker das, was JUNG
meint, nahebringen, wenn wir archetypische Gegebenheiten als
Botschaften von Ur-Eltern erklärten, denen wir uns letztlich
nicht zu entziehen vermöchten.

Was die Wirkung der negativen elterlichen Direktiven, besonders auch der Provokationen, auf den unbewußten Lebensplan
der Kinder betrifft, so spielt wohl eine große Rolle, was JUNG
als die Wirkung des Unbewußten des einen Partners auf das Unbewußte des andern bezeichnet. Es ist vielleicht fast weniger
wirksam, was die Eltern ihren Kindern bedacht und bewußt
«auf den Lebensweg» mitgeben wollen – vor allem das, was ich
als «Lebensregeln» bezeichnet habe –, als was sie unbedacht und
unbewußt gegenüber den Kindern aussprechen und vorleben.
Das würde erklären, wieso in den Ausführungen von BERNE und
aber auch tatsächlich im Leben die negativen Wirkungen der
Eltern manchmal eine überraschend bedeutsame Rolle spielen.
Meine Überlegung, daß sich die Transaktionale Analyse ja
nicht mit dem bewußten, sondern mit dem unbewußten Lebensplan der Menschen befaßt und daß dieser naturgemäß mehr negative als positive Faktoren umfaßt, erinnert an die Äußerungen
von JUNG zur kompensatorischen Bedeutung des Unbewußten.

Register

Meine Arbeit stützt sich durchgehend auf die Veröffentlichungen von E. BERNE, weswegen im Register nur die Seite erwähnt wurde, auf der sein Lebenslauf zu finden ist. Mein Werk stützt sich auch an sehr vielen Stellen auf T. HARRIS, C. STEINER, F. ENGLISCH, M. JAMES und D. JONGEWARD (s. S. 13 ff). Seitenangaben, die sich auf diese Autoren beziehen, weisen auf einen Beitrag, der über eine bloße Interpretation der Errungenschaften von E. BERNE hinausgeht.

Abspaltung, 39
Abwehr, 253 f
ADLER, A., (s. a. Individualpsychologie), 9, 223
ALEXANDER, F., 257
ALLEN, M., 245
Angst, 134 f, 254 f, 258
Antiskript, *157 f,* 161
Antrieb, *171–178,* 229 f
Anweisungen, 136 f
Apperzeption, tendenziöse, 263
Arachne, 148
Archäopsyche, 17
Archetypen, 146, 269 f
Aschenbrödel s. Aschenputtel
Aschenputtel, 145, 146, 150 f
Ausbeutungstransaktion, 104
Aushänger, 107 f
Autonomie, 22, 180, 189, 240

BALINT, M., 252
Bannbrecher, 140
Befangenheit, 39
Behandlungsvertrag, 188 ff, 255 f
Beinahe-Skript, 149
BERNE, E. 11 ff
Bevor-nicht-Skript, 148
Bewußtheit, 22, 185
Beziehungsanalyse, 71 ff
Bis-Skript, 148
BUGENTAL, J., 245
BÜHLER, Ch., 245

CAPERS, H., 171, 229 f, 234
Charakterstörung, 55
CHENEY, W. D., 11
COHN, R., 245
CREMERIUS, J., 250
CROSSMAN, P., 226, 228

Dämon, 47, 139 f
Danach-Skript, 149
Delinquenz (s. a. Kriminalität), 248
Depression, 181
Dialog, innerer, 19, 29, 269 f.
Dissoziation der Ich-Zustände, 38
Dornröschen, 151
DRENNAN, B., 25
DRYE, R. C., 237, 243
DUSAY, J. M., 49, 73

EWARD, M., 29 f, 75
Egogramm, 49 f
Einfälle, freie, 256
Elektrode, 47
Eltern, 131, 134–141, 142 f, 153, 222
Elternhaltung s. Eltern-Ich
Eltern-Ich, 16 ff, *28–31,* 35, 36, 39 ff, 44 f, 46 f, 51 f, 75–79, 202–206, 247 ff
Eltern-Ich, sabotierendes (s. a. Schweine-Eltern), 48, 138
Encounter-Gruppen, 208

ENGLISCH, F., *14,* 16 f, 98, 102 ff, 144 f, 162, 212, 238, 240

Entscheidung (s. a. Neu-Entscheidung), *163–166,* 261

Episkript, *162 f,* 255

Ereignisse, unpersönliche, 165, 182

Erlaubnis (s. a. Intervention), 188, *227–230,* 257

Erlösungsrezepte, 140 f

ERSKINE, R. G., 241 f

Erwachsenen-Haltung s. Erwachsenen-Ich

Erwachsenen-Ich, 16 ff, *32–34,* 35 f, 39 ff, 45, 51 f, 75–79, 188 f, 199–202, 249, 256 f

Erwachsenen-Ich, integr., 41 f

Erwartungen, 134 f

Es, 249

Exteropsyche, 17

Fanatismus, 40

Faschist, kleiner, 27, 249

Finalität, 266 f

Fortschritt, 258 f

FREUD, A., 250

FREUD, S. (s. a. Psychoanalyse), 146

Galgen-Transaktion, 153 f

Gefühle (s. a. Lieblingsgefühle), 70, 103 f, 180

Gegenskript, *159 ff,* 174, 183

GELLERT, D., 196

GERE, F., 233

Gerichtshof-Spiel, 216

Geschlechtsunsicherheit, 165, 168

Geschwisterreihe, 221

Gestalttherapie, 195, 197 f, 231 f, 238, 241

Gewinner, *80–85,* 86, 129, 152, 263

GILLISPIE, J. A., 77

Glückwünsche, 137

GOULDING, R. u. M., 99, 166, 174, 194, 213 f, 230 ff, 238

Großeltern, 143 f

Grundbedürfnisse, 123 f

Grundeinstellung, 73, *85–97,* 163 f, 178, 211 ff, 223, 252 f, 263

Grundgebote (destruktive), *166–171,* 174, 176, 183

Gruppentherapie, 75, 187 f, 202, 208, 209, 260

Halluzination, 52 f, 55

Haltung, 16, 19

HARRIS, Th., 13, 58, 77, 94 f, 97

HARTMANN, Ch., 171

HELLINGER, A. S., 238

Herakles, 148

HERMANN, L., 243

HÖCKSTRA, H., 115

HOLLOWAY, W. H., 228

HOLTBY, M. E., 239

Holzbein-Spiel, 216 f.

Ich (s. a. Ich-Zustand), 249

Ich, maßgebendes, 35

Ich-Zustand, 16, 34

Identität, 36, 37

Illusion, 39

Illusion, grundlegende, 152

Immer-Skript 148

Immer-und-immer-wieder-Skript, 149

Individualpsychologie, 129, 261–269

Informationsaustausch, sachlicher, 126

Integration, 38

Intervention, entcheidende, 224 ff

Interview, skriptbezogenes, 220–224

Intimität, 22, *127,* 285

Ja-aber-Spiel, 112 f

JAMES, M., 14, 42, 46, 76, 77, 80, 202 ff, 238
Jason, 148
JONGEWARD, D., 14, 42, 46, 77, 80, 238
JUNG, C. G. (s. a. Psychologie, Analytische), 9, 146, 246

KAHLER, T., 31, 148 ff, 171, 229 f, 234
KARPMANN, St., 111
Katastrophenbotschaft, 171, 177
KAUFMANN, D. u. J., 76
Kindhaltung s. Kind-Ich
Kindheitserinnerung, früheste, 223
Kindheits-Ich s. Kind-Ich
Kindheitstrauma, 21, 131
Kind-Ich, 16 ff, 20–27, 30, 35 f, 39 ff, 43 f, 46 f, 51 f, 75–79, 207 ff, 249
Kind-Ich, verwirrtes, 54, 201
Kollusion, 93, 253
Kommando, 226 f
Kommunikation (s. a. Transaktion), 61 f
Konversionshysterie, 237
Körpersymptome, 155 ff
Kriminalität (s. a. Delinquenz), 165
Kurzbehandlung, 260

Lebenslauf, 179 ff
Lebensplan, unbewußter s. Skript
Lebensregeln, allgemeine, 135 f
LEIBL, R. D., 238
Lieblingsgefühl, 98–105, 107, 178, 213 f, 215
Lieblingsüberzeugungen, 105 ff, 215
Manisch-depressiv, 54
Marathongruppe, 209
Märchen, 144 f, 150 f
MARSH, C., 25

Masche, 98, 100
MASLOW, A. H., 245
MC. CORMICK, P., 213, 220
Medikamente, 199, 218
Meinung, 263
MERLIN, E. A., 243
Mindewertigkeitsgefühle, 89 f, 98 ff
Miniskript, 171, 177
Mißachtung, 66–71
Mitspieler (s. a. Spiel), 126, 130, 179
Mythen, 146 ff

Name, 134 f, 221
NARBOE, N., 171
Neopsyche, 17
Neu-Entscheidung, 230 ff
Neurose, 55
Nicht-Gewinner, 84, 152
Niemals-Skript, 148

Ödipus, 147
Ödipuskomplex, 250 f
Oknophilie, 252
Opfer, 111 f

Palimpsest, 133
PERLS, F., 195
Person, 37 f, 241
Persona, 268 f
PETZOLD, H., 14, 56, 238 f
Pfiffikus, Kleiner, 26, 32, 46, 56, 70, 126
Phantasie, grundlegende, 152 f
Philobatie, 252
Phobie, 55, 237
PIAGET, J., 24
POINDEXTER, W. R., 119
PORTER, N., 25
Prägung, 243
Primärtherapie, 238, 241
Prinz, Prinzessin, 46
Professor, Kleiner s. Pfiffikus, Kleiner

273

Protokoll, 133, 193
Provokation, 238
Psychiatrie, 56 f
Psychoanalyse, 12, 129, 147, 237 f, 244–261
Psychodrama, 198
Psychogramm, 50
Psychologie, Analytische, 268 ff
Psychologie, Humanistische, 245 f
Psychopathie, 55 f, 165
Psychopathologie, 50
Psychose, 52, 56, 94
Psychosomatik s. Körpersymptome

Rabattmarken, 100 f
RANGELL, L., 250
Rebellion (s. a. Antiskript), 23, 180
Regressionsanalyse, 206 f
Retter, 111, 186 f, 240
Ritual, 125
ROBERTS, D. L., 132
ROGERS, C. L., 208
Rolle,, 78 f
Rolle, manipulative, 111 f
Rotkäppchen, 146, 150
Rückzug, 127

SAMUELS, A., 194 f
Schatten, 246
Schicksalszwang, 252
SCHIFF, J. u. M., 55, 74, 204–224
Schizophrenie, 54 f, 56, 91, 181
Schließmuskeln, 155 f
Schuldgefühle, 98, 137
Schuljunge, braver, 26
SCHUTZ, W. C., 208
Schweine-Eltern-Ich, 46, 48, 138
Selbst, eigentliches, 36 f, 54
Selbstvertrauen, 81
SIMONEAUX, J., 243
Skript, 129–181

Skript, banales, 132, 166
Skript, tragisches, 132, 166
Skript, untbgeschlossenes, 150, 179
Skriptanalyse (s. a. Skriptdiagnose), 237, 264
Skriptapparat, 250
Skriptdiagnose, 219–224
Skriptfreiheit, 180 f
Skript-Verlager, 179
Spiele, 108–123, 130, 178, 215–218, 253 f
Spontaneität, 22, 185
STEINER, C., 14, 24, 26, 30, 46 ff, 57, 66 ff, 132, 138, 153, 155, 159–162, 166, 186 f, 209, 225 f, 251
STIERLIN, H., 255
Streicheln, 124 f
Strukturanalyse, 16–57, 196, 237
Strukturanalyse, höherer Ordnung, 42–48
STUNTZ, E. C., 197 f
Sucht, 266
Symbiose, 73 f

Tantalus, 147 f
THOMSON, G., 238
Tiefenpsychologie, 9, 129, 243
Transaktion, 58, 130
Transaktionsanalyse i. e. S., 58–66
Traum, 193–196
Trübung, 39, 200
Tumult-Spiel, 250, 253
Über-Ich, 247 ff
Übertragung, 190 ff, 201, 251 f, 256 f
Umgangsformen, 123–128
Unterhaltung, unverbindliche, 125 f

Verfolger, 111 f
Verführung, unterschwellige, 64

274

Vergewaltigungs-Spiel, 116 f
Verhaltenstherapie, 241
Verhaltenstraining s. Verhaltens-
    vertrag
Verhaltensvertrag, 188, *233–237*
Verlierer, *80–85,* 91, 129, 152,
    210 f, 263
Versager-Spiel, 217 f
Verwünschungen, 137
Vorbild, 141–145
Vorname s. Name

Wahnidee, 39
Widerstand, 190 f, 258
Wiederholungszwang, 251
WILLI, J., 253
WILSON, F. R., 243

ZECHNICH, R., 118
Zeitvertreib, einfacher, 125 f
ZÖCHBAUER, F., 115
Zuschreibungen, 139
Zwangsneurose, 55, 237

Gliederung des Grundrisses der Tiefenpsychologie

Von Eugen BLEULER wurden die psychologischen Errungenschaften FREUDS als *Tiefenpsychologie* bezeichnet. Heute werden auch solche Auffassungen zur Tiefenpsychologie gezählt, die mit denjenigen FREUDS und seiner Schule nicht völlig übereinstimmen, vor allem die Individualpsychologie von Alfred ADLER und die Analytische Psychologie von C. G. JUNG. Auch diese Auffassungen wurden aber maßgebend durch die Beobachtungen und Überlegungen FREUDS angeregt. Es gilt dies meines Erachtens auch für die wesentlichsten Errungenschaften der Transaktionalen Analyse nach Eric BERNE. Die Tiefenpsychologie entwickelte sich aus Erfahrungen, die bei der Psychotherapie von Neurosen gewonnen wurden. Aber nicht nur historisch, sondern auch sachlich und didaktisch scheint es mir angebracht, bei der Schilderung der verschiedenen Richtungen der Tiefenpsychologie die Neurosenlehre in den Mittelpunkt zu stellen. Diejenigen Gesichtspunkte, die einen Vergleich der verschiedenen Richtungen gestatten, werden in allen nachfolgend aufgezählten Bänden hervorgehoben. Diese Untersuchungen zur vergleichenden Tiefenpsychologie wurden vom *Schweizerischen Nationalfonds zur Förderung der wissenschaftlichen Forschung* in verdankenswerter Weise unterstützt.

I

Die Abwehrtheorie der Neurosen

Die «Studien über Hysterie» von J. BREUER und S. FREUD, die Komplextheorie nach C. G. JUNG, die klassische Abwehrtheorie von S. und A. FREUD, die daseinsanalytische Betrachtungsweise der Neurosen nach M. BOSS.

II

Die trieb- und bedürfnispsychologische Betrachtungsweise in der Tiefenpsychologie

Die Sexualtheorie nach S. FREUD, die ethologische Betrachtungsweise nach R. BRUN, die Libidotheorie nach S. FREUD, die neopsychoanalytische Auffassung nach H. Schultz-Hencke, der triebpsychologische Ansatz nach L. Szondi.

III

Die Bedeutung der sozialen Frustration in der Tiefenpsychologie

Das Trauma der Geburt nach O. Rank und H. G. Graber; die infantilen Beziehungskonstellationen (Ödipuskomplex u. a.) nach S. Freud und Ch. Baudouin; der Narzißmus nach S. Freud, K. Horney, W. G. Joffe und J. Sandler, H. Kohut, H. Argelander; Primäre Liebe und Grundstörung nach M. Balint; die Individualpsychologie nach A. Adler und E. Wexberg; die Wir-Psychologie nach F. Künkel; die Psychosozialen Entwicklungsstufen nach E. Erikson.

IV

Die Polarität der Psyche und ihre Integration

Eine kritische Darstellung der Psychologie von C. G. Jung unter Einbezug von Gesichtspunkten aus der daseinsanalytischen Betrachtungsweise von M. Boss, der anthropologischen Psychotherapie von V. v. Gebsattel, der Lehre von der Großen Erfahrung von Graf Dürckheim sowie ergänzt durch einen Überblick über die sogenannten meditativen Verfahren in der Psychotherapie nach C. Happich, R. Desoille, W. Fredeking und H. Leuner.

V

Die Transaktions- und Skriptanalyse nach Eric Berne und seinen Schülern